VERNETZTE WELTEN

Umschlaggestaltung: ARTELIER/Peter Hofstätter
Satz und Layout: Agentur Pegasus, Zella-Mehlis
Lektorat: Andreas von Rétyi
Druck und Bindung: Wiener Verlag, Himberg

ISBN 3-930219-20-4

Gerne senden wir Ihnen unser Verlagsverzeichnis
Kopp Verlag
Graf-Wolfegg-Str. 71
D-72108 Rottenburg
Email: info@kopp-verlag.de
Tel. (0 48 45) 79 04 - 0
Fax (0 48 45) 79 04 - 11

Unser Buchprogramm finden Sie auch im Internet unter:
http://www.kopp-verlag.de

JOACHIM KOCH
HANS-JÜRGEN KYBORG

VERNETZTE WELTEN

In Kontakt mit der kosmischen Matrix

JOCHEN KOPP VERLAG

Jenen gewidmet,
die sich um
das Wohlergehen dieser
planetaren Sphäre
bemühen.

Seit langer Zeit,
jetzt
und in alle Zukunft.

Inhalt

Ich sehe oft um Mitternacht,
Wenn ich mein Werk getan
Und niemand mehr im Hause wacht,
Die Stern' am Himmel an.

Sie gehen da, hin und her zerstreut,
Als Lämmer auf der Flur;
In Rudeln auch, und aufgereiht
Wie Perlen an der Schnur.

Und funkeln rein und schön;
Ich seh' die große Herrlichkeit,
Und kann mich satt nicht sehn.

Dann saget, unterm Himmelszelt,
Mein Herz mir in der Brust:
»Es gibt was bessers in der Welt
Als all ihr Schmerz und Lust.«

Ich werf mich auf mein Lager hin
Und liege lange wach,
Und suche es in meinem Sinn,
Und sehne mich danach.

Matthias Claudius
(1740–1815)

KAPITEL 1

Reprise

Als wir damals, an jenem denkwürdigen Vormittag des 17. Juli 1991, da oben am Rande der sich schmal zum Hackpen Hill schlängelnden Straße standen und über den Zaun hinab ins Preshute Down starrten, begannen wir gerade erst zu ahnen, daß etwas Außergewöhnliches und Wunderbares geschehen war.

Drüben, auf der anderen Seite des kleinen Tales, lag im freundlichen Licht der vormittäglichen Sonne ein langgestrecktes Piktogramm im Kornfeld, dessen Anblick uns ebenso bis ins Mark erschütterte, wie damals der erste Ton der Baßgitarre, der zu Beginn des Pink-Floyd-Konzertes vor dem alten Berliner Reichstag über den Platz und durch die Zuschauer hindurch fegte: »Wish you were here ...«

Dies war nun tatsächlich der Moment, den herbeizusehnen wir uns kaum getraut hatten, ja, vor dem uns sogar manchmal ein wenig Furcht beschlichen hatte: Was würde sein, wenn –? Was würde sein, wenn sich unsere Theorie, unsere analytische Arbeit der letzten zwei Jahre, als richtig erweisen sollte? Wenn wir tatsächlich, vielleicht sogar als erste, mit den Symbolen in diesen mächtigen, landschaftsbedeckenden, ästhetischen, englischen Kornfeldern so umzugehen gelernt hatten, wie es von deren nicht-menschlichen Urhebern beabsichtigt war? Wenn »sie« uns tatsächlich antworteten, wie es nun passiert war? Was würde mit uns selbst geschehen? Könnten wir einfach so weiterleben wie bisher? Wie würden wir mit der Tatsache umgehen können, daß wir einen gewissen Kontakt zu einer fremden Intelligenz hergestellt hatten? Wie würde sich unser Umfeld verhalten oder ändern? Würden wir uns verändern – müssen?

Nun, wir mußten zunächst zurück in unser normales Leben, dessen Bahn in Berlin so unerbittlich vorgezeichnet zu sein schien. Als wir jedoch die Straßen unserer Heimatstadt wiedersahen, den Menschen, die wir vor Wochen verlassen hatten, erneut begegneten, zurückkehrten an den Arbeitsplatz, dämmerte uns, daß etwas mit uns geschehen war, daß wir nicht mehr die Gleichen waren.

Am 10. Juli 1991 hatten wir nicht nur zum ersten Male unseren Fuß in ein englisches Feld gesetzt, wir betraten gleichzeitig einen Weg in neue, noch unbekannte Dimensionen, deren erste Wegweiser die Piktogramme von Preshute Down und Barbury Castle waren.

Jeder Tag, der im Herbst 1991 über den Arbeiten an der Decodierung dieser beiden Piktogramme verging[3], zog uns tiefer hinein in das All, hinaus zu den scheinbar unvergänglichen Sternen, die doch aber selbst geboren werden und sterben müssen, wie alles im Kosmos scheinbar kommt und vergeht – und doch in der einen oder anderen Energieform ewig gegenwärtig ist.

Wie viel Staunen verträgt ein Mensch? Diese Frage kam uns bei scheinbar zufällig eintreffenden Ereignissen im Verlauf unserer Forschungen immer wieder in den Sinn. Und je mehr wir versuchten, Abstand zu uns selbst zu gewinnen, desto deutlicher wurde eine Art »roter Faden« im Ablauf des gemeinsamen Teiles unserer derzeitigen Existenz hier auf diesem Planeten, dessen wir uns bis dato noch gar nicht so bewußt gewesen waren. Zusammenhänge, in der Vergangenheit oft herbeigewünscht, manchmal konstruiert, gelegentlich erkannt, vielfach übersehen oder anderen überlassen, reihten sich in diesen Tagen und Wochen so zwanglos aneinander, daß hier nur eine logische Erklärung weiterhalf: Es war so beabsichtigt.

Sie kennen das aus Ihrem eigenen Leben. Wie oft haben Sie sich nicht schon in Situationen befunden, in denen Sie zu sich selbst sagten: »Das gibt's doch nicht!«, wenn sie in einer Situation erkannten, wie das eben Erfahrene oder Erlebte genau zu dem paßte, von dem Sie vorher noch gesagt hatten: »Also jetzt fehlt bloß noch, daß ...«

Haben Sie, bei aller Bescheidenheit, schon einmal das Gefühl gehabt, daß Ihr »Schicksal« seltsame Überraschungen für Sie bereithält? Diesen »Das-kann-doch-nicht-wahr-sein!«-Effekt schon einmal erlebt? Haben Sie es von sich weggeschoben, abgewiegelt, negiert oder haben Sie sich getraut, abends, kurz vor dem Einschlafen oder auch im Gespräch bei einem gepflegten Bier mit dem besten Freund, den Verdacht zu äußern, daß mit Ihnen überraschende Dinge passiert sind? Daß Sie, was Sie sich kaum zu äußern getrauen, den Verdacht haben, daß alles mit Ihnen so passiert ist, weil es so passieren sollte, denn retrospektiv betrachtet, ergeben diese »Zufälle« eigentlich doch einen Sinn?

Wenn es denn so war, können Sie sich vorstellen, daß Sie – bewußt oder unbewußt – Teil eines Netzwerkes von wahrhaft kosmischen Dimensionen sein sollen?

Wie viel Erkenntnis verträgt der Verstand? Es war in der die Baumblätter dezimierenden Jahreszeit Ende 1991 nicht wie dieses Hin- und Herlaufen vor der eigenen heimischen Bücherwand, hektisch auf der Suche nach dem »Wo-ist-es-denn-bloß«-Buch mit der »Genau-die-such-ich«-Stelle darin. Die beiden Piktogramme waren wie offene Bücher, echte Reiseführer – ja, vielleicht sogar »Per Anhalter ...« – durch diese und alle Galaxien. Ihre Informationen lagen frei vor unseren Augen und führten uns in das Zentrum des Denkens vergangener Kulturen und damit in das Zentrum unserer eigenen Existenz, wiesen hin auf die Wichtigkeit der überlieferten

Quellen. Sie gemahnten, deren Aussagen frei vom katalogisierenden, archäologischen Erfassertum einer bestimmten Entdeckerepoche zu verstehen und die einzelnen Teile immer im Rahmen eines Gesamtbildes zu betrachten. Was wäre Stonehenge ohne den Platz, an dem es errichtet wurde? Schau hin und denke!

Die fremde Intelligenz hinter den Piktogrammen, die sich im Preshute Down und unterhalb vom alten Barbury Castle Hillfort so spektakulär »zu Wort« meldete, hatte offenbar Grundlegendes mitzuteilen, nachdem wir signalisiert hatten, daß wir zuzuhören imstande seien. Nach alledem, was wir analysiert hatten, wußten wir, daß das sogenannte »Kornkreisphänomen« eine globale Aufforderung zur Kommunikation gewesen war. Anders, als in den uns gewohnten Denkschemata, gewachsen auf dem Nährboden der wissenschaftlichen Paradigmen der letzten zweihundert Jahre, war hier keines der Szenarien gewählt worden, von denen wir, laut vorherrschender Lehrmeinung, anzunehmen hätten, wie sich so eine Kommunikation mit einer nicht-menschlichen Intelligenz abzuspielen hätte. Es bildeten sich einfach, plötzlich und unerklärlich, geometrische, sich scheinbar selbst organisierende Muster in englischen Kornfeldern. Es geschah nicht im elektromagnetischen Spinnennetz derer, die glauben, die Macht über diesen Planeten zu besitzen und nicht auf supergeheimen Militärbasen. Es geschah nicht im Kopf einiger, die glauben, alleinig auserwählt zu sein, nicht für die Hohenpriester unserer Zeit. Es geschah für alle, frei sicht- und erfahrbar, und so war es auch gemeint, denn nichts im Kosmos gehört irgend jemandem, denn alles ist Teil von allem.

Entsprechend war die Maxime unserer Arbeit von Anfang an, alles, was wir tun würden, letztendlich für alle zu tun. Wenn es uns gelingen sollte, irgendein greifbares Ergebnis zu erzielen, würden wir es nie für uns behalten wollen, denn es wäre nicht nur für uns allein bestimmt. So begannen wir am 13. Juli 1991, unseren Teil der gestellten Aufgabe zu erfüllen.

Wir stolperten zum ersten Male in diesem Leben in ein englisches Kornfeld und formulierten mit einem Piktogramm die naive Frage: »Hallo, hier sind wir von der Erde! Kommt ihr von einem der möglichen vier Planeten der Komponente A des Mehrfachsternsystems Alpha Centauri aus mehr als 4 Lichtjahren Entfernung?« Selbst wenn wir mit unserer Theorie und dem daraus sich folgerichtig ergebenden praktischen Experiment keine Antwort in Form eines neuen echten Piktogramms erhalten hätten, wenn sich die Energielinien, die das Team vom Centre for Crop Circle Studies (CCCS) später fand, nicht gebildet hätten, wenn es die »unheimliche Begegnung der dritten Art« in Pollys Küche am 15. Juli[4] nicht gegeben hätte und schließlich die Piktogramme von Preshute Down und Barbury Castle nicht erschienen wären, so hätten wir mit unseren Aktivitäten doch Erfolg gehabt.

Es war nämlich der kleine Kreis mit dem wunderschönen und bedeutungsschweren Binnenmuster oberhalb unserer Formation im darüberliegenden Copse Field gewesen, den uns »das Phänomen« gleich zu Anfang geschenkt hatte. Sicher, als Antwort auf unsere Frage hätte er keine weiterführende Aussage enthalten, aber das war auch gar nicht seine Aufgabe, das war nicht sein Zweck. Vielmehr hatten wir hier eine offenbar genuine Manifestation der Realität, des tatsächlichen Existierens einer Intelligenz, die mittels Kornkreisen zu bestimmten Zwecken Zeichen setzen wollte und konnte. Wenn dieser kleine Kreis mit dem Strahlenmuster und der Kompaßnadelgarbe auch zunächst keine inhaltliche Beziehung zu unserer Arbeit zu haben schien, so war er doch eine ganz klare Manifestation von Anwesenheit: »Ja, wir sind hier, und wir wissen, daß ihr da seid!« Er war in jedem Falle ein Beweis für die Echtheit des Phänomens. Erst zwei Jahre später sollten wir erfahren, wie wichtig er eben doch auch für den Inhalt unserer Arbeit war, wie das Phänomen von Anfang an zielgerichtet auf Weiterentwicklung aus war. Nichts passierte einfach zufällig, eins fügte sich ins andere, Teilchen für Teilchen.

Nach drei Tagen nervenzehrenden Wartens bekamen wir mit den beiden berühmten Piktogrammen in den Feldern der Farmer Temple und White die faszinierenden Antworten: »Ja, es ist richtig, ihr seid auf dem dritten Planeten eines Sonnensystems. Euer Planet hat einen Mond. Nein, wir kommen nicht von Alpha Centauri. Sucht einen sonnenähnlichen Stern mit zwei Planeten, von denen einer wichtig ist. Sucht im Zentrum des Wintersechsecks. Benutzt den Schnittpunkt der Ekliptik mit dem galaktischen Äquator. Alles hängt mit allem zusammen.«

Was sich in der Nacht zum 17. Juli 1991 in dem kleinen Tal mit dem vom Farmangestellten berichteten, sausenden Pfeifton ankündigte, gestaltete sich zunehmend zu einer schier nicht enden wollenden Reise hin zu einem Stern, zu HD 42807, einer kleinen gelben Sonne, ähnlich der unseren, die es laut Aussage der Piktogramme zu finden galt. Die Eindeutigkeit des Ergebnisses unserer Suche war von der fremden Intelligenz redundant gleichsam mit in die Muster hineincodiert worden, Barbury Castle hatte seine kosmische Entsprechung hoch über unseren Köpfen, ein funkelndes Mosaik aus Sternen, eingebettet in das Zentrum eines der schönsten Himmelsabschnitte, der mit bloßem Auge in jeder Winternacht im Süden sichtbar ist, dem Wintersechseck.

Wir entdeckten durch eigene Recherche und wiesen anhand von Quellen nach, daß sich seit uralter Zeit die Menschheit mit genau diesem Himmelsabschnitt beschäftigt hat, daß er von großer, wenn nicht größter, Wichtigkeit für das Denken und Streben der alten Kulturen gewesen ist, denn ein großer Teil der wichtigsten Bauten wurden nach ihnen ausgerichtet.

Auch wir konnten hierzu einen Baustein hinzufügen und ein bedeutendes astronomisches Rätsel aus dem Grab des Senenmut aus der 18. Dynastie ägyptischer Pharaonen lösen. Wir fanden heraus, daß HD 42807 mit dem Stern übereinstimmt, auf dem, laut Pyramidentexten »die Götter geboren wurden«, mit denen Sumerer und Ägypter so leibhaftig kommunizierten, ja regelrecht zusammenlebten. Und dorthin, in die Gegend von HD, in den Duat, flogen die Geistwesen der Pharaonen mit ihren Himmelsbarken, nachdem sie ihren physischen Körper in dieser dritten Stufe des kosmischen Werdeganges zurückgelassen hatten. Dort setzten sie ihren Weg in der vierten Entwicklungsstufe mit geringerer physischer Dichte fort, vollkommener als hier unten, leichter und lichter, dem Endziel der totalen Einigkeit mit dem Kosmos ein wenig näher.

Im nächsten Jahr, 1992, fuhren wir wieder nach England, um den begonnenen Dialog fortzusetzen. Wir boten all unser neu erworbenes Wissen an, um überprüfen zu lassen, ob wir mit unserer Theorie weiter richtig lagen. Auf dieser Grundlage stellten wir eine neue Frage, äußerten gleichsam die Bitte an das Phänomen, mit uns physisch zusammenzutreffen. Wir wußten inzwischen, daß wir mit einfachen Symbolen das, was wir gelernt hatten, verständlich machen konnten. Einfachheit und Klarheit in der Aussage und im Angebot waren oberste Prämisse. So entstand unser zweites Experimentalpiktogramm:»Hallo, hier sind wir beide von der Erde! Für ein Zusammentreffen mit euch, die ihr uns HD gezeigt habt, schlagen wir den sechsstufigen Silbury Hill vor.«

Nachdem wir im Jahr zuvor auf so wunderbare Weise den Kontakt zu der unbekannten Intelligenz hergestellt hatten, erschien es uns logisch, nun den nächsten Schritt zu wagen und nach einem Treffen zu fragen. Wieder warteten wir tagelang auf eine Antwort, doch nichts Sichtbares geschah. Wieder ging es offensichtlich nicht nach unseren Regeln, und wir fragten uns, ob überhaupt noch etwas passieren würde.

Und es passierte. Anders, als von uns vorgeschlagen, aber es kam mit aller Macht, einfach und klar und unheimlich eindeutig. Als unser kleines Flugzeug über den Piktogrammen von Milk Hill und Tawsmead hin- und hergeschüttelt mehrfach durch die beiden Energieschläuche tauchte, die zumindest von unten bis in 100 m Höhe reichten, der Kompaß anfing, sich zu drehen und wir am ganzen Körper von elektrischem Prickeln überzogen wurden, wurde uns klar: Dies war das von uns gewünschte physische Zusammentreffen, aber »sie« hatten die Art und Weise bestimmt, mit dem es geschehen sollte. Die von uns verfaßte Botschaft hatte wieder ihren Adressaten erreicht und wieder erhielten wir eine Antwort: »Energie – spürt sie, lernt sie kennen, ihre Kraft, ihre Möglichkeiten, eure Möglichkeiten!«

Wer auf einem Schiff erstmals den Äquator überquert, erhält im Rah-

14

men einer heiteren Zeremonie die »Äquatortaufe«. So ähnlich wie die mit dem Salzwasser der Ozeane Getauften fühlten wir uns in den nächsten Monaten im winterlich dunkler werdenden Berlin. Dieses Gefühl, mit etwas gleichsam übergossen worden zu sein, das nicht näher zu bezeichnen war, dieses völlig unvermutete Hineintauchen in eine nicht sichtbare, aber doch real vorhandene Energiestruktur über den Piktogrammen, ließ uns nicht mehr los. Es war genauso, wie mit dem Blitz in Pollys Küche, als wir plötzlich mit vier anderen Personen von einer weißlichen Lichtsphäre eingehüllt wurden. Seit diesem Ereignis ertappen wir uns immer wieder dabei, wie wir zusammenzucken, wenn von irgendwoher ein Lichtreflex eines sich öffnenden Fensters an einem Haus in der Ferne, von der Kühlerhaube eines am Straßenrand parkenden Autos oder von der strahlend blanken Kabinenwand eines Flugzeugs hoch über unseren Köpfen auf unsere Netzhaut fällt.

Wir sind sensibler geworden, empfänglicher für scheinbare Kleinigkeiten, aufnahmebereiter für die Zwischentöne des elektromagnetischen Spektrums.

Was Sie hier nun in den Händen halten, ist die Fortsetzung unseres ersten Buches, »Die Antwort des Orion«, in dem wir ausführlich beschrieben haben, wie alles anfing und bis zum Jahre 1992 weiterging. Es schildert die Grundlagen unserer Theorie, deren praktische Umsetzung in England und sämtliche phantastischen Ereignisse, die sich nachfolgend ereigneten. Wir empfehlen sehr, dieses Buch als erstes zu lesen, denn so vollziehen auch Sie am besten nach, wie sich alles, ganz im Sinne des Phänomens, schrittweise aus sich heraus entwickelt hat. Und Sie bekommen einen authentischen Augenzeugenbericht aus einer Zeit, als es noch echte, nicht-menschengemachte Piktogramme in den sich schier endlos erstreckenden Feldermatten in der Gegend um Alton Barnes gab.

Im letzten Kapitel von »Die Antwort des Orion« berichten wir unter anderem über die Ereignisse der Jahre nach 1992 bis in die Gegenwart, weil wir zur Zeit der Drucklegung zwar vorhatten, diese Fortsetzung zu schreiben, aber nicht genau wußten, wann dazu »der richtige Zeitpunkt« sein würde. Aus unseren Erfahrungen mit dem Phänomen haben wir gelernt, daß alles seine Zeit hat, daß etwas passiert, wenn es passieren soll, daß man manchmal einfach abwarten muß. Es ist so, als ob man eine Weile durch dichten Nebel ginge, der plötzlich aufreißt und man sich mitten in den hellen, wärmenden Strahlen unseres Muttergestirns wiederfände. Dann ist es Zeit – so wie jetzt.

So haben wir auch dieses erste Kapitel für die Leserschaft als eine Art Rückblick gestaltet, um denjenigen unter Ihnen, die das erste Buch nicht gelesen haben, den Einstieg leichter zu machen.

Die Reaktionen auf »Die Antwort des Orion« waren überwältigend positiv. Wir haben eine große Zahl von teilweise sehr langen Briefen erhalten, in denen Menschen verschiedenster Herkunft und Berufe ihre Meinung niederlegten und auch oft von dem berichteten, was ihnen widerfahren ist. Es scheint so zu sein, daß unser Buch genau die erreicht hat, die es erreichen sollte. Viele, die uns geschrieben haben, wirken wie aufgeweckt, haben Zuversicht geschöpft und eigene Aktivitäten entwickelt. Und genau das war beabsichtigt, denn so war es vom Phänomen gemeint: »Schau hin und denke – und handle!« Wir haben über unsere Erlebnisse nicht unseretwegen berichtet, sondern weil sie für alle bestimmt waren, von vornherein nicht für einzelne geschaffen, sondern als offene Einladung zur Kommunikation an die gesamte Menschheit gedacht.

Während der ersten Jahre unserer Arbeit mit dem Phänomen hielten wir uns wohlweislich mit öffentlichen Auftritten zurück. Dann, als das internationale Hoaxen überhandnahm, testeten wir die Akzeptanz unserer Theorie und deren phantastische praktische Auswirkungen, über die wir bereits berichten konnten, in einem ersten kleinen Artikel im »The Cerealogist«, neben dem »Circular« des CCCS das wichtigste britische Kornkreismagazin. Wir wußten, daß die »Locals« in Wiltshire das Phänomen ein wenig als ihr Eigentum betrachteten und argwöhnisch, ja teilweise ablehnend, auf die in das Land hineinschwappenden und -plappernden Einzelforscher und Gruppen herabsahen. Was wollte ihnen denn schon einer erzählen, der ein paar kurze Wochen in den Ferien von irgendwoher angereist kam, wo sie doch hier lebten und das Phänomen 365 Tage im Jahr untersuchten? Wo also gäbe eine bessere Voraussetzung, wenn nicht im Mutterland der Kreise selbst, in England?

Unser Artikel war nicht ohne Bedacht mit »Hope« betitelt. Wir schrieben ihn nach unserem Experiment 1993, in einer Zeit tiefster Depression, welche die Kornkreisszene und das Land, in dem sie wirkte, befallen zu haben schien. Wir wollten ein Zeichen weitergeben, das wir rund um den Woodborough Hill erhalten hatten: »Habt Mut, das Phänomen ist immer noch da!« In dem Artikel führten wir kurz an, warum wir dieser Meinung waren und erwähnten, daß wir eine Antwort erhalten hatten. Ein gleichlautender Artikel ging an das »Circular«.

Beide Magazine brachten »Hope« unmittelbar in ihren nächsten Ausgaben. Der Test gelang, Leser und Redaktionen wollten mehr wissen. Wir lieferten vorsichtig weitere Informationen und machten unsere astronomischen Überlegungen bekannt. Schließlich veröffentlichte George Wingfield in »The Cerealogist« No.12 vom Sommer 1994 unsere beiden Artikel auf immerhin acht Seiten inklusive Skizzen und Bildern als Titelgeschichte, mit dem kurzen Abriß unserer bisherigen Arbeit und Ergebnisse. Als Titelbild prangte riesengroß und sattgrün das Antwortpiktogramm vom 17. Juli 1991 aus dem Preshute Down auf dem Magazincover. Damit war die Sensation perfekt, denn solch eine Ehre war bisher noch keinem nicht-britischen Forscherteam zuteil geworden. Wir waren akzeptiert – und würden es bleiben.

Seltsam und manchmal beinahe bizarr mutete dagegen die Situation in Deutschland an, nachdem wir 1996 »Die Antwort des Orion«[1] veröffentlicht hatten. Während die Resonanz aus der Leserschaft, wie oben bereits erwähnt, im gesamten deutschsprachigen Raum überwältigend positiv war, ernteten wir ausgerechnet aus dem Kreise der »Experten/Expertinnen« verschiedentlich negative Kommentare, die um so gehässiger ausfielen, je mehr sich der Eine oder die Andere selbst zum Kreise der »Eingeweihteren« zählten. Es war beinahe unglaublich, wie diejenigen, die doch selbst in Wiltshire waren und die Piktogramme geschaut hatten, die mit eigenen Sinnen die Vibrationen der Landschaft und der Ridgeways hätten aufnehmen können, so ernüchternd wenig von all den Geschenken mitgenommen hatten, die ihnen angeboten worden waren.

Sie alle hätten die Chance gehabt, mitzuwirken an einer der größten Unternehmungen unserer Zeit: der Kommunikation mit einer nicht-menschlichen Intelligenz. Aber sie fuhren nach England, um vielleicht doch mit den falschen Instrumenten an der falschen Stelle zu suchen, sie versuchten, das Phänomen in ihre Welt einzupassen und erkannten möglicherweise die größere Realität nicht, in die Beides hineingehört.

Demut ist die Bereitschaft zu dienen, Toleranz üben heißt, duldsames Verhalten zu zeigen. Dies sind Tugenden, an die uns das Phänomen in den Feldern der Salisbury Plains erinnert hat und denen nachzukommen wir uns bemüht haben. Natürlich fällt das im täglichen Leben oft sehr schwer und findet seine Grenze am Kriminellen und Illegalen, aber wenn diese Begriffe erst einmal im Bewußtsein verankert sind, ist es leichter, zumindest danach zu streben.

Das Kornkreisphänomen ist in allen seinen Facetten von seinen Urhebern als eine ständige Herausforderung an die menschliche Physis und Psyche angelegt worden, es verlangt einem eine ständige Überprüfung der eigenen Werte ab. Es gibt hier keine Halbheiten, es fordert einen ganz. Das fängt damit an, sich zu trauen, vor anderen überhaupt zuzugeben, daß man sich damit beschäftigt, denn oft erntet man beim Gegenüber, das anfänglich die Augenbrauen erstaunt hochzieht, nur noch ein mitleidiges Lächeln. Und es endet damit, daß man das neue Weltbild, das sich zwangsläufig einstellt, in Diskussionsrunden unter Leuten vertreten muß, die sich für das neue Cabrio mehr interessieren als für die Möglichkeit der Existenz nicht-menschlicher Intelligenz irgendwo im Universum.

Die Bereitschaft zu dienen – wer nach England fuhr, um von dort spektakuläre Fotos und sensationelle Augenzeugenberichte nur für das eigene Magazin oder das nächste Buch mitzubringen, wer sich bereits nach einem kurzen Aufenthalt in zertrampelten Feldern zu Hause zum Kornkreisforscher kürte, diente nur sich selbst.

Wir sind damals schon in dem Bewußtsein von Deutschland weggefahren, unsere Forschungen in den Dienst der Allgemeinheit zu stellen, unsere Experimente für Sie durchzuführen und die Ergebnisse mit Ihnen zu teilen.

Duldsames Verhalten zeigen – eine der schwersten Übungen gemessen an all dem Skurrilen, das einem Sommer für Sommer dort in den Feldern begegnen kann, denn natürlich zieht dieses Phänomen nicht nur ernsthafte Forscher in seinen Bann. Das Bizarre an Kornkreisen oder UFOs liegt nicht an den Objekten selbst, denn keine Kultur oder Religion hat je die Existenz höherer Mächte geleugnet. Es liegt in den derzeit sakrosanten Paradigmen begründet, die von den jetzt Herrschenden geschaffen und überwacht werden. Sie bestimmen unsere Denkweisen, legen fest, was als lächerlich zu gelten hat und wer ein Ketzer ist.

Diese Mechanismen funktionieren ausgezeichnet, wie man unter anderem auch sehen konnte, als unser Buch erschien. Da bekamen wir es mit voreingenommenen Leuten zu tun, die wirklich keine oder kaum Ahnung davon hatten, was sich da in England abspielte, aber den Auftrag hatten, darüber zu berichten, und zwar so, daß hinterher das althergebrachte Weltbild wieder stimmte. Und das einzige Mittel, das sie angesichts der erdrückenden Hinweise darauf, daß es eben doch anders aussieht, noch haben, ist, jemanden lächerlich zu machen. Das spiegelt die menschliche Tragödie unserer ach so modernen Zeit wider, weil diese Methode noch immer so wirksam ist.

Unter ihnen sind auch jene, die sich so inbrünstig wünschen, in vorderster Reihe zu stehen, wenn es einmal zu einer Landung käme, und so hetzen sie wie besessen von Ort zu Ort, von Feld zu Feld, von Tagung zu Tagung und wollen immer die Ersten, immer die Besten sein. Sie dienen nur sich selbst, und je mehr sie ihre Liebe auf sich selbst fokussieren, anstatt sie nach außen zu leiten und allen zukommen zu lassen, desto mehr entfernen sie sich von jenen, denen sie eigentlich näher zu kommen trachteten.

So wurde aus dieser Ecke heraus auch immer wieder angeführt, wir würden »mit dem Orion« kommunizieren. Abgesehen davon, daß derartige Äußerungen gezielt eingesetzt wurden, um unsere Arbeit herabzuwürdigen, sind sie doch eher angetan, ein bedenkliches Licht auf deren Urheber zu werfen. »Mit dem Orion« kann man nicht so einfach kommunizieren, denn es ist eine Konstellation, bestehend aus unzähligen Sternen, von denen die hellsten von den Menschen Namen erhalten haben wie etwa

»Sipa.Zi.An.Na« oder »Saiph« (von der Erde aus gesehen: linker Fußstern des Orion). Die Kritiker haben unser Buch wohl nicht gelesen, sonst hätten sie erfahren, daß wir selbst nicht genau wissen, wer da mit uns Informationen austauscht, und daß wir es bisher auch tunlichst vermieden haben, großartig darüber zu spekulieren. Wir wissen nur, daß wir es mit einer starken, positiven und freundlichen Kraft zu tun haben und trugen dafür in einem Kapitel einige Indizien zusammen.

Wir haben dieser Kraft bewußt keinen Namen gegeben, womit wir uns angesichts der Benennungslust unserer angloamerikanischen Forscherkollegen oder auch gewisser Schweizer Sektenführer sicher auf der Außenbahn bewegten, aber wir fühlten uns nie berufen, denen, die vielleicht keinen oder bereits einen eigenen Namen haben, einen menschlichen Appendix zu verpassen. Wir haben sogar weitgehend vermieden, von »Außerirdischen« zu sprechen und benutzten dafür eher den Terminus »nicht-menschliche Intelligenz«, um auch jenen den Zugang zu unseren Erlebnissen zu ermöglichen, die aufgrund ihres wissenschaftlichen Verständnisses – Dogmas? – Bücher wie das unsrige entweder gar nicht (oder nur »inoffiziell«) lesen würden oder Kontakte zu Parallelwelten für wahrscheinlicher halten, als interstellare Reisen in Raumschiffen. Auch dies ist eine Form der von uns geübten Toleranz.

Und in der Tat, heute wissen wir durch unsere Experimente, daß die »Technologie« der fremden Intelligenzen, die sich so noch immer nicht zu erkennen gegeben haben, wahrscheinlich auch gar keine »Generationenraumschiffe« in unserem Sinne benötigt. Alles scheint noch phantastischer zu sein, als wir uns das derzeit vorstellen können, doch darüber werden wir in einem späteren Kapitel mehr spekulieren.

Eines sei hier jedoch schon erwähnt: seit Beginn unserer Aktivitäten beim Woodborough Hill haben Erscheinungen, die dem klassischen UFO-Phänomen zugerechnet werden können, dort merklich zugenommen. Von der »unheimlichen Begegnung der dritten Art« in der Nacht vom 26./27. Juli 1992 haben wir bereits in Kapitel 33 von »Die Antwort des Orion«[2] berichtet. Nur ein paar Tage später widerfuhr niemandem anders als dem damaligen Vorsitzenden des CCCS selbst, dem ehrwürdigen Michael Green, das folgende Erlebnis, das er in einem Rundbrief an wichtige Leute aus der Kornkreisszene bekannt gab:

»Am Mittwoch, dem 29. Juli 1992, führten Stanley Morcom und ich in der Nähe von Alton Priors, Wiltshire, unsere Untersuchungen in Kornkreisen durch, die dort entstanden waren. Ungefähr gegen 18.00 Uhr liefen wir die Tramlines im westlichen Teil des großen Weizenfeldes südwärts entlang, das zwischen Alton Priors und Wilcot liegt. Das Feld gehört der Familie Carson, deren Erlaubnis wir hatten, eine weitflächige Formation zu untersuchen, die aus einem großen Ring und einem Kreis besteht. Unsere Absicht war, fremde Aufmerksamkeit auf unsere Arbeit zu vermeiden, weshalb wir uns der Formation von Süden her nähern wollten. Das Feld war nicht für öffentliche Besuche freigegeben.«

»Als wir ungefähr 135m vom südlichen Feldrand entfernt waren, der teilweise aus einer Heckenreihe mit Bäumen besteht, sah ich plötzlich ein Objekt, das sich von rechts nach links (von West nach Ost) vor der Hecke vorbei bewegte. Eine silberne Haube oder Kuppel erschien ca. 60–90 cm über dem Korn, das eine Höhe von 75 cm erreicht hatte. Der Rest des Objekts wurde vom Korn verdeckt, als es jedoch am Ende der Tramline vorbeikam, erkannte ich ein dunkles, technisch aussehendes Unterteil. Das Oberteil des Objekts, das sich gleichmäßig mit ca. 20 mph (Meilen pro Stunde, Anm.) fortbewegte, war ca. 3–4 m groß. An einer Stelle verschwand es kurz hinter dem Korn, erschien erneut, bis wir es schließlich aus den Augen verloren. Der ganze Zwischenfall dauerte zwischen 5 und vielleicht 10 Sekunden.«

»Ich nahm zunächst an, daß es sich um das Dach eines Autos oder Farmfahrzeugs gehandelt habe, das in einem Hohlweg zwischen dem Korn und der Hecke entlanggefahren war. Als ich jedoch das Feldende erreichte, mußte ich feststellen, daß es dort weder einen Hohlweg gab noch irgendwelche frischen Fahrspuren zu entdecken waren.«

»Stanley Morcom, der in kurzem Abstand vor mir lief, hat dieses Objekt nicht bemerkt. Das Wetter und die Sicht waren ausgezeichnet, trotz einer gewissen körperlichen Müdigkeit war unsere Wahrnehmungsfähigkeit unbeeinträchtigt. Ich habe keine rationale Erklärung für diese Sichtung. Noch im Frühsommer dieses Jahres habe ich auf Vorträgen meine Zurückhaltung gegenüber dem UFO-Phänomen geäußert, indem ich anführte, daß es außerhalb meiner persönlichen Erfahrung läge. Könnte dieses Ereignis nun wieder ein weiteres Beispiel für das ausgezeichnete Timing und einen gewissen Humor der Kornkreismacher sein, die ein Phänomen von tiefer persönlicher Bedeutung produzieren, immer ohne Zeugen oder die Möglichkeit, das Ereignis mit einer Kamera aufzunehmen?«

Soweit eine der wichtigsten Forscherpersönlichkeiten der ersten Stunde, Michael Green, der sein erstes UFO-Erlebnis nicht in irgendeinem Feld in Wiltshire hatte, sondern genau in dem Feld, in dem der Ring mit dem Kreis lag, über den wir Tage zuvor hinweggeflogen waren und genau dort die Wucht des Energieschlauches spürten, der sich über dieser Formation unsichtbar erhob: Es war das Tawsmead Field!

In der Folge der zunehmenden Sichtungen von unidentifizierten Flugobjekten sah sich dann auch das CCCS genötigt, ein doppelseitiges Flugblatt herauszugeben, das u.a. 11 Fragen enthielt, die im Falle einer Sichtung eines unbekannten fliegenden Objekts zu beantworten waren. Man las unter anderem:

»LEUCHTENDE OBJEKTE IN DER GEGEND VON KORNKREISEN BEOBACHTET! AUFFORDERUNG, BERICHTE AUS DEM VALE OF PEWSEY EINZUSCHICKEN!«

»Das Centre for Crop Circle Studies (CCCS) hat eine Anzahl von Berichten über das kurze Auftauchen leuchtender Objekte am Himmel oder in Bodennähe aus Gegenden erhalten, in denen Kornkreise aufgetaucht sind. Diese Objekte sind sowohl bei Dunkelheit als auch bei Tageslicht gesehen worden. Ein paar Fotos und Videoaufnahmen konnten gewonnen werden.«

»CCCS kann im Moment nicht angeben, ob ein Zusammenhang zwischen diesen Leuchterscheinungen und dem Kornkreisphänomen besteht, aber daß es vielleicht so sein könnte, ist von größtem wissenschaftlichen Interesse. Mit Ihrer Hilfe möchten wir das Problem intensiv studieren und uns dabei auf einen Bereich konzentrieren, der im Vale of Pewsey zwischen Devizes und Oare liegt.«

»Folgende Arten von Leuchterscheinungen wurden bisher gesehen: (A) eine orangefarbene Kugel, oft sehr nahe am Boden; (B) kleine rote oder weiße Lichter, oft in größerer Höhe, die sich oft so eigenartig bewegen, daß es schwer fällt, an Flugzeuge, Meteore, Satelliten, Wetterballons oder andere erklärbare Objekte zu glauben; (C) Lichtstrahlen; (D) kurze Lichtblitze; (E) kleine, offenbar solide Objekte, die in geringer Höhe oder in Bodennähe fliegen; (F) eine augenscheinlich »strukturierte Flugmaschine« mit reihenweise angeordneten Lichtern und einzelnen, sich davon loslösenden Lichtern.«

Wir beide haben Fragen an die bislang unbekannten Kreisemacher gestellt und Antworten von ihnen erhalten. Dadurch waren wir in der Lage, einen speziellen Stern zu lokalisieren, der in wahrhaft phantastischen Zusammenhängen zum Kornkreisphänomen, zu unserer eigenen Menschheitsgeschichte, zum Phänomen unbekannter fliegender Objekte und vielleicht sogar zu uns persönlich steht. Darüber hinaus wurden wir sogar auf die Wichtigkeit des zweiten Planeten in diesem Sonnensystem hingewiesen. Aber ob diejenigen, die für die Piktogramme in Preshute Down und Barbury Castle verantwortlich sind, auch direkt von dort kommen, haben sie uns dezidiert so nicht mitgeteilt. Und so haben wir es auch geschrieben: »Was lag bei all unseren Forschungsergebnissen und Analogien, die wir gefunden hatten, näher, als anzunehmen, daß uns dieser Stern gezeigt wurde, weil dort zu finden sein könnte, wonach wir schon so lange suchen: anderes Leben.«

Dies soll nun nicht der Ort sein, um mit sogenannten »Journalisten« oder »Forscherkollegen und -kolleginnen« ihrer verbalen Entgleisungen wegen ins Gericht zu gehen, denn wir wollen auch ihnen gegenüber Toleranz üben. Das Kornkreisphänomen war unter anderem eine Chance für jeden, je nach seiner freien Entscheidung, an einer Entwicklung hin zu einem höheren Bewußtsein teilzuhaben. Und ist nicht jeder zu bedauern, der diese kosmische Gelegenheit verpaßt hat? So wollen wir dieses Buch hier als das belassen, was es sein soll: die Fortsetzung einer wunderbaren Chronologie, die sich so, wie es hier steht, tatsächlich ereignet hat und deren letztes Kapitel wohl nie geschrieben werden wird.

Die immer wieder gestellte Frage, warum die unbekannte Intelligenz hinter dem Phänomen der Kreise und Piktogramme in den Feldern Südenglands – in der Kornkreisszene auch »A-Team« genannt – ausgerechnet dort so intensiv auf sich aufmerksam gemacht hat, können jene leicht beantworten, die einmal am Kliff der Marlborough Downs hoch oben auf Adam's Grave gestanden haben. Einige unter Ihnen wissen inzwischen, wovon wir schreiben.

Hier, an einem der magischsten Orte dieser den Geist und Körper so fesselnden Landschaft, bekommt man das Gefühl für die in ihr verborgenen Vibrationen, wenn vor einem nach Süden ausgebreitet das Vale of Pewsey liegt, links das East Field, gegenüber Woodborough Hill, geradezu das kleine Alton Priors, Alton Barnes, und Honeystreet mit dem Barge Inn, rechts davon Stanton St. Bernhard und die Felder unterhalb Milk Hill. Weiter nach hinten erstrecken sich wellige Hügel mit Hecken, Bäumen und Feldern, am Horizont schwach sichtbar die Rauchsäulen der dort in den Salisbury Plains herummanövernden Royal Army. Der Wind braust um den Kopf, man möchte ihn umarmen und mitfliegen.

Doch dies ist nur ein Teil der scheinbaren Realität, denn außerhalb des visuellen Bereichs elektromagnetischer Strahlung fließen links mächtige Energieströme entlang des Ridgeways durch das East Field, hinter einem pulsiert der Wansdyke Path und vor einem liegen – dem uneingeweihten Kornkreis-Touristen verborgen – mehrere erdzeitalte Kraftorte.

Sie alle bilden einen Teil des energetischen Retikulums, das unseren Planeten umspannt und durchdringt und das für so viele bekannte und noch nicht verstandene Phänomene verantwortlich ist. Und dort hinein aktiviert die unbekannte, uns positiv gesonnene Intelligenz mit ihrer »Technologie« wohl definierte Felder, kondensiert Energie zu Materie und ermöglicht so Kommunikation und Kooperation. Hier finden sich die »Gateways« in andere Dimensionen.

In der Senke des alten River Kennet bei Avebury, auf Silbury Hill, in der Nacht, ist man den lockend funkelnden Sternen näher als anderswo. Nach kurzer Zeit spürt man das warme Gras unter dem Rücken nicht mehr, die glitzernde Pracht dort oben scheint einen allmählich schwerelos werden zu lassen, und langsam kommt der beschreibend suchende Verstand zur Ruhe – es gibt keine Worte mehr. Was man sieht, ist Klang, nichts ist mehr fest, alles ist in Bewegung, nichts ist mehr getrennt, alles ist eins.

Wer einmal in solch einer Nacht dort oben gelegen hat, wer spürte, daß zwischen ihm und der Unendlichkeit kein Zwischenraum mehr war, wer in dieser majestätischen Schwärze über sich Planeten leuchten und Sonnen und Galaxien strahlen sah, wird ein anderer sein, wenn er diesen sechsstufigen Kegel wieder verläßt, wird sich stets der Sehnsucht erinnern, die ihn und sie dort oben umfaßte, wird sich nach der Wärme sehnen, die er und sie zwischen den Sternen empfing.

Deshalb hat sich die unbekannte Intelligenz diese Gegend ausgesucht, um uns an unsere kosmischen Aufgaben zu erinnern, weil dort die Nervensynapsen dieses Planeten noch auf Impulse reagieren.

KAPITEL 2

1993 – Die nächste Runde

Zur gleichen Zeit verzeichnete die offizielle Datenbank des CCCS ganze 12 Piktogramme im englischen Raum, von denen nur ein einziges das Prädikat »G« für »Good« erhielt. Es war die Formation in Aston Rowant in der Nähe des Ridgeways, nördlich der M40, die am 2. Mai gesichtet wurde. Das einzige Piktogramm in Wiltshire war zu diesem Zeitpunkt eine Formation auf der North Farm bei West Overton, die von Busty Taylor gesichtet wurde, der, bezüglich der Echtheit der Formation, sehr skeptisch war, während andere Untersucher vom CCCS ihr nach Inspektion und Probenentnahme auf der von 1–9 reichenden »Echtheitsskala« des CCCS den Wert 6 zubilligten.

Diese Informationen gelangten in eine Phase hinein, in der wir unser nächstes Experiment bereits geistig vorbereiteten. Erste Skizzen waren schon gezeichnet, geändert und neu konzipiert worden. Bei der Stange bleiben, bloß nicht abheben, die Linie nicht verlieren, das waren die unerbittlichen Grenzen, an die wir immer wieder stießen, wenn die Phantasie mit uns durchgehen wollte. War es aber nicht verständlich, wenn angesichts des bisher in den ersten beiden Jahren so wunderbar Erlebten, nach Stunden heißer Diskussion und einem kühlen Bier, das, was wir erneut zu erleben hofften, in uns tiefgehende Emotionen auslöste? War das mit dem Begriff »Energie«, den wir 1992 aus den Feldern mitnehmen durften, nicht vielleicht auch gemeint? Die Energie der eigenen Emotionen? Was sind Emotionen?

Es war Mai und trotzdem waren, im krassen Gegensatz zu den Jahren vorher, nur derart wenige Piktogramme erschienen? Irgendwie schien uns diese Nachricht zu beflügeln, denn wir arbeiteten nun noch verbissener an dem Entwurf des Piktogramms, das wir dem Phänomen diesmal zum Geschenk machen wollten. Am 3. Juni '93 war es vollendet.

Wir hatten uns, neben allen Phantastereien, entschlossen, ganz in der »Terminologie« des Phänomens und folglich unserer Theorie zu bleiben. So wollten wir wieder mit Kreisen, Ringen und Rechtecken ein Piktogramm erstellen, welches das gesamte astronomische Wissen darstellte, das aus unserer bisherigen Arbeit abgeleitet werden konnte. Es sollte das Zentrum des Zentrums darstellen, das Ziel all unserer Forschungen, weil eine fremde Intelligenz uns dorthin geleitet hatte, in das Sternendreieck im Zentrum des Wintersechsecks, dessen terrestrische Entsprechung ja Barbury Castle war. Es sollte gleichzeitig ein Test sein: Würde das Phänomen irgendwie auf das komplette Angebot unserer bisherigen Erfahrungen mit ihm reagieren?

Das Piktogramm zeigt das zentrale, aus Sternen gebildete Dreieck im Zentrum des Wintersechsecks, ergänzt durch die Verbindungslinien des Barbury-Castle-Piktogramms. Oben an der Spitze steht HD, symbolisiert durch den hinteren Teil des Antwortpiktogramms von Preshute Downs, ergänzt durch drei kleine Monde beim größeren Planeten.

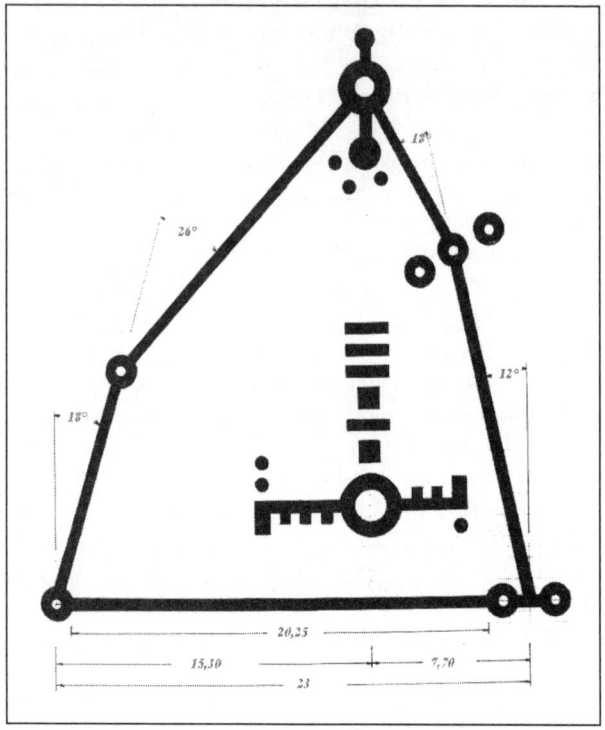

Abb. 1: Experimentalpiktogramm Wilcot Brow 1993.

Innerhalb des Dreiecks plazierten wir unser Sonnensystem mit den Zeigern für den dritten Planeten, unsere Erde mit dem Mond, und für den 4. Planeten, den Mars mit seinen beiden Monden Phobos und Deimos. Zwischen HD und unser Sonnensystem setzten wir in Binärcode die Zahl 58 als Entfernungsangabe in Lichtjahren (Lj) zwischen beiden Systemen.

Auf die Idee kamen wir durch das Piktogramm vom 18. August 1992, das in einem Feld nahe beim Silbury Hill entstanden war. Es ist recht hübsch anzusehen und erschien, als wir bereits wieder in Berlin waren. Es bildete quasi das Ausrufezeichen am Ende der Saison 1992 und erhielt den Namen »Charming Bracelet«. Aus der Luft sah es sehr harmonisch und durch die Kreisform in sich geschlossen aus. Die Einzelteile entsprachen der traditionellen Symbolik und ließen sich deuten, ja sie würden sogar aktuell zu unserem Stand der Erkenntnis passen – fast zu schön um wahr zu sein. Doch dann kam die Debatte um die Echtheit auf.

Grant Wakefield, ein sehr sympathischer und mit uns bekannter Insider der Szene, einer der »Locals«, von denen wir so viel gelernt und erfahren haben, schrieb uns am 21. April 1993 dazu: »Diese Formation war die tiefstgreifende Erfahrung all dessen, was ich bisher in Wiltshire erlebt habe. Ich glaube einer der wenigen Menschen zu sein, die diese Formation am Boden in einigermaßen umfassender Weise fotografisch dokumentieren konnten.«

»Das Korn war sehr reif. Man brauchte nur mit den Fingern gegen die Ähren zu schnipsen, um die Samenkörner herauspurzeln zu lassen. Ich habe jedoch beim Betreten der Formation keine Körner am Boden gefunden. Die erstaunlichen Details, der Fluß der Pflanzen und die Verwirbelungen waren das Beste, was ich bisher gesehen hatte. Das meiste Korn war 4 Inches über dem Boden gebogen und wenn man drauftrat, bog es sich nach unten, blieb dort und verlor die Körner zu Hunderten.«

»Es wurden drei Fußabdrücke entdeckt, vielleicht von noch früheren Besuchern, aber es reichen drei Fußabdrücke als Beweis keinesfalls aus, um eine ganze Formation zum Hoax zu erklären. Ich entdeckte die Formation auf einem Flug zusammen mit Busty Taylor am Nachmittag des 18. August gegen 3.00 Uhr. Sie existierte nur für weitere 48 Stunden, dann wurde sie abgemäht.«

»Eines der interessantesten Merkmale der Formation war die Einbeziehung eines menschengemachten Gegenstandes, was Absicht oder Zufall gewesen sein kann. Jedenfalls wurde der ›Fluss‹ des Ringes dadurch gestört, obwohl er den Wassertrog nicht direkt berührte. Er ging ca. 1,20 m daran vorbei. Direkt gegenüber dem Wassertrog ist das Ringelement ebenfalls stark gestört. Was es je werden sollte, bleibt unklar, jedenfalls besteht es aus drei übereinanderliegenden Kreisen. Jedes einzelne Kreiselement hatte eine andere Kornlage. Eine derartige Perfektion habe ich noch nicht gesehen. Entweder die Hoaxer haben eine neue Fertigkeit entwickelt – oder es ist echt. Die Formation war von der Straße her nicht zu sehen, auch nicht vom ›Waggon & Horses‹ Pub.«

Doch dadurch, daß Jim Schnabel im Verdacht stand, dieses Meisterwerk geschaffen zu haben, war ein Schatten auf das Piktogramm gefallen, es war nicht mehr unschuldig. Und hier kommt wieder ein Jürgen Krönig ins Spiel, der dieses Gerücht mit zu verursachen half, so Wakefields Brief. Krönig, von Beruf Journalist, war um Connections zu allen wichtigen Kornkreisforschern und Hoaxern bemüht, dies war sein Job. Er berichtete in den ersten Jahren (gewinnbringend) in Deutschland über die Kornkreise und hat sicherlich mitgeholfen, dem Phänomen eine weitere Publizität zu verschaffen. »I like the guy, but I don't trust him«, haben wir über ihn in all den Jahren nicht nur einmal gehört. Warum das so war, wird er wohl selbst am Besten wissen.

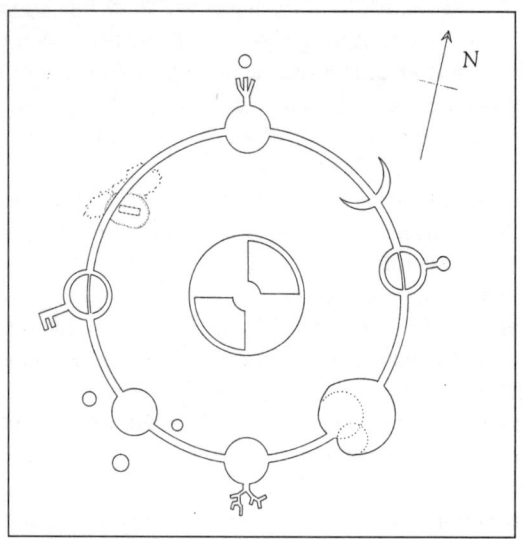

Abb. 2: »Charming Bracelet« – die Formation vom 18.08.1992
(nach J.S. Martineau, Chris Mansell und Dave Gilfoyle).

Grant führt schließlich noch ein weiteres Argument an. Es war das Ergebnis des denkwürdigen Kornkreismacher-Wettbewerbs des Cerealogist vom 11. zum 12. Juli 1992 in einem Weizenfeld neben den bekannten Hell Fire Caves bei West Wycombe, Buckinghamshire, auf dem Anwesen von Mr. Edward Dashwood.

Dieser Wettbewerb wurde ausgerufen, um einmal das Ausmaß der Fähigkeiten der Hoaxer zu dokumentieren, sie gegeneinander offen antreten zu lassen und um zu testen, welche der Besonderheiten der Formationen der letzten Jahre sie tatsächlich nachmachen konnten.

Man rief und illustre Namen kamen zusammen, um alle in der gleichen Zeit das hier auf der nächsten Seite abgebildete Piktogramm zu erstellen:

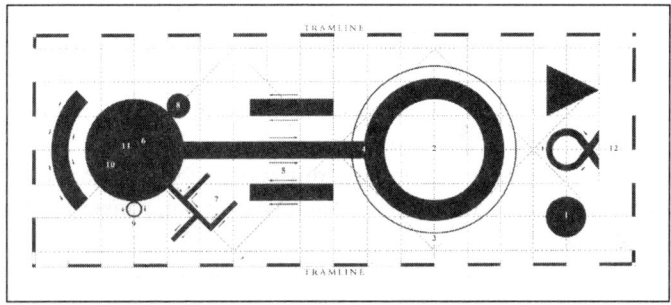

Abb. 3: Die Vorlage des Wettbewerbs.

In der nachfolgenden Tabelle finden Sie die Namen der Gewinner und Teilnehmer dieses Hoaxerwettbewerbes, ein repräsentativer Querschnitt durch die Hoaxer-Szene. Immerhin, die Verlockung war enorm: Der Gewinner erhielt 3.000 Britische Pfund. Dieser Wettbewerb ließ doch einen guten Vergleich der einzelnen Teams zu. Interessant ist, daß Jim Schnabel, der als Ein-Mann-Team allein gegen alle Teams angetreten war, den zweiten Platz belegte und dafür immerhin noch 500 Pfund einheimste.

Grant schreibt dazu:»Keiner, weder Schnabel noch irgend jemand sonst, kam beim Hoaxer-Wettbewerb der Qualität des Piktogramms beim Silbury Hill auch nur annähernd nahe. Es gibt keinen Bericht, daß Hoaxer dort in dieser Nacht gesehen wurden, obwohl im Sommer immer jemand oben auf dem Hill wacht oder schläft. Niemand hat offen je behauptet, diese Formation gehoaxt zu haben. Die einzigen Äußerungen kamen über Jürgen Krönig.«

Piktogr.-Nr.	Teamleader	Mitglieder/Team	Punkte
3	Adrian Dexter, Yeovil	3	1.687
9	Jim Schnabel, Oxford	1	1.647
8	Sam Livingstone, Royston	4	1.636
12	Tony Cathpole, Gr. Dunmow	6	1.466
13	James Chapman, Romsey	5	1.445
4	Simon Saunders, Uxbridge	6	1.432
7	John Martineau, Powys	6	1.420
2	Nick Lowings, Gwent	6	1.341
11	Delia Shepherd, Corsham	2 + Hund	1.004
10	John Waller, Pershove	4	848
6	Steve Hyde, Oxford	4	684
5	Mark Ridley, Newcastle	4	disqu.

Alle der am Hoaxer-Wettbewerb teilnehmenden Teams benötigten mindestens dreieinhalb Stunden, um eine Formation fertigzustellen, die nur halb so groß war und ein Zehntel der Komplexität der Formation besaß, die bei Silbury Hill entstanden war. Im Maximum haben Hoaxer in Sommernächten für ihre Arbeit vier Stunden Dunkelheit zur Verfügung.

Um aber die minimale Chance zu wahren, daß es sich bei der damals noch nicht entschiedenen Debatte vielleicht doch um ein echtes Piktogramm handeln könnte, entschlossen wir uns, die Idee mit den drei Monden um HDs zweiten Planeten dem Phänomen als Vorschlag anzubieten. Dies entsprach dem südöstlichen Element im Ring. Insgesamt zeichnet sich das Piktogramm dadurch aus, daß sich gegenüberliegende Komponenten entsprechen. Vielleicht gäbe es ja doch eine Reaktion darauf.

Den Mars bezogen wir ein, weil er ja nun, nicht erst seit Sitchin und den Phobos-Raumsonden der Russen, im Verdacht stand, einmal Leben beherbergt zu haben. Wir alle kennen die Diskussion um die Cydonia-Region mit dem inzwischen erneut fotografierten »Mars-Gesicht« und »Mars-City«. Eines ist klar: Wer in unserem Sonnensystem war, war auch auf dem Mars.

Grant schrieb uns noch, daß er überzeugt sei, daß 1993 einen Durchbruch bringen würde, was die Unterscheidung von »echt« und »unecht« anbelangt. Wir wußten zu diesem Zeitpunkt noch nicht, was uns erwarten würde und hofften, daß er doch recht haben möge. So arbeiteten wir weiter an den Vorbereitungen zur nächsten Etappe unserer Reise in eine ungewisse kosmische Zukunft.

Wir hatten uns fest vorgenommen, auf dem Feld beim Barbury Castle den Versuch zu unternehmen, die Energiestruktur des Piktogramms von 1991 ein zweites Mal nachzuweisen, was außer uns bisher offenbar niemand versuchte, jedenfalls lasen wir nirgendwo etwas darüber. Am 14. Juni 1993 erhielten wir, Dank der Vermittlung unserer Freunde, die Erlaubnis von Farmer White, sein Feld zur Untersuchung betreten zu dürfen. Natürlich würden wir versuchen, auch auf den anderen Feldern nach Relikten der Piktogramme zu suchen. Wir hatten ja einen Hinweis bekommen, womit wir uns näher beschäftigen sollten: Energie! Was lag also näher, als es vor Ort, da wo es angefangen hatte, zuerst zu suchen und zu beginnen.

Es soll an dieser Stelle nicht unerwähnt bleiben, daß unsere Fähigkeiten im Umgang mit den Rods (»Ruten«) sich seit unserem Aufenthalt in England 1991 überraschend gesteigert hatten und auch das ständige Üben an bekannten Wasseradern und Stromkabeln seinen Teil dazu beigetragen hatte. Mit offenen, sehenden Augen waren wir offenbar blind, wenn auch empfänglich, für irgendeine weitere Bandbreite im elektromagnetischen Spektrum und die Rods waren so etwas wie unsere Blindenstöcke in dieser neuen Umgebung.

Dann erreichten uns aufregende Nachrichten aus England. Am 13. Juli hätten auf der Carson Farm nachts um 01.00 Uhr die Hunde wild zu bellen angefangen, aber draußen war nichts zu entdecken. Zur gleichen Zeit rief der Bruder des Farmers an und teilte mit, daß plötzlich sein Anrufbeantworter von allein angegangen sei. Es war genau zu der Zeit, als wir in den beiden Jahren zuvor unsere Experimente durchgeführt hatten, der Blitz in Pollys Küche erschien und wir die Antwortpiktogramme erhielten. Am 16.07.1993 saß Tom T., ein Bekannter der »Dreads«, mit seiner Frau um 23.00 Uhr auf dem Woodborough Hill, und beide schauten in Richtung East Field. Plötzlich veranlaßte sie etwas, sich umzudrehen. Da sahen sie in etwa 100 m Entfernung in Richtung Rabbit Holes Field eine fußballgroße, grellrot leuchtende Kugel schweben, die dann begann, sich aufzublähen. Tom schätzte sie schließlich bis auf 50 m groß. Da kollabierte sie plötzlich und verschwand. Diese Erscheinung ängstigte die beiden schließlich so sehr, daß sie den Platz schnell verließen. In der Nacht des 16. zum 17. Juli waren zwei Jahre zuvor das Antwortpiktogramm und dessen Auflösung bei Barbury Castle entstanden. Koinzidenzen? Absicht? Ein Rufen?

Eine Weile vor unserer Ankunft ritt unsere Farmerin mit ihrem Pferd den Weg parallel zum Wilcot Brow Field entlang. Plötzlich scheute das ihr seit Jahren vertraute Tier. Sie blickte nach links zum Feld und sah hinter den Bäumen eine schwarze Kugel entlangflitzen, die etwa Fußballgröße besaß. Plötzlich war die Kugel wieder verschwunden. Das Pferd wollte sich nicht mehr vom Fleck bewegen, sie mußte absteigen und das verstörte Tier am Zügel nach Hause führen.

Bis zum 31.07.1993 waren auf der Carson Farm, abgesehen von ein paar kleinen, grausamen Hoaxen auf Seitenfeldern, keine Piktogramme entstanden. Sollte das Phänomen tatsächlich auf uns warten? Wir wagten dies eigentlich kaum zu glauben, aber in England begannen sie schon, wie wir in Telefonaten erfuhren, ihre Scherze damit zu treiben. Oder hatten vielleicht Andy Collins Orgon-Experimente damit zu tun? Auch er hatte einen schwarzen, runden, sich überschlagenden Gegenstand vom Hill aus über die Felder dahinfliegen sehen. Unsere Spannung erreichte langsam den Siedepunkt, denn es war schon spät in diesem Jahr und die Ernte hatte sicher schon begonnen.

KAPITEL 3

Wilcot Brow

Am 14. August war es dann endlich soweit, wir waren wieder unterwegs nach England. Aus dem Dunkel der Nacht waren wir nach Westen gefahren, hinaus in den hellen französischen Morgen bei Calais. Als wir dann gegen halb elf Uhr die Kreidefelsen von Dover vor uns sahen, dachten wir, daß es so interstellaren Reisenden ergehen müßte, die nach langem Flug durch die kosmische Sternennacht in eine Umlaufbahn um die helle Sonne des bestimmten Planetensystems einschwenkten, das als Ziel der sehnsüchtig vor langer Zeit angetretenen Reise schon lange festgestanden hatte.

Nach unserer kleinen, nunmehr schon bald traditionellen Eintrittszeremonie in Stonehenge fuhren wir weiter nach Alton Barnes. Viele Felder waren schon abgemäht worden, wir waren spät dran dieses Jahr. Der grüne Farbton der heranwachsenden Felder der letzten beiden Jahre war jetzt dem reifen Gelb des Spätsommers gewichen, aber als wir am East Field vorbeikamen, sahen wir, daß es noch nicht abgemäht war. Es lag da, als ob es auf etwas wartete.

Wie hatten wir uns auf ein erfrischendes Getränk im »Red Lion« gefreut, nachdem die freudige Begrüßung bei Randersons im Windmill House, wo wir traditionell das Zimmer Nr. 6 bezogen, bereits schon wieder hinter uns lag. Doch Mr. Incledon war bereits seit April nicht mehr Landlord dieses Pubs und unsere Augen suchten vergebens nach ihm und seiner Frau Marta – kein donnerndes Lachen dieses Mannes mehr, der uns 1991 geholfen hatte, die Tür zu diesem Land aufzuschließen, indem er, ohne es sich von uns bezahlen zu lassen, herumtelefonierte, bis er schließlich das Windmill House, als einzige noch freie B&B-Unterkunft, für uns aufgetrieben hatte. Wir saßen bei unserem Pint und hatten schwer zu kämpfen, diesen unerwarteten Dämpfer unserer Wiedersehensfreude einzuordnen. Veränderung – sie traf uns hier unerwartet und war doch nur ein Symptom für die vor uns liegende Zeit.

Am nächsten Morgen fuhren wir zur Farm. Diese erste Fahrt am Morgen nach der Ankunft war stets etwas Besonderes, sie hatte etwas von einer Prozession, wir genossen jeden Meter, grüßten den »Swindon Stone« in Avebury wie einen guten Freund, riefen dem Waden Hill ein freundliches »Hallo!« zu und muhten die Rinder an, die uns unterwegs begegneten. Unsere kleine, liebgewonnene, rote Telefonzelle in West Overton stand auch noch da und der River Kennet führte, wie immer, kaum Wasser, es war also keine Überschwemmung zu befürchten. Dann, wie in jedem Jahr, die freudige Erwartung bei der Annäherung an das Kliff während der Fahrt auf der Straße nach Alton Barnes, der sich hinter dem Parkplatz zur Linken dann plötzlich auftuende, weite Blick über das East Field und die sich bis in die Ferne erstreckende englische Landschaft aus Feldern, Hügeln, Buschreihen, vereinzelten Häusern und den ewig von Südwest heranziehenden weißen Wolken und Wölkchen darüber.

Doch diesmal waren viele der Felder schon abgemäht, auf anderen fuhren die riesigen Mähmaschinen unablässig hin- und her und produzierten in laufender Folge hinter sich eine hellgelbe Strohrolle nach der anderen. Der Anblick der vielen kahlen Felder verwirrte uns, es war der Herbst, dem wir hier schon ungewollt begegneten.

Auf der Farm erfuhren wir, daß alle Wissenschaftler schon abgereist und auch die Feldwachen abzogen waren, es war niemand »Wichtiges« mehr da, was uns nur recht sein konnte. Wir erhielten wieder die Erlaubnis, unsere Forschungen und Experimente auf dem gesamten Land ohne Einschränkungen fortführen zu dürfen und fuhren dann hinaus zwischen die Felder. Dort, am ersten Abzweig hinter dem die Farm bis zu den Scheunen durchschneidenden Betonweg, hinter der Hecken- und Baumreihe, die Michael Green bei seiner Sichtung im Tawsmead Field ein Jahr zuvor erwähnt hatte, sollten wir uns ein Feld für unser Experiment aussuchen. So wendeten wir unseren treuen Passat nach links und fuhren den trockenen Feldweg entlang, bis wir linker Hand eine Lücke in der Heckenreihe fanden, die groß genug für unseren vierrädrigen Begleiter und uns war.

Zivilkleidung ausgezogen, rein in die Feldhosen und -schuhe, tief durchatmen! Unmittelbar hinter der Hecke begannen die Felder. Sie erstreckten sich nach alle Seiten bis zum Horizont, der vor uns und rechts durch die Hügelkuppe gebildet wurde, hinter der nach Norden die Straße nach Pewsey und das East Field lagen. Nach links rüber fiel das Land zum Avon-Kennet-Kanal sanft ab. Der Frieden und die Ruhe dieses einsamen Ortes drangen nun auch in unseren Verstand ein und ließen uns ein wenig zur Ruhe kommen. Ruhe – irgendwie war es ruhiger als sonst, und schließlich merkten wir, woran es lag. Das fröhliche Gezwitscher unserer Freundinnen, der Skylarks, war in diesem Jahr nicht zu vernehmen, die uns doch in den Jahren zuvor, oft unsichtbar über uns schwebend, mit ihren fröhlichen Liedern Freude und Zuversicht gegeben hatten. Ein eigenartiges Gefühl beschlich uns bald, es war irgendwie unheimlich, und wir ertappten uns anfangs, wie wir bei jedem fremden Geräusch fast erschrocken herumfuhren.

Wir erinnerten uns, daß unsere Piktogramme in den Vorjahren überraschend mit Energielinien in Verbindung gestanden hatten. 1991 hatten wir davon noch gar nichts gewußt, als die Field Investigators vom CCCS überrascht aufblickend feststellten, daß vom kleinen Kreis eine Energielinie hinunter zu unserem Piktogramm zog. Im Jahre 1992 waren unsere Fähigkeiten mit den Ruten überraschend sehr viel besser geworden, weshalb wir uns trauten, das Rabbit Holes selbst nach einer Linie abzusuchen, die wir dann tatsächlich auch fanden. Es war dieselbe Linie vom Vorjahr, sie war immer noch da, und wir benutzten sie natürlich, um unser Experimentalpiktogramm genau dort draufzulegen. Wir kannten weder Ursache noch Wirkung dieser geheimnisvollen Linie, ahnten aber schon, daß sie mit dem Phänomen in Verbindung stehen und uns von Nutzen sein könnte. Vielleicht ging ja irgendwo in einem Raumschiff ein Lämpchen an, wenn wir anfingen, auf dieser Linie etwas zu bauen, dachten wir damals augenzwinkernd. Never change a winning team! So war klar, daß wir auch diesmal das Feld vor Beginn jeglicher Arbeiten nach einer eventuell vorhandenen Linie absuchen würden, um sie in das Piktogramm zu integrieren. Wir griffen nach den Winkelruten und begannen in einem ersten Screening, am Feldrand entlangzulaufen. Doch was war das? Nach ein paar Schritten, bewegten sich beide Ruten entgegengesetzt zur Seite, dann wieder und wieder. Auch als wir in eine der Tramlines einschwenkten, gab es, immer nach einigen Schritten, regelmäßige Ausschläge. Mit bis zum Hals klopfendem Herzen liefen wir völlig überrascht, fasziniert und einigermaßen aufgeregt immer wieder hin und her, aber egal wohin wir liefen, mit steter Regelmäßigkeit bewegten sich die Ruten, wie der gleichmäßige Schlag gegen das Ufer platschender Wellen. So fanden wir heraus, daß offenbar ein großer Teil des Feldes mit einer Art Gitter überzogen ist. Die Kantenlänge eines einzelnen Vierecks lag ziemlich genau bei 4 m! Wir schauten uns an, faßten uns bei den Händen und versuchten, dem Phänomen unseren innigsten Dank auszudrücken, denn offenbar hielt es hier für uns ein weiteres Geschenk parat, was wir nach den Erfahrungen der letzten beiden Jahre zwar erhofft, jedoch so nicht erwartet hatten. Schon der erste Test verlief so vielversprechend, was würde uns erst in den nächsten Tagen erwarten?

Als wir die Nachricht von unserem sensationellen Fund ins Farmhaus trugen, schüttelte man dort mit großen Augen ungläubig den Kopf. Was machen die beiden bloß da draußen?

Am Nachmittag des gleichen Tages faßten wir den Entschluß, zum Woodborough Hill zu fahren, um dort oben in einer Art intensiver Konzentration unsere geistige Kraft mit der Umgebung verschmelzen zu lassen. Rund um diesen Hügel mit seiner weithin sichtbaren, markanten Baumgruppe herum hatten sich in den letzten zwei Jahren wichtige Ereignisse abgespielt, jetzt schien sich am Fuß des nördlichen Abhanges in Form eines Gitters aus einer unbekannten Energie eine wunderbare, neue Qualität des Phänomens anzudeuten. Was lag also näher, als oben auf dem Hügel unseren Geist mittenhinein zu gießen?

Auf dem Rücken liegen, die warme Erde unter sich fühlen, in den Händen weiches Gras halten und über sich die Wolken ziehen sehen – Momente leisen Ahnens, die Sehnsucht, mehr zu sein als nur Körper.

Danach hielten wir es nicht mehr aus und mußten runter auf das Copse Field, um herauszufinden, ob wir das Energiemuster des kleinen echten Kreises von 1991 wiederfinden würden. Weit in die Ferne hin erstreckte sich dieses Feld in blassem Braun und verschieden getöntem Grau, beschienen von der Sonne und zeitweilig bedeckt vom Dunkel der Wolken. Dieses Feld war in diesem Jahr »set aside«, es ruhte aus. Daneben, das Rabbit Holes, bot den gleichen tristen Anblick, wie leblos, einer Mondlandschaft ähnlich. Kein Laut außer dem dumpfen Tritt unserer Füße war zu hören, wir begannen unwillkürlich, leiser zu sprechen.

Kaum, daß wir das Feld betreten hatten, begannen die Ruten, sich zu bewegen. Auch hier stellten wir eine gewisse Regelmäßigkeit fest, kümmerten uns aber zunächst nur um den Kreis. Nach einer Weile bewegten sich die Ruten plötzlich nur nach einer Seite. Wir markierten diesen Bereich und engten ihn durch Herangehen aus verschiedenen Richtungen immer weiter ein. Schließlich hatten wir eine Kreisform von ca. 7 m Durchmesser herausgearbeitet, und als wir uns auf dem vegetationslosen Feld umsahen, wo wir uns befanden, konnten wir zu unserer Freude konstatieren, daß wir uns an der Stelle aufhielten, an der vor zwei Jahren der kleine Kreis im satten, grünen Korn gelegen hatte. Die Energie des echten Kreises war noch da!

Wir liefen weiter, nach unten ins Tawsmead Field, und fanden hier auf Anhieb die Energiemuster von Kreis und Ring in der Originalgröße wieder. Es sollte nun für diesen Tag genug sein, der »Waggon and Horses« lud zur abendlichen Erfrischung ein.

Dort erfuhren wir von einem Piktogramm beim Cherhill White Horse, das wir uns nun auch noch »reinziehen« mußten. Wir fanden es schnell und begannen mit einigen Untersuchungen. Das Korn war grausam gebrochen, nicht nur von den Besuchern, die hier schon durchgelaufen waren. Keines der Piktogrammteile zeigte einen Rutenausschlag, ebensowenig waren im Feld irgendwelche Anzeichen eines Gitters oder ähnlicher Linien zu finden. Enttäuscht kehrten wir zum Windmill House zurück, unsere letzten Gedanken ans Wilcot Brow vermischten sich mit Vangelis' kosmischen Klängen.

Der nächste Morgen empfing uns mit herrlichem Sonnenschein, dem besten Wetter, um ein schönes Piktogramm zu erstellen. Gespannt näherten wir uns wieder den Feldern nördlich des Woodborough Hills. Wir wußten bis zu diesem Zeitpunkt noch nicht, wo wir unser Piktogramm hinlegen würden. Zuerst testeten wir das Terrain auf Energiegitter. Sie waren noch vorhanden! Diesmal untersuchten wir sie ganz genau und stellten eine Absonderlichkeit dabei fest, die uns eine regelrechte Gänsehaut bescherte. Dieses Gitter begann ganz scharf begrenzt genau, keinen Schritt vorher und keinen hinterher, an der Heckenreihe neben dem Weg. Der Weg selbst war auf den ganzen Länge, die wir Hunderte von Metern abschritten, gänzlich reaktionslos. Ein Schritt nach links neben die Kante, auch wenn es etwas gebogener weiterging, und die Ruten fingen an zu arbeiten.

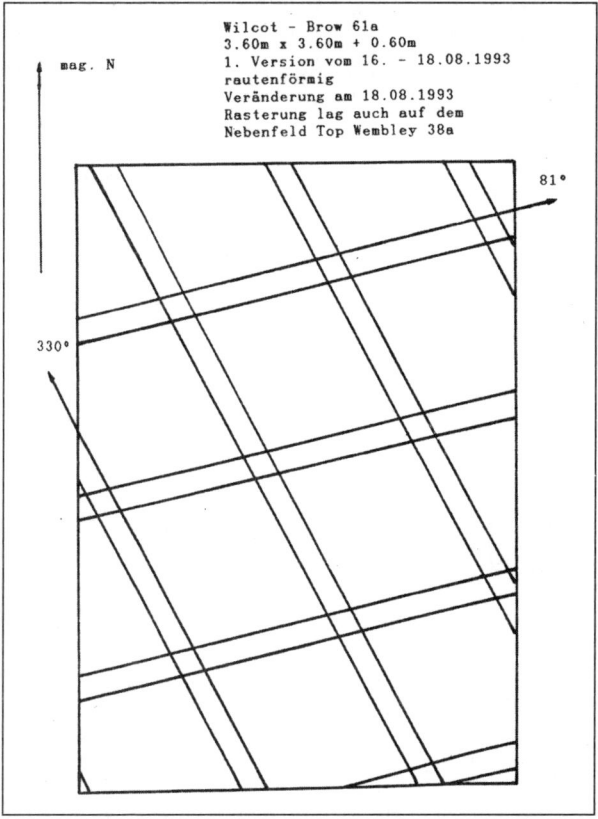

Abb. 4: Das Gitter vom 15./16.08.1993 – Wilcot Brow.

Das Gitter selbst bestand aus Rauten mit einer Seitenlänge von 3,60 m, untereinander getrennt von Energiebändern von jeweils 0,60 m Breite. Es hatte eine Ausrichtung von 330° NNW und 81° ONO. Nirgendwo gab es eine Abweichung davon. Es setzte sich, wenn wir nach Norden schauten, nach Westen zu über den Feldrain hinweg in das nächste Feld, Top Wembley, fort und endete hier genau an der Kante zum quergeriffelten Betonweg, der vom Farmeingang her hier vorbeizog. Auch hier, wie am Weg an der baumdurchsetzten Heckenreihe, war es ein ganz scharfer Abbruch, keinen Schritt ging es an einer Stelle weiter.

Wir entschieden uns, auch wegen der Nähe zu unserem Fahrzeug und der passablen Lücke in der Heckenreihe (wer englische Hecken an Wegrändern kennt, weiß, von welchem Komfort wir hier sprechen), unser Piktogramm im Wilcot Brow zu errichten. Und um mit dem vorgegebenen Gitternetz zu arbeiten, um zu symbolisieren, daß wir es gefunden und dessen Wichtigkeit richtig eingeschätzt hatten, beschlossen wir, die Grundlinie unseres Dreiecks auf einen der 0,60 m breiten ONO-Streifen zu legen. So würde die darin offensichtlich enthaltene Energie mit in unser Piktogramm einfließen – oder wir eine Art Klingelzeichen auslösen, als ob man auf ein Kontaktkabel tritt und es irgendwo läutet: Hier ist jemand!

Dank Hans' hervorragender Logistik konnten wir die Arbeiten an diesem relativ kleinen Piktogramm in 5 Stunden abschließen. Das Korn war knapp beinlang und an manchen Stellen sehr dünn gesät, über uns kreisten immer wieder die, uns bei dieser Arbeit bald schon vertrauten, britischen Armeehelikopter mit ihrer reichhaltigen Fotoausrüstung, ansonsten blieben wir erfreulicherweise allein. Die Anwesenheit des Gitternetzes war jedoch ständig in unserem Bewußtsein und wir fühlten uns wie beobachtet, weshalb wir nicht nur einmal wegen eines unvermuteten Geräuschs hochgefahren waren. Nach Beendigung unserer Bauarbeiten widmeten wir unser Piktogramm, wie in den Jahren zuvor, dem Phänomen und verließen das Feld schweigend, etwas kaputt, aber glücklich.

Am Abend kehrten wir bei Dunkelheit zum Woodborough Hill zurück, was sich auf den zerfurchten Feldwegen recht abenteuerlich gestaltete. Zu unserer Überraschung trafen wir bei den Scheunen Malcolm, einen wichtigen und uns wohlgesonnenen Farmangestellten. Es ist ratsam, zu diesen Menschen ein freundliches und vertrauensvolles Verhältnis zu haben, sonst wird man nichts auf dem Lande.

Er erzählte uns ziemlich aufgeregt, daß sein großer und stets freundlicher Kollege gerade eben, etwa eine Stunde vor unserem Eintreffen hier, eine außergewöhnliche Beobachtung gemacht hatte. Seit zwei Tagen war der Zeuge im Feld auf der anderen Seite von Weg und Heckenreihe mit Erntearbeiten beschäftigt. An diesem Abend war er gerade dabei, in der einsetzenden Dämmerung die letzten Meter mit dem Traktor zurückzulegen. Da bemerkte er plötzlich ein helles, grünes Licht, das sich von weit oben aus der Luft herniedersenkte. Es war rund und vielleicht fußballgroß, er selbst befand sich rund 100 m davon entfernt. Das Licht kam hinter der Heckenreihe über dem Wilcot Brow herunter, in dem ja seit den Mittagsstunden unser diesjähriges Geschenk an das Phänomen lag, unser Piktogramm mit den kompletten astronomischen Informationen! Unser Puls schnellte in die Höhe. Das Licht befand sich noch über dem Feld in geringerer Höhe, als plötzlich sprühend kleine grüne Punkte von ihm ausgingen und sich wie ein Regen über dem Feld ausbreiten. Danach verschwand das Licht hinter der Buschreihe mit ihren vereinzelten Bäumen, der Farmarbeiter verlor es aus den Augen und mußte außerdem seine Arbeit fortsetzen. Es erschien uns unglaublich! Sollten wir diesmal tatsächlich so schnell den Kontakt hergestellt haben? Waren unsere ersten Spekulationen bezüglich des Energiegitters in die richtige Richtung gegangen? Nun hielt uns nichts mehr, wir mußten hoch auf den Hill. Ohne zunächst weitere Erklärungen abzugeben, verließen wir Malcolm und bereiteten uns auf Woodborough ein gemütliches Lager. Wir wollten unserem Feld und dem Phänomen so nahe sein wie möglich und wer weiß, vielleicht würde das Licht ja wiederkommen? Die nächsten Stunden werden unvergeßlich bleiben. Über uns breitete sich ein funkelnder Sternenhimmel aus, wir konnten sogar, zum ersten Mal bisher in England, von Horizont zu Horizont die Milchstraße erkennen, die schräg über den Himmel verlaufende Kante unserer im Raum dahinschwebenden Galaxis. Dieses wunderbare Bild wurde wieder und wieder belebt durch Meteore des Perseidenstromes, der zwar mit bis zu 70 Sternschnuppenfällen pro Stunde zwischen dem 10. und 14. August sein Maximum hat, aber offensichtlich in dieser Nacht reichlich Nachfolger präsentierte.

Es war unglaublich schön, wie sich vor dem kosmischen Gefunkel da oben die mehr oder minder langen Leuchtspuren der Meteore abzeichneten, die bei ihrem Eintritt in die obere Atmosphäre deren Moleküle ionisierten. Wir stellten uns vor, wie unsere blauweiße Erde gerade jetzt durch die Reste des Schweifes des Kometen Swift-Tuttle flog, der hier vor vielen Jahren vorbeigezogen war und dessen Partikel jetzt da oben diese »Tränen des Laurentius« erscheinen ließen.

Am nächsten Morgen empfing uns auf der Farm große Aufregung, denn das grüne Licht und die auffälligen Sternenschnuppenfälle der letzten Nacht waren in aller Munde. Wir fuhren sogleich wieder hinaus zum Feld und fanden dort das Gitter unverändert vor. Während Hans mit Kompaßmessungen begann, wollte Achim ergründen, wie weit sich das Netz erstreckte. Es setzte sich noch immer nach links in das benachbarte Feld fort und zog im Wilcot Brow selbst bis hoch auf den Hügelkamm, wo es abrupt abbrach. Nach dieser aufregenden Entdeckung gingen wir zusammen weiter den Hang hinunter bis zum jenseitigen Ende des Feldes an der Straße nach Pewsey. Wir wollten es nun genau wissen, überquerten die Straße, stellten uns an den Rand des East Fields, hoben die Ruten hoch und liefen los. Und tatsächlich – soweit wir in das Feld auch hineinliefen, überall schlugen die Ruten aus. Dieses Feld war gleichfalls von einem Gitter überzogen, das auch noch die gleichen Linienabstände aufwies wie jenes oben im Wilcot Brow! Was ging hier vor?

Nachdenklich machten wir uns auf den Rückweg, wo wir in der Nähe unseres Piktogramms auf dem Weg hinter der Buschreihe niemand anderen als Colin Andrews in seinem Auto herannahen sahen. Er hatte von dem grünen Licht gehört und wollte nun den Ort des Geschehens besichtigen, ohne jedoch etwas von unserem Piktogramm in ein paar Metern Entfernung zu ahnen.

Am Abend hatten wir am gleichen Ort ein denkwürdiges Treffen vereinbart. Wir wollten unsere Rutenmessungen durch eine erfahrene Dowserin nachprüfen lassen, einfach um sicherzugehen, daß wir uns da nicht in irgendein Wunschgebilde verrannten, daß unsere Linien auch von anderen auffindbar waren und nicht nur in unserer persönlichen Realität existierten. Gegen 19.00 Uhr war es so weit, doch kaum, daß wir begonnen hatten, tauchten plötzlich John Langrish, ein bekannter Insider der Kornkreisszene, und seine Frau auf, die uns schon seit Tagen hinterher waren und immer wissen wollten, was wir machen. Sie stellten ein paar Fragen, die wir nichtssagend beantworteten und so zogen sie wieder ab, ohne unser Piktogramm bemerkt zu haben.

Aus Richtung Avebury segelten dunkle Wolken heran, dabei war es hier seltsam windstill. Nach vielen Gängen hin und her bestätigte die Dowserin das Vorhandensein eines Gitternetzes in den Proportionen, die wir schon kannten, denn natürlich hatten wir ihr vorher nicht gesagt, wonach genau sie zu suchen hätte. Sie zeigte sich davon sichtlich überrascht, denn sie sei zwei Jahre zuvor hier gewesen und hatte damals nichts dergleichen gefunden. Plötzlich wurde sie sehr aufgeregt, denn sie gab an, daß ca. 10 Minuten nach Betreten des Feldes ihr rechtes Nasenloch plötzlich frei wurde und sie das Korn riechen und frei atmen konnte. Ein Jahr zuvor war sie an der Nase operiert worden und konnte seither nicht mehr riechen und nur noch ganz selten durch die Nase atmen. Ihre ebenfalls anwesende Freundin bestätigte dies, immer wieder vor Verwunderung den Kopf schüttelnd.»Irgend etwas ist hier, und das ist mir unheimlich«, meinte die Dowserin. Für uns jedoch war es ein sehr glücklicher Moment, denn wir hatten zum einen die Existenz des Gitters bestätigt bekommen, zum anderen aber eine Art Prüfung im Rutengehen bestanden, denn die Linien waren nachvollziehbar vorhanden!

In den nachdenklichen Momenten, die sich stets an außerordentliche Ereignisse anschließen, versuchten auch wir, einzuordnen, was uns bisher widerfahren war. Eines schien klar: Dieses Gitter auf und über den Feldern war vorher schon da, als ob es auf unsere Aktivitäten gewartet hätte. Es war keines der bekannten natürlichen Gitter, es war zentimeterscharf auf ein bestimmtes Areal begrenzt, es konnte nur nicht-natürlichen Ursprungs sein. Alle anderen Ursachen hatten wir ausgeschlossen, indem wir vom Farmer bestätigt bekamen, daß keine Drainage und kein Stromkabel im Feld verlegt waren. Das Wissen um derartige subterrane Installationen, von denen in den Feldern reichlich zu finden sind, machen sich immer wieder die Hoaxer zunutze, um mit den vermeintlichen »Energiestrukturen« um ihr eigenes Piktogramm herum unschuldige Kornkreisbesucher zu beeindrukken und Dowser an der Nase herumzuführen. Welche Funktion also hatte dieses mysteriöse Gitter?

Am nächsten Tag waren wir natürlich wieder bei unserem Piktogramm und kontrollierten die Linien. Alles schien unverändert, doch dann, wir dachten eigentlich schon daran, wegzufahren, entdeckte Achim etwas Aufregendes am anderen Rand des Wilcot Brow Fields. Wie jeden Tag überprüfte er die Grenzen des Energiegitters, so auch an dessen südöstlichem Rand. Bisher brach es, genau wie an seiner südwestlichen Grenze am Betonweg der Farm und auf der Hügelkuppe, abrupt ab. Diesmal jedoch drehten sich die Ruten genau in dem Winkel zwischen Wilcot Brow, Tawsmead und dem Weg entlang der Buschreihe, die hier wegen der Feldeinfahrten aufhörte, derart auffällig in Richtung Woodborough Hill, daß er gar nicht anders konnte, als ihnen zu folgen.

Sehr schnell wurde klar, daß es hier eine Abweichung von der scharfen Begrenzung des Energiegitters entlang der Buschreihe gab, die bis hierher für fast einen Kilometer bestanden hatte. Das Gitter überschritt hier im Feldwinkel den Feldrain, die Buschreihe, den ca. 3 m breiten Feldweg, zog diagonal darüber hinweg und hinein – ins Copse Field! Es war wie eine Schneise, der man nur folgen mußte, ein Pfad aus Energielinien, um von einem Gitternetz in das andere zu gelangen, wie ein ausgerollter unsichtbarer Teppich, dem man nur folgen mußte. Während den ganzen Weg entlang die Busch- und Heckenreihe mit den dazwischenstehenden Bäumen die unveränderliche Grenze für das Gitter bildete, gab es hier einen sensationellen Übergang! Wir erinnerten uns des 9. Prinzips[5], das uns bei der Decodierung der Piktogramme damals so sehr geholfen hatte: »*Die Verbindung von gleichen Dingen bedeutet auch das Gleiche.*« Hier waren also Energiegitter verschiedener Felder miteinander verbunden, denn wir hatten ja bei der Suche nach dem kleinen Kreis bereits festgestellt, daß offenbar auf diesem so wichtigen Copse Field auch ein Gitternetz lag.

Wir wußten, daß wir zum Lernen hier waren. Schau hin und denke! Zwei Felder mit Energiegittern durch einen 2 m breiten Pfad aus Energielinien verbunden, das 9. Prinzip gültig – doch halt, hier gab es eine Unstimmigkeit! Zwei Felder waren miteinander verbunden – doch waren es nicht eigentlich vier, nämlich zwei terrestrische und zwei energetische? Und waren die zwei terrestrischen nicht gänzlich verschieden? Zwar befanden sich beide auf der Erdoberfläche, doch war nicht das eine bewachsen und das andere vegetationslos kahl? Was war mit der Energie? Sie schien zwar vom einen Feld zum anderen zu fließen, aber wie dort das Gitter aussah, wußten wir noch nicht genau.

Wir hatten hier zwei »materielle Felder« mit unterschiedlichem Aussehen, die vielleicht zwei »energetische Felder« mit unterschiedlicher Ausrichtung besaßen. Felder, Materie, Energie, Ausrichtung — wir mußten unbedingt das Copse Field untersuchen! Wenn Gleiches mit Gleichem verbunden sein sollte, dann wollten wir die Unterschiede herausfinden, denn darauf schien es hier anzukommen, es könnte auf eine Erweiterung des 9. Prinzips hinauslaufen: Was wir in dem einen finden, müssen wir auch in dem anderen finden. Wenn also im Wilcot Brow mit Vegetation in einem Gitternetz ein Piktogramm – unseres – lag, könnte dann im Copse ohne Vegetation mit Gitternetz auch ein Piktogramm – »ihres« – liegen? Ein Fingerzeig auf die Richtigkeit unserer Überlegung war vielleicht der kleine Kreis, dessen Energiemuster wir ja bereits gefunden hatten. Am 18.07.1993 näherten wir uns dem Copse Field vom unteren, nördlichen Rand her und warteten gespannt auf die Reaktion unserer Ruten. Wer wollte uns wohin leiten? Was sollten wir finden?

Kaum, daß wir den Feldrain zum staubig trockenen Copse Field überquerten, begannen die Ruten, sich auseinanderzubewegen, regelmäßig und immer wieder. So hatten wir es auch auf den anderen Feldern gemessen. Weil wir keine Markierungsleinen dabei hatten, sammelten wir Sandklumpen und häuften sie entlang der Reaktionszonen der Ruten zu kleinen Haufen auf. Wir arbeiteten verbissen, einer lief mit den Ruten, der andere sammelte unentwegt Klumpen und häufte sie dann an der vorbezeichneten Stelle auf. Nach ungefähr einer Stunde legten wir eine Pause ein und betrachteten unsere Haufensammlung.

Sie lagen alle fast exakt in Reihen etwas diagonal zur Längsachse des Feldes, das zwischen Woodborough Hill und Picked Hill in östlicher Richtung eingebettet ist. Es waren schöne kleine Haufen und sie eigneten sich hervorragend, um mit dem Kompaß an ihnen entlangzupeilen. Unsere Messungen ergaben so, daß das Gitter die gleichen Proportionen hatte, wie dasjenige im Wilcot Brow: jedes Rechteck maß 3,60 m mit einer dazwischenliegenden Energielinie von 0,60 m Breite. Nur die Ausrichtung war anders: Es lag mit 314° etwas mehr nach SW und mit 65° nach NO verschoben.

Der erste Schritt war getan: Ein Gitter war gefunden, nun konnten wir, wie mit einem Raster, wie in einem Koordinatensystem, zunächst den kleinen Kreis einzeichnen. Jede weitere Abweichung von der Regelmäßigkeit des Rasters würde uns sofort auffallen und eine neue Markierung ergeben. Wir hatten zwei Zeugen dabei, die unsere Arbeit beobachteten, außerdem zeichneten wir die einzelnen Schritte mit der Videokamera auf, um später belegen zu können, was sich hier Phantastisches abspielte. Wir prüften noch, wie weit sich das Gitter im Feld ausdehnte und konnten dabei feststellen, daß es genau in der Mitte des knapp einen Kilometer langen Feldes abrupt aufhörte auf unsere Frage nach weiteren künstlichen Linien bewegten sich die Ruten dann bis an den jenseitigen Feldrand nicht mehr. Die fremde Intelligenz hatte also einen ganz bestimmten Bereich des Feldes ausgewählt und dort das Gitter plaziert. Dies war nicht ohne Grund geschehen, es hatte etwas zu bedeuten. Den kleinen Kreis in diesem Bereich kannten wir ja schon, und vielleicht sollte er uns als »Wegweiser« dienen, wie eine Leuchtboje in unbekanntem Gewässer? Weil wir immer nach dem Naheliegendsten suchten, starteten wir unsere Suche nach dem Unbekannten, indem wir das Bekannte zu Hilfe nahmen.

Wir liefen an der Stelle in das Feld hinein, von der wir wußten, daß wir von hier aus auf den kleinen Kreis treffen würden, was auch nach einer kurzen Gehstrecke geschah. Er eignete sich nun hervorragend als Testobjekt, um in dem nun darüberliegenden Gitter anhand der davon verschiedenen Ausschläge identifiziert werden zu können. Wir markierten diese Ausschläge wieder mit Klumpenhäufchen, denen wir zur besseren Unterscheidung von denjenigen des Gitters ein weißes Kreidestückchen obenauf pflanzten.

Dann holten wir tief Luft und liefen, den kleinen Kreis hinter uns lassend, in das unbekannte Terrain hinein. Es gab visuell keinen Punkt, an dem sich das Auge festmachen konnte, keine Markierung, keine Farbänderung, nur eintöniges, graues Braun. Lediglich die Ruten mit ihren regelmäßigen Ausschlägen gaben einen gewissen Halt, zeigten in diesem visuellen Chaos eine gewisse energetische Struktur an. Sie waren unsere Blindenstöcke in einer anderen Dimension.

Meter um Meter des bröseligen Feldes zieht unter unseren Stiefeln hinweg. Da plötzlich, vielleicht 50 m unterhalb unseres Kreises, unmittelbar nach dem ersten Ausschlag ein zweiter! Zurück, wiederholen, noch mal zurück. Markieren, Hans rufen, die Gegenprobe. Es ist real, hier gibt es einen zweiten Ausschlag, der vom Gitter abweicht! Hans nähert sich von der anderen Seite, beide Ruten gehen in eine Richtung, zeigen einen Energiefluß an. Nur schnell markieren, bevor uns die Kraft verlässt. Weitere Gänge vorwärts bringen neue Ausschläge der Ruten, zunächst verwirrend, doch dann, Dank der Markierungen, schält sich aus dem Wirrwarr allmählich eine Form heraus, wird das Bild klarer – und immer phantastischer. Genauere Messungen ergeben, daß wir hier ca. 100 m vom Feldrand entfernt, auf ein Piktogramm aus reiner Energie gestoßen sind, und je weiter wir messen, desto eindeutiger werden die Proportionen. Schließlich erkennen wir zwei Kreise mit unterschiedlicher Größe, einen mit 4 m und einen mit 5,60 m Durchmesser, die durch eine Linie, vermutlich einen Steg, miteinander verbunden sind. Der kleinere Kreis ist entgegen dem Uhrzeigersinn gewunden, der größere mit dem Uhrzeigersinn. Der Energiefluß des Steges geht zum größeren Kreis hin.

Es war inzwischen später Nachmittag geworden und wir bemerkten, daß unsere Messungen jetzt ungenauer wurden. Unsere Kraft ließ nach, und schweren Herzens beschlossen wir den Abbruch dieser Exkursion.

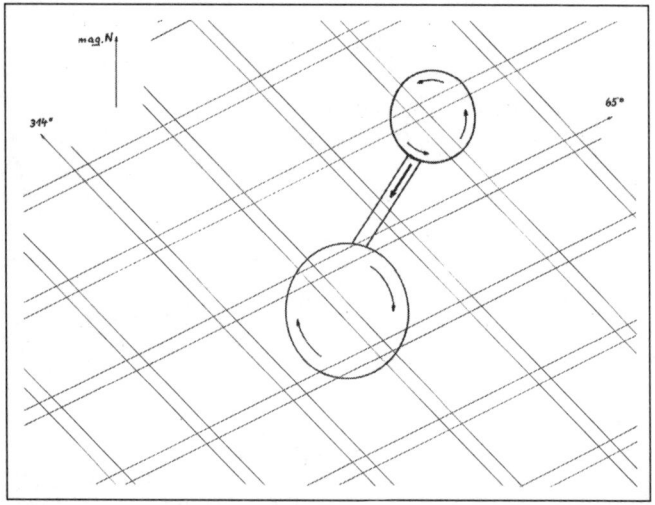

Abb. 5: Das Gitter im Copse Field mit dem unsichtbaren, nicht-menschengemachten Hantelpiktogramm aus reiner Energie.

An diesem Abend drehten sich unsere Gespräche nur um ein Thema: das Energiepiktogramm auf dem denkwürdigen Copse Field. Erst langsam, so wie die Morgensonne hier immer den Dunst vertreibt, schälte sich heraus, was da eigentlich beinahe Unglaubliches passiert war.

Nachdem uns die fremde Intelligenz im letzten Jahr den Begriff der

Energie auf dem denkwürdigen Flug ganz in der Nähe so dramatisch nahegebracht hatte, überraschte sie uns diesmal gleich zu Anfang mit diesen über die Felder unseres Experimentes ausgelegten Gittern, leitetete uns dann auf einer Art Energiepfad aus dem einen Feld hinüber in ein nicht minder signifikantes anderes Feld, um uns dort innerhalb der Regelmäßigkeit eines weiteren Gitters ein Piktogramm, eine »Dumbbell«, also Hantel finden zu lassen, eine der klassischsten Grundformen der Piktogramme der letzten Jahre. Wieder hatte uns das Prinzip, das Einfachste als nächsten Schritt zu tun, zum Erfolg geführt, wir hatten diese Lektion erfolgreich abgeschlossen, wieder war es offenbar wichtig, körperlich und geistig zugleich draußen vor Ort tätig zu sein.

Und je länger wir uns freuten, desto staunender wurden unsere Augen, denn wir begriffen langsam, was uns da eigentlich gezeigt wurde. Wenn wir das alles richtig interpretierten, dann waren wir jetzt in der Lage, unabhängig von jeglicher Bodenbeschaffenheit oder Vegetation genuine Energiemuster zu finden. Sobald sich ein Gitter irgendwo zeigte, konnten wir leicht die Abweichungen von dessen geraden Linien markieren und die so gefundene Figur bestimmen. Eine neue Art der Kommunikation, denn wir waren nun von Kornfeldern unabhängig!

Es war wieder der sympathische, ironische Zug des Phänomens, denn während in diesem Jahr offenbar gar keine echten oder nur ein paar gehoaxte Piktogramme ohne jede Klasse erschienen waren, hatten wir es hier mit einem echten Piktogramm in einem unbewachsenen Kornfeld zu tun. Dies war die neue Qualität des Phänomens: der Wandel vom Sichtbaren zum Unsichtbaren, vom Materiellen zum Energetischen. Wäre das der neue Weg, bräuchte das Phänomen keine bewachsenen Kornfelder mehr, nicht ein Halm brauchte mehr lebend gebogen zu werden, um dann später doch unter den Sohlen der vielen tausend Besucher verenden zu müssen. War es vielleicht auch so, dass sich das echte Phänomen enttäuscht über die zunehmenden Hoaxes zurückzog, da ja doch niemand sonst ernsthaft kommunizierte, sondern, ganz anders als von der fremden Intelligenz beabsichtigt, nur zum Selbstzweck sinnleere Muster in die Felder gedrückt wurden?

Zwei riesengroße Felder mit ähnlichen Energiegittern waren durch den Energiepfad verbunden worden, wodurch ein gigantisches Netz aus zwei Komponenten entstand. Dies war das erste Mal, daß wir mit dem Netzbegriff so unmittelbar in Berührung gekommen waren. Wir wußten damals noch nicht, wie sehr er uns in den nächsten Tagen, Monaten und Jahren noch beschäftigen sollte.

KAPITEL 4

Die Gitter der Fremden

Als wir am Morgen des 19. August 1993 auf das Wilcot Brow Field zurückkehrten, war unsere erste Tätigkeit die Überprüfung des Netzes. War es noch da? Hatten wir noch die Aufmerksamkeit des Phänomens? Wir atmeten tief aus, als wir am Feldrand die gewohnten Ausschläge bekamen. Doch dann, einige Schritte weiter, was war das? Nach aufgeregtem Hin- und Herlaufen wurde es zur Gewißheit: Das Netz hatte sich verändert! War es schon zu Anfang faszinierend und auch ein wenig unheimlich gewesen, festzustellen, daß da ein Energiegitter auf den Feldern unseres Interesses regelrecht auf uns wartete, so war diese Veränderung jetzt eine weitere Steigerung in der Kommunikation mit der unbekannten Intelligenz, die uns gefühlsmäßig doch gar nicht mehr so fremd war. Und wie 1991 waren es diesmal wieder drei Tage, die seit der Erstellung unseres Piktogramms vergangen waren, bis eine Reaktion des Phänomens erfolgte. Zufall? Absicht?

So begannen wir, das Feld gründlich zu vermessen und erhielten erstaunliche Resultate. Ab dem Feldrand ins Areal hinein fanden wir zunächst drei Reihen mit dem Raster in der bekannten Größe. Dann verringerten sich die Abstände der Ausschläge auf 1,20 m, die Linienbreite dazwischen blieb mit 0,60 m bestehen. Vom Feldrand zur Grundlinie des Piktogramms waren es 43 m. Ab hier, und zwar genau mit der Basislinie, veränderte sich der Abstand der Ausschläge nochmals bis hinunter auf 0,30 m, d.h. bei jedem Schritt gab es einen Ausschlag! Wir arbeiteten mit höchster Konzentration, um in diesem verwirrenden Netzwerk nicht die Maschen zu verlieren.

Dieses enge Raster setzte sich oberhalb des Piktogramms fort und ging dann nach 30 m abrupt in das Großraster mit seinen 3,60 m Abstand über. Auf dem Hügelkamm, der Feldmitte, brach dieses Raster dann schlagartig ab. Rutengänge parallel zur Basislinie des Piktogramms zeigten, daß sich das Netz auch in dieser Richtung verändert hatte! Kontinuierlich und ohne jede Variation zeigten die Ruten alle 0,60 m eine Energielinie an. Als wir schließlich die äußeren Grenzen des gesamten Netzes überprüften, erlebten wir eine weitere Überraschung.

War in den letzten Tagen das Netz über die Feldgrenze hinweg auch im benachbarten westlichen Feld zu finden gewesen, so hörte es heute genau an der Grenze zu diesem Feld auf! Nicht eine einzige Linie befand sich mehr im Top Wembley, es war energetisch wie »ausgeknipst«.

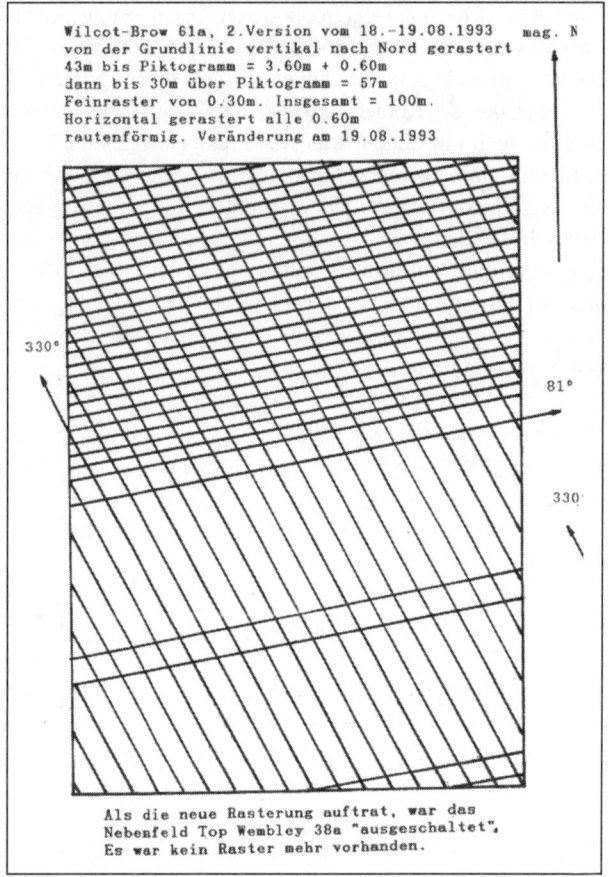

Abb. 6: Wilcot Brow, Version 2 vom 19.08.1993.

Auf den 43 m vom Feldrand bis zu Basislinie des Piktogramms finden sich erst ein Großraster (3,60 m + 0,60 m), dann ein kleineres (1,20 m + 0,60 m). Ab Basislinie bis zur Marke 100 m erstreckt sich das Feinraster mit 0,30 m, danach bis 350 m bis zur Feldmitte wieder das Großraster. (Feinrasterbereich verkürzt dargestellt.)

Wir rannten in östliche Richtung, um nachzusehen, ob sich auch im Copse Field etwas geändert hatte, stellten dann aber atemlos fest, daß sich hier keine Rastervariationen ereignet hatten. Alles lag noch friedlich so da, wie wir es gestern verlassen hatten, die Klumpenhäufchen stimmten noch mit den Energielinien überein, unsere Hantelformation war noch da.

Eine eigenartige Mischung aus Euphorie und Nachdenklichkeit beschlich uns, als wir uns am Rande des Wilcot Brow niedersetzten und das eben Erlebte nachzuwirken begann. Da lag es vor uns, dieses gelbe Weizenfeld, so still, so majestätisch. Keiner, der jetzt daran vorbeiliefe, würde etwas bemerken oder auch nur ahnen, was sich Phantastisches darin befand. Er würde es für ein ganz normales, schon etwas gealtertes Feld halten, obwohl sich doch direkt vor ihm, jedoch nicht in dem elektromagnetischen Spektralbereich, für den seine Augen empfindlich sind, eine höchst komplizierte Gitterstruktur auftürmte. Und während wir so dasaßen und uns mit verhaltener Stimme über die energetischen Veränderungen unterhielten, dämmerte in uns so etwas wie eine Ahnung herauf, was das alles zu bedeuten haben könnte.

Zunächst lag ein eine Art grobes Suchraster über den Feldern, so als ob das Phänomen zwar den Bereich unserer Aktivitäten kannte, aber nicht den genauen Ort, da der Farmer es uns ja freigestellt hatte, in welchem Feld wir arbeiten würden. Wir entschieden uns für das Wilcot Brow und benutzten eine Linie des Rasters – und damit seine Energie – für unsere Basislinie. Als ob der Stand-by-Modus des Netzes durch unsere Aktivitäten beendet und eine Art Kontakt ausgelöst wurde, verkleinerte sich das Raster im Bereich unseres Piktogramms. Dies geschah nicht in einem Zufallsmuster, sondern kontinuierlich herunter bis auf 0,30 m, was die eigentliche Sensation darstellte, denn die kleinsten Komponenten unserer Formation waren 0,50 m groß. Wer mit einem Raster herausbekommen will, was alles im Piktogramm an Details enthalten ist, muß mit seiner Auflösung unter einen halben Meter herunter gehen!

Gleichzeitig ist es nicht mehr nötig, ein Suchraster auf anderen Feldern zu unterhalten, weil ja jetzt der Ort der Aktivitäten bekannt ist. Also wird es einfach ausgeschaltet, wie es ja in Top Wembley nebenan geschah!

Und falls wir dies kapierten, sollten und konnten wir die Wirkungsweise dieser Netze gleich noch einmal vom Prinzip her nachvollziehen und an einem Beispiel ausprobieren. Also führte man uns gleich hinüber ins Copse, ließ uns das Raster und dadurch die Hantel finden, dazu noch auf einem vegetationslosen Feld, um gleich klarzumachen, daß man im Umgang mit diesen Energien nicht auf Materie angewiesen ist! Diese Erkenntnis traf uns wie ein Hammer und machte uns mit einem Schlage klar, welchen Wandel das Phänomen hier vollzogen hatte und welch eine wunderbare Lektion wir hier hatten lernen dürfen.

Als wir unten im Farmhaus aufgeregt von unseren Entdeckungen berichten wollten, zeigte sich die Farmerin sehr interessiert, aber so richtig wird unser Gestammel von Grids, Lattices und Energypatterns wohl keiner verstanden haben, denn schon unser Deutsch reichte ja kaum aus, die eben erlebten Vorgänge einigermaßen genau zu beschreiben, geschweige denn unser Englisch.

Eine neu eingetroffene Nachricht elektrisierte uns. Auf der anderen Seite des Tales, bei Milk Hill, war zur Tageszeit ein orangener »Ball of Light« gesichtet worden. Diese sich mit unterschiedlichen Geschwindigkeit bei Tage und bei Nacht durch die Luft bewegenden Ufos hatten keine erkennbare Struktur und schienen aus reinem Licht oder leuchtender Energie zu bestehen. Sie waren nicht sehr groß und tauchten hier in der Gegend über alten Plätzen und auch über Kornkreisen auf und wurden im allgemeinen mit einer unbekannten Intelligenz in Verbindung gebracht, die sich für diese Gegend hier interessierte. Nie hatte man gehört, daß jemand von ihnen bedroht worden oder in eine gefährliche Situation gekommen wäre.

Ob diese Objekte wohl diesmal etwas mit uns zu tun hatten? Schließlich war über unserem Piktogramm ein grünes Licht erschienen und hatte für einigen Wirbel gesorgt. Daß da noch mehr in dem Feld los war, behielten wir zunächst für uns.

Am Abend dieses denkwürdigen Tages gingen wir mit unserer bekannten Dowserin noch einmal zum Feld zurück und ließen sie ohne weitere Hinweise hineinlaufen. Sie bemerkte sofort die Veränderungen, konnte jedoch das Feinraster nicht finden. Wieder war sie von der Örtlichkeit stark beeindruckt und hatte die ganze Zeit über das Gefühl, beobachtet zu werden, womit sie bestimmt nicht uns meinte.

Am nächsten Tag gab es keine weitere Änderung im Energiemuster. Sollte es das gewesen sein? Wir hatten das Gefühl, dem Phänomen so nahe wie nur möglich sein zu wollen, weshalb wir beschlossen, eine weitere Nacht auf Woodborough Hill in der Nähe unseres Piktogramms zu verbringen.

Es wurde »one of these nights«. Nachdem wir uns oben auf dem Hill warm eingepackt hatten, kamen wir langsam zur Ruhe und jeder tiefe Atemzug war erfüllt von den Düften der Wiese, auf der wir lagen, der Felder rings um uns her, der Ställe unten im Tal und von der quellfrischen Feuchtigkeit der herauffunkelnden Nacht. Eintauchen, versinken, Eins werden.

Wir schauten nach oben auf die unvergänglichen Zirkumpolarsternbilder, ewige Begleiter durchwachter Nächte, treueste Freunde zu allen Zeiten. Links im Westen lag über uns, quer ausgestreckt, Ursa Major, der Große Bär, mit seiner bekannten Anordnung von Sternen, die wir »Großer Wagen« nennen. Im Osten stand hoch das Sternbild Pegasus mit seinen viereckig angeordneten Hauptsternen. Daneben war die Konstellation Andromeda deutlich auszumachen und ausgehend vom mittelsten der drei hell leuchtenden Sterne konnten wir mit bloßem Auge den schwachen Nebelfleck der Andromeda-Galaxie erkennen. In diese auf uns einströmenden Lichtwogen mischten wir die Klänge von Vangelis' kosmischen Inspirationen und ließen das Phänomen danach durch die Trägerwellen unseres Geistes die Gesänge tibetanischer Mönche vernehmen.

Andromeda – schon allein der Name ist Faszination. Wer dann noch ein Foto von ihr gesehen hat, aufgenommen von einem unserer großen Teleskope, der wird sie sein Leben lang nicht mehr vergessen. Wie durch einen Vorhang aus Lichtpunkten, den Sternen unserer eigenen Galaxie, sieht man diese wunderschöne Spiralgalaxie etwas schräg im Raum hängen, zu beiden Seiten begleitet von kleinen Satellitengalaxien. Die Spirale ist etwas gegen unsere Sichtlinie gekippt und ermöglicht so den Blick auf ihr helles Inneres. Mild schimmert dort in dessen Randbereich das rötlich-gelbe Licht alter Sterne, während es zum eigentlichen Zentrum hin durch die Konzentration von Sternenleibern dort in ein grelles Weiß übergeht. Schwächer dagegen das Leuchten der jüngeren, bläulichen Sterne, die in den Spiralarmen geboren wurden und teilweise von den dunklen Staubbanden verdeckt sind. Eine sich langsam drehende Sterneninsel inmitten des unendlichen Weltalls.

Andromeda ist die Schwestergalaxie unserer Milchstraße, mit der sie einen gemeinsamen Schwerpunkt im Raum hat. Sie hat bei etwas größerem Durchmesser möglicherweise auch mehr Masse als unsere Galaxie, die es auf etwa 200 Milliarden Sonnenmassen bringt. Sie ist gut 2,25 Millionen Lichtjahre entfernt, nähert sich uns aber mit 75 km/s, weshalb sie in einigen Millionen Jahren dem Betrachter, sofern es hier noch welche gibt, größer erscheinen wird. Ob von dort eine Lebensform mit der gleichen Sehnsucht zu uns herüberblicken und sich fragen wird, auf welchem unter diesen Myriaden von Sternen wohl intelligentes Leben existiert? Andromeda – ferne Welteninsel, geliebte Sternenschwester!

Dann, nachdem sich die Erde in den neuen sonnigen Morgen hineingedreht hatte, gab es die nächste Veränderung am Energiemuster! Bis zum Piktogramm hoch war alles beim alten, und ab dessen Basislinie begann das Kleinraster, das sich jetzt jedoch bis auf den Hügelkamm in 350 m Entfernung vom Feldrand fortsetzte, eine Unzahl von Linien war anstelle des Großrasters aufgetaucht. Gleichzeitig hatte sich das Netz um 30 m nach Norden erweitert.

Um uns herum und ohne, daß wir uns groß darum kümmerten, ging das Hoaxen munter weiter. Jedes neue Piktogramm in der Umgebung entpuppte sich schnell als Fälschung. So sind wir schließlich auch nicht mehr zu jedem neuen Kreis hingefahren und lauschten dafür abends den Berichten der jeweiligen Untersucher. Der große Wurf war nicht dabei, ja es wurde immer deutlicher, daß diesmal bisher überhaupt kein echtes Piktogramm erschienen war – und es sollte auch so bleiben.

Nun hatten sie schließlich auch das ehrwürdige East Field entweiht. Am

Morgen des 22.08. erreichten uns aufgeregte Anrufe über ein neues Piktogramm, das dort erschienen war. Es war ein 14 m großer Kreis, der von
einer Art Sichel umgeben war: Den »Griff« der Sichel bildete ein ca. 1,10
m und gut 23 m langer, nach außen ragender Steg. Das ganze Piktogramm
sah unsauber hergestellt aus, die Sichel hatte einen Absatz und lag exzen-
trisch. Für das Piktogramm waren sicher nur wenige Minuten aufgewendet
worden und, weil es so klein war, hat auch sicher niemand die Hoaxer in
dem riesigen Feld bemerkt. Noch drei Tage zuvor waren wir für Stunden
ganz allein in diesem so phänomenträchtigen Feld gewesen. Hans untersuchte am oberen Feldrand einen verstohlen wirkenden Hoax, in dem er
Rutenausschläge in Richtung der Kornlage inklusive eines stegartigen Aus-
ganges fand. Interessant daran war, daß Achim hier keine Ausschläge erhielt. Danach durchquerte Achim zweimal das gesamte Feld auf der Suche
nach eventuellen Energiemustern. Es hatte nämlich in der Kornkreisszene
Informationen gegeben, daß noch in diesem Spätsommer im East Field
Piktogramme erscheinen sollten.

Bisher galt in der Hoaxer-Szene so eine Art Ehrenkodex, nachdem man
das East Field unberührt lassen wollte, weil hier die großen Piktogramme
erschienen waren, deren Bilder um die Welt gingen. Dieses Feld gehörte
ihm, dem Phänomen. Als wir dieses riesige Feld untersuchten, beschlich
uns das eine und andere Mal eine Gänsehaut. Drehte man sich nämlich
mitten im Feld einmal um, hob den Kopf und schaute sich um, bot sich
einem der Anblick des hoch aufragenden Kliffs nach Norden und der Weite
des Tales nach Süden, während man in diesem schier uferlosen Meer aus
Kornähren zu versinken glauben könnte, hätte man nicht den festen Feld-
boden unter den Sohlen.

Während der Gänge durch das Feld bewegten sich die Ruten öfter hin
und her, aber es waren wohl nur die Muster der vergangenen Großpiktogramme, denn in diesen Bereichen wuchs auch das Korn höher und war
noch grüner. Das anfangs existente Großraster war verschwunden, das Phänomen hatte an diesem Feld offenbar in diesem Sommer kein Interesse
mehr.

Der 23.08. brachte erneut eine Änderung des Energiemusters im Wilcot
Brow. Es war nun die vierte Version, seit der letzten waren wieder zwei
Tage vergangen. Unterhalb des Piktogramms war das Raster im ehemali-
gen 1,20-m-Bereich auf 0,60 m verkürzt. Da, wo es sich oberhalb bis zum
Hügelkamm in 0,30-m-Schritten hinzog, hatte es sich ab der Hälfte dieses
Bereiches auf 0,60 m erweitert. Es war eine gewisse Symmetrie entstan-
den.

Mit dem neu erworbenen Wissen wollten wir nun auch die Felder testen,
auf denen in den vergangenen Jahren unsere Antwortpiktogramme erschie-

nen waren. So zogen wir am nächsten Tag los, um diesen Abschnitt unserer
Forschungen mit dem Feld beim Barbury Castle zu beginnen. Wir hatten
vorher die uneingeschränkte Erlaubnis von Farmer White erhalten, auf diesem Feld unsere Studien durchführen zu dürfen. Als wir es in diesem Jahr,
nicht ohne Emotionen, wiedersahen, fanden wir es bereits abgeerntet vor,
wie kein Feld in der Umgebung mehr bewachsen war. Wenn man ein Feld
betritt, in dem sich derart spektakuläre Dinge ereignet haben, ist man auto-
matisch emotional aktiv. Es kommt einem vor, als sei das Raumschiff gerade abgeflogen und man steht nun hier, um nach eventuellen Überbleibseln
dieses denkwürdigen Ereignisses zu suchen. Es ist einem so, wie kurz nach

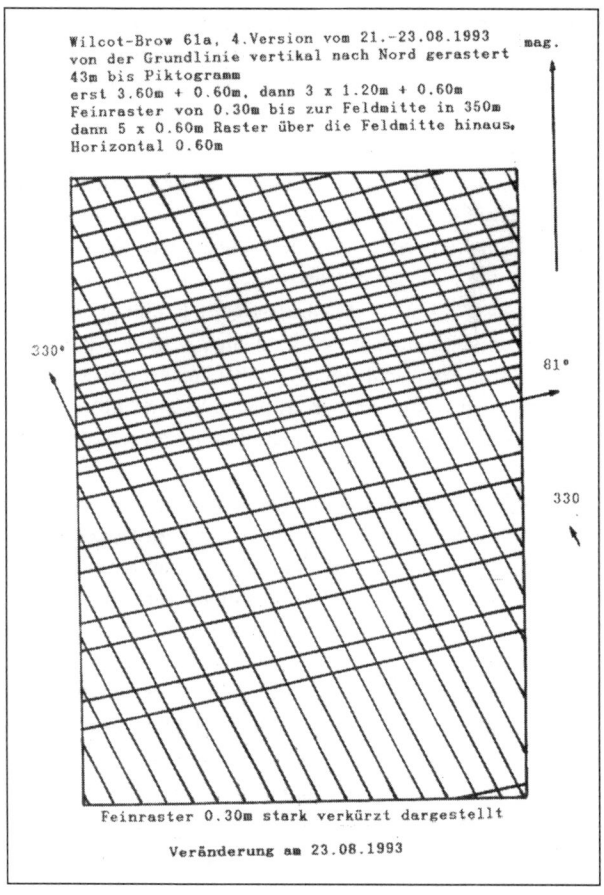

*Abb. 7: Wilcot Brow, 4. Version vom 23.08. Unten die Raster mit
1,20 m + 0,60 m, dann 10 x 0,60 m, danach Feinraster 0,30 m.*

dem Hinübergang eines Menschen: Man spürt die Wärme noch, aber das Äußere hat bereits begonnen, sich zu verändern.

Wie üblich, begannen wir unsere Messungen am Feldrand des fast quadratischen, 300 x 300 m großen Feldes. Es war relativ windstill in dieser Mittagsstunde unterhalb des alten Hillforts. Beim Überschreiten des Feldrains des fast perfekt nach Norden ausgerichteten Feldes zeigten die Ruten keinerlei Reaktion. Weiter und weiter ging es in das Feld hinein, aber die Ruten verharrten ruhig in unseren Händen. Was sollte das bedeuten? Schließlich waren wir doch dort, wo die »Mutter aller Piktogramme« entstanden war! Wir merkten, es würde hart werden, es ging hier überhaupt nicht nach Wünschen, die Muster waren so, wie sie waren, kompromißlos. Weiter ging es über die dicken Strünke der abgehackten Vegetation, die Ruten gegen jeden selbstverursachten Einfluß ausbalancierend, vorwärts nach Norden, auf der Suche nach der Energie der Fremden.

Dann plötzlich, nach 70 langen Metern voll des Kampfes zwischen der notwendigen, kräftezehrenden Konzentration auf den Ort und den aufkeimenden Zweifeln und der Ungeduld, bemerkten wir wieder dieses Gefühl, als ob die Luft dichter würde, wie jedesmal, wenn wir uns einem Energienetz näherten. Dann dauert es auch nicht mehr lange, bis die Ruten anfangen, sich zu bewegen – und tatsächlich, es ging los!

Genau 70 m ab dem Feldrand beginnend, lag hier ein leicht rautenförmiges Energienetz mit einem Raster von 1,20 m x 1,20 m. Es endete ebenfalls 70 m vor dem nördlichen Feldrand, lag also genau in der Mitte des Feldes. Wir bestimmten nun dessen Winkel und stellten fest, daß es seitlich bis an die Grenzen dieses jetzt vegetationslosen Feldes reichte. Die süd-nördlich verlaufenden Linien hatten 0°, zeigten also genau nach Norden, die west-östlichen hatten 300°. Welch wunderbare Analogie zum Copse Field, das Phänomen verschwendete keine Zeit, der »Wiederholungskurs« fand postwendend statt und das nicht einfach irgendwo, sondern auf dem Feld aller Felder, dort, wo die »Mutter aller Piktogramme« aufgetaucht war. Nun gab es nur noch eines, nämlich zu prüfen, ob sich in diesem Raster zusätzliche Ausschläge finden ließen. Diese Ausschläge galt es zu markieren.

Es dauerte nicht lange, bis genau das geschah. Dank des freiliegenden Bodens konnten wir mit unseren Schuhspitzen Markierungen in den Boden kratzen[6] und diese hinterher vermessen. Wir waren an unsere neue Fähigkeit noch lange nicht gewöhnt und wunderten uns immer wieder, wie sich aus den Markierungen an den Stellen, wo die Ruten reagierten, dieses so regelmäßige und beinahe präzise Netzgitter herauskristallisierte. Nach drei Stunden harter Rutenarbeit hatten wir wesentliche Teile des Piktogramms gefunden! Die gesamte Dreiecksform war noch da, seine beiden Eckkreise an der Basislinie, die beiden Innenringe und Teile der dünnen

Außenlinien. Als wir das obere, nördliche Kreissegment dowsen wollten, bemerkten wir, daß unsere Kraft am Ende war, die Wechselwirkungen mit den Energien in diesem Feld hatten uns total ausgelaugt. Mit Mühe gelangten wir zurück zum Windmill House, um dort in den wohlgefederten Betten von »Nr. 6« in einen erquickenden Schlaf zu fallen.

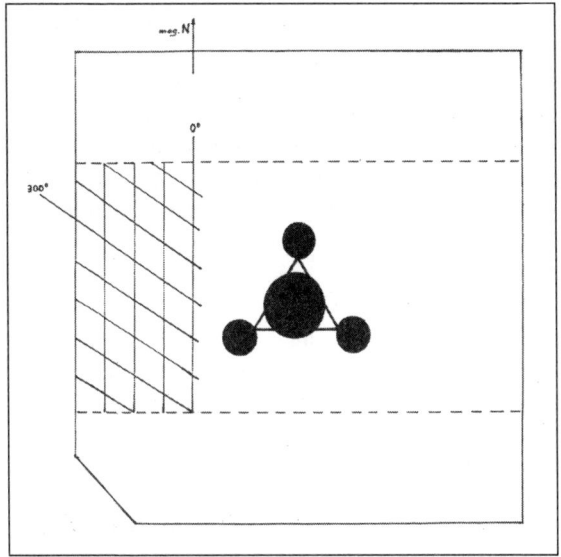

Abb. 8: Das Energiemuster auf dem Feld bei Barbury Castle.

Der nächste Tag, das nächste Feld. Diesmal wollten wir auf der Maisey-Farm nachschauen, ob wir am Ort der beiden Piktogramme von 1991 Reste von Energiemustern finden würden. Unmittelbar hinter dem Eingangstor begannen die Ruten, sich zu den Seiten zu bewegen, also auch hier: – ein Netz! Das Feld fungierte jetzt schon seit zwei Jahren als Schafsweide, so daß wir keine Tramlines zu beachten brauchten und frei umherlaufen konnten. So fanden wir gemeinsam schnell den Kreis mit seinen kleinen zwei Binnenkreisen. Schwieriger wurde es allerdings diesmal beim großen Piktogramm, daß sich damals ja ziemlich schräg abfallend am Hang daneben befunden hatte. Auf dieser sehr schiefen Ebene war es besonders schwierig, die Ruten gerade zu halten und vernünftig zu dowsen, zumal einige Kaninchenlöcher gut für böse Stürze positioniert waren. Außerdem zeigten sich bei Achim eher die Netzlinien, während Hans mehr auf die Piktogrammteile ansprach, von denen er die Hauptkreise und den oberen Steg fand. Wir fertigten zusätzlich Fotos von den Stellen an, die wir markiert hatten[7], um anhand der Baumreihe im Hintergrund den Vergleich mit den Bildern von 1991 herstellen zu können. Ein weiteres Feld von 1991 war gefunden, auf dem sich Netzgitter und Piktogrammteile energetisch nachweisen ließen.

Zwei Tage später, am 26.08., überprüften wir erneut das Wilcot Brow Field. Fast schon routinemäßig lief hier alles ab, das Entlangrumpeln des Feldweges mit Wullerich, unserem grünen Diesel, das Aufsuchen der Baumlücke in der Buschreihe, Feldschuhe anziehen, Ruten in die Hand und los – doch was war das? Noch mal zurück auf den Weg, konzentrieren, überschreiten der Feldgrenze und – erneut kein Ausschlag! Weiterlaufen, die Ruten bleiben still, nichts, keine Linien mehr, nicht eine?

Unsere Überraschung war total, als wir erkennen mußten, daß sämtliche Energielinien, die wir nun seit 2 Wochen hier immer wieder gefunden und deren aufregende Veränderungen wir dokumentiert hatten, verschwunden waren. Die Felder waren wie ausgeknipst, die Netze waren einfach weg. Erwartungsvoll stiefelten wir hinüber zum Copse Field und auch hier das Gleiche: keine Netze mehr, alles weg! Nur unsere Markierungen waren noch einigermaßen erhalten, aber auch hier waren die Energiemuster nicht mehr nachweisbar. Zur Feldmitte hin gab es einige Ausschläge, aber sie waren nicht netzspezifisch. Nun wollten wir wissen, ob sich etwas im Rabbit Holes getan hatte, das ja auch unbebaut war. Um zwei verschiedene Bereiche des Feldes abzudecken, gingen wir weit auseinandergezogen hinein.

Ungefähr 50 m vor der Talsenke fingen bei Achim die Ruten an, in Abständen von 8 Schritten Energielinien anzuzeigen. Dieses Muster setzte sich bis hinter die Stellen fort, an denen in den beiden Jahren zuvor unsere Experimentalpiktogramme gelegen hatten. Seltsamerweise schlugen die Ruten drüben bei Hans nicht an, obwohl wir doch bisher immer die gleichen Ergebnisse hatten. Kopfschüttelnd liefen wir auf dem Rückweg am Wilcot Brow vorbei, das wieder so friedlich da lag wie eh und je. Zwei Tage vor unserer Abreise hatte das Phänomen einfach »das Licht ausgeknipst«, Lektion gelernt und verstanden, Ihr reist sowieso ab – das war's!

Unser letzter Blick zurück zeigt uns, wie spät wir dran waren in diesem Jahr. Fast alle Felder waren abgeerntet, das East Field war schon zur Hälfte kahl und auch im Wilcot Brow hatten jetzt die Mähdrescher Einzug gehalten, die Dämmerung setzte immer früher ein, die Luft roch würziger, es wurde abends kühler und immer mehr Nebel zogen herauf. Das Land war geprägt durch die Unzahl von großen Strohrollen, die auf den Feldern lagen, aber auch sie würden wohl bald verschwunden sein. Natürlich beschlich uns etwas Wehmut in dieser herbstlichen Landschaft, aber war es nicht sowieso ein eigenartiges Jahr gewesen? Es war kein echtes Piktogramm um Alton Barnes herum erschienen, selbst die paar Hoaxes blieben unter dem Vorjahresniveau. Irgendwie waren die Fröhlichkeit und der Elan vergangener Sommer verschwunden, und auch in manch persönlicher Beziehung hier und dort kriselte es. Alles wirkte ein wenig wie deprimiert und sogar unsere Freundinnen, die Skylarks, die sonst wie kleine Elfen laut singend über den Feldern tanzten, hatten sich dieses Jahr nicht vernehmen lassen. Waren das die Aus- oder Nachwirkungen der Debunkerkampagnen à la Doug und Dave des letzten Jahres? Mißtrauen und Zwist war allenthalben unter den älteren Kornkreisforschern zu vernehmen, der einigende Schwung und Enthusiasmus der ersten Jahre war dahin. Symptomatisch dafür waren Ereignisse wie die Präsentation dieser beiden Hoaxer durch einen gewissen Ken Brown früher in diesem Jahr in London. Auf dieser Veranstaltung, die von Brown promotet wurde, der Doug und Dave vor unbequemen Frage abschirmte, ja teilweise für sie antwortete, machte sich Stanley Morcom laut und vernehmlich Luft über die Lügen, die beide verbreiteten. Schließlich behaupteten sie ja immer, sämtliche Piktogramme hergestellt zu haben, was ihnen natürlich niemand glaubte, schon allein der großen Distanzen wegen, die zwischen den vielen Formationen eines Sommers lagen. Unsere englischen Freunde hatten Doug und Dave schließlich aufgefordert, eine Probe ihres »Könnens« zu liefern, aber Mr. Brown hatte auch hier die Hand davor.

Eine andere Veranstaltung der unschönen Art war im Frühsommer die Gartenparty bei Montague Kean gewesen, der auf seiner Farm ein Feld zur Verfügung gestellt hatte. Auf diesem Feld sollte Jim Schnabel, das Schlitzohr, beweisen, daß er das »Charming Bracelet« im Spätsommer 1992 beim Silbury Hill geschaffen hatte, indem er es jetzt hier wiederholte. Kean hatte extra eine große Tribüne aufbauen lassen, damit man Schnabel bei der Arbeit besser beobachten könnte. Schnabel erschien auch, aber mit langer, unhöflicher Verspätung, entschuldigte sich dafür kaum, ging ins Feld und fing dort zu werkeln an. Das Publikum war gespannt, doch bald erkannte es, daß man an der Nase herumgeführt werden sollte. Schnabel entwarf im Feld einen Kreis mit einem Ring, verlieh dem Kreis jedoch ein anderes Binnenmuster und statt der astronomischen Ringsymbole des Originals plazierte er in seinem Piktogramm an deren Stelle die Bilder eines Vogels mit einer Note am Schnabel. (Erinnerung an die Töne, die Colin Andrews in einem Kornkreis gehört und als paranormal interpretiert hatte. Später kam dann heraus, daß es sich um den Singsang eines kleinen einheimischen Vogels gehandelt hatte.) Andere Muster im Kornkreis waren eine Gartenwalze (beliebtes und effektives Hoaxerinstrument) und ein Regenschirm. So blieb Schnabel dem hochkarätigen Publikum den versprochenen Beweis schuldig. Aufgefallen war jedoch, daß er stets lange auf seinen Zettel schauen mußte, bis er zum nächsten Schritt überging. Die Fotos, die man uns von dieser Party zeigte, machten deutlich, daß er sehr auf seinen Plan angewiesen war und es eigentlich gar nicht nach jemandem aussah, der ohne dieses Hilfsmittel in der Dunkelheit und ohne Licht imstande wäre, großformatige Muster in die Felder zu walzen.

Wie immer hingen wir auf der langen Rückfahrt nach Deutschland unseren Gedanken an das gerade Erlebte nach. 1992 hatten wir England mit der Gewissheit verlassen, daß der Begriff der »Energie« zukünftig eine Rolle spielen würde, 1993 wurden wir genau mit uns bislang unbekannten Energiephänomenen empfangen, und als wir England jetzt wieder verließen, waren wir in der Lage, die Bedeutung dieser Energiemuster annähernd zu begreifen, wenn auch die Form der Energie sich noch jeglicher Beschreibung entzog. Wir hatten im Verständnis des Kornkreisphänomens einen gewaltigen Schritt nach vorn gemacht, es hatte uns eines seiner Geheimnisse offenbart. Wir wußten nun, daß sie lokal begrenzte, mindestens dreidimensionale Gitternetze bzw. -räume benutzten, in denen sie einmal die sichtbaren Piktogramme erscheinen ließen, andererseits aber auch reine Energiemuster verankern konnten. So war klar, daß ein echtes Piktogramm immer in einem Gitternetz liegen und zusätzlich eine eigene energetische Binnenstruktur aufweisen mußte. Endlich hatten wir ein unfehlbares Werkzeug in der Hand, um die Spreu vom Weizen trennen zu können. Diese Eigenschaften waren nicht zu hoaxen! Und natürlich würden wir zunächst niemandem von dem uns neu vermittelten Wissen etwas erzählen, denn wir wollten erst einmal wissen, ob es auch richtig war, was wir daraus folgerten, zum anderen, sollten unsere Fähigkeiten zunächst vor den potentiellen Fälschern verborgen bleiben. Wohin würde uns dieser Weg wohl führen?

Zurück in Berlin, im Dunkel des folgenden Winters und mit dem Abstand der vielen hundert Kilometer, die zwischen uns und Wiltshire lagen, kam uns die Depression in der Kornkreisszene noch viel krasser vor, als es vor Ort der Fall gewesen war. Hatte sich das Phänomen wegen der sinnlosen Hoaxerei schließlich selbst gar frustriert zurückgezogen? Waren deshalb keine echten Kornkreise mehr aufgetaucht, weil es enttäuscht erkannt hatte, daß außer uns niemand sonst den Kommunikationsfaden aufgegriffen hatte? Würde es überhaupt noch welche geben oder war der massive Hinweis auf die wirkenden Energien als eine Art Wandel zu verstehen, als eine neue Stufe der Entwicklung, weg vom sichtbaren Materiellen und hin zum unsichtbaren Energetischen?

Wir hatten uns vor zwei Jahren vorgenommen, uns mit Veröffentlichungen unserer Arbeit zurückzuhalten, bis wir eines Tages sicher sein würden, daß jetzt der richtige Zeitpunkt dafür gekommen sei. Die Gründe haben wir an anderer Stelle erörtert. Nun aber, angesichts dieses Niedergangs der Kornkreisszene, beschlich uns das dringende Gefühl, etwas gegen diese negative Entwicklung tun zu müssen. Und wer wäre nicht besser dazu geeignet als wir? Hatten wir nicht jetzt das dritte Jahr in Reihenfolge erlebt, indem wir eng mit der unbekannten Intelligenz hinter dem Kornkreisphänomen kommunizierten? Hatten wir nicht wunderbare Geschenke erhalten, Geschenke, die es uns ermöglichten, ein wenig von dem, was sich da vor unseren Sinnen abspielte, zu verstehen? War es nicht das, wonach sich so viele sehnten — zu verstehen? Und sollten nicht gerade wir etwas von diesen Geschenken weiterreichen, als Trost und als Hoffnungszeichen gleichermaßen, daß da neben all dem Hoaxen und der Täuschung, neben dem Negativen, das um seine Macht fürchtete, tatsächlich ein echtes Phänomen mit einer unvergleichlich starken, positiven Kraft existierte, das uns seine Hände zur kosmischen Freundschaft gereicht hatte?

So schrieben wir, mitten hinein in diese Phase der Hoffnungslosigkeit, in englischer Sprache im November 1993 den Artikel »Hope« für den »Cerealogist« und das »Circular«, um eben ein Zeichen der Hoffnung zu geben. Wie wir später von CSETI erfuhren, war »Hope« aus den Magazinen zu der Zeit der meist photokopierte Artikel in der jungen amerikanischen Kornkreisszene. Aber auch in England war das Interesse groß, und beide Magazine verlangten nach weiterem Material zu unseren Forschungen, das wir ihnen gern liefern wollten.

Eines Tages kamen wir aus einer Laune heraus auf die Idee, einmal zu testen, ob sich energetisch an unseren Wohnorten etwas geändert hatte. Und siehe da, wir fanden ein scharf begrenztes Gitternetz um unsere Häuser herum, das vorher noch nicht da war! Auch in der Wohnung fanden sich jetzt sogar Energiemuster, die in unseren eigenen Zimmern kulminierten und deren Formen sich von Zeit zu Zeit änderten, nie aber das Gitter draußen bei den Häusern. Es schien verrückt, und wir getrauten uns nicht, dies zu erzählen, aber sogar unser Passat, der uns trotz seines Alters treu in die Felder gefahren hatte und den Energien dort ausgesetzt war, besaß ein eigenes Netz, das in ca. 1 m Abstand um ihn herum begann und das ihn immer begleitete. Wir freuten uns natürlich darüber, fragten aber auch gleichzeitig, ob wir nicht ein wenig zu reich beschenkt wurden?

Bei Achim war es sogar so, daß das Netz mitten in der Doppelhaushälfte aufhörte, da, wo die Trennwand zur anderen Wohnung verlief und auf dem Weg draußen an der Rasenkante zum gegenüberliegenden Haus ebenfalls abrupt endete. Das Phänomen war nun permanent mit uns, es zeigte sich durch die unleugbare Existenz des scharf begrenzten Gitternetzes um unsere Wohnbereiche, es wurde Teil unseres täglichen Lebens. Dadurch wurden wir auch ständig daran erinnert und begannen, intensiver darüber nachzudenken. War das eine reine Demonstration? Wollte »man« jetzt ständig mit uns zusammen sein? Standen wir in permanentem Kontakt? Hatten diese Gitter noch andere Funktionen? Nahm »man« uns die Gedanken ab? Erhielten wir gesteuert welche? Waren die Zufälle noch Zufälle?

Ein denkwürdiges Jahr ging zuende, und wir waren einen großen Schritt vorangekommen, wir fühlten uns wie in die nächste Klasse versetzt. Das Phänomen hatte uns eine neue Möglichkeit der Kommunikation eröffnet, wir waren nicht mehr auf die sichtbaren Piktogramme angewiesen. Waren wir vielleicht schon darüber hinausgewachsen? Als am 21. Dezember die Erde in ihrem Orbit das Winter-Solstitium durcheilte, den winterlichen Sonnenwendpunkt, fühlten auch wir uns mit den nun wieder länger werdenden Tagen wie in einem Aufstieg in das neue Licht, hin zu den sonnendurchfluteten Sommertagen, die uns erneut in den Feldern Wiltshires sehen sollten.

KAPITEL 5

Die Rückkehr zu den Kreisen

Das Jahr 1994 brach an, und seit einiger Zeit bemerkten wir beide unabhängig in uns ein Gefühl, daß in diesem Jahr etwas Besonderes geschehen würde. Irgendwie war der »Hope«-Artikel ein unheimlicher Stimulus und als wir dann zu Beginn des neuen Jahres in den langen, abendlichen Gesprächen, die wir so liebten, das Design für das neue Experimentalpiktogramm entwarfen, wurde dieses Gefühl zur Gewißheit: Etwas Großartiges erwartete uns in diesem Sommer in Wiltshire. Ein Piktogramm zu entwerfen, ist – sicher auch für Hoaxer – eine höchst kreative Aufgabe. Für uns bedeutete das jedoch, etwas zu schaffen, das eine sinnvolle Fortentwicklung vom Stand der letzten Jahre unter Einbeziehung einer neuen Frage hin zu einem neuen graphischen Angebot an das Phänomen war, eine relativ einfache Frage, die eine klar erkennbare Antwort zur Folge hätte.

Irgendwie haben solche Stunden einen meditativen Charakter und, im Hinblick auf die Netze bei unseren Häusern, waren wir uns nicht mehr sicher, ob wir nicht schon längst aufmerksame Zuschauer bei unseren Bemühungen hatten, eine sinnvolle Kommunikation anzubahnen.

Dann war es auch die Gewißheit, nicht mehr nur nach England zu fahren, um irgendwelchen Kornkreisen hinterherzujagen. Das Phänomen hatte uns im vergangenen Jahr geholfen, uns weiterzuentwickeln, indem es uns in die Bedeutung der Gitternetze eingeführt hatte. Durch dieses Wissen waren wir nicht mehr nur passive Beobachter, wie ansonsten so viele immer noch, nein, wir fühlten uns geradezu aufgefordert, dieses neue Wissen nun anzuwenden, wir waren aktive Partner geworden. So war es in den letzten Jahren gewesen, so sollte es jetzt wieder sein. Es war nötig, etwas zu tun, also wollten wir wieder ein Piktogramm schaffen. Gleichzeitig wollten wir weiter mit diesen Energien und Gitternetzen experimentieren, denn dieser Weg schien uns eindeutig gewiesen worden zu sein.

Und irgendwie rückten auch die alten Plätze mit ihren großen Steinen mehr und mehr in unser Bewußtsein. Eine riesengroße Neugier befiel uns. Hing vielleicht alles zusammen?

Im Überschwang dieses von Gewißheit durchsetzten Gefühles informierten wir unsere engen Vertrauten, daß wir für diesen Sommer ein weiteres Glanzlicht unserer Beziehungen zum echten Phänomen erwarteten. Deren Reaktionen waren verständlicherweise freundlich erstaunt, doch wir waren uns irgendwie sicher – vielleicht auch gerade wegen der häuslichen Gitternetze.

Im April 1994 veröffentlichte das »Circular« unseren Artikel »Starfields« mit den in Kurzform gehaltenen Erfahrungen und Ergebnissen der Jahre 1991–1993, was unsere Hochstimmung nur noch verstärkte. Nur nicht überschnappen, lautete unsere Devise. War der Grad der Aufmerksamkeit, den wir im Mutterland der Kreise erzielt hatten, tatsächlich ein Hinweis darauf, daß das Hoffnungszeichen, das wir hatten setzen wollen, angekommen war?

Offenbar, denn am 22. April erhielten wir einen Brief von Alison Tredwell, mit der eine folgenschwere Beziehung begann, wie Sie später noch lesen werden. Sie gehörte zum *East Midland Branch* des CCCS, und deren Mitglieder waren von unserem Artikel und unseren Entdeckungen fasziniert. Sie hatten ihre Gruppe ein Jahr zuvor gegründet und versuchten, Kontakt zu den echten Kreisemachern über Meditationen zu erreichen, bei denen sie die Geisteskraft der Teilnehmer vereinten, um sich so leichter auf den universellen Geist einstellen zu können. Sie glaubten nun, in dem recht hübschen Piktogramm von Charley Knoll ihre Antwort gefunden zu haben und wollten dieses Piktogramm von uns dekodiert bekommen.

Wir waren jedoch sehr vorsichtig geworden, und es hätte ja auch sein können, daß uns jemand bewußt zu einer Aussage über ein Piktogramm verleiten wollte, um dann hinterher zu sagen:»Reingefallen!« Es war wichtig, in dieser Anfangsphase souverän und frei von Fehlinterpretationen zu bleiben. Außerdem, so nett wir Alisons Brief fanden, irgendwie konnten wir in diesem Piktogramm nicht diese Eleganz der echten Piktogramme wiederfinden. Es war irgendwie ein wenig ungerade und auch ein wenig überfrachtet mit Formationsfragmenten, die man woanders schon besser gesehen hatte, wie z.B. die Spirale beim Barbury-Castle-Piktogramm. Und, ein Stückchen weiter weg, lag im Feld eine verdächtige »Signatur«.

Kurze Zeit später, es war Anfang Mai, erreichten uns aufgeregte Anrufe unserer Farmerin. Es seien bei Avebury einige große Piktogramme in Rapsfeldern entstanden. War der frühe Beginn der Saison das deutliche Zeichen einer Wende hin zum Besseren? Selbst, wenn es Hoaxe waren, so seien sogar deren Urheber früher unterwegs als im letzten Jahr, alles schien wie neu belebt. Am 14. Mai erhielten wir einen weiteren Anruf. Auf der von Kreisen noch unberührten Farm sei bei Woodborough Hill ein unbekanntes dunkles Objekt gesehen worden, als es über die Felder flog. Balls of Light? Solide UFOs? Für genauere Bestimmungen fehlten leider nähere Angaben.

Anfang Juli hatten wir dann sogar noch ein Telefonat mit der Chefredakteurin des »Circular«, Barbara Davies, was ein weiteres erfreuliches Zeichen von Wertschätzung unserer Arbeit war. Wir mußten unser Experiment jedes Jahr ein wenig nach unserem Zeitplan vor Ort richten und legten deshalb schon lange vorher fest, was wir wann machen wollten. So hatten wir aus rein rationellen Gründen die Arbeiten an unserem Piktogramm auf den 18. Juli terminiert. Als Barbara dies hörte, war sie doch für britische Verhältnisse ziemlich aus dem Häuschen, was wir dann bald ebenso empfanden, als sie uns das näher erklärte.

Wir hatten, ohne uns dessen eigentlich bewußt gewesen zu sein, die Erschaffung unseres 4. Piktogrammes genau auf den Tag gelegt, an dem der Komet Shoemaker-Levi auf Jupiter einschlagen sollte!

Dann war es soweit, der Tag der Fahrt nach England war heraufgedämmert. Und als wir nach 16-stündiger Reise bei Randersons im Windmill House unsere erste Tasse Tee tranken, erfuhren wir gleich eine elektrisierende Neuigkeit: Ron Russell, ein wichtiges CSETI-Mitglied, würde auch hier wohnen. Welch eine Fügung! So würden wir – quasi mit dem Frühstück – hoffentlich mehr über diese Organisation erfahren und vielleicht noch mehr darüber hören, was sich damals am Woodborough Hill abgespielt hatte.

Wir merkten es sofort, als wir unsere ersten Spritztouren unternahmen: Die Atmosphäre war dick von Geschichten, Berichten und Gerüchten über die neu entstandenen Piktogramme. So führte uns der erste Weg nach West Kennett zum Long Barrow, weil man von dort einen Blick auf eine seltsame Formation werfen konnte. Sie kursierte unter dem Namen »Skorpion« und sah aus 100 m Entfernung in den Binnenstrukturen ziemlich wirr aus, aber sie war ja auch schon einige Zeit im Feld und sicher oft besucht worden. Es war eine Ansammlung von Kreisen anwachsender Größe in spiralig-bogenförmiger Anordnung mit einem »Jim-Schnabel-Halbmond« am größten Kreis, quasi dem Kopf der Formation. Natürlich dachten wir auch bei dieser Anordnung von »Bubbles«, wie diese Art von Piktogramm bald genannt wurde, an den Kometen, der Jupiter morgen erkennbare Wunden zufügen würde. Ansonsten sahen wir eine ziemlich mißratene Wiederholung des sogenannten »Brain« beim Lurkeley Hill, an der T-Junction der Straße von East Kennett mit der von Alton Barnes nach Lockeridge, einem bevorzugten Hoaxerspielplatz.

Was gibt es Schöneres, als mit 80 km/h diese Straße in Richtung Alton Barnes bei Sonnenschein entlang zu brausen, das linke Vorderrad immer einige Zentimeter vom Wulst der Rasen- oder Feldkante entfernt, links fahrend, auf der falschen Seite sitzend, den entgegenkommenden Wagen mit immer zusammengekniffeneren Augen musternd und dann erleichternd ausatmend, weil es mal wieder gepaßt hat?

Dann huschen die Bäume vom Boreham Wood heran – und vorbei – linker Hand die Shaw Ho-Farm, wo oft die Pfadfinder üben, dann das Kribbeln des Wansdyke Path unter den Pedalen und weiter hinein in das sich öffnende kleine Tal mit seinen Weidenmatten zu beiden Seiten, die von unzähligen Schafen geradezu gesprenkelt sind, Gas weg, die Kurven vor Walkers Hill rechts und Knap Hill links, rechts das kleine Hotel, an der die Masten der elektrischen Leitung enden, links der Parkplatz, dann der erste, sehnsuchtsvolle Blick hinab in das Vale of Pewsey!

Im East Field liegt irgendein Piktogramm, das aber, wie uns der Farmer später erklärt, ein Hoax ist, hergestellt von Adrian Dexter und seinen Helfern. Sie sind von einem Frühaufsteher gesehen worden, wie sie eine leere Öltonne benutzt haben sollen.

Diesmal fuhren wir den Betonweg besonders langsam in die Farm hinein, denn wir wollten jeden Meter einzeln genießen. Es war heller Nachmittag, als wir nach links zum Wilcot Brow einbogen, das diesmal brachlag. Wir fanden die alte Lücke in der Buschreihe wieder, die wie gemacht für unser treues Vehikel schien, zogen uns dort unsere »Feldschuhe und -hosen« an, nahmen die Ruten in die Hand, hielten den Atem an, ein letzter Blick zum Partner – und stiefelten los.

Es dauerte nicht allzu lange, bis wir wußten, was hier los war. Ungefähr dort, wo im letzten Jahr unser Piktogramm gelegen haben muß, begannen unsere Ruten, die Existenz eines Gitters anzuzeigen! Es waren Linien, die in Nord-Südrichtung einen Abstand von 0,60 m aufwiesen. Der Abstand in Ost-West-Richtung betrug 1,20 m. Also ging es dieses Jahr weiter, wieder Gitter, wieder Netze, wieder Felder in Feldern, Felder aus reiner Energie in Wechselwirkung mit Feldern aus reiner, irdener Materie. Welche Aufgabe würde uns diesmal gestellt werden?

Nun hielt uns nichts mehr, denn wir hatten eine bestimmten Verdacht. Wenn hier unser Arbeitsbereich vom letzten Jahr so auffällig markiert wurde, wie würde er dann dieses Jahres aussehen? Also fuhren wie hinüber zum Rabbit Holes, auf dem wieder ein sattes Weizenfeld hin- und herwogte. Es braucht immer gute 20 Minuten anstrengenden Fußmarsches, um zum Feldeingang zu gelangen. An der Grenze des Rabbit Holes zum Copse Field gingen wir in die Tramline hinein, die Ruten wie ein selbstverständlicher Teil unseres Körpers in den Händen. Eine Weile ging es so, dann blieb Hans stehen. Was hatte er gefunden? Zurück, noch mal geprüft, tatsächlich, hier begann ein Gitter! Es bestand aus Linien mit Abständen von 0,60 m Nord-Süd und 1,20 m Ost-West. Und die genaue Mitte dieses Feldes wurde durch eine Tramline gebildet! Was lag also näher, als anzunehmen, daß diese wunderbare Tramline als besonders wichtig betont worden war, daß sie für unser Piktogramm wichtig sein sollte?

Das Gitternetz erstreckte sich ca. 40 m nach Süden hinab in die Senke des Feldes. Interessant war, das Achim hier keine Bewegungen seiner Ruten registrierte. Was sollte das bedeuten? Hatten wir bisher nicht alles gemeinsam gefunden? Wir liefen weiter hinab in das Feld hinein, offenbar war hier eine netzfreie Lücke. Als wir uns nach einiger Zeit dem Bereich näherten, in dem in früheren Jahren unsere Piktogramme lagen, fingen plötzlich die Energielinien wieder an! Dieser Bereich erstreckte sich bei Hans ca. 75 m weiter, bei Achim nur 45 m, aber beide lagen auf dem nach Norden ansteigenden Teil des Feldes nach der Talsohle. Wir standen da und konnten es kaum fassen, daß uns hier ein Energienetz erwartete, geschaffen von unseren unbekannten Freunden. Das Phänomen hatte den Platz schon vorher bestimmt, auf dem wir unser Piktogramm erstellen sollten! Es hatte oben am Feldeingang ein Energienetz so plaziert, daß wir auf die eine Tramline aufmerksam werden mußten. Das Netz führte uns dann etwas ins Feld hinein, brach dann ab und weckte unsere Neugier natürlich nur noch mehr. Würden wir noch etwas finden? Wir mußten einfach weitergehen. Und tatsächlich, wir trafen weiter unten auf ein neues Netz. So gab es eigentlich nur eine logische Erklärung dafür: Wir sollten diesen Platz finden, wir waren durch die Gitternetze regelrecht hierher geführt worden.

Wieder war es diese eigenartige atmosphärische Mischung eines sanft sich im Wind wiegenden Feldes, das man bei jeder Bewegung durch die Kleidung hindurch spürte, mit diesem Energiefeld, das ebenso spürbar nah war und sich in unserer mit den uns gewohnten Sinnen wahrnehmbaren Welt durch nichts verriet, als durch die völlig zweifelsfreie, sich regelmäßig wiederholende Seitwärtsbewegung unserer Ruten, eine Realität in der unseren – oder neben ihr.

KAPITEL 6

Rabbit Holes 333 – und danach

Als wir uns am 18. Juli gegen 11.00 Uhr auf den Weg ins Feld machten, um dort im hellen Sonnenschein unser diesjähriges Experimentalpiktogramm zu erstellen, bemerkten wir nichts von dem planetaren Inferno, das sich 860 Millionen Kilometer von uns entfernt in der Schwärze des Weltalls abspielte. Seit bereits zwei Tagen und Nächten waren nacheinander immer wieder die Trümmerteile des Kometen Shoemaker-Levy 9 in die obere Jupiteratmosphäre eingedrungen, um einige Kilometer tiefer mit katastrophalen Explosionen tiefe Wunden in den größten Planeten unseres Sonnensystems zu reißen.

Der Komet wurde am 18. März 1993 von Carolyn und Gene Shoemaker sowie David Levy auf einem Foto entdeckt, das mit dem 0,46-m-Schmidt-Teleskop auf Mt. Palomar aufgenommen wurde. Er kreiste lange Zeit schon mit einer Periode von 2 Jahren um Jupiter und flog am 8. Juli 1992 bei seiner letzten Annäherung am Riesenplaneten in einer Höhe von wohl nur 20.000 km über den obersten Wolkendecken vorbei. Schätzungsweise zwei Stunden danach riß es den ehemals einige Kilometer großen Brocken durch die Kraft der jovianischen Gravitation in 21 kleinere Teile, die zunächst auf der Umlaufbahn weiterflogen. Doch die Anziehungskraft der Sonne veränderte diese etwas, so daß die wie Perlen auf einer Schnur aufgereihten Stücke bei der nächsten Annäherung an Jupiter auf dem Gasplaneten einschlagen mußten.

Man bezeichnete die einzelnen Teile mit den Buchstaben A bis W, I und O wurden weggelassen. Teil A war das erste, das am 16. Juli 1994 einschlug, Teil W am 22. Juli das letzte. Die einzelnen Stücke waren bis zu kilometergroß, Teil Q war das hellste in der Kette, wobei seine Größe durch reflektierende Staubmassen wohl anfänglich überschätzt wurde.

Bisher waren die Teile A bis E mit 60 km/s in den Planeten hineingerast, heute sollten F, G und H folgen. Als sollte es eine Unterstreichung dieses ohnehin schon denkwürdigen Tages sein, bot Fragment G einen besonders spektakulären Abgang. Es explodierte in einem Feuerball von 7 km Durchmesser, der eine Temperatur von 7.600 Grad Kelvin besaß. Damit war er heißer als die Oberfläche unserer Sonne. Nach anderthalb Minuten war die Explosionswolke mehrere hundert Kilometer groß und schon auf 400 Grad Kelvin abgekühlt. Die gesamte Eindringphase dieses Fragmentes betrug ca. zehn Minuten mit einer Maximalhelligkeit nach fünf Minuten. Das dabei aus der Jupiteratmosphäre herausgerissene Material stieg mit einer

Geschwindigkeit von 4,3 km/s bis auf eine Höhe von 380 km. Die Impakte hinterließen in Jupiters Wolken schwarze Flecken, die teilweise größer als der Erddurchmesser und kontrastreicher als der Große Rote Fleck waren!

Wir hier unten im Rabbit Holes merkten jedoch nichts von dem apokalyptischen Geschehen über uns und arbeiteten konzentriert an dem Design, das wir vor Monaten erdacht hatten. Unser Piktogramm war als Einladung an die unbekannte Intelligenz gedacht, uns hier besuchen zu kommen.

Es bestand aus einem breiten Ring mit einem Kreis stehenden Korns darin als inverses Symbol für ein Sonnensystem. An der einen Seiten indizierte ein kleiner Stummel, der aus dem Ring herauskam, daß hier mehrere Elemente in diesem Ring enthalten sind, deren einzelne Darstellung jetzt jedoch nicht wichtig war. Auf der gegenüberliegenden Seite kam ein Steg aus dem Ring, der planetaren Umlaufebene in diesem Sonnensystem, heraus, der sich in zwei kleinere Stege verzweigte, die wiederum in je einen Kreis mündeten. An diesen Kreisen, die ja planetare Symbole waren, befanden sich je ein Zeiger, rechts mit drei, links mit vier Querbalken, von denen jeweils der oberste betont war. Damit waren die Kreise als Planet 3 und 4 definiert und aus der planetaren Umlaufebene hervorgehoben. Rechts und links gingen aus dem großen Ring je ein 30 m langer gerader Steg ab, die zusammen einen bestimmten Raumsektor markieren sollten.

Den beiden Planetensymbolen gegenüber »schwebte gerade in diesen Sektor ein«: das Hinterteil des Antwortpiktogramms aus den Preshute Downs von 1991, HD 42807 mit seinen beiden Planeten als Symbol für die (möglicherweise außerirdische) Intelligenz hinter dem Kornkreisphänomen.

Neben dem Erkennungssymbol für die Erde, das wir immer als »Rufzeichen« verwendeten, hatten wir den Mars als vierten Planeten unseres Son-

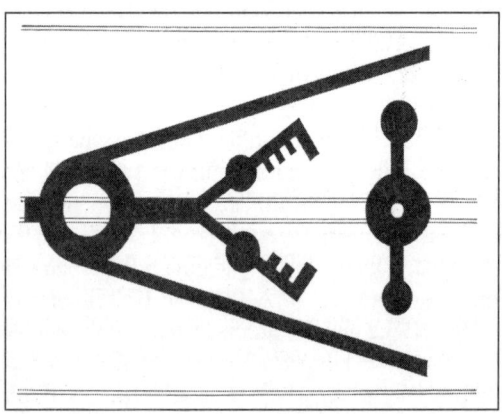

Abb. 9: Das Experimentalpiktogramm von 1994.

nensystems miteinbezogen, auf dessen Oberfläche dereinst vielleicht künstliche Strukturen gefunden werden, die nicht von Menschenhand stammen.

Zur Methodik der Symbolerkennung und -beschreibung verweisen wir den interessierten Leser auf unser erstes Buch »Die Antwort des Orion«, in dem diese Thematik ausführlich abgehandelt und erklärt wird.

So lautete die Botschaft unseres Piktogramms »Hallo, hier sind wir von der Erde, dem dritten Planeten des Sonnensystems in diesem Raumsektor. Der vierte Planet ist Mars, den ihr ja auch kennt. Wir laden euch herzlichst ein, zu uns zu kommen!«

Neben der rein mechanischen Arbeit mit den Korngarben in den Kreisen und Stegen, die wir erschufen, war unser Geist ständig mit dem Sinngehalt der Formation beschäftigt, ein kontinuierlicher Monolog an das Phänomen, eine aktive Meditation, die meistens nur kurz durch den Zuruf von Maß- oder Richtungsangaben unterbrochen wurde. Nach viereinhalb Stunden war schließlich unser Werk, Piktogramm Nr. 4, beendet.

Nun galt es wieder, zu warten, ob und wie sich die Dinge entwickeln würden. Die Zeit war im wahrsten Sinne – nicht nur wegen des Umtauschkurses von DM in Britische Pfund – kostbar und so nutzten wir sie. Wir erhielten, dank der Vermittlung unserer Freunde, die Genehmigung, die Hussey-Farm zu betreten, denn hier lag ein weiteres Feld, das wir noch untersuchen wollten. Auf diesem Feld unterhalb des Hackpen Hill war 1991 ein Piktogramm erschienen, das aus drei Kreisen mit Verbindungsstegen bestand. Damals erschien später noch ein kleiner Zusatzkreis, den wir aber nicht untersuchen durften, weil er abgesperrt worden war. Wir hatten damals den Verdacht, daß hier ein älteres Piktogramm »aufgefrischt« werden sollte, um dieser Farm wieder einige Besuche zuzuführen. Beweisen konnten wir das nie.

Das Feld lag jetzt brach und war gut zu übersehen. Zu unserer Überraschung zeigte sich bald ein wieder sehr scharf begrenztes Energieliniennetz, jedoch wurden die Unterschiede zwischen unserem Dowsen immer augenfälliger. Achim entdeckte nur die Netzlinien, die Hans auch fand, der aber darüber hinaus noch in der Lage war, das Energiemuster des Piktogramms zu finden. Wenn Hans durch einen Kreis ging, zeigten die Ruten die Richtung der Kreisenergie an, während bei Achim die Ruten nur – und dies kontinuierlich – in dem gleichen Bereich die sehr eng gelagerten Linien anzeigten.

Zu diesem Zeitpunkt wußten wir noch nichts von dem neuen Piktogramm im East Field[8], was sich nach einem Besuch im »Red Lion« jedoch schnell änderte. Nichts wie hin, war natürlich die Devise. Von fern machte das Piktogramm einen imposanten Eindruck, und erst wenige Besucher schienen es zu frequentieren. Nun waren wir gespannt. Was würden die Ruten uns mitteilen? Ob es ein Netz gäbe? Mit angehaltenen Atem betraten wir das ehrwürdige Feld. Nichts, kein Ausschlag auf den ersten Schritten. Erwartungsvoll liefen wir in Richtung Piktogramm weiter, immer auf die Haltung der Ruten achtend, damit wir ja kein falsch positives Resultat produzierten.

Da, 60 Meter waren gerade gezählt, begannen die Ruten, sich zu bewegen! Und sie taten es unaufhörlich weiter, alle 1,20 m je ein Ausschlag bis zum Rand des Piktogramms. Innerhalb des Piktogramms hörte dies zu unserer Überraschung schlagartig auf, nichts war hier zu finden, das auch nur entfernt an die kleinen Raster innerhalb unseres Piktogramms im Wilcot Brow von 1993 erinnerte.

Während unserer Rutenmessungen innerhalb des Piktogramms trafen wir auf eine Gruppe in der Formation lagernder Menschen, die uns zu unserer Verblüffung fragten, ob wir die Formation vorgestern (18.07.1994) hinter dem Woodborough Hill geschaffen hätten. Nach zögerndem Bejahen unsererseits erzählte daraufhin eine der anwesenden Frauen, daß gestern, am 19.07., gegen 22.00 Uhr hinter dem Hill über unserem Piktogramm eine leuchtende Kugel gesehen wurde. Sie und ihr Partner Tom hatten auf einem Strohballen gesessen und schauten in Richtung Adam's Grave. Es war 23.10 Uhr, als sie sich umdrehen mußten, denn hinter ihnen hatte ein knallrotes Licht zu leuchten begonnen. Es war erst ganz klein und wurde immer größer, bis es, so schätzten die beiden, in ca. 100 m Entfernung einen Durchmesser von ungefähr 50 m besaß und dann plötzlich verschwand. Dies konnte keiner der Hoaxer-Ballons gewesen sein, denn diese narrten inzwischen immer mehr »Croppies«, konnten sich aber nicht in ihrer Größe verändern. Ein Schauer durchfuhr uns, denn hatte nicht auch bereits 1993 unser Piktogramm Besuch von solch einer merkwürdigen Lichtkugel erhalten?

Achim fuhr mit seinem Teil der Untersuchungen fort, lief über die Grenzen des Piktogramms nach Norden hinweg und fand das Ende des Energienetzes 60 m weiter nördlich. Nach den Seiten hin war das Netz sogar noch in der 10. Tramline neben dem Piktogramm nachweisbar! Interessant war, daß der kleine Hoax am nördlichen Rand gleichzeitig keinerlei Energiemuster aufwies. Somit war klar, daß dieses Piktogramm inmitten eines relativ symmetrisch begrenzten Energienetzes lag. Hans fand in der Zwischenzeit innerhalb des Piktogramms einige interessante Rutenausschläge, aber auch eine sehr weltliche Erklärung für die eigenartige Einwicklung mancher Korngarben mit den braunen Blättern. Beim Umlegen einzelner Korngarben und dabei gleichzeitiger Richtungsänderung drehen sich die Garben etwas. Die unten an den Halmen abstehenden vertrockneten Blätter legen sich vor dem Umknicken der Halme um die Garbe herum und erwecken dadurch den Eindruck, als ob sie vorher von einer geheimnisvollen Kraft eingewickelt worden waren.

Natürlich war diese Formation wieder mächtig in der Diskussion, und erste Gerüchte, daß es ein Hoax sei, tauchten ebenso auf. Später äußerten auch einige unserer Locals, die Verbindung zur Hoaxer-Szene hatten, daß es sich mit Sicherheit um eine Fälschung handelte. Und es war ja auffällig, daß dieses Piktogramm in einer kleinen Senke mitten im Feld gelegen war, die ein gewisses Maß an Deckung bot. Nun war das East Field sicher gut bewacht, jedoch hatten Tests gezeigt, daß man in der Nacht bei ein wenig Dunst aufrecht mit einem weißen Hemd im Feld stehen kann, ohne von den Beobachtungspunkten gesehen zu werden, so groß sind die Entfernungen in diesem riesigen Feld und so gewellt liegt es unterhalb des Kliffs.

Wir vertraten die Ansicht, selbst wenn dieses Piktogramm ein Hoax wäre, hatte es durch sein ansprechendes augenförmiges Design doch wohl zumindest die Aufmerksamkeit des echten Phänomens geweckt, denn es war ein Scan-Netz über das Feld gelegt worden. Interessant war, daß es am und im Piktogramm keine Änderung des Netzrasters gab, etwa so, wie es im Wilcot Brow 1993 gewesen war. Also war das Phänomen mehr oder nur am Gesamtbild und nicht an Einzelheiten interessiert. Allerdings gab es in dem Piktogramm auch keine weiteren Einzelheiten oder irgendeine weiterführende Aussage, es waren einfach nur ineinandergeschachtelte Kreise und Kreissegmente. Oder war das Netz tatsächlich nur deswegen da, weil jemand es gewagt hatte, »ihr« Feld, in welches »sie« die Großpiktogramme von 1991 gelegt hatten, zu entweihen?

Weiter ging es bei unseren Untersuchungen der hier in der Nähe entstandenen Piktogramme mit einer Kuriosität. Kurz vor der Einmündung in die A 4 war an der B 4003, die im wesentlichen dem Verlauf der Stone-Avenue von Avebury nach West Kennett folgt, noch vor unserer Ankunft linker Hand ein eigenartiges Piktogramm entstanden. Es hatte zwei lange und spitze Ausläufer, die aus einem großen Kreis herauskamen und dem Ganzen ein Aussehen gaben, das sehr entfernt an eine Spiralgalaxie erinnerte. Der Rest des großen Innenraumes war niedergelegt, nur einzelne Korninseln waren stehengeblieben. Beim Betrachten der Formation von oben entpuppten sich diese Inseln als Kreise und Ringe verschiedener Größe, ja sogar ein Halbmond war dabei.

»Sonne, Mond und Sterne«, so nannten wir diese Formation, die wir nur vom Bild kannten, denn unmittelbar nach deren Auftauchen war der Farmer der unten an der Kreuzung liegenden Farm mit einem kleinen Mäher in die Formation hineingefahren und hatte das gesamte Innere abgemäht. So schaute nun ein riesengroßes Loch aus diesem Feld in die Landschaft hinein.

Dies muß die (menschlichen) Urheber so sehr geärgert haben, daß sie sich entschlossen hatten, das Piktogramm noch einmal zu bauen, was sie in der Nacht zum 22. Juli dann in die Tat umsetzten. So lag das (fast) gleiche Piktogramm nun ein zweites Mal in der Sonne eines windigen Morgens auf einem Feld tief innerhalb der Stowell-Farm. Die ersten Croppies trampelten gleich soviel unschuldiges Korn zu Boden, daß der erboste Farmer niemanden mehr dorthin lassen wollte.

Mit der Hilfe unserer Farmerfrau und einem Obolus von 5 Pfund in die Farmkasse erhielten wir dann am nächsten Morgen als einzige Zutritt zu diesem Feld. Wir dowsten das Feld von Anfang an, erhielten aber keine eindeutigen, regelmäßigen und übereinstimmenden Rutenausschläge, wie wir es zumindest von einem Scan-Netz erwartet hätten. Das Innere des Kreises sah unordentlich aus, nichts erinnerte hier an den Fluß der Kornlagen vergangener echter Piktogramme. Wir waren überzeugt, daß es sich um einen Hoax handelte.

Dann fiel uns etwas Ungewöhnliches auf. Es war die unheimliche Stille, die hier herrschte. Ab und zu pfiff der Wind heran, ansonsten war außer unseren Geräuschen kein Laut zu vernehmen, irgend etwas fehlte. Die Skylarks! Jetzt fiel es uns erst auf. – Die Skylarks waren doch die ganze Zeit wieder zu hören gewesen, und so sehr waren wir an das muntere Gezwitscher schon gewöhnt, daß wir es ganz schlicht als Selbstverständlichkeit hingenommen hatten. Dabei war es doch gerade im letzten Jahr so auffällig gewesen, daß kein Ton aus den Lüften zu uns herabgedrungen war, was nicht nur für uns die damalige depressive Stimmung in der Landschaft und unter den Leuten scheinbar noch unterstrich.

Überall hatten sie uns dieses Jahr schon begleitet, nur hier war nichts von ihnen zu vernehmen. Waren sie vielleicht ein »Anzeiger« für das Positive und deshalb abwesend, weil sich hier soviel negative Energie manifestierte? Nachdenklich und mit einem leichten Schauer verließen wir dieses schweigende Feld. Aber zuletzt mußten wir doch ein wenig lächeln. »Sonne, Mond und Sterne«, und das gleich zweimal. War nicht vor wenigen Monaten erst unser großer Artikel »Starfields« in den englischen Kornkreismagazinen erschienen? Hatten wir nicht erst vor kurzem die Astronomie in derart verdichteter, konkreter Form der Kornkreisszene bekannt gemacht? Hatten die Erbauer diesen Gedanken aus Spaß oder aus eigenem Interesse in ihr Piktogramm hineingewoben oder war es doch vielleicht auch ein kleiner Seitenhieb in unsere Richtung? Mal sehen, ob sie darauf reinfallen? Nun, wir wollten ihnen diesen Gefallen nicht tun, denn mit dem Wissen um die Energienetze hatten wir nun etwas – im wahrsten Sinne des Wortes – in der Hand, das uns gegen Betrug weitgehend sicher machte. Dank Dir, Phänomen!

KAPITEL 7

Die Zeichen mehren sich

In der Nacht zum 24. Juli war wieder ein rötliches Licht gesehen worden, das über Alton Barnes hinwegflog. Es sei viel größer gewesen, als die Positionslichter eines Flugzeugs.

Wir fuhren an jenem Tage hinaus zum Wilcot Brow und wollten das Netz, das wir dort in der südwestlichen Ecke des Feldes gefunden hatten, genau vermessen und untersuchen. Wir wußten zu diesem Zeitpunkt noch nicht, daß dieser Tag, so unscheinbar er auch erschien, richtungweisend für die gesamte Arbeit der kommenden Jahre werden sollte.

Aber ist es nicht eigentlich auch furchtbar vermessen, einem Tag ein Prädikat wie gut, schlecht, aufregend, langweilig, wichtig oder gar unwichtig zuzuordnen? Wer sind wir, einem Tag in unserem Leben derartige Wertigkeiten zu geben? Dürfen wir das? Machen wir nicht in jedem Fall einen Fehler? Was ist für uns ein Tag? Vielleicht stimmen Sie die folgenden – gerundeten – Zahlen ein wenig nachdenklich.

Ein Tag hat auf der Uhr 24 Stunden oder 86.400 Sekunden. An einem Tag legt ein Punkt am Äquator auf der Oberfläche der Erde 40.054 km zurück. Die Erde rast mit ca. 29,8 km/s bei ihrem Lauf um die Sonne an einem Tag 2.574.720 Millionen Kilometer weiter.

Zusammen mit der Sonne bewegt sich die Erde an einem Tag in der Drehung der Galaxie um 18,749 Millionen km vorwärts. Die Rotation unserer Galaxie am Punkt unserer Sonne beträgt 217 km pro Sekunde. Für eine Umdrehung braucht unsere Galaxie 234 Millionen Jahre.

An einem Tag hat der Mensch ca. 100.800 Pulsschläge bei Puls 70 pro Minute. Währenddessen »fliegt« das Licht 25,92 Milliarden km weiter. So legt es an einem Tag die Strecke Erde – Mond 67.500mal, die Strecke Sonne – Jupiter 33,3mal, die Strecke Sonne – Saturn 18,15mal, die Strecke Sonne – Pluto 4,39mal und die Strecke Erde – Sonne 173,26mal zurück.

Das Licht legt an einem Tag die Strecke Berlin – München 40,819 Millionen Male zurück. Um die Lichtstrecke eines Tages zu passieren, müßte sich das Rad eines Fahrrades 12 Billionen Male drehen. Wenn man die Lichtstrecke eines Tages als Kreis auslegen würde, hätte der Kreis einen Durchmesser von 8,25 Milliarden km.

In die Lichtstrecke eines Tages paßt die Strecke des Schalls 77,55 Milliarden Male rein, die Länge meines DIN-A4-Manuskriptblattes 86,4 Billionen Male. Man müßte 14,01 Billionen Menschen von 1,85 m der Länge nach aneinander reihen, um die Lichtstrecke eines Tages abzudecken.

Um die Lichtstrecke eines Tages zu durchfliegen, benötigt ein Düsenjäger, der mit »Mach 1«, also Schallgeschwindigkeit fliegt, 21,6 Millionen Stunden oder 900.000 Tage oder 2466 Jahre. Ein Jet mit einer Geschwindigkeit von 800 km pro Stunde fliegt an einem Tag 19.200 km. Für die Strecke, die das Licht an einem Tag zurücklegt, benötigt er 32,4 Millionen Stunden oder 1,35 Millionen Tage oder 3699 Jahre.

Die Strecke, die ein Lichtstrahl an einem Tage zurücklegt, ist so lang, wie die Länge von 1,728 Billionen je 15 Meter hohen Bäumen, die in einem Wald stehen. Wenn man jedem Baum eine Grundfläche von 5 x 5 m zugesteht, beträgt die Fläche dieses Waldes 8,5% der Oberfläche der Erde.

Ein Mensch läuft normalerweise in einer Stunde ca. 4 km. An einem Tag schaffte er 96 km, in einem Jahr 35.040 km. Wenn er die Strecke eines Lichttages zurücklegen sollte, müsste er 739.726 Jahre ununterbrochen laufen, das sind 6.480.000.000 Milliarden Stunden.

Welche Räume und Zeiten tun sich auf, wenn wir einmal innehalten, den Kopf heben und uns umschauen, wer wir sind und wo wir sind. Genau dies taten wir auch jetzt, hier auf dem Wilcot Brow, wo uns ein Jahr zuvor nicht nur eine Gänsehaut über den Rücken gelaufen war.

Wieder umfing uns diese eigenartige Atmosphäre des kahlen Feldes, auf dem es scheinbar nichts außer trockenen Erdklumpen zu sehen gab, soweit das Auge auch blickte. Und doch, hätten wir andere Augen, die empfindlich für die noch unbekannte Wellenlänge jener Energie wären, aus denen diese hochaufragenden Gitterstrukturen, die wir zu erahnen begonnen hatten, bestanden, dann würden wir das phantastische Gebilde sehen können, das sich hier so lebendig vor uns auftürmte.

Nach langem und anstrengendem Umherlaufen erkannten wir, daß wir es mit einem großen, rechteckigen Gitternetz zu tun hatten, das auf der westlichen Seite wieder scharf vom Feldrand begrenzt wurde und auf der östlichen Seite auf einer Linie ebenso scharf abbrach. Der nördliche Rand zeigte eine Anomalie an der östlichen Ecke, die uns keine Ruhe ließ. Wir ertappten uns, daß wir auch hier eine gerade Begrenzung haben wollten, aber die Ruten zeigten stets etwas anderes, sie zeigten, was vorhanden war, nicht was wir wollten, daß es vorhanden sei.

Nach einigem Tüfteln wurde es klar: Das große Rechteck hatte oben einen rechteckigen Ausläufer. Was hatte das zu bedeuten? Erst, als wir unsere Meßergebnisse grafisch darstellten, kam uns eine Idee, denn dieses Rechteck sah mit seinem Ausläufer aus, als würde es auf etwas zeigen, wie eine stilisierte Faust mit ausgestrecktem Zeigefinger. Es war nur eine vage Hoffnung, aber wir stellten uns in den Ausläufer und dann lief Hans gerade nach Norden los, der Richtung des Energiefingers folgend.

Er brauchte nicht lange zu laufen. Nach kurzer Wegstrecke drehten sich seine Ruten in die gleiche Richtung, ein untrügliches Zeichen für einen Kreis! Während Hans lief, markierte Achim die Ausschlagspunkte mit kleinen Sandklumpenhaufen, bis schließlich zu unserer Überraschung ein großer, leicht abgeflachter Kreis vor uns lag. Wir dowsten noch ein wenig weiter in der Umgebung herum, fanden aber kein zusätzliches Gitternetz (der Kreis lag außerhalb des Netzes!), so daß klar wurde, daß keine weiteren Strukturen mehr vorhanden waren.

Und noch ein Ergebnis unserer Arbeit mit den Ruten ließ uns an diesem Tag verwundert den Kopf schütteln. Während wir beide emsig damit beschäftigt waren, die Linien des Gitternetzes des großen Rechtecks zu bestimmen, fiel Achim auf, daß er bestimmte Linien beim wiederholten Ablaufen nicht mehr wiederfand. Er schrieb dies zunächst dem bekannten Ermüdungseffekt zu, der beim Rutengehen eintritt und zu falschen Ergebnissen oder Interpretationen führen kann. Erfahrene Rutengänger raten zu längerer Pause nach mindestens einer Stunde und haben fast alle ihre Rezepte, wie man seine Fähigkeiten wieder regenerieren kann.

Doch dann erkannte er den Grund, weshalb es zu diesen vermeintlichen Fehlern gekommen war. Ging er genau auf den Linien von Osten nach Westen, so fand er die Nord-Süd-Linien nicht mehr. Sonderbar. Ging er genau auf den Linien von Westen nach Osten, zeigten die Ruten wieder die Nord-Süd-Linien an. Es hatte also offenbar mit seiner Gangrichtung etwas zu tun, aber welches Energieschema lag dem hier zugrunde? Er machte Hans darauf aufmerksam, der quer über das halbe Feld herbeigelaufen kam. Alles das erinnerte hier beinahe grotesk an die Schwarzweißszenen der vorgeblich ersten Mondlandungen, wo zwei Menschen auf trockener, staubiger Oberfläche ständig hin- und herliefen und irgendwelche Tätigkeiten verrichteten. Hans prüfte die neue Entdeckung, bestätigte sie – und machte gleich eine weitere. Bei ihm überkreuzten sich die Ruten an jeder Stelle, an denen sich auch die Linien des Gitternetzes kreuzten. Beide Phänomene waren absolut neu, was hatten sie also zu bedeuten? Wir fanden zunächst keine befriedigenden Antworten auf unsere Fragen, fühlten uns auf diesem Feld – Wilcot Brow – aber irgendwie wie Schmetterlinge beim Entpuppen, die an sich hinunterschauen und hier ständig neue Farben entdecken.

Wir waren überglücklich, denn erneut hatte uns das Phänomen mit Hilfe eines Gitternetzes eine nicht sichtbare Struktur finden lassen. Waren das jetzt schon die ersten praktischen Anwendungen nach Abschluß der theoretischen Stunden? Noch wußten wir nicht, was wir mit diesem Bild – ein Rechteck mit Zeiger, der auf einen Kreis zeigt – anfangen sollten. Irgendwie hatte Achim die ganze Zeit über die ägyptischen Pyramiden im Kopf gehabt, als er die Sandklumpenhaufen aufhäufelte. Aber mit dem, was er tat, war er noch nicht zufrieden. Und so fing er an, während Hans mit der Vermessung der Himmelsrichtungen des Gitternetzes beschäftigt war, die 11 Haufen dreimal so hoch zu bauen, wie sie ursprünglich waren, und sie zum Schluß außen mit weißen Kreideklumpen zu bedecken. So, wie die Pyramiden von Gizeh einmal einem kosmischen Besucher von fern mit weißem Außenmantel und goldener Spitze entgegenleuchteten, sollten unsere kleinen Sandhügel einem Piloten oder den Insassen seiner Maschine, von fern erkennbar, heraufwinken[10].

Der Abend, die Nacht und der nächste Morgen vergingen, ohne daß wir uns auf eine schlüssige Erklärung für die Phänomene in und mit den Energienetzen einigen konnten. Wir vertrauten darauf, daß das Phänomen uns schon irgendwie zeigen würde, wo es langgehen sollte. So war es in den letzten Jahren gewesen, es waren diese vermeintlichen Zufälle, die uns immer ein Stück weitergebracht hatten. Irgendwo hier in der Gegend lag eine Antwort auf unsere aktuelle Frage – und wir würden sie finden, dessen waren wir sicher, denn die Netze waren noch da, die Aufgabe war also noch nicht erfüllt.

So machten wir uns am 25. Juli auf die Suche. Ziel war das in diesem Jahr bewachsene Copse Field, denn hier lag 1991 der kleine Kreis, der uns so viel Hoffnung bescherte. Schon gleich nach dem Betreten der Tramlines fingen die Ruten an, sich zu bewegen. Bei Achim drehten sie sich alle 1,20 m, bei Hans zunächst nicht. Oben am Zaun zur Gipfelweide fingen sie auch bei Hans an, sich zu bewegen, jedoch völlig unerwartet über Kreuz alle 2,50 m. Es war in Höhe der Tramline, neben der damals der kleine Kreis gelegen hatte, dessen Energiemuster Hans dann auch bald ausfindig machen konnte.

Während der ganzen Zeit wurden wir wieder von einem Armeehelikopter aus verschiedenen Höhen »beäugt«. Überhaupt, und das war nicht nur unsere Beobachtung, hatten die Hubschrauberaktivitäten der Polizei, des Militärs und privater sowie kommerzieller Unternehmen in den letzten Tagen erheblich zugenommen.

Weiter unten im Feld, in Richtung Tawsmead, entdeckten wir eine große Fläche umgelegten Korns. Entweder war hier der Wind eingebrochen oder ein Helikopter hatte bei einem Tiefflug oder gar einer Landung diese Schaden angerichtet. Sogar einer von Dr. Meadens Plasma-Vortexe kam hier in Frage, denn die Stelle lag an einem Abhang. Während die Ruten sich kontinuierlich alle 2,50 m bei Hans kreuzten, hatte Achim in diesem Bereich seitliche Ausschläge bei 0,60 m, jedoch waren bei beiden keinerlei abweichende Anzeigen vorhanden, die auf vom Raster abweichende Muster hindeuteten. Eine weiter Denksportaufgabe harrte der Lösung.

Jetzt ging es weiter zum Feld von Farmer White, dem »Geburtsort« des phantastischen Barbury-Castle-Dreicks von 1991. Und tatsächlich, wir fanden das Energiemuster wieder, drei Jahre nach seiner Entstehung war die Energie immer noch im Boden! In diesem Jahr war das Netz, in welches die Formation eingebettet war, jedoch viel kleiner und nur auf den unmittelbaren Raum um das Piktogramm herum beschränkt. Dieses Mal jedoch begnügten wir uns mit dem Auffinden der zentralen Kreise und verzichteten wegen der beinlangen, seltsam verfilzten Vegetation auf weitere Feinarbeiten. Auch in dieser Saison hatten wir von niemandem sonst gehört, der außer uns derartige Messungen an Stellen ehemaliger echter Piktogramme durchgeführt hätte.

Nun war die Stimmung im Lande fast wieder so, wie in den ersten Jahren. Die Kornkreisszene hatte sich endgültig für das »Barge Inn« entschieden. So war es einfach ein Muß, sich dort abends aufzuhalten, um wichtige Leute zu treffen, Connections zu unterhalten oder anzubahnen und um den neuesten Gerüchten zu lauschen. Leider mußten nicht nur wir feststellen, daß dieser Pub manch einem (einer) zur Bühne diente, den persönlichen Interessen, Komplexen und der Egozentrik nachzugehen und Ausdruck zu verleihen.

In jedem Falle war es immer eine anregende Atmosphäre dort. Auch wir konnten es nicht lassen, unsere abendlichen Pints in Gesprächen mit Menschen aus allen Ländern und aller Altersstufen dort zu genießen, mitten drin in der brodelnden Küche der Kornkreisewelt. An diesem Abend nun lernten wir Ron Russell kennen. Vor uns stand ein großer Mann in den besten Jahren, der uns äußerst herzlich begrüßte. Aus seinem Antlitz schien ein freundliches, warmes Lächeln herüber, er widmete uns seine volle Aufmerksamkeit. Dabei erschien er bescheiden, zurückhaltend und sanft. Wir wußten eigentlich sofort, daß wir einen wichtigen Menschen getroffen hatten und wünschten uns, mit ihm in näheren Kontakt zu kommen.

Welch bedeutende Dinge hatten sich in den wenigen Tagen seit unserer Ankunft bereits ereignet, und nun wohnten wir mit diesem bedeutenden CSETI-Mitglied sogar unter einem Dach!

Wir erinnerten uns eigentlich mit eher gemischten Gefühlen an unsere ersten Erfahrungen mit dieser Gruppe im Jahre 1992 und mit deren Leiter Dr. Greer. Hier mag uns aber auch die Atmosphäre in jenen Tagen auf Woodborough Hill abgestoßen haben, die ja mehr an ein Happening erinnerte als an den Versuch einer meditativ unterstützten Kontaktaufnahme mit einer fremden Intelligenz. Ganz anders als Dr. Greer, erschien uns dieses Mitglied von CSETI ohne jegliche Anmaßung oder Herauskehrung des eigenen Ego. Er war ein toleranter Gesprächspartner und liebenswürdiger, aufmerksamer Zuhörer, der bald zu verstehen gab, daß er auch für andere Prozeduren als die ins Gerede gekommenen »protocols« von CSETI offen war. Diese Prozeduren waren im Wesentlichen von Dr. Greer entwickelte Meditations- und Verhaltensweisen zur Anbahnung und Durchführung von extraterrestrischen Kontakten. Wichtigstes Element dabei ist, die Teilnehmer so zu konditionieren, daß sie im Falle des Auftauchens ungewöhnlicher Erscheinungen nicht in Furcht oder gar Panik geraten.

Ron bestätigte erneut, welch großes Interesse unser Artikel »Starfields« hervorgerufen hatte, der ebenfalls in den USA viel kopiert worden ist. Wir erinnerten unseren Gesprächspartner an den seltsamen Umstand, daß ja sein Artikel genau nach unserem abgedruckt war. In diesem Artikel schilderte er eine seltsame Begegnung auf Windmill Hill, wo er einmal mit seiner Gruppe die »protocols« absolviert hatte, als plötzlich eine Stimme »Howdy!« zu ihnen sagte, ohne daß sich jemand in der Nähe der Gruppe aufgehalten hatte. Dieser Gruß ist unter Leuten in Kalifornien eine gängige Floskel. Es war wieder dieser von uns und anderen immer wieder beschriebene offenbare Humor, zu dem sich diese Intelligenz hier fähig zeigte und sie so sehr sympathisch machte. Diese Begebenheit erschien für alle Anwesenden wie die Manifestation eines unendlich freundlichen, kosmischen Lächelns. Er wollte heute mit seiner Gruppe an einer abgelegenen Stelle die CSETI-Arbeit fortsetzen und lud uns ein, daran teilzunehmen, was wir jedoch zunächst dankend ablehnten, denn wir fühlten uns noch nicht so weit fortgeschritten.

Wir fuhren an diesem von typisch englischem Sprühregen geplagten Tag zu einer der zahlreichen »Bubble-Formations«, die in diesem Sommer als Echo des Kometeneinschlags auf Jupiter in Mode gekommen waren. Es waren stets in einer leicht gebogenen Linie liegende Kreise zunehmender Größe mit mehr oder weniger großen Verzierungen, die dem Ganzen manchmal dann ein insektenartiges Aussehen verliehen. Dieses hier lag bei Cleeve Hill, nicht weit von der militärischen Sperrzone entfernt. Die kleineren Kreise waren regelrecht hingewurstelt worden, die Kornähren lagen übel geknickt am Boden. Bei den größeren Kreisen der sehr ausgedehnten Formation hatte man sich mehr Mühe gegeben, aber doch den gekämmten Effekt am liegenden Korn nicht so erzielen können. Die Kreise waren energetisch tot. Wir fanden ein Scan-Netz auf dem Feld, das ca. 100 m vor dem Piktogramm begann, eine Linienweite von 1,20 m aufwies und im Bereich der Kreise keine Veränderungen im Sinne eines Detailrasters zeigte. Nach einem Small-Talk mit Michael Green, der uns nach drei Jahren nun wieder in einem Feld gegenüberstand und uns sogar wiedererkannte, beendete der scheinbar porendurchdringende Regen alle weiteren Aktivitäten. Wie wir später erfuhren, erging dies so auch vielen anderen Teams, die für diesen Tag größere Aktivitäten geplant hatten, denn der 26. Juli galt seit längerem als besonderer Tag für Kornkreisentstehungen und UFO-Sichtungen.

Ron hielt mit seinen CSETI-Teams in dieser Nacht bis ca. halb drei Uhr

durch, äußerte sich aber beim wohlschmeckenden Randersonschen Land-
frühstück sehr frustriert über den Erfolg ihrer nächtlichen Bemühungen.
Sie wurden ständig von umherstreunenden Croppies gestört, schließlich
ließ die Aufmerksamkeit der britischen Teammitglieder nach, die bald zu
schwatzen anfingen, andere begannen, Musik zu hören und sich zu betrin-
ken.

Unvermittelt bat er uns, ihm einen Platz zu nennen, an dem sie ungestört
sein würden, denn wir hätten CSETI doch 1992 schon einmal einen Ort
bezeichnet, an dem sich ihre Arbeit dann ungewöhnlich erfolgreich gestaltete und sie einige außerordentliche paranormale Erlebnisse hatten. Dieser
unverblümte Hilferuf verblüffte uns völlig, denn das war das erste Mal, daß
wir aus diesen nach außen doch sehr abgeschotteten CSETI-Kreisen erfuhren, wie wichtig man damals unseren Hinweis bewertete und ihm gefolgt
war. Wir hatten dies bisher nur aus ihrem damaligen Verhalten so rekon-
struiert, doch jetzt hatten wir die Bestätigung – und eine späte Anerkennung zugleich.

Auf der Suche nach einem bestimmten Kornkreis seien sie letzte Nacht
in das Gebiet der Sarsensteine von Grey Wethers bei Avebury geraten und
überlegten, ob dies vielleicht der geeignete Platz sei. Wir schauten Ron
durchdringend an und sagten ihm, daß er sich genau überlegen solle, welchen Platz er sich aussuche, denn er habe seinen Platz schon gefunden, er
solle in sich hineinhören, er solle sich in der Landschaft umschauen und
intuitiv die Richtung wählen, in der er sich bisher am wohlsten gefühlt
habe. Dorthin solle er gehen, denn dort empfinde er den stärksten Bezug
zum Phänomen und entfalte seine geistige Kraft am intensivsten und erle-
be die positivsten Emotionen. Er solle dahin gehen, wo er für sich selbst
den bisher größten Erfolg seiner Bemühungen erlebt habe, so, wie wir es
auch immer getan haben. Nachdem, was Ron hier erlebt hatte, kam für ihn
nur ein Ort in Frage: Windmill Hill. Wir sprachen diesen Namen aber nicht
aus, obwohl er bereits den ganzen Raum erfüllte, und waren gespannt, wohin er letztlich gehen würde.

Ein Gedanke hatte angefangen, in uns zu brennen, zunächst noch klein
und ohne feste Konturen, aber er wurde ständig größer und schärfer. Entwicklungen beginnen oft mit kleinen, unscheinbaren Ereignissen und können später in epochale Ströme münden. Der Gedanke erfüllte bereits den
Raum, umfing uns, durchdrang alle Membranen, nahm Gestalt an. War es
der große Monolith, der in sechs Meter Tiefe unter dem Windmill House
lag, der diese inspirative Atmosphäre in all den Jahren hier so förderte? Er
muss hier, in Sichtweite der Grey Wethers, des Silbury Hill und des Windmill Hill einmal ein hoch in die Landschaft ragender Stein gewesen sein
und von der Wichtigkeit des Ortes gezeugt haben, auf dem wir jetzt jede

Nacht in unserer B&B-Herberge bei kosmischer Musik einschliefen. Etwas äußerst Fruchtbares hatte begonnen, das wußten wir.

An diesem Tag erfuhren wir noch etwas, das die Bedeutung des Ortes noch in anderer Hinsicht unterstrich. Wir lernten Linda kennen, die Haushaltshilfe der Randersons. Sie befuhr im Februar 1993 mit ihrem Mann Bob die A 4361 in Richtung Avebury. Linda befand sich kurz vor dem Straßenknick bei Berwick Bassett und hatte freien Blick nach Osten über das große Feld mit dem Windmill House – dahinter sichtbar am Horizont in ca. 500 m Entfernung. Plötzlich entdeckten beide vier rote Lichter, angeordnet in Rautenform, die sich langsam in Richtung Osten über das Feld bewegten. Bob ist ein erfahrener Flugzeugnarr und schlug sofort vor, den Lichtern zu folgen. Sie dachten zunächst an eine tieffliegende Herkules-Maschine, obwohl kein Flugzeug, sondern nur die Lichter zu sehen waren.

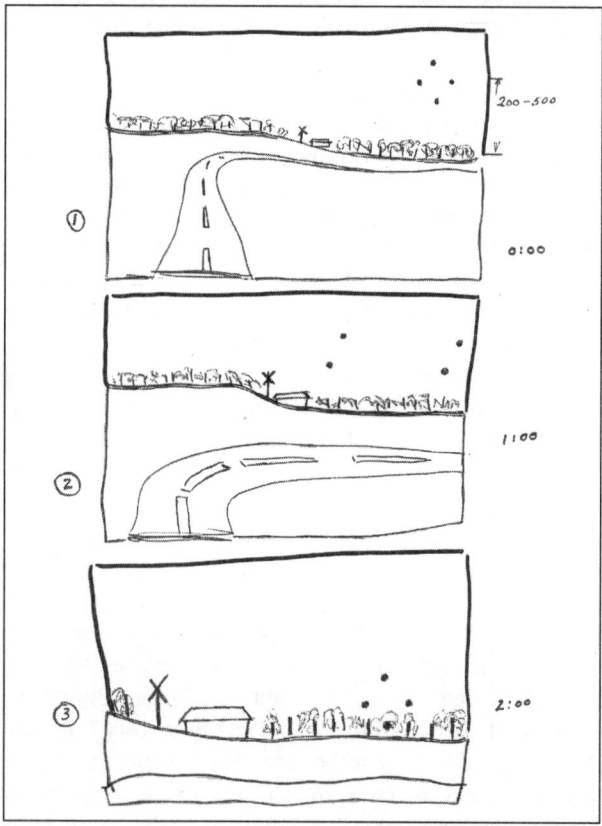

Abb. 9a: Lindas Skizze ihrer UFO-Sichtung über dem Windmill House.

Der Durchmesser jedes roten Lichts erschien ihnen so groß wie ein normaler Wasserball aus Armlänge betrachtet. Es war ein ruhiger und fast sternenklarer Abend. Sie folgten der Straße und damit der Flugrichtung des Objekts, als sich plötzlich zwei der Kugeln aus der Formation lösten und zur Seite wegflogen. Kurze Zeit später kehrten sie zu den anderen Kugeln zurück und bildeten mit diesen wieder die Raute. Zu keiner Zeit nahmen die beiden Zeugen draußen Geräusche wahr oder sahen Umrisse eines Objekts. Als Linda und Bob den Abzweig nach links zum Windmill House erreichten, fuhren sie ihn die 100 m hoch, stiegen aus und suchten nach dem Objekt. Eben noch gesehen, war es jetzt plötzlich verschwunden. Sie fuhren weiter nach Avebury, konnten das unbekannte Flugobjekt aber nicht mehr wiederfinden.

Während der ganzen Zeit haben sie keine »fehlende Zeit« oder eine Fehlfunktion des Autos bemerkt. Linda arbeitete damals noch nicht bei den Randersons, erinnerte sich aber sofort an den Vorfall, als sie die Stelle dort antrat.

Auf der gegenüberliegenden Seite ist die Originalskizze des Ereignisses zu sehen. Links die Reihenfolge in Ziffern, oben rechts eine Höhenangabe in Fuß, darunter die Sichtungsminuten.

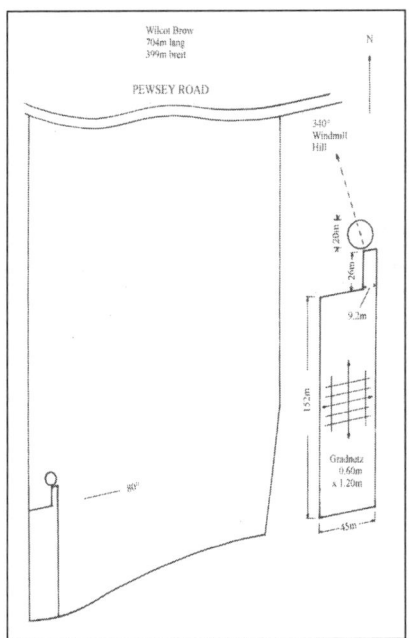

Abb. 9b: Das Wilcot Brow Field mit dem Energiemuster.

Wir hatten dann so eine Idee und nahmen uns noch einmal die Skizze vom Wilcot Brow vor. Der Energiekreis lag ja nicht direkt über dem Zeiger oben am Rechteck, sondern war etwas schief nach links verschoben. War das Zufall oder hatte es eine Bewandtnis? Wir vermaßen den Winkel, mit dem der Kreis abgekippt war und übertrugen ihn auf die Karte. Dazu verbanden wir die linke Ecke des »Zeigerrechtecks« mit dem Mittelpunkt des Kreises. Ausgehend von unserem Standort zeichneten wir mit diesem Winkel eine Gerade und gelangten – zum Windmill Hill! Wir fanden eine Weile unsere Sprache nicht wieder. Ausgerechnet diese Anhöhe! Es fiel uns schwer, hier wieder an einen Zufall zu glauben, und noch schwerer, anzunehmen, daß dieses ganze Energiemuster so speziell auf uns zugeschnitten sein sollte. Hatte das Phänomen dies alles vorher schon gewußt – oder etwa so geplant?

Nun denn, Achim schlug vor, wenn es so sein sollte, daß dem Windmill Hill im Rahmen unserer Arbeit eine besondere Bedeutung zukommen sollte, dann müßte dort auch etwas zu finden sein, irgendein energetischer Hinweis, etwas, das wir finden könnten, einen weiteren freundlichen Gruß der unbekannten Intelligenz, die uns eigentlich auch gar nicht mehr so fremd vorkam. So fuhren wir hinaus zum Windmill Hill, die Probe aufs Exempel zu wagen.

Es war vorher ausgemacht worden, daß Achim draußen auf dem Weg warten solle, abgewandt und mit geschlossenen Augen, bis Hans ihn rufen würde. Es sollte absolut ausgeschlossen sein, daß Achim, der die Idee hatte, den Hill hier und jetzt zu dowsen, in irgendeiner Weise Hans bei seinem Gang auf der Wiese beeinflussen konnte. Ja, wir wollten tatsächlich sicher gehen, daß keinerlei telepathische Einflüsse des einen, der an ein bereits vorhandenes Energiemuster glaubte bzw. sich dessen Existenz sicher war, auf den anderen übertragen werden konnten. Außerdem sollte Achim draußen bleiben, um nicht mit Hilfe eines etwaigen Energienetzes Gedanken an Hans zu übertragen oder ihn zu beeinflussen und um nicht das Energienetz in seiner Struktur zu verändern. Wir wußten nun bereits seit einiger Zeit, daß dies möglich war, daß dies zu unseren bisher unentdeckten menschlich-geistigen Fähigkeiten gehörte. So ging Hans also zur Drehtür, durchschritt sie, stand ganz am Rand der großen Schafsweide, die den Hügel bedeckte, und hob die Ruten hoch. Vor ihm lag sichtbar nichts als diese grüne Wiesenmatte, links im Hintergrund eine Baumreihe, schräg vor ihm die Tumuli, rechts der nackte Zaun mit Traktorspuren davor. Und über ihm erklang wieder vielstimmig der Gesang unserer Freundinnen, der Skylarks.

Unsichtbar und unhörbar für Achim, begannen die Ruten, sich zu bewegen, kaum, daß Hans den ersten Schritt getan hatte. Er lief eine Weile hin und her, bis er sich sicher war, dann rief er Achim zu sich. Was er ihm berichtete, ließ beide den Kopf schütteln. Unmittelbar am Eingangstor begann ein Rasterpfad von 1,20 m Linienweite in Richtung auf die Tumuli, während sich zu beiden Seiten an den Hecken und Zaunseiten je ein netzfreier Streifen befand. Dieser Rasterpfad kam uns vor, wie ein roter Teppich, dem wir einfach folgen mußten, denn rechts und links davon gab es ja nichts zu dowsen. Er führte uns nach einigen Metern in ein Gitternetz hinein, das nun den ganzen Hügel zu bedecken schien und eine Ausrichtung nach Norden hatte, wodurch die Rechtecke leicht rautenförmig verändert wurden.

Wir liefen in der vorgegebenen Richtung weiter und bemerkten, daß es sich zu verändern begann. Je näher wir dem ersten Tumulus kamen, desto mehr verdichtete sich das Netz, erst auf 0,60 m, dann auf 0,45 m und schließlich auf 0,30 m am Fuße des ersten Tumulus hinter dem ihn umgebenden Zaun. Durch die fortlaufende Verkleinerung des Rasters sind wir regelrecht zu diesem Tumulus hingeführt worden!

Als Hans dann den Hang dieses Tumulus, der an seiner Basis einen Umfang von vielleicht 20 m hatte und ca. 3 m hoch war, hochsteigen wollte, war das Netz so dicht, daß die Ruten bei jeder Vorwärtsbewegung ausschlugen. Die größte Überraschung stellte er jedoch oben auf dem Tumulus fest. Dort lag ein gleichseitiges Viereck von 4 m Kantenlänge, in dessen Innerem keine einzige Linie zu finden war.

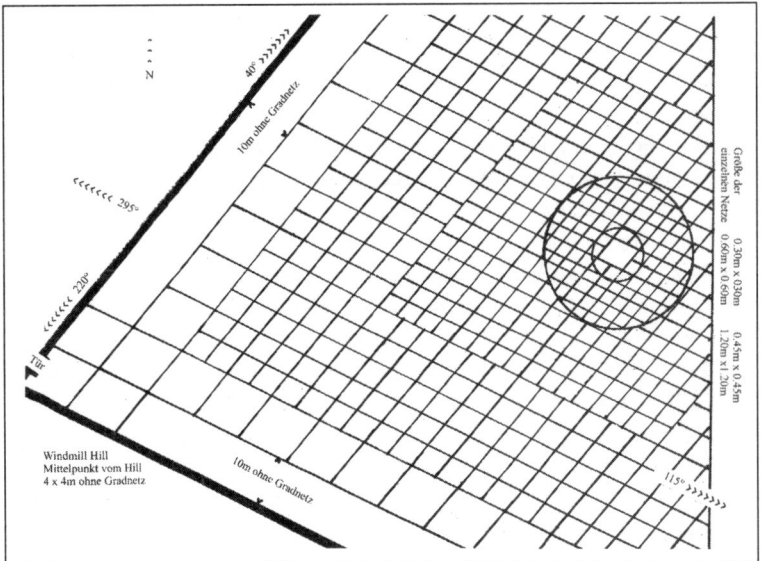

Abb. 9c: Das Gitternetz auf dem Windmill Hill, wie wir es dowsten.

Hinter diesem ersten Tumulus lag noch ein zweiter. Als er auf diesen zulaufen wollte, blieb er am Fuße des ersten stehen, denn dort hörte das Netz abrupt auf. Zwischen den beiden Tumuli und auf dem zweiten fanden sich keinerlei Linien mehr. Damit war also klar, dass der erste Tumulus gemeint war und hier eine besondere Bedeutung besaß. Er war der Punkt im Zentrum des sich dort am stärksten verdichtenden Gitternetzes, im Zentrum der hier ausgelegten Energiestruktur. Was für eine Struktur das war, stellten wir erschauernd fest, als wir das Gitternetz in seiner wahren dreidimensionalen Form aufzeichneten.

Über dem ersten Tumulus hatte sich eine riesiger Energieschlauch gebildet – oder war er vielleicht sogar dort vom Phänomen selbst aktiviert worden? Sein Aussehen war einfach bizarr und fremdartig. Hatte er eine Funktion? Wir vermuteten etwas in dieser Art, und war es nicht das wahrscheinlichste, daß er eine Art Verbindung herstellte, ein Portal von unsrer in eine andere Welt, eine Öffnung zwischen verschiedenen Dimensionen – ein Gateway zu den Sternen?

Repräsentierte sich vielleicht hier etwas von dem geheimnisvollen, verborgenen Wissen jener vergangenen Kulturen, die an so markanten, energiegeladenen Plätzen überall auf der Welt und so deutlich sichtbar hier um Avebury herum ihre Steine aufgestellt und Erdwerke aufgeschüttet hatten? Waren manche Tumuli und Long Barrows eben doch nicht nur alte Grabhügel, sondern das, was man aufgrund ihres geschichteten Inneren immer vermutet hat: erdenergiespeichernde Akkumulatoren? Mit etwas Beklommenheit stellten wir uns oben auf dem Tumulus mitten in des linienfreie Viereck, faßten uns bei den Händen und dankten dem Phänomen für diese Entdeckung. Während wir so standen, war es total still um uns her, nur eine Skylark war laut zu hören. So muß es im Inneren eines riesigen Kristalls sein, dachten wir, glatte Wände, irgendwie geschachtelt und nirgendwo ein Ende zu sehen, brutzelnde Energie allenthalben und ein eigenartiges Gefühl von Leichtigkeit.

Erst als wir wieder die Augen öffneten, bemerkten wir den durchdringenden Nieselregen, der sich über der Landschaft ausgebreitet hatte. Unser Blick ging über Avebury Trusloe hinweg zum Silbury Hill, den wir von hier aus zum ersten Mal bewusst erblickten. Tatsächlich, dort hinten in ca. 4 km Entfernung ragte das Gipfelplateau gerade noch sichtbar aus der Senke heraus. Langsam gingen wir zum Gattertor zurück, dabei immer ein Gefühl im Rücken, als ob uns jemand hinterherblickte und ständig versucht, uns umzudrehen, um diesen Energieschlauch tornadogleich auf dem Hügel rotieren zu sehen. Vom Wilcot Brow über das Rechteck mit dem Zeiger auf den Kreis hierher mitten hinein in einen Dom aus Energie – wohin noch?

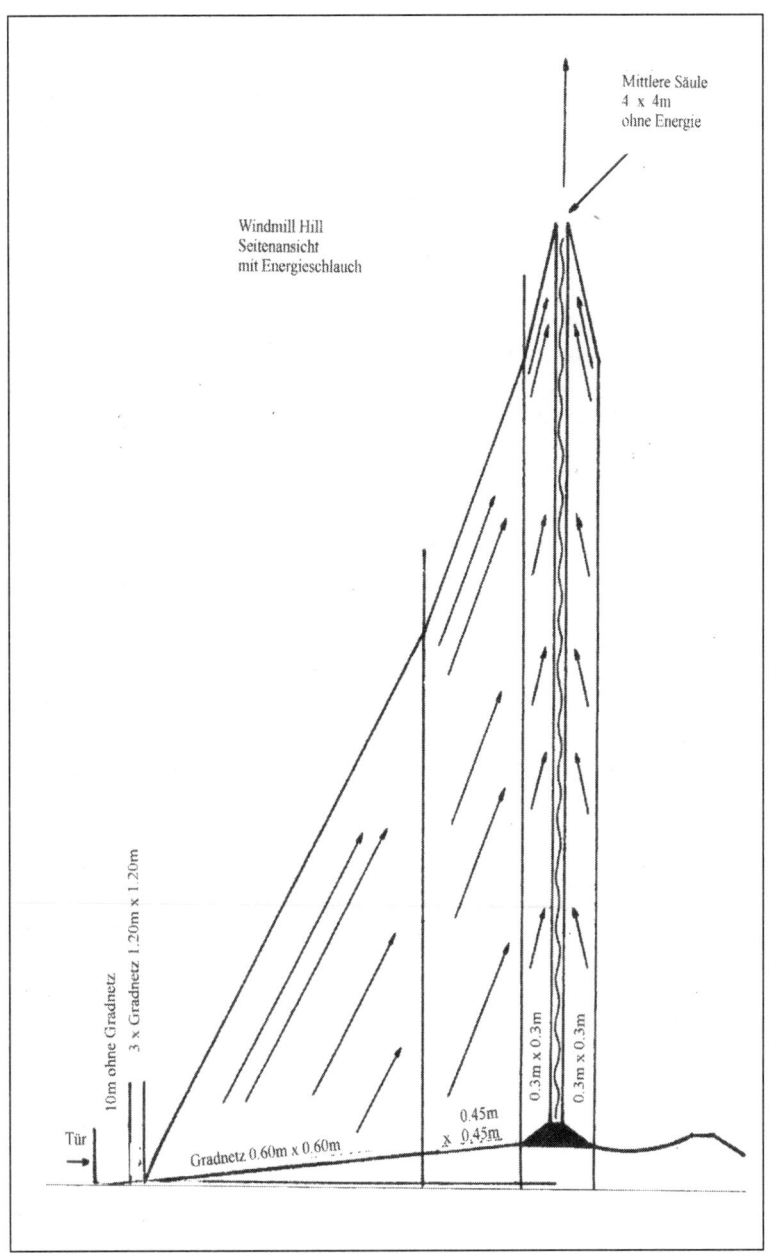

Abb. 9d: Die Energiestruktur, wie sie sich dreidimensional aus den gefundenen Netzlinien majestätisch über dem Windmill Hill erhob.

KAPITEL 8

Die erste Vernetzung – Das Koch-Kyborg-Experiment von 1994

Unsere Entdeckung auf dem Windmill Hill ließ uns nicht mehr ruhen. Diese riesige Energiestruktur, die dort über dem ersten Tumulus aktiviert worden war, brannte sich regelrecht in unser Bewußtsein ein und seltsam, irgendwie hatten wir ständig die Assoziation einer gotischen Kathedrale in unseren Köpfen. Und hatten unser Energiedom und diese ehrwürdigen Templer-Bauwerke mit ihren hochaufragenden Linien nicht auch eine gewisse Ähnlichkeit? Hatten jene Architekten mit ihrem geheimen Wissen vielleicht an den Orten, wo sie die Kathedralen errichteten, die gleichen Kraftlinien, die wir hier mit den Ruten gefunden hatten, dort mit Steinen quasi sichtbar werden lassen? Und war es nicht auch ausgerechnet die Temple-Farm gewesen, die ihren Namen von den Templern hat, denen sie einstmals gehörte, die sich das Phänomen für unser Antwortpiktogramm vom 17.07.1991 ausgesucht hatte?

Und so, wie es bisher gewesen war, war es auch diesmal. Es geschah einfach, ganz sacht zunächst, dann immer stärker durchdringend, bis sich schließlich ein vollständiges Bild in uns deutlich und klar geformt hatte – oder waren wir mitten in diesem Bild drin? Wir wußten auf einmal, was als nächstes zu tun war. Waren das noch unsere Ideen oder hatten wir »von draußen« Informationen aufgenommen? Hier in der Gegend um Avebury war man sich dessen nie ganz sicher. Wir würden diese Orte, diese uralten Energieplätze, die vor Jahrtausenden von unbekannten Menschen aufgrund ihres geheimnisvollen Wissens mit ihren Bauwerken und Aufschüttungen markiert und jetzt aktiviert worden waren, benutzen, um mit ihnen das zu erreichen, wofür sie eigentlich gedacht waren: für die kosmische Kommunikation!

Ein Gedanke folgte dem anderen, schließlich stand das Gerüst einer großartigen Idee, eines bisher in dieser Konzeption einmaligen und faszinierenden Experiments.

1992 hatten wir das CSETI-Team auf die Tawsmead-Formation[11] aufmerksam gemacht, um ihnen für ihre Meditationen den optimalen Platz zu zeigen, denn wir wußten ja seit unserem Flug hinweg über dieses Piktogramm von dem Energieschlauch, der sich darüber erhob. Damals dämmerte uns gerade erst, welche unglaublich machtvollen Instrumente das

Phänomen Willens war, in unsere Hände zu legen – wenn wir sie für das Positive benutzen würden.

Die CSETI-Gruppe hatte, wie wir seit damals vermuteten und jetzt bestätigt bekamen, unseren Rat auch angenommen, und sobald sie dann in der Formation ihre Meditationen entsprechend ihrer »Protokolle« begannen, häuften sich dort paranormale Ereignisse, bis es schließlich zur Sichtung des unbekannten fliegenden Objekts in der Nacht zum 27. Juli 1992 kam.

Für uns war es damals das zweite Jahr in England, das zweite Jahr in einer anderen Welt, das »Jahr 2« einer faszinierenden und bis dato unmöglich zu erreichen geglaubten, kosmischen Freundschaft. Damals trauten wir uns einfach noch nicht zu, uns hinzusetzen und zu meditieren, hatten ein wenig Scheu, dies öffentlich mit anderen zu tun. Wir waren damals einfach noch nicht so weit, obwohl wir wußten, daß dies der einzige Weg war, dem Phänomen der Kornkreise, der Intelligenz, die dahinter stand, näherzukommen.

Inzwischen jedoch hatten wir mit der Energie, auf die wir in jenem denkwürdigen Jahr hingewiesen wurden, Bekanntschaft gemacht, sie erforscht und bereits ein wenig damit umzugehen gelernt, wie unsere Experimente bewiesen. Und waren wir nicht eigentlich schon inniglich damit verwoben und begannen wir nicht zu ahnen, daß sie uns wahrscheinlich gar nicht so fremd zu sein brauchte? Es war jedoch alles noch so ungewohnt, so neu, so unglaublich – und so einfach.

Wir hatten die Netze aus Energielinien auf dem Wilcot Brow, auf dem Copse, dem Rabbit Holes, dem East Field, in Rockley auf der Maisey Farm, am Hackpen Hill und beim Barbury Castle gefunden. Alle diese Netze zeigten individuelle Besonderheiten in Lage, Form, Größe und Ausrichtung und hatten spezifische Inhalte und Aussagen. Wilcot Brow zeigte auf Windmill Hill, Windmill Hill zeigte ins Universum, von dem alles ein Teil ist, ständige Durchdringung und Verbindung.

So, wie wir 1991 angetreten waren, zu zweit unter Milliarden, mit nichts in den Händen, aber einer Idee im Geiste, die wir voller Liebe in englischem Korn erfolgreich Gestalt annehmen ließen, so standen wir jetzt wieder da, mit den Ruten in den Händen, dem Geist auf der Spur, der uns diese Muster präsentiert hatte. Wer bist Du? Wo bist Du? Wie kommen wir zusammen?

Wir wollten den fremden Intelligenzen helfen, zu uns zu finden, wir wollten wie ein Leuchtfeuer in der Nacht sein und kraft unseres Geistes und verstärkt durch die Energie der alten Hügel, auf denen wir sitzen würden, hell strahlende Leuchtpunkte markieren, die ihnen den Weg weisen sollten. Wir wählten drei Hügel aus, die in einer Linie lagen: Knap Hill als südlichsten Punkt, Silbury Hill in der Mitte und Windmill Hill als nördlichsten Punkt. Daneben sollte Avebury in den beiden Zentralkreisen mit Teams besetzt sein, denn diese in ihrer Größe einzigartige Anlage hat trotz der massiven Zerstörungen, die ihr angetan wurden, nichts von ihrer Energie eingebüßt. Avebury sollte für unser Experiment der Dynamo sein, der die Linie, auf der unsere Leuchtfeuer aufgereiht lagen, kontinuierlich mit Energie versorgte.

Wir wollten wie die »Flashlights« auf unseren terrestrischen Flughäfen sein, die mit ihrem fortwährend in eine Richtung laufenden Blitzlichtern den einfliegenden Maschinen den Weg zur Landebahn weisen: Hier kannst Du runterkommen! Und war es nicht naheliegend, nachdem wir jetzt erneut mit meditationserfahrenen CSETI-Leuten zusammenkamen, sie zu fragen, ob sie uns bei unserer (und dadurch gemeinsamen) Arbeit unterstützen wollten? Wir beschlossen, wieder das Naheliegendste zu versuchen und bei der nächsten sich bietenden Gelegenheit Ron auf unser Vorhaben anzusprechen.

Die kam gleich am nächsten Morgen. Es war der 28. Juli, die Sonne schien und als wir nach Mrs. Randersons üppigem Frühstück vor das Windmill House traten, begrüßte uns ein leiser Wind, der über unseren Köpfen einige Schäfchenwolken vor sich her trieb. Die kleine magere Mieze schnurrte wie jeden Morgen um unsere Beine, die Luft roch nach trockenem Getreide. Irgendwo über uns jubilierten unsere Freundinnen, die Skylarks. Ich hätte gern gewußt, welche Geschichten sie uns erzählten. Der Blick ging über das große Feld vor dem Haus hinüber zur weit hinten am anderen Feldrand liegenden Straße mit der rechtwinkligen Kurve, von der aus Linda und ihr Mann die unidentifizierbaren Lichter hatten hier herüberfliegen sehen. Es war einer dieser typischen Sommermorgen in Wiltshire, und nichts deutete darauf hin, welch ein bedeutungsvoller Ausgang diesem wunderbaren Tag beschert sein sollte.

Wir trafen einen enttäuschten Ron, der in Grey Wethers in der letzten Nacht mit seinem Team wieder nicht so recht mit der Örtlichkeit zufrieden gewesen war. Ihm sei klar geworden, daß Windmill Hill doch sein Platz war, wegen der schlechten Parkmöglichkeiten dort habe er mit der Gruppe gestern nicht hinfahren können. Wir holten tief Luft und erklärten ihm vorsichtig unser Vorhaben und trauten uns am Schluß schließlich, ihn und seine Gruppe um Unterstützung zu bitten. Während unserer Ausführungen hörte er immer interessierter zu und erklärte, nachdem wir geendet hatten, daß er von unserer Idee fasziniert sei und umgehend mit den anderen sprechen wolle, um sie zur Teilnahme zu bewegen. Später würden wir uns treffen und die Einzelheiten bereden. Eines war jedoch schon klar: Heute abend sollte es sein, heute abend würden, vielleicht zum ersten Male seit Jahrtausenden, die alten Hügel wieder miteinander in Verbindung treten, erweckt durch die geistige Kraft einiger weniger Menschen im Einklang mit den erdeigenen Energien dieser Plätze.

Irgendwie zog es uns danach hinaus auf die Felder, und so fuhren wir nach Alton Barnes. Auf dem Wilcot Brow fanden wir alle Linien noch unverändert vor, das Feld war noch nicht ausgeknipst. Das Netz wurde von uns beiden sicher gedowst, der Kreis darüber ebenso sicher von Hans. Dann ging es hinüber zum Rabbit Holes, wo wir zu unserer Überraschung ein völlig gegensätzliches Rutenverhalten feststellten! Der obere Feldbereich hatte immer noch das Netz, wurde aber diesmal eindeutig nur von Achim gedowst, während Hans hier jetzt nur ein leichtes Kribbeln verspürte. Auf dem Weg hinunter ins Piktogramm dowste diesmal Achim zuerst erneut ein Gitternetz, während Hans erst ein wenig später im Kernbereich Reaktionen zeigte, den ja beim ersten Male nur Achim gefunden hatte. Auch über diesen Kernbereich hinweg dowste jetzt Achim das »darunterliegende« größere Gitter bis zu seiner jenseitigen Begrenzung, während die Ruten von Hans hinter dem Kernbereich stumm blieben. Wir waren wie umgepolt! Sprachlos starrten wir zurück in dieses seltsame Feld, das von hier aus so scheinbar sanft wogend zum Kamm zwischen Picked Hill und Woodborough Hill anstieg und dabei doch mit eigenartig ineinander verschachtelten Energiestrukturen durchsetzt war. Welch ein Geheimnis verbarg sich hier!

Schweigend trotteten wir den langen Weg zurück bis zu den Scheunen. Dort angekommen, hatten die Erfahrungen von eben verbal Gestalt angenommen und wir waren in der Lage, mit Worten auszudrücken, was das Phänomen uns mit dieser Lektion mitteilen wollte. Ganz eindeutig war uns der Begriff der »Polarität« vermittelt worden. Die Energie in den Netzen hatte eine (Aus-)Richtung, und die Tatsache, daß wir uns, wie wir im Wilcot Brow zuvor erfahren hatten, in bestimmter Weise ausrichten mußten, um sie zu erfahren, konnte nur bedeuten: Auch wir müssen polarisiert sein!

Als Achim vor Tagen im Wilcot Brow von Ost nach West gelaufen war, fand er die Nord-Süd-Linien nicht mehr. Ging er genau auf den Linien von Westen nach Osten, zeigten die Ruten wieder die Nord-Süd-Linien an. Es hatte also offenbar mit seiner Ausrichtung zum Gitternetz zu tun, und um es wahrzunehmen, mußte seine Polarität die gleiche sein, wie die des Netzes bzw. der Linien. Weiterhin besaß das Phänomen offensichtlich die Fähigkeit, die Polaritäten der Gitter nach Belieben umzupolen – oder waren etwa wir im Rabbit Holes für diesen Moment umgepolt worden?

Über diese faszinierende Wechselwirkung zwischen der Polarität der Netze und unserer Körper haben wir lange Abende diskutiert und fanden schließlich die richtige Erklärung für diesen Aspekt des Phänomens. Es ist das Magnetfeld der Erde! Nichts kann sich dem entziehen, mit ihm wechselwirkt alle Materie in dieser planetaren Sphäre, wird von ihm total durchdrungen, reagiert auf jede seiner Änderungen. Der magnetische Nordpol befindet sich auf der Südhalbkugel der Erde südlich von Australien, der magnetische Südpol im Norden Kanadas, die magnetischen Feldlinien laufen von geographisch Süd nach Nord.

Ging Achim genau auf den Linien von Westen nach Osten, zeigten die Ruten wieder die Nord-Süd-Linien an, d.h. seine rechte Körperseite war magnetisch »südgepolt« und empfing die Energie, seine linke Seite war »nordgepolt« und gab sie wieder ab. Noch auf dem Feld begannen wir, uns selbst gegenseitig zu dowsen. Hans ging auf Achim zu, der seine rechte Hand ausstreckte. Ungefähr 20 cm vor der Hand fingen die Ruten an, sich zu überkreuzen, sie zeigten die Sendefunktion. Bei Achim mußte also rechts die empfangende Seite sein. Die Ruten verhalten sich komplementär, treffen sie auf einen Empfänger, zeigen sie beim Rutenträger die Sendefunktion, der Rutenträger ist in Sendefunktion. Bei der Annäherung der Ruten an Achims linke Hand gingen sie auseinander, sie zeigten Empfang an (Hans war in Empfangsfunktion), weil Achim links Energie aussandte. Das gleiche wurde mit Hans ausprobiert, der seitengleich mit Achim reagierte. Beide sind also energetisch gleich gepolt. Seither sprachen wir beim Menschen von einer »Empfangs-« und einer »Sendeseite«.

Diese uns vom Phänomen vermittelte Erkenntnis versetzte uns ob seiner fundamentalen Bedeutung in helle Aufregung. Hatten wir erneut einen Baustein zum Verständnis der Struktur des kosmischen Gebäudes geschenkt bekommen?

Hans stellte im Wilcot Brow erstmals fest, daß sich die Ruten in bestimmten Abständen kreuzten. Wir fanden sehr schnell heraus, daß dies genau an den Kreuzungspunkten der Linien geschah. Da die Gitternetze, wie wir ja inzwischen wußten, eine dreidimensionale Ausrichtung hatten, handelte es sich hier um die vertikal verlaufenden Linien, in denen die Energie senkrecht floß. Von den horizontalen Linien wußten wir jetzt, daß sie eine polarisierte Ausrichtung hatten – lag es also fern, von den vertikalen Linien ein Gleiches anzunehmen? Wir bezeichneten die vertikalen Linien, entsprechend den Rutenbewegungen als »Empfangslinien« und ab dann die Punkte, an denen sich im Netz die Ruten kreuzten, als »Empfangspunkte«, denn nur an diesen Stellen war Energie- und Informationstransport »nach oben« möglich. Offenbleiben mußte an dieser Stelle, ob diese Energiegitter »nach unten«, in den Planeten hinein oder durch ihn hindurch, ihre Fortsetzung hatten oder an bzw. in der Erdoberfläche aufhörten. Im übrigen war nicht festzulegen, ob die Gitter »oben« eine ebenso scharfe Begrenzung hatten, wie an den Seiten bzw. wie hoch sie reichten.

So langsam kam es uns vor, als ob die unbekannten Intelligenzen die Tür zu ihren Dimensionen einen Spalt breit geöffnet hatten, um uns hineinblinzeln zu lassen. Die Felder und Hügel waren für uns nun nicht mehr leer und kahl, denn dort befanden sich ja jetzt diese surrealistisch anmutenden Energiestrukturen. Man zeigte uns Gebilde des Raumes, die offenbar mit Hilfe einer unbekannten »Technik« manipulierbar waren und erschuf, einfach durch Variationen der Linien, geometrische Muster. Wir gerieten immer mehr in Begriffsnot, denn wir benutzten für die Strukturen und deren Eigenschaften Bezeichnungen aus unserer Welt, ohne eigentlich sicher zu sein, ob sie auch zuträfen. Um es aber irgendwie beschreiben zu können und verständlich zu bleiben, einigten wir uns darauf, die intuitiv gewählten Begriffe wie z.b. »Polarität« weiterzuverwenden.

Immer mehr begannen wir, die Strukturen, die uns die Ruten anzeigten, »zu sehen«, wenn wir uns durch sie hindurch bewegten. Sie erinnerten uns ungemein an die Gittermodelle eines Ray-Tracing-Computerprogramms, bei denen die markanten, durch Koordinaten im Raum festgelegten, Punkte des konstruierten Körpers durch Linien verbunden sind und sich so langsam die Form des Gegenstandes herausbildet. Später kann man dann dieses Gittermodell mit einer Oberflächentextur verkleiden. So wird z. B. eine blaue, dreidimensionale Tasse oder ein knackig aussehender Apfel daraus.

Ob einmal die Programmierer dieser Gitterstrukturen auf den Feldern und Hügeln ihren Kunstwerken eine sichtbare Oberfläche verleihen würden? Was würde das für ein Anblick sein, wenn der bizarre Energiedom auf dem Windmill Hill sich plötzlich materialisierte? War das aber vielleicht gar nicht beabsichtigt? Sollten vielmehr wir lernen, mit diesen Energieformen umzugehen, ohne daß wir sie in unsere materielle Welt transferiert bekämen?

Im warmen Lichte einer wunderschön am blauen Himmel strahlenden Abendsonne trafen wir am Kanal neben dem Barge Inn mit Ron und seiner Gruppe zusammen. Er stellte uns Shari Adamiak vor, die Sekretärin und »rechte Hand« von Dr. Greer, dem Leiter von CSETI. Mit ihr und den anderen der Gruppe bekamen wir sofort positiven Kontakt, und auch sie spürten, daß wir gut miteinander harmonierten. Wir stellten ihnen unser Konzept für das geplante gemeinsame Experiment vor – und sie sagten begeistert zu! Bei uns machte sich Hochstimmung breit, denn niemals hatten wir uns bei unserer Ankunft träumen lassen, daß wir mit diesen hochkarätigen und trainierten CSETI-Leuten einmal zusammenarbeiten würden, schon gar nicht unter unserer Leitung. Sie wirkten jetzt auch alle viel entspannter als 1992, als auf dem Woodborough Hill unter der Anwesenheit von Dr. Greer und den vielen Zuschauern ihr damaliges Projekt hochoffiziell und ein wenig hektisch ablief.

Dann besprachen wir die Einzelheiten. Da Avebury als »Energiemotor« für das Experiment eine besondere Rolle zufiel, sollten dort die Erfahrensten sitzen. Shari sollte ins Cove gehen, Jon am Platz des ehemals dort stehenden, 6 m hohen Obelisken im südlichen Zentrum des gewaltigen Henges meditieren. Rons Platz war der durch den Energieschlauch markierte erste Tumulus auf dem Windmill Hill, und die weniger Erfahrenen sollten unter Allisons Anleitung Knap Hill besetzen. Wir würden auf dem Silbury Hill die Stellung halten. Der zeitliche Ablauf wurde durch zwei Meditationsblöcke von jeweils einer Stunde festgelegt, Shari sollte um 23.00 Uhr beginnen, die anderen Teams jeweils 10 Minuten zeitversetzt folgen.

Und wieder fügte sich alles ineinander, als ob es so und nicht anders hätte sein sollen. Als wir vor Monaten unser Piktogramm erdacht und vor einigen Tagen erstellt hatten, wußten wir noch nicht, was wir weiter tun könnten, um der Bitte an die unbekannten Intelligenzen, hierher zu kommen, mehr Nachdruck zu verleihen. Nun saßen wir neben dem Barge und hatten für unser Unterfangen die Stärksten beisammen, die man sich für eine Meditation dieser Art wünschen konnte.

In dem Protokoll, das Shari später für CSETI schreiben sollte, bemerkte sie: »Joachim erklärte uns, daß es das Beste für die Meditation sei, wenn wir sie mit einer mentalen Reise durch das Sonnensystem beginnen würden. Wir sollten von außen nach innen zu jedem Planeten fliegen und mit der Energie jedes einzelnen verstärkt, zum nächsten weiterreisen. Bei Jupiter würden wir einen kleinen Moment länger verweilen, um dem geschundenen Planeten mit unserer positiven Energie bei der Heilung seiner Wunden ein wenig zu helfen. Wir sollten dann zur Erde fliegen und ETI (Extraterrestrische Intelligenz) willkommen heißen, die sich möglicherweise bereits im Orbit oder in der Nähe aufhielte. Ron und ich schauten uns mit weiten Augen an. Das war genau der Protokolltyp, den wir in unserer Feldarbeit bei CSETI verwenden. Es ist Teil dessen, was wir Coherent Thought Sequencing nennen, eine Methode, die durch Dr. Greer entwickelt wurde.«

Wir hielten es bei dem aufkommenden Enthusiasmus in der Gruppe doch für notwendig, auf ein besonderes Faktum hinzuweisen. Dieses Experiment war von größter Bedeutung, denn es war das erste Mal seit sehr, sehr langer Zeit, daß die Energien der alten Plätze vernetzt für einen bestimmten Zweck eingesetzt wurden, diesmal sogar zum Versuch des Hereinlotsens anderer Intelligenzen. Selbst wenn sich nachher am Himmel gar nichts tun würde, wäre doch ein Ziel erreicht: Unser Team würde die Plätze, an denen alle saßen, energetisch verändert haben, von jetzt an bis in alle Zukunft. Vielleicht spielte sich das eigentlich Spektakuläre ja hier unten am Boden ab.

Als wir nach dieser Besprechung schließlich wieder die Köpfe hoben, bemerkten wir, daß sich das Publikum im und am Pub total verändert hatte. Alles, was in der Kornkreisszene Rang und Namen hatte, war versammelt. Drinnen im Barge war es rammelvoll, draußen standen mindestens 50 Leute herum. Was wir nicht wußten: Wir hatten uns für unser Experiment ausgerechnet jene Nacht ausgesucht, in der auch Andrew Collins, der Orgonexperimentator, und Colin Andrews, der bekannte Kornkreisforscher der ersten Stunde, eigene Nightwatches organisiert hatten. Aber Shari und Ron fanden das gar nicht so schlecht und besorgten sich die Zeiten der anderen Teams, um sich später über eventuelle Ereignisse austauschen zu können. Eine brutzelnde, erwartungsfrohe Atmosphäre umgab den Barge, eine solche Ansammlung von bekannten Kornkreisgesichtern hatte man lange nicht mehr gesehen.[2]

Gegen 22.00 Uhr brachen wir zum Silbury Hill auf, wo wir 15 Minuten später eintrafen. Die Monumentalität dieser Kegelpyramide kam in der Dunkelheit noch stärker heraus und wie jedesmal, wenn wir den steilen und nicht ungefährlichen Anstieg zum Gipfelplateau begannen, verspürten wir auch diesmal diese eigenartige innere Unruhe.

Ein leiser Ruf von Hans riß unsere Köpfe herum: Im Süden erschien knapp über dem Horizont ein orangefarbenes Licht, das dort ca. 1 Minute verharrte und dann plötzlich verlosch. Wir mußten weiter, die Zeit drängte. Hans versuchte, das unheimlich starke Gitternetz am Silbury Hill zu dowsen. Von 2,50 m im Vorfeld des Hills näherten sich die Linien bis auf 0,15 m am oberen Plateau an. Dort fand Hans dann inmitten all dieser hektischen Rutenausschläge ein Areal von ca. 20 m², in dem sich keine Rutenaktivitäten bemerken ließen – genau wie auf Windmill Hill, nur um den Faktor fünf größer! Es war in der Dunkelheit und in der Kürze der Zeit nicht möglich, genauere Messungen durchzuführen, aber es deutete sich an, daß die »Energiekathedrale« auf dem Windmill Hill gegen das, was sich hier abzuzeichnen begann, wie eine kleine Feldkapelle wirken mußte.

Beim Anstieg zum Plateau erschienen in weiter Entfernung am Südhimmel plötzlich nacheinander sieben orangene Lichter, die fast alle an der gleichen Stelle hoch über dem Horizont auftauchten, um dann neben- und nacheinander langsam herabzusinken. Hier übte wohl doch nur das Militär mit Leuchtkugeln, wie wir uns klarzumachen versuchten. Danach sah Hans, noch bevor unser Experiment offiziell begann, einen kleinen, strahlenden Blitz in Richtung auf Windmill Hill. Wir kamen langsam zur Ruhe und begannen, uns auf die bevorstehende Aufgabe zu konzentrieren. Ruhig atmen, den Kopf leer machen, offen sein für das, was kommt.

Vom Turm der Kirche in Avebury schlug es elfmal. Unser Experiment begann, das Team in Avebury müßte jetzt als erstes in die planetare Sphäre eintauchen. Da plötzlich, es war 23.03 Uhr, gab es einen riesigen, hellen, milchig-weißen Lichtblitz, den wir so wahrnahmen, als ob er sich im Westen oberhalb der hellen Lichtzone von Devizes ereignet hätte, in seiner Größe diese aber noch übertraf. Kein dazu passendes Geräusch war zu vernehmen.

Auch Shari und Jon hatten die Uhr schlagen gehört und begannen mit der Meditation. Ohne damals einen Grund angeben zu können, waren wir sicher, daß Jon im südlichen Zentralbereich des Steinkreises, dem »männlichen Aspekt«, meditieren sollte. Sharis Platz war der nördliche Zentralbereich am Cove, wo sie sich zur rechten Zeit zwischen die beiden hoch aufragenden Megalithen gelegt hatte. Unmittelbar nach Beginn der Meditation fühlte sie ein mächtiges Einströmen von Kundalini-Kraft, die sie als goldenes, warmes Licht visualisierte. Ihr Körper pulsierte mit der gleichen Frequenz wie die der beiden stehenden Steine, was ihr die Illusion eines hörbaren Tones vermittelte. Es war genau zu dem Zeitpunkt, als wir auf dem Silbury Hill das helle Licht in den Augenwinkeln wahrgenommen hatten.

Shari bekam von all dem nichts mit, denn sie war damit beschäftigt, ihre Energie mit denen der Steine in Einklang zu bringen und darüber hinaus fasziniert von der Wahrnehmung einer goldfarbenen Lichtsäule, die von den Steinen nach oben auszustrahlen und zwei gegeneinander rotierende Helices zu enthalten schien.

Jon hatte sich ebenfalls Schlag 23.00 Uhr auf seine kosmische Reise begeben und registrierte zum gleichen Zeitpunkt, an dem wir das helle Licht sahen und Shari die Doppelhelix wahrnahm, einen großen Meteor im Zickzack nach Westen fliegend, der eine Art Rauchfahne hinter sich herzog. Gegen 23.20 Uhr fingen dann überall die Hunde an zu bellen. Dies wurde auch von der Gruppe auf Knap Hill wahrgenommen, die 10 Minuten nach Avebury mit ihrer Meditation begann. Dort hatten sich unter Allisons Führung 5 Personen eingefunden. Sie sollten den südlichsten Punkt der »Einflugschneise« markieren und ihre Energie zu uns auf den Silbury Hill weiterleiten.

Wir hatten beschlossen, keine Kameras mit auf den Gipfel zu nehmen. Wir wollten damit der anderen Intelligenz demonstrieren, wie ernst uns dieser Kontakt war und daß es uns nicht um sensationelle Fotos ging. Wir wollten ohne »Waffen« kommen und damit auch unsere Ehrlichkeit demonstrieren. Gleichzeitig war es für uns eine weitere, freiwillige Prüfung, dem süßen Gift falscher Publizität zu widerstehen. Vielleicht würde ja diese Verhaltensweise »höheren Ortes« anerkannt.

Als drittes Team begannen wir weitere 10 Minuten später um 23.20 Uhr mit unserem Part, während bereits seit 20 Minuten auffällig viele Meteore hoch über unseren Köpfen durch die Nacht schwirrten. Es war fast genau zu diesem Zeitpunkt, als Shari und Jon die »Anwesenheit« der anderen Teams zu spüren begannen, die Kette funktionierte also, wir waren miteinander verbunden, das Prinzip der alten Plätze stimmte!

Um 23.30 Uhr, als Jon durch die geschlossenen Augen einen weißen Energieblitz verspürte, begann das Team auf Windmill Hill, sich in die Meditation einzuklinken. Mit Ron zusammen waren dort neun Personen versammelt, nur noch zwei weitere davon besaßen Meditationserfahrungen. Auch sie hatten den Meteor kurz nach 23.00 Uhr wahrgenommen, hier sogar mit mehreren Fragmenten, und nahmen das als gutes Omen für das bevorstehende Experiment. Kurz nach dem Beginn fühlten unabhängig voneinander zwei aus dem Team den Boden unter sich vibrieren – sie saßen auf dem ersten Tumulus.

Mit dem richtigen Rezeptor »gesehen«, waren nun nacheinander vier helle Energiesäulen angegangen und hatten in der Dunkelheit, wie die Landelichter auf dem Flughafen, einer draußen abwartenden Crew markiert, von wo sie hereinschweben und wo sie landen sollten. Wir erwarteten, und das war das menschlich Schwierige in dieser Situation, momentan keine spektakulären Ereignisse, wir durften sie einfach nicht erwarten. Wir wußten aus der Vergangenheit, daß unsere menschlichen Maßstäbe, Forderungen, Erwartungen und Festlegungen von der Intelligenz total ignoriert worden waren, es passierte stets nicht nach unseren, sondern nach ihren Regeln, und dies umso konsequenter, je anthropozentrischer unser Verhalten war. Deshalb wollten wir jetzt endlich klarmachen, daß wir es anders damit hielten, wir boten nur an, wir forderten nicht, wir wollten uns zumindest einordnen und waren nach unseren Erfahrungen der letzten Jahren eigentlich ganz hoffnungsfroh, daß dieses Konzept uns weiterbringen würde.

Nach einer halben Stunde waren wir nun alle miteinander verbunden, die Energie floß kontinuierlich von Süden nach Norden, getriggert von Avebury etwas seitlich davon. Es war ein vibrierendes, jeden Teil des Körpers erfassendes Gefühl, in dem Bewußtsein, auf einem Jahrtausende alten Bauwerk in dieser ehrwürdigen Landschaft zu sitzen, den warmen Planeten unter sich, das unendliche Universum mit seinen Lichtinseln über sich, und verbunden mit drei anderen Teams, die alle zur gleichen Zeit das Gleiche erschufen. Die Harmonie, die zu uns heraufströmte, ließ uns immer sicherer werden, daß wir mit unserem Vorhaben und den Gedanken, die uns hier hingeführt hatten, richtig lagen. Wir hatten die alten Plätze nach Jahrtausenden wieder miteinander vernetzt und zu ihrem originären Zwecke reaktiviert: zur Übertragung, Verstärkung und Aussendung geistiger Energie, dem mächtigsten Werkzeug im Universum.

Die Uhr vom alten Kirchturm in Avebury schlug behäbig zwölfmal. Es war Mitternacht geworden, die erste Phase dieses einmaligen Experiments war beendet. Plötzlich ertönte heftiges, lang anhaltendes Hundegebell und Gejaule östlich von uns in der Nähe. Die Tiere reagierten bei ungewöhnlichen Ereignissen, dies ist vom UFO-Phänomen längst bekannt, und immer noch einer der zuverlässigsten Indikatoren für paranormale Anwesenheit. War es nicht auch in der Nacht genauso gewesen, als unser Antwortpiktogramm 1991 auf der Temple-Farm erschien?

Shari in Avebury war die vergangene Stunde wie ein paar Minuten vorgekommen. Es war kalt und feucht geworden. Sie entspannte, betrachtete die Sterne und bereitete sich gründlich auf die zweite Phase vor, die um 01.00 Uhr wieder mit ihr und Jon begann. Der fühlte gegen 01.45 Uhr die Anwesenheit einer Person neben sich. Er unterbrach die Meditation. Dies war der Zeitpunkt, als Shari im nördlichen Zentralkreis bemerkte, daß die Verbindung zu ihm unterbrochen wurde.

Die plötzlich aufgetauchte Frau, die er bis dato nicht kannte, sprach ihn in Englisch an und machte ihn auf ein Netzwerk aufmerksam, das sich über Großbritannien erstreckte. Die junge Frau gab sich mit dem Namen Indra zu erkennen und behauptete, zu Jon geschickt worden zu sein, um ihn mit ihrer Tante, Angie, in Verbindung zu bringen. Angie würde die Koordinatorin einer Basisbewegung sein, die von Plänen gehört haben will, nach denen über 800 Kraftorte in England zu Gunsten des Straßenbaus umgepflügt werden sollten. Jon hatte nach diesem eigenartigen, siebenminütigen Intermezzo Schwierigkeiten, wieder zur Meditation zurückzufinden.

Irgend etwas teilte Shari zum gleichen Zeitpunkt mit, die Augen zu öffnen und nach Windmill Hill zu blicken. Gerade in diesem Moment sah sie ein großes, grelles Licht am Himmel. Auch wir waren gerade mitten im Fluss der von den anderen Teams hereinströmenden Energie, als aus dem hinteren unteren Kantenbereich des Sommerdreiecks heraus um 01.44 Uhr ein grell-weißes Licht erschien. Es hatte zwei Zentren und verlosch auch gleich wieder ohne einen Laut. Für Sekunden danach hatte man den Eindruck eines winzigen, sich an der Stelle hin- und herbewegenden Objektes. Vielleicht war es aber auch nur unsere eigene Netzhaut, die diesen Effekt hervorrief.

Auch am Knap Hill wurde zur gleichen Zeit eine helle Lichterscheinung wahrgenommen. Das Team hatte sich inzwischen in zwei Gruppen aufgeteilt, 5 Personen saßen oben, ca. 9 Personen befanden sich unten auf dem Parkplatz oberhalb des East Fields. Allison und andere hatten bereits während der ersten Meditationsphase, wie bei einer Mitteilung, den Gedanken erhalten, daß die montierten Kameras abgebaut werden sollten. Eric B., auch »The Viking« genannt, ein bekannter, leicht exzentrischer Kornkreisforscher, haderte mit sich und dem Kornkreisphänomen herum, weil offenbar nichts geschah. Er bemerkte, daß sein Kameraverschluß klemmte und

dachte gerade, daß UFOs wohl nichts weiter seien, als physische Manifestationen oder Projektionen von Gedanken und geistigen Bildern, und daß
UFOs immer mit uns herumspielen würden – als vor ihnen das helle Licht
quasi explosionsartig auftauchte.

Anders als den anderen Teams kam es den hier Weilenden so vor, als ob
dieses Licht viel näher lag, Eric schätzte es, in der Dunkelheit und ohne
richtigen Vergleichsmaßstab, in einer Höhe von ca. 1 km oberhalb Tawsmead
Copse in Richtung Süden. Es war grell-weiß, blitzte einmal auf, dann nach
zwei Sekunden erneut und bewegte sich dabei nach Osten. Danach war nur
noch eine feine helle Linie in der Bewegungsrichtung des Objekts auszumachen.

Fasziniert, sprachlos und dann ein wenig schmunzelnd starrte das Team
hinüber, wo eben noch das Licht schwebte. Ja, so ging es hier zu. Kaum
denkst Du daran, und dann, als ob man gleich eines Besseren belehrt – oder
vielleicht sogar geneckt? – werden soll, passiert das für unmöglich Gehaltene vor den eigenen Augen: Hallo, hier bin ich!

Auf Windmill Hill hatte eigenartigerweise niemand diese Lichterschei-
nung bemerkt. Alle dort waren in tiefer Meditation und erlebten eine unglaublich friedliche zweite Stunde, so daß sie alle, wie auch die anderen
Teams bestätigten, viel länger vor Ort blieben, als eigentlich geplant war.
Auch wir genossen das Schauspiel des Meteorstromes der Aquariden, die
in dieser Nacht ihr Maximum hatten, im Osten stand schon der Mond am
Himmel und beleuchtete mit seinem milden Licht die Hügel und Täler.
Gegen 02.40 Uhr herrschte auf Knap Hill noch einmal einige Aufregung,
als eine fremdartig wirkende Wolkenformation von Südosten herangeflo-
gen kam und leise über die noch Anwesenden hinwegzog. Diese Wolke
wurde nun wieder von Ron und seinem Team bemerkt. Sie hatten dabei das
starke Gefühl, eigentlich war es schon mehr die Gewissheit, daß sich darin
etwas Intelligentes befand, ohne es aber näher festmachen zu können.

Gegen 03.00 Uhr verließen alle Teams ihre Plätze, und wir wußten, die
Welt war nicht mehr die gleiche, wir hatten sie verändert, auch wenn es
vielleicht auch nur ein winziges Stückchen war. Ein Anfang war gemacht,
und alle in den Teams hatten den tiefgreifenden Frieden und das angenehme Gefühl verspürt, als sie sich über ihre eigenen physischen Grenzen hinweg mit den Planeten verbanden.

Wir hatten Zutrauen zu unserem Konzept gefaßt, unseren Geist an den
alten Plätzen mit dem der Erde zu verbinden, und derart verstärkt unsere
Botschaft von Liebe und Kooperation in das All zu strahlen. Wir hatten
signalisiert, daß von nun an andere da waren, die diesen sensiblen Kontakt
zu anderen Welten nicht zum Selbstzweck oder wegen militärisch-techni-
scher Interessen aussaugen und mißbrauchen wollten, sondern bereit wa-

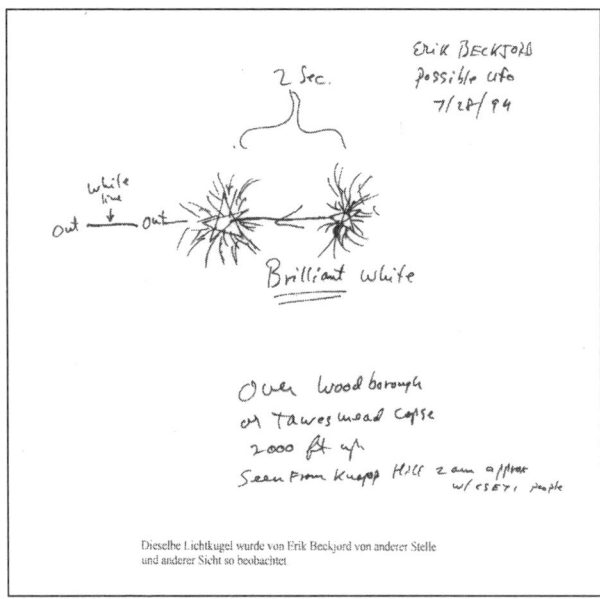

Abb. 10: *Die Zeichnung von Eric, »The Viking«, wie er die
Lichterscheinung bei Knap Hill sah.*

ren, ohne eigene Vorteile, aus Liebe zu diesem blauen Planeten in diesem
schillernden Universum, den einzigen Weg zu gehen, der Fortschritt bringt
und in eine friedliche, kosmische Zukunft führt: den Weg des Geistes.

KAPITEL 9

Ein UFO am Silbury Hill

Der nächste Tag, unser letzter in England in jenem Jahr, war tatsächlich irgendwie anders als die vorhergehenden, uns war leichter ums Herz, eine profunde Gelassenheit hatte von uns Besitz ergriffen. Marlborough erschien uns farbenfroher denn sonst, als wir bei der alten Schule hinter der High School links in die Mainstreet einbogen.

Wir trafen uns mit den anderen Teams zum Debriefing in dem kleinen Café und sehr schnell wurde dabei klar, daß alle von einem ähnlich schönen Gefühl durchdrungen waren. Sicher hatten auch die spektakulären Sichtungen der letzten Nacht dazu beigetragen, aber da war noch etwas anderes, das immer wieder angesprochen wurde. Alle hatten das Verbundensein während der Meditation als unheimlich intensiv und dabei als äußerst hilfreich und effektiv empfunden. Die Reise durch das Planetensystem hierher zur Erde, die Aktivierung der alten Plätze, das Einklinken der jeweils anderen Teams wurde überzeugend visualisiert und teilweise auch physisch erlebt. So saßen wir zusammen, schauten uns an, sprachen miteinander und fühlten bald ganz deutlich, daß die Energie der vergangenen Nacht noch immer in uns und um uns herum nachwirkte.

Diese positive geistige Energie, die in der letzten Nacht konzentriert und zielgerichtet in die planetare Sphäre dieses Planeten gleichsam »infundiert« wurde, war von nun für alle Zeiten ein Teil von ihr, wir hatten die »Negentropie des Geistes« vermehrt.

Uns zog es wieder zurück in die Felder, wir wollten ihren Anblick vom Woodborough Hill hinab genießen und den Skylarks lauschen. Danach fuhren wir zum Wilcot Brow Field, um das Netz dort ein letztes Mal zu prüfen – aber wir fanden es nicht mehr! So lange wir auch herumliefen, so sehr wir uns auch mühten, alles war wie »ausgeknipst«, sämtliche Energielinien, Kreuzungspunkte und auch der Kreis waren verschwunden! Nach unserer bisherigen Erfahrung und Definition konnte dies nur eines bedeuten: Wir hatten die uns gestellte Aufgabe gefunden und erfüllt! Die Netze wurden nicht mehr benötigt, der Informationsaustausch war erfolgt, der Kontakt wieder hergestellt, das Tor zur Dimension der hinter dem Kornkreisphänomen wirkenden Intelligenz war wieder geschlossen worden.

So war es doch bisher immer gewesen: Irgend etwas geschah in unserer unmittelbaren Nähe, irgend etwas veränderte sich und es geschah so auffällig und eindeutig im Kontext unserer Aktivitäten, daß eigentlich nur ein Schluß nahe lag: Wir sollten ganz offenbar herausfinden, was es bedeutete.

Immer war es jedoch nur ein Fingerzeig, ein Symbol, eine grundlegende Tatsache, eine oder mehrere seltsame Erfahrungen, stets nur die nackte, klare Information – eine kosmische Schnitzeljagd: Schau hin – und denke!

Beim anschließenden Abschied im Farmhaus wurden wir ganz offiziell gebeten, im nächsten Jahr mit unserer Arbeit fortzufahren. Dies war wohl das Bedeutendste, was uns bisher zuteil wurde, denn diese Bemerkung aus dem Mund des Farmerehepaares, auf dessen Land sich in all den Jahren das Phänomen so intensiv und herausfordernd manifestiert hatte, bewies, daß man uns akzeptiert hatte, uns vertraute und unserer Arbeit und dem offensichtlichen Kontakt zum Phänomen zunehmenden Respekt entgegenbrachte.

Den letzten Abend verbrachten wir traditionell im Barge Inn, wo sich wieder die gesamte Kornkreisszene ein Stelldichein gab. Sogar der Erzfälscher Adrian Dexter war anwesend, was der ohnehin sehr prickelnden Atmosphäre eine besondere Spannung gab. Unsere Farmerin sah ihn, als sie wegfahren wollte, hielt sofort an und ließ einen Redeschwall vom Stapel, den wohl nur sehr einheimische Anwesende verstehen konnten. Wir wußten ja, daß sie sich seit langem wünschte, diesem Herrn gegenüber zu treten, um ihn für den beträchtlichen Schaden, den er und seine Helfer im Laufe der Jahre auf ihrem Land angerichtet hatten, zur Verantwortung zu ziehen. Man muß allerdings wissen, daß ein Täter in England inflagranti erwischt werden muß, um zweifelsfrei schuldig zu sein.

Adrian Dexter schaute angesichts von Pollys Tirade recht unbehaglich drein, sie wird ihm offensichtlich die passenden Worte geflüstert haben. Richtig böse wurde er allerdings, als er später wegfahren wollte und sein Auto nicht ansprang. Seltsam, seltsam, eine Kartoffel steckte tief in seinem Auspuff und ließ dem Motor keine Chance. Die wird ihm doch wohl während der Herfahrt nicht von selbst da hineingesprungen sein? Als die Geschichte schnell die Runde machte, haben einige im Barge Inn vernehmlich gekichert – wir auch.

Wir verließen England am 30. Juli in dem Bewußtsein, wieder eine Lektion gelernt zu haben und einen Schritt weiter gekommen zu sein. Welch ein Weg war uns gewiesen worden, auf welche bislang unbenutzt in uns schlummernden Fähigkeiten waren wir aufmerksam gemacht worden! Bisher waren wir nur Suchende in Kornfeldern gewesen, durch unser Experiment auf den Hügeln waren wir jetzt dabei, uns zu kosmischen Partnern zu entwickeln, man hatte uns erneut eine »Hand gereicht« und wir hatten eingeschlagen. Würde dies wohl Anerkennung finden?

Noch einmal ließen wir am nächsten Morgen den Blick über die sonnenbeschienenen Hügelkuppen schweifen, sogen den aus den Feldern heraufsteigenden Dunst tief in uns hinein, dann hieß es endgültig Abschied nehmen, es mußte physisch zurück nach Deutschland gehen. Und wieder hingen wir auf der stundenlangen Autobahnfahrt unseren Gedanken nach, rekapitulierten, verglichen, staunten, lächelten. War es eigentlich ein Abschied? War das Phänomen nicht längst Teil unseres Lebens geworden, ja war es denn überhaupt noch lokal begrenzt? Wir begannen, die Wirkungsweise dieser mehrdimensionalen Gitterstrukturen zu erahnen, die sich intelligent gesteuert offenbar ganz gezielt aktivieren ließen. Warum aber eigentlich nur in Wiltshire? Warum nicht auch anderswo? Warum nicht überall?

Und dann war da noch etwas, das uns zutiefst erfüllte und eine gewisse Euphorie bewirkte. Wir waren diesmal wieder einen Schritt weiter gegangen, wir hatten begonnen, mit den Energien zu arbeiten, wir hatten dem Phänomen gezeigt, daß wir eine weitere Lektion gelernt hatten. Energie – diesen Begriff hatte uns das Phänomen auf unserem denkwürdigen Flug 1992 über den Feldern am Milk Hill und über dem Tawsmead nahegebracht, und nun experimentierten wir schon damit – welch eine atemberaubende Entwicklung. Wie würde wohl das Phänomen darauf reagieren? So rollten wir wieder hinüber in unser tägliches Leben mit all seinen vergessen machenden Zwängen, hinein in den energielosen Beton einer erkrankten Zivilisation.

Keine drei Nächte waren seit unserem Experiment auf den alten Hügeln Wiltshires vergangen, als die Kunde von aufregenden Ereignissen zu uns nach Berlin drang. Es hatte beim Silbury Hill, mit dem zusammen wir unseren Energiestrahl in die planetare Sphäre geschickt hatten, eine phantastische UFO-Sichtung gegeben! Wieder dieser Zwischenraum von drei Tagen zwischen unseren Aktivitäten und einer Manifestation des Phänomens. Ob auch das etwas zu bedeuten hatte?

Was hatte sich ereignet? Zwei Engländer und eine Engländerin, Paul, Rob und Sonia, waren von den Midlands nach Avebury gefahren und hatten sich entschlossen, am 31. Juli eine Nacht auf dem Silbury Hill zu verbringen. Als sie es sich oben bequem eingerichtet hatten, begannen sie, leise etwas Space-Musik zu spielen. Sie saßen an der östlichen Kante des Gipfelplateaus und konnten die Gegend des West Kennett Long Barrow gut überschauen. Hinter ihnen, am anderen Ende des Plateaus, lärmten fünf angetrunkene Personen herum, die laute Musik abspielten.

Gegen 01.00 Uhr hüllte ziemlich plötzlich ein dicker Nebel die Umgebung ein. Während die drei sich noch über diesen eigenartigen Nebel unterhielten, bemerkten sie zwei orangefarbene Lichtkugeln, die links von ihnen vom Waden Hill herunterkamen. Sie flogen gleichmäßig und lautlos am Silbury Hill vorbei bis hin zum Parkhafen an der A4, wo sie in das nächstgelegene Weizenfeld hinein nach rechts abdrehten. Die drei beobachteten mit wachsendem Erstaunen, daß die Lichter größer wurden und dreieckige Formen annahmen, wie kleine Tetraeder, die von innen illuminiert wurden. Dabei hatten sie nun das Gefühl, die Köpfe nicht mehr richtig frei bewegen zu können und meinten, links neben dem Hill am Rande ihres Gesichtsfeldes ein dort schwebendes, größeres, dunkles Objekt wahrgenommen zu haben.

Die Tetraeder schienen irgendwie durchsichtig zu sein, so daß sie darin fünf oder sechs wesenähnliche Schatten ausmachen konnten, wovon einer größer erschien. Alle drei Beobachter waren nun sehr aufgeregt und versicherten sich gegenseitig, daß das, was sich hier abspiele, besser sei als in einem Film von Steven Spielberg!

Sonia hatte die Geistesgegenwart, mit der Taschenlampe in Richtung der leuchtenden Formen zu blitzen. Da wendeten die Tetraeder plötzlich und näherten sich bis auf ca. 20 m dem Gipfel des Hills. Die drei verspürten eine heftige Angstreaktion in sich hochsteigen, und als ob diese heftigen Emotionen auf »der anderen Seite« registriert worden wären, flogen die leuchtenden Hüllen zurück in das Feld auf der anderen Seite der A4 wo sie sich zu einem Pyramidenkörper vereinigten. Sonia bemerkte jetzt erst, wie es schlagartig ruhig auf dem Hill geworden war. Sie drehte sich um und mußte zu ihrem größten Erstaunen feststellen, daß die fünf Krachmacher von vorhin allesamt wie gelähmt und offenbar ohne Bewußtsein auf dem Boden lagen. Ihre Musikbox war mit einem Male verstummt.

Unten im Feld kamen indes kleine Wesen aus dem Pyramidenkörper heraus und schwebten über das Weizenfeld hinweg, wobei sie einen kleinen, Licht ausstrahlenden Gegenstand mit sich trugen. Die Wesen bewegten sich hin und her und ließen dabei mit diesem Gegenstand ein funkelndes, rechtwinkliges Gitternetz entstehen! Ein Gitternetz – Sie lesen richtig! Das Netz war groß und hatte nach ihrer Schätzung mehr als 30 m Seitenlänge. Unsere Freunde hatten ein wenig von ihrer Fassung wiedergewonnen und bemerkten einen Pkw, der sich durch den Nebel hindurch langsam aus Richtung Marlborough näherte.

Die Wesen nahmen diesen Lichtschein wohl auch wahr, jedenfalls begaben sie sich zu der leuchtenden Hülle zurück, die dann zu einem kleinen Lichtball »kollabierte«, der sich rasch entfernte und zu einer Heckenreihe am Rande des Feldes schwebte. Dort schien er zu warten, bis das Auto vorbeigefahren war. Später wurde bekannt, daß in diesem Wagen wahrscheinlich Paul Vigay gesessen haben kann, der aber von alledem nichts mitbekam, denn auch das leuchtende Gitter war für den Moment wie ausgeknipst, und er wird wohl genug zu tun gehabt haben, sein Gefährt sicher durch den Nebel zu lenken.

Kaum, daß der Pkw vorbeigefahren war, erschien wieder der Lichtball

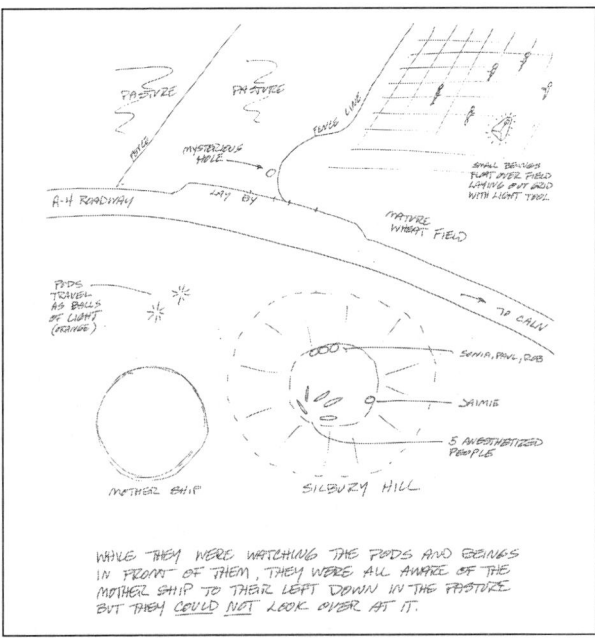

Abb. 11 und 12: CE III bei Silbury Hill – Skizzen von Ron Russell.

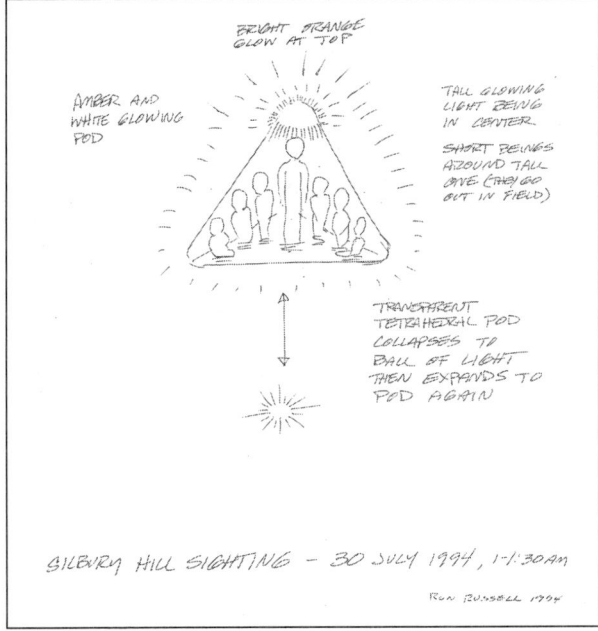

hinter der Hecke, flog zurück zum Feld, vergrößerte sich wieder zum Pyramidenkörpers, und auch die kleinen Wesen erschienen wieder daraus, um ihre Arbeit an dem Gitternetz fortzusetzen. Neben dem ersten, wieder aufleuchtenden Gitter produzierten sie nun ein zweites, gleichartiges Muster, so daß ein ca. 60 m großes leuchtendes rechteckförmiges Gitternetz daraus resultierte. Nach einer Weile schien der Pyramidenkörper langsam lichtschwächer zu werden um schließlich mitsamt dem Gitternetz zu verschwinden. Gerade in diesem Moment stieß eine weitere Beobachterin, Jamie, zu der Gruppe auf dem Gipfel.

Als die Objekte schließlich nicht mehr auszumachen waren, kam plötzlich wieder Leben in die fünf bis dato wie leblos Liegenden an der anderen Plateauseite, die sich daraufhin erhoben und wortlos den Hügel hinabstiegen! Ron, Paul und Sonia verbrachten den Rest der Nacht in angeregter Diskussion über das eben Erlebte auf dem Gipfel und hatten kein Auge mehr zugemacht. Welch eine grandiose Manifestation!

Ron Russell wollte die drei Midländer interviewen, nachdem Judy Young ihm von dieser Sichtung Mitteilung gemacht hatte. Judy war mit den Dreien befreundet und wollte nicht, daß die Nachricht von dieser außerordentlichen Sichtung in die falschen Hände gelangte oder gar zuerst durch die lokale Boulevardpresse ging, was üblicherweise nicht ohne Schaden für die Kontaktpersonen abläuft. So bildete Ron mit Mary Bennett und John Ballou ein Team, um die drei bezüglich der Authentizität ihrer Geschichte auf Herz und Nieren zu prüfen, was dann auch unverzüglich im Schatten der Ruine der Glastonbury Abbey geschah, wo man sich verabredet hatte.

Am Abend des gleichen Tages fuhr das Untersucherteam zurück zu dem besagten Feld gegenüber von Silbury Hill, um vor Ort die Energien zu spüren, die vielleicht noch vorhanden waren. Nachdem sie ihren Wagen geparkt hatten, betraten sie zunächst eine Weide, die neben dem Feld lag. Kaum, daß sie dort anlangten – und sie waren ja noch nicht einmal in dem Feld mit dem Netzwerk selbst – wurden sie von einem sehr starken und unangenehmen Unwohlsein gepeinigt! Sie fühlten, daß die Energie an diesem Orte heute für alle drei wohl noch zu stark sei, mußten den Ortstermin abbrechen und konnten das Feld mit dem Netz erst gar nicht betreten. Man wollte später wiederkommen.

Am nächsten Tag berichtete ein Brotfahrer, der am Silbury Hill parkte, daß eine Militäreinheit aufgetaucht war und die Leute von den Parkhäfen und -plätzen vertrieben hatte. Sie wollten wohl keine unliebsamen Beobachter in der Nähe haben, denn danach begannen sie, mit nicht näher bezeichneten, offenbar elektronischen Instrumenten das Feld zu untersuchen.

Als Ron, Mary und John am folgenden Abend das Feld betraten, erlebten sie eine Überraschung. Diesmal verspürten sie kein Mißempfinden, ja sie konnten nicht einmal irgendwelche Energien lokalisieren. Nichts unterschied dieses Feld mehr von irgendeinem anderen Feld, und auch von dem Gitternetz konnten sie nichts wahrnehmen. Alles war wie – ausgeknipst.

Als diese atemberaubenden Neuigkeiten vollständig an uns übermittelt waren, lehnten wir uns zurück und atmeten erst einmal tief durch. Da wurden wir nun seit zwei Jahren durch die Felder geleitet und mit der Nase immer wieder auf diese phänomenalen Gitternetze gestoßen, wir begannen, ihre Wirkungsweise zu erahnen und mit ihnen zu experimentieren, und wir hatten auch unseren engsten Freunden und Untersucherkollegen immer wieder von unseren seltsamen Funden berichtet und sie auf die Existenz eines neuen Phänomens in den Feldern hingewiesen. Aber es war fast wie damals, als wir Tim 1991 zum ersten Male unsere astronomische Theorie in groben Zügen draußen am East Field erklärten und wir hinterher den Eindruck hatten, daß er aus unserem Radebrechen in der fremden Sprache nicht ganz schlau geworden war. Auch diesmal hatte man uns aufmerksam zugehört, aber an den Reaktionen merkten wir, daß man relativ zurückhaltend blieb, was Kommentare oder gar Zustimmung anging.

War das ein Wunder? Ständig kamen neue Menschen in die Gegend, meistens irgendwie vorinformiert, jeder mit seinem eigenen Anspruch, jede mit ihrer eigenen Erwartung und alle mit der Hoffnung auf ihr ganz spezielles Kornkreiserlebnis. Ständig hörte man neue Gerüchte und Berichte von seltsamen Erlebnissen, die Kornkreisbörse boomte, jeder wollte einen Gewinn mitnehmen. Und während fast alle mit den neuen Formationen beschäftigt waren, die ja kontinuierlich und immer in neuen Designs hergestellt wurden, kamen nun die beiden Deutschen an und berichteten von Dingen, die auf den ersten Blick so gar nichts mit dem gängigen Phänomen zu tun zu haben schienen. Gitternetze? Was soll das wohl bedeuten? Mehrdimensionale unsichtbare Raumstrukturen? Was wollen die eigentlich?

Man muß sich dabei nun natürlich auch vor Augen halten, daß der Umgang mit den Winkelruten in Wiltshire eine viel häufiger geübte Praxis ist, als bei uns und das Wissen um Energielinien und -strukturen an bestimmten Orten viel weiter verbreitet ist und viel mehr in den Umgang der Menschen dort mit ihrer Umwelt integriert ist, als bei uns. Was von unseren, in schlechtem Englisch vorgebrachten, Schilderungen einer komplizierten Materie verstanden wurde, mag daher also in diesem Kontext zunächst nach Bekanntem geklungen haben: Ach, die haben da irgendwelche Energielinien gedowst, na gut.

Das hatte sich jetzt schlagartig geändert, unsere Schilderungen wurden unter den von uns Eingeweihten nun intensiver diskutiert. Daß es eine UFO-Sichtung am Silbury Hill gegeben hatte, war ja schon spektakulär genug, aber daß die Wesen, die aus den leuchtenden Tetraedern herausgekommen waren, nun auch noch ausgerechnet ein riesiges Gitternetz auf das Feld gezeichnet hatten, war fast zu viel für das verstandesmäßige Fassungsvermögen. Es hätte ja alles sein können, aber es war eben ein Gitternetz gewesen, und somit wurde die Wichtigkeit dieser Struktur von niemandem anders als von dem Phänomen selbst – der Intelligenz, die dahinter steht – in so eindrucksvoller Weise unterstrichen: Ja, ihr habt recht, darum geht es, das war gemeint.

Welch eine kosmische Unterstützung hatten wir hier erfahren! Welch ein unerwartetes Geschenk wurde uns hier gemacht, welch eine wunderbare Bestätigung unserer Arbeit wurde uns hier zuteil. Es war schwer, das alles zu fassen und hier in Berlin so weiter zu leben, wie es der tägliche Lauf der Dinge erforderte. Alles schien uns in diesen Tagen zu klein zu sein, wir hätten uns in die Luft erheben mögen, hoch hinauf und es weit über der großen Stadt mit weißen Wolken an den blauen Himmel schreiben wollen: Schaut hin und denkt darüber nach, ihr seid nicht mehr allein!

Ron und Shari schrieben in ihrem Bericht an CSETI, »daß ihnen allen das ganze Ereignis wie ein brillantes Beispiel kosmischen Humors vorkam. Wieder einmal schienen ›die Besucher‹ mit uns zu spielen und ein Netz komplexer Verbindungen zu weben, das dem rational denkenden Verstand beinahe unglaubhaft dicht zusammenzuhängen erschien. Hatten Koch und Kyborg nicht gerade eben erst die Energienetze beschrieben, die sie mit ihren sensiblen Rutenmethoden in den Feldern fanden? Waren beide nicht gerade eben erst auf dem Gipfel des Silbury Hill gewesen und hatten dort im Rahmen eines von ihnen initiierten Experiments meditiert, das von allen Teilnehmern auch ohne die sensationelle Sichtung bereits als Erfolg angesehen wurde? Und dann sehen keine drei Tage später die drei jungen Leute von genau der gleichen Örtlichkeit kleine Wesen, die nichts anderes als ein leuchtendes Gitternetz auf ein Feld legen! Und ein einziges Auto kommt genau zur Sichtungszeit gegen 01.30 vorbei, das von niemandem anderes als dem bekannten Erforscher paranormaler Phänomene, Paul Vigay, gesteuert wird, der von dem ganzen Spektakel nichts mitbekommt, weil er durch einen dichten, ungewöhnlichen Nebel fahren muß. Geht es noch eigenartiger?«

»Offenbar, denn nun tritt auch noch das Militär auf den Plan, sperrt die Gegend ab und benutzt ein elektronisches Gerät, um die ernergetischen Residuen des Close Encounter zu tilgen. Der Verstand dreht sich! Was kann nun noch kommen?«

So schrieben es unsere amerikanischen Freunde in die Welt hinaus. Keiner von uns hatte etwas Derartiges erwartet, geschweige denn damit gerechnet. Ein weiteres Mal beschlossen wir, uns eher im Stillen zu freuen und uns nicht in irgendwelchen Publikationen marktschreierisch in den Vordergrund zu drängen. Dies war um so schwerer, als die bekannteren Buchautoren in diesem Metier nun alle zu »Kornkreisexperten« mutiert waren und in ihre aktuellen Bücher stets ein oder mehrere Kapitel über Kornkreise einfügten. Man wollte ja aktuell sein – und ordentlich Geld damit machen.

Es tat manchmal weh, zu lesen, was einer alles zusammentrug und wovon er meinte, hier sei bestimmt alles echt und außerirdisch. Und so liefen hier wie dort viele den Rattenfängern hinterher und an dem echten Phänomen vorbei, damals wie heute.

Es dauerte nicht mehr lange, da zogen die ersten abendlichen Herbstnebel von den Außenbezirken her in die Straßenschluchten unserer Heimatstadt, ein erstes Frösteln auf dem nächtlichen Heimweg, den würzigen Geruch verbrannten Laubes aus den Schrebergärten in der Nase. Unaufhaltsam zog die Erde ihre Bahn um die Sonne, einem neuen Perihel entgegen, welches bei uns auf der nördlichen Halbkugel den Winter markiert. Dunkle, geheimnisvolle Jahreszeit, Inspiration für den suchenden Geist, Kälte, Tod – und warmes Leben.

Und mitten hinein in die Zeit der kurzen Tage erstrahlen in den langen Nächten die Sterne mit ihren unsichtbaren Planeten, unsere Mütter und Väter, denen wir unsere kosmische Substanz verdanken, steigt funkelnd und tröstend das Wintersechseck von Osten her herauf und geleitet uns einem neuen Frühling entgegen. Orion, der Himmelsjäger, auf der Jagd nach den Pleiaden, erhabenstes aller Wintersternbilder. Links oben die rote Beteigeuze (Betelgeuse), ein roter Riesenstern, rund 500 Lj (Lichtjahre, Anm.) entfernt, rechts unten Rigel, der 900 Lj entfernte Fußstern, Bellatrix rechts oben an der Schulter, in der Mitte darunter die drei Gürtelsterne (von links) Alnitak, Alnilam und Mintaka, deren Abbild auf Erden die drei Pyramiden auf dem Plateau von Gizeh in Ägypten sind. Darunter das Schwertgehänge, Messier 42, der Orionnebel, eine Sternenwiege. Wer je diese leuchtenden Staubmassen gesehen hat, wird sie nicht mehr vergessen können, kaum eines unserer Worte kann diese opalisierenden Schönheiten beschreiben, vielleicht gelang es am ehesten noch dem einem oder anderen Komponisten, die visuellen in akustische Schwingungen umzusetzen.

Und dann, wenn Ende Dezember die Zeit der »Rauhnächte« angebrochen ist, dann steht um Mitternacht der Stern in der Mitte des Himmels, der mit Hilfe der beiden Piktogramme von Preshute Down und Barbury Castle 1991 zu finden war, die kleine gelbe Sonne im Zentrum des Wintersechsecks, an der Spitze eines Dreiecks aus Sternen, das so eindrucksvoll in das Piktogramm von Barbury Castle, der Mutter aller Piktogramme, hineincodiert war: HD42807.

Steht man unter den Sternen, allein, in der Nacht und ohne all die scheinbar so unverzichtbaren Prothesen unserer Zivilisation, und gibt sich ein wenig Mühe, den Alltag einmal aus seinem Körper hinausfließen zu lassen, dann wird man sofort bemerken, wie die Inspiration von dort oben in einen hineinströmt und man dafür von einer großen Zuversicht und Kraft erfüllt wird. All die etablierten Begriffe der Religionen der verschiedenen Kulturkreise haben hiermit nicht das geringste gemein, man ist schlicht »Ich«, ein Konglomerat aus Geist und Materie, wie alle Materie im Kosmos mehr oder weniger von Geist durchdrungen ist.

Trauen wir uns, stehen wir dazu, daß wir, die wir hier leben, eine uns eigene Beziehung zur Natur haben, wenn wir in kalten Winternächten mit dem scheinbar ewigen Funkeln dort oben und dem dunklen Rauschen der Natur hier unten unseren Gedanken nachhängen und daraus neue Kräfte schöpfen. Wir müssen nicht alle ständig lustig sein, wir nehmen uns das Recht, auch mal von Herzen traurig zu sein und mit den Bäumen weinen zu dürfen.

Ja, gehen Sie einmal hinaus in den Wald, an eine Stelle, die Sie mögen, an der Sie sich sicher fühlen, an der Sie allein sind. Kommen Sie dort ein wenig zur Ruhe und schauen Sie sich um. Und dann nehmen Sie allen Mut zusammen und gehen auf einen dicken Baum zu und nehmen ihn ganz fest in Ihre ausgebreiteten Arme, schließen Sie die Augen, legen Sie Ihre Wange an seine Rinde, fühlen Sie ihn, riechen Sie ihn, sprechen Sie mit ihm, ob laut oder in Gedanken, das ist egal. Sie werden merken, wie innig Sie sich mit dem Baum verbinden können, wie leicht Ihnen wird, und wenn Sie dann nach einigen (hoffentlich ungestörten) Minuten die Augen wieder öffnen, wird es sein, als ob Sie von irgendwoher zurückkommen, und es wird Ihnen gefallen. Sie werden ein anderer Mensch sein, Sie werden diesen Ort, diesen Baum, diese kurze Situation nie mehr vergessen – und es wird Ihnen leichter sein, es ein zweites Mal zu tun, wann immer und wo immer Sie wollen.

KAPITEL 10

Das große Dreieck

Auch wir lieben diese dunkle Jahreszeit sehr. Trotz der zunehmenden Kälte und Feuchtigkeit ist es nach den warmen und hellen Sommertagen äußerst inspirativ, an einem Novembernachmittag in der heraufziehenden Dämmerung in Berlin um den Grunewaldsee herum zu laufen, den weißen Nebel über der fast glatten Wasserfläche hochsteigen zu sehen und den feucht-modrigen Geruch der vermeintlich sterbenden Natur einzuatmen. Hinten, am anderen Seeufer, ist dann gerade noch das Licht des Forsthauses Paulsborn auszumachen, ein tröstlicher Anblick, denn das Haus verspricht wärmende Einkehr und ein belebendes Getränk.

Winterzeit – es ist die Zeit des Aufarbeitens und der Analyse des im vergangenen Sommer so aufregend Erlebten. Und wenn dann früher am 21. Dezember in der längsten und tiefsten Dunkelheit hell leuchtende Feuer tröstend die Wende der Erdenbahn verkündeten, schöpften die Menschen wieder Hoffnung auf das in unserer weiteren Umgebung mit dem Licht zurückkehrende neues Leben, auf Freude, Wiederbeginn und eine neue Sonnenzeit. So ging es auch uns. Nach dem mehr zaghaften und doch so reichlich belohnten Versuch des vergangenen Sommers, die alten Plätze auf den Hügeln wiederzubeleben, sie zu ihren originären Bestimmungen zurückzuführen, sie als Plätze der Energie wieder zu erwecken und sie in ein miteinander vernetztes System einzubinden, stieg, so sanft wie die Nebel über dem See, eine Inspiration in uns empor.

Im Spätherbst hatten wir nämlich drei Karten bekommen, auf denen der durch erfahrene Dowser nachgewiesene Verlauf zweier mächtiger Leylines eingezeichnet war. Es handelte sich um die St. Mary's und St. Michael's Leys, die sich quer durch Südengland bis hin zum St. Michael's Mount in Cornwall zogen und ab Avebury den »Dragon's Path« markierten.

Als wir diese Karten sahen, verschlug es uns fast die Sprache und mit dem typischen Kloßgefühl im Hals, das einen in Situationen höchster Aufregung begleitet, begannen wir nun zu ahnen, wohin uns der Weg im kommenden Sommer führen würde.

Vor uns lag die Anatomie einer der mystischsten englischen Landschaften, die wir bisher kennengelernt hatten. Zwei der mächtigsten Nervenstränge dieses Planeten zogen hier hindurch, lagen scheinbar dicht unter seiner Oberfläche und erfüllten entlang ihres Verlaufs jede Materie mit ihren spezifischen Energiepotentialen, ließen Hügel und Täler vibrieren, öffneten Poren in die Unendlichkeit.

Als wir mit den Fingern den Linien auf der Karte folgten und dabei die Namen der Örtlichkeiten murmelten, an denen wir vorbeikamen, ertappten wir uns, wie wir ein ums andere Mal ungläubig den Kopf schüttelten. Hätten wir nicht selbst alles erlebt, würden wir es bald kaum glauben wollen. Fast alle Plätze, an denen wir uns spontan so wohl gefühlt hatten, auf denen so wichtige Sachen passiert waren, lagen auf einer der beiden Linien. Ohne es zu wissen, waren wir in den letzten Jahren ständig auf diesen Linien unterwegs gewesen, hatten hier einen Teil unserer Arbeit getan und sogar von hier Vangelis, Enya und Pink Floyd in das All klingen lassen. Wir erinnerten uns unserer Empfindungen, als wir Silbury Hill zum ersten Male auf dem Foto gesehen hatten, wie es uns damals bald magisch in dieses Bild hineinzog und eine tiefe Sehnsucht nach diesem Ort auslöste. Avebury und Silbury waren einer der Nabel dieses Planeten, hierher hatte uns das Phänomen geführt.

In unserer weiteren Umgebung kreuzten sich die beiden Linien im Osten bei Ogbourne St. George, dann ein weiteres Mal bei Ogbourne St. Andrew. Mary's Line zog bald hinter Ogbourne St. Andrew zur Maisey Farm hinüber und ging hier durch kein anderes Feld als genau durch jenes, in dem 1991 in der Nacht unserer Ankunft zwei wunderbare, echte Piktogramme entstanden waren, von denen eines sogar noch einen Bezug zu Avebury hatte. Am berühmten Devil's Den (welch eine irrige Bezeichnung für diesen so erhabenen Dolmen) ging es nördlich vorbei, hinüber zum Grey Wethers Sarsenfeld und dann in einem leichten südlichen Bogen genau zum Sanctuary, dem ehemaligen östlichen Ende der über einen Kilometer langen Steinallee, die einst von Avebury hierher zog. Wer von Marlborough die A4 nach Westen fährt, wird bald nach dem Abzweig nach West Overton vor sich den Overton Hill erblicken, auf dem rechts die markanten Tumuli den Kamm zieren. Links der Straße liegt, jetzt vollständig abgetragen und nur noch durch Betonklötze markiert, das Sanctuary, eine alte Steinkreisanlage. Genau hier zieht auch der alte Ridgeway vom Barbury Castle weit im Norden quer über die Straße weiter südwärts nach Alton Barnes.

Die Michael's Line wendet sich in Marlborough genau dort nach Westen, wo das alte, rote College steht und, von den meisten kaum beachtet, eine kleine Ausgabe des Silbury Hill zu finden ist. Über Manton fließt sie dann weiter nach Lockeridge mit seinem kleinen Sarsenfeld, das mitten im Ort unberührt liegen darf – ausgerechnet unser kleines Lockeridge, in das wir uns gleich bei der ersten Durchfahrt verliebt hatten, ein Ort, ideal gelegen als Ausgangspunkt für die Erforschung der Umgebung, ein Platz, um zur Ruhe zu kommen und zu regenerieren.

Weiter zieht die Linie, fast genau der Straße nach Alton Barnes folgend, bis zur T-Kreuzung nach East Kennet, wo sie scharf nach rechts abbiegt und über einen der höchsten Hügel der Umgebung, gegenüber vom Lurkeley Hill, direkt bis zum Sanctuary verläuft. Welch ein Kraftort ist das Sanctuary!

Der weitere Verlauf ist nun identisch mit der Steinallee bis hinein nach Avebury, dann geht es nach Norden aus dem Henge heraus, rechts neben der A 4361 bis zur East Farm und dann im Knick nach Westen hinüber zum Windmill Hill.

Mary's Line zieht vom Sanctuary auch nach Avebury, allerdings nimmt sie in einem weiten südlichen Bogen das West Kennett Long Barrow mit, geht dann nach Norden direkt durch den Silbury Hill nach Avebury, verläßt den Henge etwas weiter östlich als die Michael's Line, geht in weitem Bogen nach Westen südlich an unserem Windmill House und Winterbourne Monkton vorbei und kreuzt die Michael's Line auf dem Windmill Hill, dort, wo die Tumuli sitzen.

Beide Linien führen von hier weiter nach Süden, die Michael's Line über Knoll Down, die A 361 zweimal kreuzend, durch das Bishop's Canning Down zum Oliver's Castle, nördlich von Devizes. Mary's Line zieht vom Windmill Hill an Avebury Trusloe vorbei nach Beckhampton, streift den »Waggon and Horses« Pub, läuft südlich der Firs Farm vorbei, durch Bishop's Canning hindurch, um die Michael's Line am Olivers Castle in unserer weiteren Umgebung ein weiteres Mal zu kreuzen.

Welch ein phantastisches Ensemble! Wie durch einen freigeputzten Fleck auf einer alten, verstaubten Glasscheibe hindurch sahen wir jetzt in diese Landschaft hinein. Nichts war mehr so wie früher, der riesige Komplex der Steinsetzungen rund um und in Avebury war nicht einfach mehr nur ein Steintempel eines untergegangenen, unbekannten Volkes, nein, alle Bauwerke waren gezielt dorthin gesetzt, wo sie heute noch waren, ein riesiges Arrangement von einzelnen Menhiren, Dolmen, Steinkreisen, Tumuli, Erdwerken, Henges, Barrow und der Kegelpyramide von Silbury, jedes Teil mit einer besonderen Funktion, jedes im Zusammenspiel mit den anderen und vor allem – mit den beiden mächtigen planetaren Nervensträngen, der Mary's und Michael's Leyline.

Jemand hat das alles gewußt, jemand hat das alles gebaut, jemand hat da komplexes planetares Wissen umgesetzt, vor mehr als 4000 Jahren. Nach welchem Plan? Nach wessen Plan? Und je länger wir über das in der Vergangenheit Erlebte nachdachten, desto richtiger schien uns, was schon bald darauf in ein regelrechtes Konzept münden sollte: Wir würden dieses Experiment wiederholen, aber diesmal in einem viel größeren, gewaltigeren, effektvolleren Rahmen.

Aus einem nicht genau zu bezeichnenden, aber deutlich vorhandenen Drang zog es uns immer wieder vor die Landkarten der Gegend um Avebury. Diverse Kopien davon waren bereits bekritzelt, aber es entstand noch kein Bild, wir waren noch blind. Schließlich markierten wir alle neolithischen Bauwerke und Steinsetzungen der Umgebung farbig und wußten, daß es damit eine Bewandtnis hatte, aber welche?

Und wieder passierte dann einer dieser scheinbaren Zufälle, die einem entscheidend weiterhelfen und eine bislang verschlossene Tür weit aufsperren. Wir spielten mit den Landkarten herum, schoben sie hin und her und hielten sie schließlich gegen die Lampe. Dann hielten wir die Karte mit den beiden Energielinien über die mit den markierten neolithischen Bauwerken und fanden das Zusammenspiel von Linien und markierten Punkten einfach faszinierend. Nördlich von Avebury bildeten die beiden Linien regelrechte Halbkreise in verschiedenen Abständen um Avebury, was uns auf den Gedanken brachte, sie zu Kreisen zu vervollständigen. Kreise, kreisen umkreisen – wieder dieses bekannte Prinzip. Wir wollten sehen, ob die eingezeichneten Bauwerke auch bezüglich ihres Abstandes von Avebury irgendwelche Gemeinsamkeiten haben.

Wir nahmen also den Zirkel und stachen ihn in die Landkarte, etwa dorthin, wo sich der Eingang der kleinen Kirche an der Kurve vor dem Pub befindet. Es ist die »Avebury United Reform Church«. Sie verdankt ihre Existenz parlamentarischen Erlässen aus der Zeit Charles II. um 1660, die nonkonformistische Gottesverehrung unterdrücken helfen sollten. Einer dieser Erlässe untersagte verbannten Geistlichen, innerhalb von 5 Meilen Entfernung von ihrer ehemaligen Kirche zu predigen. Avebury lag günstig, gerade etwas außerhalb dieser Distanz von Marlborough, Devizes und Calne, und stieg so zu einem zentralen Ort für kirchliche Dissidenten und ihre Gemeinden auf.

1707 wurde das Gemeindehaus, die jetzige kleine Kirche, gebaut, natürlich aus den Steinen der megalithischen Ringanlage. Tom Robinson und Thomas Griffin, die von Stuckley als die niederträchtigen Hauptzerstörer der Steine von Avebury identifiziert wurden, waren in der Tat die Signatare während der frühen Aktivitäten rund um die Kapelle, deren heutiges Erscheinungsbild von den Anbauten hauptsächlich aus dem 19. Jahrhundert geprägt wird. Diesen beiden Individuen verdanken wir, daß ein Großteil der Steine von Avebury zerstört und mit dieser Wallanlage so brutal umgegangen worden ist.

Diese Kirche sitzt nicht von ungefähr an dieser Stelle. Sie soll die beiden Zentren von Avebury neutralisieren, zwischen denen sie eingepflanzt wurde.

Den anderen Schenkel des Zirkels setzten wir auf die Mitte des Windmill Hill und schlugen mit diesem Radius einen Kreis. Er traf im Süden genau das West Kennett Long Barrow und noch einen Tumulus am Ridgeway. Wir schlugen noch zwei weitere Kreise mit den jeweils äußeren Begrenzungen des Windmill Hill, wodurch weitere Tumuli einbezogen und das Sanctuary knapp gestreift wurden. Den inneren Kreis um Avebury bildeten wir mit dem Radius Avebury – Silbury. Interessant war hier neben einigen Tumuli auf der East Farm, daß die beiden einzigen noch stehenden Steine der ehemaligen westlichen Steinavenue von Avebury, zwischen Avebury Trusloe und Beckhampton gelegen, genau auf diesem Umkreis lagen.

Wir wußten ja inzwischen um die Möglichkeit der energetischen Einflußnahme von terrestrischen und nicht-terrestrischen Quellen auf Energiefelder. Deshalb erschien es uns ratsam, eine Art »Schutzschild« um und über Avebury zu errichten, um uns gegen negative, gezielt gegen unser Experiment gerichtete Einflüsse von unten wie oben zu schützen. Ein Blick auf die Karte zeigte uns, daß es ratsam sei, alle neolithischen Relikte um Avebury mit einzubeziehen. Es bot sich an, Barbury Castle als nördlichsten Punkt für den Schild zu wählen, denn darüber hinaus gab es nur noch ganz vereinzelte Markierungen und es war hoch gelegen, wodurch man nachts eine beeindruckende Sicht über das Land hatte. Außerdem hatte der Ort seine besondere Bedeutung für das Kornkreisphänomen, schließlich war 1991 hier die »Mutter aller Piktogramme« aufgetaucht, die uns zu HD 42807 geführt hatte.

Als zweiten Punkt wählten wir im Süden Knap Hill, den südlichsten Punkt unseres erfolgreichen Experiments vom Vorsommer. Im Westen faszinierte uns die Steinnadel auf dem Cherhill; das Monument. Erst als wir auf der Karte die drei Punkte verbanden, realisierten wir, daß wir ein riesiges, leicht schiefes Dreieck mit zwei zentralen Kreisen gebildet hatten. Als wir dann noch die Ecken mit dem Zentrum verbanden, war ein Muster entstanden, das in verblüffender Weise an das großartige Piktogramm von Barbury Castle 1991 erinnerte. Sollte all das eine Art Masterplan sein, der hier nun wieder seine Anwendung fand? Lag darin eine Absicht und sollte dies auf etwas Außergewöhnliches hindeuten?

Zwei Abende nach der Wintersonnenwende 1994 stand unser Konzept für das große Experiment im Sommer 1995 in England. Es sollte etwas Großartiges, noch nie Dagewesenes werden und, stärker als bei allen Experimenten vorher, den Wunsch nach einer direkten Begegnung mit der fremden Intelligenz beinhalten. Um diesem Gedanken vor Ort zusätzlichen Ausdruck zu verleihen, entwarfen wir schließlich am 15.02.1995 ein Piktogramm, das wir wieder als Geschenk an das Phänomen in ein Feld legen wollten. Es war dem Dreieck von Barbury Castle nachempfunden, sollte aber hier eine piktogrammatische Umsetzung des kommenden Experiments darstellen. Drei Kreise an den Spitzen eines Dreiecks markierten die Meditationsorte auf den äußeren Hügeln, das Dreieck den Schild, das Zentrum

Avebury und zugleich Hans und Achim und schließlich ein Dreierzeiger als Rufzeichen an der Basislinie des Dreiecks die Erde. Das Piktogramm sollte exakt nach Norden ausgerichtet sein.

Hans kam später auf die Idee, mit den Ruten über das Blatt mit der Zeichnung zu gehen, die sich zu unserer Überraschung genau darüber kreuzten. Um fremde Einflüsse auszuschließen, versuchten wir es an anderen Plätzen und an anderen Tagen, es blieb immer das gleiche, die Ruten kreuzten sich, und zwar nur über dem Original, nicht über den Kopien. Unser Entwurf hatte sein eigenes Energiefeld, er war bereits vernetzt und in seinen Informationen abrufbar, für jedes und jeden, der sich dieses Systems bediente. So hat ihn auch das Phänomen selbst schon erkannt haben können, denn schließlich lag seit langer Zeit dieses zu den Nachbargrundstücken scharf begrenzte Scan-Netz über unseren Häusern, das nicht von uns dort aktiviert worden war und es der fremden Intelligenz ermöglichte, ständig Kontakt zu halten.

Um nämlich einen bestimmten Ort zu überwachen oder mit ihm in Verbindung zu gelangen, wird ein Gitternetz gebraucht. Diese Gitternetze können je nach Bedarf und Situation vergrößert und verkleinert werden. Es liegt nahe anzunehmen, daß über diese Gitter und damit über diesen in seiner Struktur aktivierten Raum, Informationen abgerufen und ausgetauscht werden können. Ein interessanter Aspekt des Phänomens war ja, daß viele der Untersucher bei vielen Gelegenheiten und Ereignissen den Eindruck bekamen, daß das Phänomen schon vorher gewußt zu haben schien, was andere erst vorhatten und sich darauf einstellen konnte, um dem Beabsichtigten ein Schnippchen zu schlagen oder dem/der einzelnen mit plötzlicher, scheinbar unvermuteter Anwesenheit ein Geschenk zu machen. So kann es auch sein, daß manch einer zu Orten geleitet oder zu Taten veranlaßt wurde, die er/sie aus eigenem Antrieb aufgesucht bzw. durchgeführt zu haben glaubte.

Schließlich arbeiteten wir einen exakten Zeitplan aus, den wir allen an der Meditation Beteiligten aushändigen wollten. Neben den äußeren Teams sollte es innere Teams im Sanctuary, dem West Kennett Long Barrow, Silbury und Windmill Hill geben sowie zwei zentrale Teams in den beiden Zentren von Avebury, das auf 1° 51' 9" westlicher Länge und 51° 25' 40" nördlicher Breite liegt. Alle äußeren und inneren Teams sollten abgestuft nacheinander in die Meditation hineinkommen, um schließlich mit all ihrer Kraft die beiden Zentralteams in Avebury zu unterstützen.

Als Zeitpunkt für dieses bisher beispiellose Ereignis wählten wir den 28. Juli 1995 aus. Um 12.00 Uhr mittags wollten wir am Sanctuary allein sein und dort mit den beiden großen Leys Kontakt aufnehmen, um sie selbst und alle in ihrem weiteren Verlauf auf ihnen liegenden Orte in eine Art

»Stand-by-Modus« zu versetzen, quasi die ganze Gegend auf das Kommende einstimmen. Es wäre mit einer Generalprobe zu vergleichen, um noch einmal die Instrumente einzustimmen, so wie es auch in der die Spannung auf den Höhepunkt treibenden Szene im Film »Unheimliche Begegnungen der Dritten Art«, kurz vor der Landung der wunderschönen Raumschiffe am Devil's Tower, gezeigt wurde.

Und so sahen die Instruktionen aus, nach denen die Meditation dann ablaufen sollte und wie sie dann von uns übersetzt und verteilt wurde:

28. Juli 1995, 23.45 Uhr: Alle Gruppen sind an ihren Plätzen, Sitzpositionen nach Avebury orientiert. Zur Ruhe kommen. In Richtung auf Avebury in den Himmel schauen. Konzentrieren, positiv fühlen.

24.00 Uhr: Die Gruppen bei Barbury Castle, Cherhill Monument und Knap Hill starten mit ihrer Meditation, *Phase 1* beginnt. Alle Teilnehmer dieser Teams sollen die von ihnen ausgesendete geistige Energie vereinigt als einen mächtigen Lichtstrahl visualisieren, der senkrecht nach oben abstrahlt. Diese drei Strahlenbündel formen und öffnen einen dreieckigen Schlauch in die äußere Atmosphäre des Planeten. In dem Moment, in dem alle drei Eckpunkte wie grelle Scheinwerfer in dunkler Nacht nach oben strahlen, sollte von allen Teilnehmern eine Reise durch das Sonnensystem von ganz außen nach innen zur Erde visualisiert werden. Indem Saturn passiert würde, sollten sie etwas verlangsamen, um mehr von seiner Energie aufzunehmen, denn in dieser Nacht würde er durchgängig sichtbar sein und uns bis in den Morgen hinein führen. Die Erde sollte dann ca. fünf Minuten nach Mitternacht erreicht werden.

29. Juli 1995, 00.05 Uhr: *Phase 2* beginnt. Die äußeren Teams sollen die senkrechten, leuchtenden Strahlenbündel langsam gegen Avebury senken, jedoch nicht weiter als bis 30° über dem Horizont. Hier kann Saturn helfen, denn er steht gerade in dieser Höhe. So treffen sich alle drei Strahlenbündel direkt über Avebury in ca. 4,45 km Höhe. All das soll von den äußeren Teammitgliedern visualisiert werden, indem sie eine gigantische, dreiseitige Pyramide über der Landschaft formen, mit einer leuchtenden Spitze zuoberst. Alle sollen das sehr intensiv tun, um das Niveau energetischer Vibration von allem zu erhöhen, das von der Pyramide eingeschlossen wird. Alle alten Steine in der Gegend werden dann als Resonanzkörper dienen und den gesamten Prozeß katalysieren. Es könnte hierbei durchaus passieren, das von manchen Plätzen die Elektrizität und andere elektromagnetische Felder einbezogen werden in das Anwachsen der Energiesphäre der Pyramide. In diesen Momenten müssen die Teams besonders stark sein, denn diese Energiesphäre kann wirklich als Schild gegen negative Einflüsse und Versuche nicht gerade positiver Entitäten dienen, unser Projekt zu stören, denn auch diese haben ein deutliches Interesse an unserer Erde.

00.10 Uhr: Mit der nun beginnenden *Phase 3* treten wir in die schwierigste Phase ein. Die drei Strahlenbündel sollen nun vollständig gesenkt und mit vollster Kraft auf Avebury gerichtet werden, um die Teams dort absolut zu unterstützen. Nichts anderes als Avebury sollte visualisiert werden, vielleicht sogar in seinem früheren, unbeschädigten Zustand. Jetzt beginnen auch die beiden Teams dort mit der Meditation.

00.15 Uhr: Start der *Phase 4*. In diesem Moment beginnen die inneren Teams mit ihrer Meditation und geben alles, was sie haben. Ihnen kommt die besondere Rolle zu, die Energien der beiden mächtigen Leys zu bündeln und, verstärkt durch die eigene geistige Energie, in Richtung Avebury zu lenken. Ab diesem Moment sind spirituell alle Teams, ist eine ganze Landschaft energetisch auf Avebury fokussiert. Die Energien fließen wie wundervoll klares und prickelndes Wasser, das gerade der Quelle entsprang, gleichsam wie durch einen Trichter in die beiden Teams hinein. Avebury ist das Auge und sie beide sind die Pupillen.

Nachdem nun alle Meditationsorte »eingeschaltet« und die Leys miteinbezogen sind, bedeutet das nicht mehr und nicht weniger, als daß wir jetzt mit dem planetaren Energienetz verbunden sind, das auch nur ein Teil des multidimensionalen Energienetzes ist, in das alles im Universum eingebettet und mit dem alles verbunden ist. Von diesem Moment an sind wir für die nächsten 35 Minuten wie Sänger in einer großen Halle, und je lauter wir singen, desto mehr Echos werden wir bekommen. Alles, was wir von diesem Moment an in unserem Geiste bewegen, kann überall »gehört« werden – und wir denken, daß da einige sehr aufmerksam zuhören.

So sollten wir uns in diesen Momenten nicht nur als eine bunt zusammengewürfelte Gemeinschaft präsentieren, in der jeder seinen eigenen Interessen nachgeht oder gar denkt, besser als sein Nachbar zu sein, sondern als geistige Wesen innerhalb physischer Körper, die glücklich darüber sind, daß alle anderen an dieser Unternehmung teilhaben, daß alle gleich wichtig sind, dass wir in diesem Augenblick alle ein und dasselbe sind. Wir sollten dann die uns innewohnende universelle Liebe bekunden und bestätigen, daß wir uns für diesen Planeten verantwortlich fühlen und uns zu dieser Verantwortung bekennen. An dieser Stelle sollten alle visualisieren, wie sich unsere positive Energie um den Globus herum verteilt und sich auf den ökologischen Wunden und all den Krisenherden und Kriegsschauplätzen niederschlägt. Es wird einige Zeit dauern, um von Europa aus ostwärts von Kontinent zu Kontinent zu schweben, und dies sollte bis 00.40 Uhr erreicht sein. Zu diesem Zeitpunkt wäre es wichtig, sich vorzustellen, wie die Gegend um Avebury herum mit all den gleißenden Energiestrahlen, von oben betrachtet, in der dunklen Nacht aussähe.

00.40 Uhr: Nun werden wir manifestieren, daß wir uns als die kosmischen Wesen, die wir in Wahrheit sind, wiederentdeckt haben und daß wir uns der Verantwortung bewußt sind, die wir als Mitglieder der kosmischen Gemeinschaft haben. Hier sollten wir uns innerhalb unserer kosmischen Nachbarschaft visualisieren, unser Sonnensystem, wie es knapp oberhalb der galaktischen Ebene in einem der äußeren Arme der Milchstraße vorantreibt, dann unsere Galaxie mit ihren Begleitern der Lokalen Gruppe und, im Hintergrund, die Milliarden anderer Galaxien wie glitzernde Edelsteine in der dunklen Tiefe des Universums. In diesen Momenten sollte nun jeder, befreit von jeglichem vorgegebenen Prozedere, das tun, was er meditativ am liebsten möchte, und dem Klang des Kosmos lauschen.

00.50 Uhr: Nun ist es an der Zeit, ein letztes Mal zusammenzukommen, um in einer finalen Anstrengung einen mächtigen Schlußakkord ertönen zu lassen, dessen Echo durch das All hallt: die Einladung an die Intelligenzen der Höheren Zivilisationen, unserer Anstrengung hier beizuwohnen und sie in eine andauernde Kooperation zum Wohle des Planeten Erde und allem, was darauf existiert, umzuwandeln.

01.00 Uhr: Ende der Meditation.

Abgesehen davon, daß wir erst einmal genügend Menschen finden müssten, die uns unterstützen, wurde uns die Dimension unseres Unterfangens erst richtig bewußt, als wir die Entfernungen lasen, die unser Dreieck nicht auf der kleinen Karte, sondern in der Realität umfaßte. In Luftlinie lag Barbury Castle von Avebury 7,7 km entfernt, Cherhill 5,5 km und Knapp Hill 6,5 km. Dieses Dreieck würde in der ewigen Nacht des Kosmos schon von weitem von der Erde hochleuchten wie die Freudenfeuer auf den Hügeln zur Zeit der Sonnenwenden.

In den folgenden Frühjahrsmonaten haben wir bei klarem Himmel oft am späteren Abend draußen gesessen und versucht, mit unseren Möglichkeiten der kosmischen Intelligenz da draußen so nahe zu sein, wie nur irgend möglich. Es muß uns schließlich gelungen sein.

Wie oben schon erwähnt, reagierten die Ruten auf den Originalentwurf des Piktogramms von 1995, weshalb wir annehmen konnten, daß die darin enthaltenen Informationen schon hinaus gelangt und dem Phänomen bekannt sein mußten. Beim Entwurf für das Piktogramm von 1994 zeigten sich keine Reaktionen mehr, hier war die Aufgabe ja erfüllt, ein Netz wurde nicht mehr benötigt. Dies erschien uns als weiteres Indiz dafür, daß die Netze auf den Skizzen nicht von uns stammten, denn wären sie das, müßte 1994 genauso reagieren wie 1995, schließlich dachten wir an das vergangene Experiment genauso intensiv zurück wie an das kommende voraus. Außerdem haben wir bis dato zu keiner Zeit daran gedacht, daß wir ein Netz auf Skizzen legen könnten.

Irgendwann bekamen wir also die Eingebung, es einmal andersherum zu versuchen, um herauszubekommen, ob das Phänomen wirklich schon im voraus wußte, was wir zu tun gedachten. Wenn dem so war, dann müßten wir irgendwo oder irgendwie ein für uns erfahrbares Zeichen dafür erhalten oder finden. Und wenn nun alles mit diesen Gitternetzen zusammenhängt, was lag näher, als genau daran in diesem Zusammenhang zu denken?

Wir hatten die Orte bestimmt, an denen wir unsere Aktivitäten entfalten wollten, aber dort noch nicht die genauen Plätze, an denen die Teams sitzen sollten. Wenn also das Phänomen unser Vorhaben wirklich schon kannte und sogar noch akzeptierte, warum sollte es das nicht soweit zu erkennen geben, indem wir ihm die Wahl der Teamplätze überließen? Wir bestimmen den Ort und »sie« den Platz. Wir würden also nach England fahren und als erstes die äußeren Dreieckpunkte mit den Ruten vermessen. Würden wir dort eindeutig mit Netzen belegte Stellen finden, hätten wir die wunderbare Bestätigung für die erneute Akzeptanz und Kooperation der Intelligenzen hinter dem Kornkreisphänomen mit unserer Arbeit und darüber hinaus neue Erkenntnisse über die Wirkungsweise und Anwendbarkeit von Gitternetzen.

Als dann, nach vielen Wochen sehnsuchtsvollen Wartens, im Juni die Sommersternbilder – Adler mit seinem hellsten Stern Atair, die Leier mit der Wega und der Schwan mit Deneb – gegen Mitternacht hoch im Südosten das unverwechselbare »Sommerdreieck« bildeten, wußten wir, daß nun bald die Zeit nahe sein würde, unseren treuen Passat »Wullerich« für die weite Reise nach England zu rüsten. Hatten wir uns diesmal zuviel vorgenommen? Waren wir zu fordernd? Würde alles so klappen können? Bisher – und das war eindeutig – hatten alle unsere Aktivitäten und all die phantastischen Ereignisse in den Feldern und zu Hause, die manchmal sprachlos machenden Zusammentreffen mit anderen, die scheinbar spontane Unterstützung so vieler scheinbar fremder Menschen fast in Reihenfolge immer neue Erkenntnisse gebracht. Es zeigte sich eine deutliche Weiterentwicklung hin zu mehr Verständnis um grundlegende Wechselwirkungen von Geist und Materie, die nicht ohne Einfluß auf unser Denken und Verhalten geblieben war.

So hofften wir, daß es auch diesmal wieder so werden würde, und vielleicht war ja auch das Gitter auf unserer Skizze bereits ein kleiner Hinweis darauf. Mehr anzunehmen, hatten wir keinerlei Grund, und es erschien, entsprechend unserer bisherigen Einstellung, auch nicht angemessen, dies zu tun.

Wir sollten uns noch wundern, was sich wirklich hinter diesem kleinen Hinweis verbarg.

KAPITEL 11

Große Erwartungen

Am 23. Juli 1995 ließen wir uns nach sechzehnstündiger Reise im Red Lion nieder und atmeten tief durch. Wieder angekommen, alles gesund. Doch diesmal hielt es uns nicht lange im Pub, wir mußten raus in die Kreissegmente von Avebury mit den beiden Zentren, wir wollten sehen, ob es dort ein Netz gäbe. Schlugen unsere Ruten aus und zeigten sie sogar die Regelmäßigkeit eines Gitters an, dann würden wir es wissen: Das Phänomen war mit uns. Dies würde bedeuten, daß es uns tatsächlich in Berlin schon unsere Gedanken abgenommen hatte und uns hier erwartete. Wir hätten dann die ganze Zeit miteinander in Verbindung gestanden. Welche Dimensionen taten sich hier auf!

Wir liefen hinüber zum nördlichen Kreissegment, wo die beiden mächtigen Steinplatten das »Cove« markierten. Erwartungsfroh und zaghaft zugleich öffneten wir das Tor im Zaun und hoben die Ruten hoch, Hans ging zuerst, dann Achim. Und da – sie bewegten sich auseinander! Nur wenige Schritte, dann der nächste Ausschlag, ein ganz enges Netz. Weiter, in Richtung auf die beiden Steine. Ständige Rutenausschläge bis an die Steine heran und dann, in Höhe der Steine, keine Ausschläge mehr! Hier lag ein Netz um das Cove, ganz eindeutig, nicht von uns hier plaziert, aber auf uns wartend. »Sie« sind hier!

Wir näherten uns den Steinen von den verschiedensten Seiten und erhielten jedesmal das gleiche Resultat. Ohne dessen Begrenzung zu finden, dowsten wir rings um das Cove ein Gitternetz, das mittendrin ein linienfreies Rechteck besaß, und genau hier standen die beiden Steine. Das Cove war also das Zentrum, hier war der Platz, den das Phänomen für das Team im nördlichen Teil Aveburys ausgesucht hatte. Damit wußten wir auch, daß unser Vorschlag für das diesjährige Experiment vom Phänomen akzeptiert worden war und daß es uns mit seiner Unterstützung ehrte.

Wir verließen das Cove mit der uns schon häufiger in der Vergangenheit begegneten Mischung aus überschwenglicher Freude und stiller Nachdenklichkeit. Welch ein Geschenk wurde uns hier gemacht und – waren wir wirklich würdig genug, es zu empfangen? Verhielten wir uns so, daß wir diesen Kontakt ohne Gewissensbisse erwidern konnten? Jemand, der sehr überlegen und augenscheinlich nicht menschlicher Natur war, bot hier seine Kooperation an, waren wir dem gewachsen? Immer wieder erwischten wir uns, wie wir angesichts der Tragweite all dessen, was wir bisher erlebt hatten und offensichtlich noch erleben würden, den Kopf schüttelten. Eigentlich unglaublich und doch so wahr, so real, so nah.

Ein weiteres Mal beschlossen wir, zunächst Stillschweigen über das hier Erlebte zu bewahren, als »Wullerich« zum ersten Mal in diesem Jahr in Richtung Barge Inn gelenkt wurde. Dort war bereits die illustre Gesellschaft des Vorjahres versammelt, alle waren wieder da. Diese ersten Minuten im Barge sind es, die, neben vielem Anderen, auch den Reiz einer solchen Reise ausmachen. Jeder kennt das Gefühl und liebt es, diese Vorfreude, wenn man hinter Alton Barnes nach Honeystreet kommt, über die hochgebaute Kanalbrücke fährt, rechter Hand das Pubschild erblickt und dann hinter der Sägemühle in den sehr schmalen Weg einbiegt, der zum Pub führt. Wehe dem, der hier zu schnell fährt! Dann der Parkplatz, die letzten Meter entlang der Treppe zur Eingangstür hoch, suchende Blicke in die Runde, freudiges Erkennen, herzliche Umarmungen – wieder angekommen, wieder mittendrin. Herrlich!

Am nächsten Morgen bereits wollten wir unser Experimentalpiktogramm erstellen, denn es galt, keine Zeit zu verschwenden, bis zur Meditation waren es nur wenige Tage, und es gab noch unglaublich viel zu tun. Nachdem wir unsere Vollmacht zum Betreten der Felder abgeholt hatten, fuhren wir zu den Scheunen, um unsere Ausrüstung auszupacken und unsere »Feldhemden« anzuziehen. Traditionell tragen wir in jedem Sommer beim Bau des Piktogramms dieselben Hemden, die wir auch im ersten Jahr trugen, als wir mit dem Phänomen Kontakt aufnahmen. Bevor wir uns auf den langen Weg zum Rabbit Holes machten, dowsten wir ein wenig auf dem angrenzenden, brachliegenden Feld herum. Unvermutet entdeckten wir dabei ein Netz, das ganz scharf begrenzt nur auf dem Weg lag, welcher kein anderer war als der, den wir nachher nehmen mußten. Wir schulterten unsere Stangen, Seile und all den notwendigen Kleinkram, hoben die Ruten und marschierten los, immer den Ausschlägen der Netzlinien hinterher. Das Netz folgte dem Weg mit all seinen Abknickungen und Kurven und führte uns zunächst zum oberen Feldeingang, wo eine quere Tramline verlief, von der die anderen Tramlines runter in das Feld abgingen. Hier endete das Netz. Wir liefen auf der Tramline in das Feld hinein, als plötzlich die Ruten wieder anfingen sich zu bewegen. Hier lag ein neues Netz, das, so fanden wir bald heraus, einen Bereich mit drei abgehenden Tramlines markierte. Hatte das Phänomen jetzt sogar auch den Platz bestimmt, an dem wir unser Piktogramm erstellen sollten? Offensichtlich war es so. Unwillkürlich schauten wir uns um, aber wir waren völlig allein. Wir schauten hinab ins Feld und entschieden uns, dem Vorschlag des Phänomens zu folgen. Dort unten in der Senke, zwischen den Tramlines, die uns so überraschend gezeigt wurden, würden wir mit unserer Arbeit beginnen.

Beim Gang hinab in die Senke des Feldes bekam Achim eine regelrechte Gänsehaut, als ihm die Tragweite des eben Erlebten so richtig bewußt wurde. Das Phänomen hatte den Weg markiert, auf dem wir entlanglaufen mußten:»Ja, hier müßt ihr lang, hier geht es zum Ort des Experiments, wir wissen das und zeigen es euch hiermit.« Sie haben uns quasi hierher geleitet. Als Achim seine Überlegung Hans mitteilte, trafen sich ihre Blicke. Uns beiden war klar, wie außerordentlich diese Situation hier war und wie sehr wir beide in diesem Moment mit unserer Emotion zu kämpfen hatten.

Gegen 10.00 Uhr begannen wir mit der Arbeit an unserem diesjährigen Piktogramm, viel später, als wir eigentlich geplant hatten. Die Sonne stand schon hoch, der Himmel war wolkenlos und stahlblau, kaum ein Lüftchen bewegte sich. Unsere Freundinnen, die Skylarks, tanzten wie kleine Elfen unsichtbar über uns und erfreuten uns mit ihrem fröhlichen Gezwitscher.

Gegen 13.00 Uhr näherte sich vom Woodborough Hill eine junge Frau, die wissen wollte, was wir hier machten. Es blieb bei einem freundlichen, flüchtigen»Hallo«, dann verschwand sie wieder nach oben. Sie gehörte zum Team von Andy Collins, der hier auf der Farm in diesem Jahr seine Meditations- und Orgonexperimente durchführte.

Die Sonne brannte von oben zunehmend heißer herab. Solch einen Sommer hatten wir hier noch nicht erlebt. Nach fünf Stunden schweißtreibender, harter Arbeit in brütender Hitze hatten wir schließlich unser Piktogramm fertiggestellt. Als wir, nach kurzer Meditation zur Übergabe der Formation an das Phänomen und Vorstellung unseres diesjährigen Experiments, auf dem Rückweg von der Anhöhe auf das Rabbit Holes zurückblickten, erschraken wir doch ein wenig über die Größe dessen, was wir dort unten in den letzten Stunden geschaffen hatten. Es sah sehr akkurat, kraftvoll und energiegeladen aus, ein würdiges Geschenk an das Phänomen.[9]

Der nächste Tag hielt eine besondere Überraschung für uns bereit. Wie am vorangegangenen Abend, waren wir in Sachen Teilnehmersuche für die Meditation unterwegs. Wir hatten bereits Alison und ihre britischen Begleiter gewinnen können, worüber wir uns sehr freuten, denn sie alle waren sehr stark in ihren Meditationen, und genau solche Leute brauchten wir. So waren wir unterwegs nach Compton Bassett, einem kleinen abgelegenen Dörfchen, um unsere amerikanischen Freunde zu treffen, die dort ein ganzes Haus anmieten konnten. Es war eine herzliche Begrüßung mit viel Hallo, denn alle Teilnehmer unserer letzten Meditation waren da, aber auch einige neue, die von unseren Aktivitäten gehört hatten und diesmal unbedingt mitmachen wollten. Schräg gegenüber dem Anwesen stand die kleine Dorfkapelle, von der wir wußten, daß sie auf einem alten Steinkreis erbaut worden war. Die Missionare hatten die Sarsensteine einfach umgeworfen und sie als Fundament für die Kapelle benutzt. Man sieht an einer Stelle noch einen der vergewaltigten Steine hervorlugen.

Der Platz ist bekannt für seine starken Energien, und natürlich haben die Vergewaltiger dies genau gewußt, denn sie wollten exakt diese Energien für ihre Zwecke benutzen, getreu der Maxime: Hast Du den Platz, hast Du die umliegende Gegend. Je stärker die Energien, desto größer wurden die Kirchen gebaut, um jene in die eigenen Kanäle fließen zu lassen, man brauchte ein adäquates Gegengewicht. Es besonders schönes Beispiel hierfür ist Glastonbury, der mächtigste bekannte Energieplatz in Südengland. Die Kathedrale, die hier als Gegengewicht zum Glastonbury Tor und zur Chalice Well errichtet wurde, ist nicht nur wegen König Arthurs' Grab so überdimensional geraten. Die Trümmer, die nach der Säkularisierung durch Heinrich VIII. von dem Gebäude in Sichtweite des Tors übrig blieben, lassen die gewaltigen Dimensionen noch heute erahnen.

So gingen wir also zu der kleinen Kapelle von Compton Bassett hinüber und begannen, am Tor des Aufweges zur Kirche zu dowsen. Genau am Tor fingen die Ruten an, sich zu bewegen und zeigten ein Netz an, das genau die Breite des Weges ausmachte. Die anderen wußten nicht, was wir da machten, fragten aber nicht weiter, denn der Anblick von Dowsern ist hier nichts Ungewöhnliches. Unmittelbar vor dem Eingang, knapp 2 m schräg davor, gerieten wir in einen so starken Energiewirbel, daß wir erschreckt aufschrien und zur Seite sprangen. Auch Shari und Ron, die sich zufällig mit uns in den Bereich bewegten, fuhren erschrocken herum, und uns allen vier standen die Körperhaare zu Berge. Wir können nicht sagen, ob es der Platz war, auf den wir gerieten, oder ob sich dieser Energiewirbel gerade eben manifestiert hatte, womit allerdings seine Herkunft eine völlig neue Bedeutung bekommen hätte. Visuell war nichts wahrzunehmen.

Wir dowsten dann die ganze Kirche. Eine Kreisstruktur konnten wir nicht ausmachen, jedoch fanden wir ein Gitternetz von 2 m Linienweite, das sich genau dort erstreckte, wo die Bänke standen. Im Altarbereich fanden wir keine Linien. Das Netz des Aufweges reichte bis zum Eingang in den Kirchenraum und brach hier ab, während eine einzelne Linie quer durch den Innenraum bis zur gegenüberliegenden Wand zog. In der Kirche roch es modrig wie in einem alten Grab.

Wir zerbrachen uns später noch lange den Kopf, warum der Aufweg und die Bankreihen mit einem Netz belegt waren. Nach allem Für und Wider kristallisierte sich schließlich eine Lösung für das Rätsel heraus, deren Implikation jedoch gewaltig war, sollte sie zutreffen. Jahrhundertelang waren Menschen in diese Kirche gegangen, alle benutzten immer denselben Aufweg und denselben Eingang, ab hier verstreuten sie sich, um dann in den Bänken wieder zusammen zu kommen. Alle diese Menschen hatten die verschiedensten Beweggründe, hierher zu kommen, sie brachten ihre Sorgen, Nöte und Freuden hierher, um ihnen dann intensiv Ausdruck zu verliehen, indem sie sich freuten, weinten und dabei beteten, was ja nichts weiter als eine Form der Meditation ist. Auf dem Aufweg zu Kirche wurden sie still und begannen sich zu konzentrieren, was sie nach der kurzen Unterbrechung am Eingang dann in den Bänken wieder fortsetzten.

Wenn also solch ein Gitternetz mittels der Empfangspunkte und Sendelinien Informationen aufnehmen konnte, wie wir ja wußten, müßte es doch auch möglich sein, diese Informationen aus diesem Netz abzurufen, Informationen von Jahrhunderten, geprägt durch Menschen, die hier in höchster Anspannung geistige Energie freigesetzt und damit einen Teil ihrer Lebensgeschichte zurückgelassen hatten. Sie haben dieses Gitternetz geprägt – und haben es vielleicht sogar erschaffen? Ihre Freude, ihre Trauer, all das müßte hier gespeichert und abrufbar vorhanden sein.

Als wir dann daran dachten, daß auch im Großen möglich sein mußte, was im Kleinen möglich war, wurde uns ein wenig schwindelig. Hier war es eine kleine Kapelle, was aber, wenn dieses Prinzip überall gültig war, in jeder großen Halle, auch auf der Ebene einer Stadt, eines Landes, gar des Planeten oder sogar im Universum? Waren wir etwa in der Lage, mittels dieser Netze übergeordnete Informationen abzurufen, etwa auf globaler oder kosmische Ebene? Einerseits erschienen uns diese Überlegungen zu phantastisch, andererseits, angesichts der Erlebnisse und Erfahrungen in Compton Bassett, so naheliegend und so logisch. Und was noch aufregender war: Wir konnten selbst herausfinden, ob es funktionierte.

Es war Zeit, sich etwas abzulenken, denn die Ereignisse und Eindrücke bekamen wieder eine Dichte, die nur schwer zu verarbeiten war. Im Barge saßen wir abends unter Freunden, als plötzlich Andy Collins, traditionell in Schwarz gekleidet, aufgeregt hereinstürmte und uns fragte, ob wir eine Erklärung dafür hätten, daß aus Richtung unseres Piktogramms auf dem Woodborough Hill, wo er bei seinen Experimenten saß, elektronische Geräusche zu hören seien. Wir schauten uns fragend an – und mußten schließlich lauthals lachen, als wir ihm die absolut terrestrische Erklärung für die Geräusche anbieten konnten. Genau wie wir am Tage der Erstellung unseres Piktogramms, war er auf einen Apparat hereingefallen, den der Farmer in einem Feld zwischen dem Hill und unserem Piktogramm aufgestellt hatte. Tim war nämlich allem Modernen in der Landwirtschaft gegenüber aufgeschlossen und experimentierte gerade mit der neuesten Entwicklung zur Vertreibung von Krähen aus Feldern. Es war ein Apparat, der bis zu 80 verschiedene Tierstimmen gespeichert hatte und im laufenden Betrieb eine davon alle 20 Minuten mit erschreckender Lautstärke und zwei blinkenden Lämpchen von sich gab, woraufhin alle Lebewesen mit Hörorganen im näheren und weiteren Umkreis die Flucht ergriffen. Als wir zum ersten Male mit dieser Kiste Bekanntschaft machten, waren wir gerade mal 20 m davon entfernt; einen solchen Schrecken hatte uns niemand zuvor je eingejagt. Andy berichtete dann, nicht ohne merkliche Verwunderung, daß die junge Dame, die während der Erstellung unseres Piktogramms zu uns heruntergekommen war, danach krank geworden ist. Wieder oben auf dem Hill angekommen, habe sie über starke Kopfschmerzen und Ausschlag an den Beinen geklagt.

Der 26. Juli empfing uns mit Regenwetter. Nur noch zwei Tage bis zum Meditationsexperiment und wir hatten noch alle vorgesehenen Orte zu dowsen. Wir fuhren also zum Barbury Castle, um dort nachzuschauen, ob das Phänomen hier einen Platz für das Team ausgesucht hatte. Als wir an der denkwürdigen Stelle vorbeikamen, von der wir damals fassungslos auf unser Antwortpiktogramm hinabgestarrt hatten, mußten wir erneut feststellen, daß das Feld wieder nicht bebaut war, es lag erneut brach, jetzt schon das vierte Jahr. Seltsam.

Das Barbury Castle empfing uns mit Wind und Nieselregen, was den Aufenthalt an diesem ehrwürdigen Platz doch sehr ungemütlich gestaltete. Wir liefen los, hoben die Ruten und warteten auf eine Reaktion. Hans fand bis auf einen zentralen Kreuzungspunkt innerhalb der großen Wallanlage kein Gitter, Achim jedoch ortete im südlichen Quadranten des Ovals ein ca. 20 m großes Netz mit regelmäßigen Linienausschlägen. Barbury Castle war markiert und im Stand-by!

Wir rasten zurück nach Avebury, um dort die beiden Zentren noch einmal etwas genauer zu untersuchen. Das Gitter im nördlichen Bereich um das Cove herum war noch vorhanden, und als wir uns wieder den Steinen mit dem linienfreien Rechteck näherten, entdeckten wir eine weitere Besonderheit. Der schmalere Sarsenstein reagierte wie ein Empfänger, der breitere wie ein Sender. Was hätte man mit dieser Anlage alles anstellen können, wenn sie noch intakt gewesen wäre! Im südlichen Kreissegment, wo die zigtonnenschweren Steinplatten den alten Eingang zum Heiligtum markierten, fand Achim ein Gitternetz ab dem inneren Steinkreis, der um das Zentrum aufgestellt ist, Hans ab ca. 1 m vor dessen Zentrum, wo einmal ein 6 m hoher Obelisk gestanden hat. Auch Avebury war im Stand-by. So langsam wurden wir euphorisch und regelrecht verblüfft, als Achim sich nach dem Verlassen des Kreises seine Ruten anschaute. Bis auf die Stellen, an denen die Hände sie hielten, waren die Ruten komplett verfärbt! Sie waren jetzt nicht mehr blank, sondern hatten merkwürdigerweise ein stumpfes, grünliches Aussehen angenommen. Es mußte im südlichen Kreis passiert sein, denn vorher waren sie noch völlig blank gewesen. Waren die auf die Ruten einwirkenden Energien so stark, daß sie eine Verfärbung hervorrufen konnten? Und hatten diese Energien möglicherweise auch auf uns eingewirkt?

Wir fühlten uns jedoch pudelwohl, beschlossen aber, es mit dem Dowsen für heute gut sein zu lassen und unserem Piktogramm einen Besuch abzustatten. Wie groß war unsere Enttäuschung, als wir entdecken mußten, daß jemand in unserer Formation vandalisiert hatte. An den inneren beiden Kreisen war an den Rändern herumgetrampelt worden, ein schwanzartiger Ausläufer zerdrückten Korns zog von ihnen weg. Der fein säuberlich herausgearbeitete Zwischenbereich stehenden Korns zwischen den beiden Innenkreisen war niedergetrampelt worden, das Verbindungsstück zum Erdzeiger besaß nun eine Beule. Wie schade, und so kam es, daß auf allen Luftaufnahmen die Zerstörungen an dem einstmals so harmonischen Piktogramm zu sehen sind, denn wie wir hörten, sind doch eine ganze Menge Leute über das Rabbit Holes geflogen.

Wir haben bis heute Andy Collins oder einen seiner Teammitglieder in Verdacht, die, vielleicht auf der Suche nach der Quelle der Geräusche, in der vorherigen Nacht durch das Piktogramm gelatscht sind, wohl wissend, daß es von uns mit viel Mühe hergestellt worden war. Aber so ist das eben.

Später trafen wir mit Dr. Greer (CSETI) zusammen, der uns mit seinem Team volle Unterstützung anbot. Welch günstige Voraussetzungen schienen sich hier aufzutun, denn damit waren trainierte und sehr starke Geister in unserem Team. Wir verabredeten uns für Freitag, 20.00 Uhr, auf dem Parkplatz am Silbury Hill zur Gruppeneinteilung. Jetzt hatten wir doch ein wenig Lampenfieber, denn es deutete sich eine größere Teilnehmerzahl an, als zunächst erwartet wurde. Schließlich kamen wir auch noch mit Busty Taylor zusammen, der uns zerknirscht erzählte, daß gegen ihn, den bekanntesten und erfahrensten Kornkreispiloten, ein Komplott von Neidern im Gange sei. Er könne deshalb nicht mehr so oft Passagiere mitnehmen, wie früher. Armer Busty, seine Gutmütigkeit hat man stets nur ausgenutzt und seine Bilder sind oft abgebildet worden, ohne daß er auch nur einen Pfennig dafür bekommen hat.

Am nächsten Tag wurde unser Zeitplan nun noch enger, denn einige Meditationsorte mußten noch untersucht werden. Vorher wollten wir aber noch etwas ganz Besonderes unternehmen, denn wir hatten uns mit Hilfe der Randersons die Erlaubnis des Farmers in Beckhampton besorgt, dem das Feld gegenüber dem Silbury Hill gehörte, in dem während der denkwürdigen UFO-Sichtung im Vorjahr die Wesen das leuchtende Netz ausgelegt hatten. Wir wollten das Feld dowsen, denn wenn es sich hier um einen echten Vorfall gehandelt hatte – und bisher sprach alles dafür – müßten wir vielleicht noch Energiespuren auffinden können, so wie es bei den echten Piktogrammen der Jahre 1991/92 der Fall gewesen war.

Mit klopfenden Herzen überstiegen wir im Nieselregen den hohen Zaun und sprangen hinab in den klebrigen Ackerboden, der schon nach wenigen Schritten in dicken Klumpen an unseren Sohlen klebte. Wir liefen von der äußersten Feldecke los, denn wir wußten ja nicht, wo genau wir zu suchen hätten. Nach einer Weile sprachen die Ruten an, alle fünf Schritte bei Hans auf einer Strecke von genau 110 m. Bei Achim setzten die Rutenausschläge später ein, blieben aber innerhalb der obigen Strecke. In der anderen Richtung, rechtwinklig zur vorherigen Laufstrecke, erstreckte sich das Netz bis auf 80 m, immer mit regelmäßigen Ausschlägen.

Wir hatten das Netz gefunden, es war real, wir standen inmitten eines Gitternetzes, das ein Jahr zuvor von nicht-menschlichen Wesen hierher gelegt worden war, ein Netz, von dem wir die Lage nicht kannten und das wir nur mit Hilfe der Ruten zu identifizieren in der Lage gewesen waren, welch eine wunderbare Bestätigung! So, wie in den anderen echten Piktogrammen, war auch hier die Energie noch erhalten, hineingestempelt in ein Feld, das inzwischen abgemäht, gepflügt, neu eingesät und wieder bewachsen war. Nichts ließ in diesem Nieselregen darauf schließen, daß hier immer noch und vor aller Augen unsichtbar, eine riesige, nicht-menschengemachte Energiestruktur in dem Feld prangte, das dem meistbesuchtesten neolithischen Bauwerk der Gegend genau gegenüberlag.

Ein Stückchen weiter lag seit einiger Zeit ein großer Kreis im Feld. Es war bei Hoaxern sehr beliebt, Formationen auf ihnen bekannte Energieplätze und -linien zu legen. Uninformierte Besucher spürten dann manchmal – sogar zu recht – diese Energien, waren meistens sehr beeindruckt und durch nichts mehr davon abzubringen, in einem echten Kreis gewesen zu sein. So war auch dieses Feld ein beliebter Platz für Hoaxer, indem sie jedes Jahr einen Kreis oder eine Formation auf oder neben die Mary's Line legten, die hier durch das Feld hinüber zum Silbury Hill zieht. Dieser Kreis hier überschnitt mit einer Hälfte den westlichen Rand des Energienetzes, sicher ohne daß die Hersteller etwas von dessen Existenz gewußt haben. Er besaß keine Eigenenergie, die Machart war recht bieder, die Ruten zeigten nichts an, was für uns ein untrügliches Zeichen für einen Hoax war. Von der Mary's Line war nichts auszumachen, die hatten sie also auch verpaßt.

Wir fuhren weiter zum Sanctuary. Hier wieder der gleiche Ablauf, Ruten raus, Kopf leer machen, Kopf hoch, Arme anwinkeln, Tor auf, loslaufen, leer bleiben, fühlen. Schon ein paar Schritte hinter dem Tor begannen die Ruten zu arbeiten, auch hier lag ein Netz! Es war diagonal zur Anlage verschoben und nach Nord/Süd ausgerichtet, verdichtete sich in Richtung auf die inneren Steinkreise, wo wir dann, abweichend vom Netzmuster, eindeutig rechtsweisende Ausschläge in mehreren Banden erhielten. Dies war eindeutig die Mary's Line, die ja hier seit Äonen vorbeizog. Eigenartig war, daß wir von der Michael's Line gar nichts mitbekamen. Das Sanctuary war im Stand-by!

Nun fehlten noch Cherhill Monument, Knap Hill und Windmill Hill, welch ein energetischer Marathon. Während der Herumraserei in dieser mystischen Landschaft wurde uns wieder einmal klar, in welchen riesigen Dimensionen wir dieses Experiment angelegt hatten. Aber es sollte so sein. Der steile Anstieg zum Monument ist immer eine Herausforderung, die wir diesmal aber gern auf uns nahmen. Wir stellten den Wagen unten an der Straße ab, hoben die Ruten hoch und liefen einfach los. Direkt hinter dem Gatter mit seinem kleinen Durchlass begann ein Netz von knapp Wegesbreite, dem wir einfach hinterherliefen. Es war unmöglich, es zu verfehlen, und es führt uns direkt hoch zum Kamm des Hügels, den wir dann entlangliefen, diesmal, ohne die herrliche Rundsicht genießen zu können. Wir näherten uns der großen Steinnadel, als sich der Weg plötzlich gabelte. Wir freuten uns in gewisser Weise, denn nun waren wir gespannt, welchen Weg das Phänomen gewählt hatte, weil ja beide zum Ziel führten. Höchst amüsiert bemerkten wir, daß sich das Phänomen für die linke Variante entschieden hatte, die noch ein wenig höher führte.

So gelangten wir durch das Netz bis zum Monument, dessen gewaltiger Sockel insgesamt von einem weiteren Gitter umgeben war, direkt parallel zu den Seitenflächen angeordnet. Welch ein Bild mag das gegeben haben, dieses steilaufragende Bauwerk inmitten eines noch höheren Gitternetzes. Vielleicht war ja auch das ganze Monument netzartig nachempfunden worden? Es müßte dann eine gigantische, kilometerhohe Struktur sein, die das Phänomen hier errichtet hatte. Wir dowsten den Obelisken selbst als Empfänger, das heißt, er war jetzt so gepolt worden, daß man von hier aus senden konnte und er empfangen – und alles weiterleiten würde, hinaus in die Weiten des Kosmos. Welch eine Perspektive hatte uns das Phänomen hier eröffnet. Auf dem Rückweg war das Gitternetz nicht mehr nachweisbar, wieder wie ausgeknipst, Aufgabe erfüllt, ihr habt es gefunden. Cherhill Monument war Stand-by!

Unten am Wagen freuten wir uns wie die Kinder, hüpften herum, fielen uns in die Arme und schlugen uns auf die Schultern. Es mußte einfach mal sein, mußte mal raus, denn wann werden sonst mal Träume wahr?

Am Morgen des 28. Juli, des besonderen Tages, der von vielen auf beiden Seiten des Atlantiks so lange herbeigesehnt worden war, fuhren wir um Windmill Hill, dem vorletzten der beiden Plätze, die wir vor der Meditation noch besuchen mußten. Am späten Nachmittag des Vortages verplauderten wir die Zeit mit unserer Farmerin sowie Andy Collins und seinem Team über dessen Experimente, so daß wir die noch ausstehenden Tests schließlich auf den nächsten Tag verschoben hatten.

Wir parkten unseren Wagen unten am schmalen Weg, den wir dann bis zum Drehkreuz dowsend entlangliefen, ohne einen Rutenausschlag zu erhalten. Dort etwas verunsichert angekommen, erhielten wir einen Ausschlag wie bei einer Linienkreuzung. Dann wurden die Ausschläge regelmäßiger, aber doch ganz anders als im Vorjahr bei der Entdeckung des Netzes, das so vieles bewegt hatte. Ein Weg aus Energielinien erstreckte sich entlang des linken Zaunes vom Eingang weg, bog dann fast rechtwinklig ab und verlief parallel zur Ausrichtung des rechten Zaunes in Richtung Hügelkuppe, wo ja die Tumuli lagen. Auch die schräg in die Wiese ziehende Trekkerspur wurde von dem Netz überdeckt, und so zeigte hier das Phänomen, daß es sehr wohl seine eigenen Muster präsentieren wollte.

Dieser »Energieweg« hatte zwei seitliche und eine mittlere Linie, während die Abstände der Querlinien regelmäßig zwei Meter betrugen. Er führte uns, unter dreimaligem Abknicken, letztlich zum Eingangstor des ersten Tumuluszaunes, wohin er sich ab der letzten Richtungsänderung bis auf die Torbreite verschmälert hatte. In diesem Tor fanden wir wieder eine Linienkreuzung. Wir nahmen dieses Energiemuster als das, was es war, und sandten ein paar freundliche Gedanken an das Phänomen.

Hinter dem Zaun verringerten sich die Linienabstände zur Tumuluskuppe hin auf 1 m, wo dann auch noch ein linienfreies Quadrat von ca. 4 m Kantenlänge nachzuweisen war. An der gegenüberliegenden Seite des Tumulus endete das Netz. Bis auf ein einziges Empfangskreuz war der nächste Tumulus nicht belegt. So wußten wir, daß wieder der erste Tumulus als Kommunikationszentrum ausgewählt worden war, hier sollte das Team sitzen.

Auf dem Rückweg stellten wir zu unserer Überraschung fest, daß das Wegnetz wie ausgeknipst war: »Aufgabe erfüllt – und hiermit zeigen wir es euch.« Windmill Hill war im Stand-by!

Nun fehlte nur noch Knap Hill. Würden wir dort auch ein Netz finden? Wir stellten »Wullerich« auf dem berühmten Parkplatz am Cliff oberhalb des East Fields ab, hoben die Ruten hoch und liefen los. Keine Reaktion. Wir liefen langsam weiter, voll konzentriert und irgendwie lauschend, obwohl wir ja keine akustischen Signale erwarteten. Der gesamte Parkplatz war bereits hinter uns, bisher blieben die Ruten »stumm«. Dann das erste Gatter, ein Tor, plötzlich ein Kreuzungspunkt, die Ruten bewegten sich! Jetzt begann ein Netz, wieder den ganzen Weg bedeckend, wieder scharf an dessen Rändern begrenzt.

Was nun folgte, war bisher noch nie passiert. Wir sahen den Weg hoch zum Hill mit unseren Augen, beachteten ihn aber gar nicht, denn wir waren voll auf das Gitternetz konzentriert. Zunächst gab es einen scharfen Linksschwenk hoch zum nächsten Zaun, hin zum nächsten Übertritt. Dort fanden wir wieder einen Kreuzungspunkt. Nach fünf Metern schwenkte das Netz nach rechts weg vom Weg und hoch in Richtung Hügelspitze, wo das Tor zur nächsten Wiese wartete. Dort fanden wir erneut einen Kreuzungspunkt, das Netz führte uns weiter geradeaus bergan. Ungefähr fünf Meter unterhalb der Hügelkuppe gab es plötzlich einen Abbruch des Gitters in der bisherigen Laufrichtung und einen Linksschwenk der Ruten, die uns fast spiralförmig zu einer kleinen Gipfelmulde hinführten. An der Gipfelmulde zeigten die Ruten bei Achim einseitig in deren Richtung. Sie selbst besaß kein Gitternetz, war wieder ausgespart, und schließlich orteten wir zentral darin einen weiteren Kreuzungspunkt. Als ob es ein abschließendes Geschenk für all unsere Mühen war, stand genau dort eine wunderschöne, kleine, gelbe Blume, die einzige im weiteren Umkreis.

Wir hatten den letzten Platz für ein Meditationsteam gefunden und markierten ihn, wie einige andere, mit einem kleinen Holzpflock. Auf dem Rückweg war auch jetzt hier das Netz, das uns vorher ziemlich ungewöhnlich, aber doch zielstrebig zum Gipfel geführt hatte, wieder wie ausgeknipst, alles, was wir so sorgfältig gedowst hatten, war nun einfach weg. Knap Hill war Stand-by!

Es war heller Nachmittag und wir hatten noch einige Stunden bis zur vereinbarten Einweisung auf dem Parkplatz beim Silbury Hill hinter uns zu bringen. Wir fuhren zum Barge und feierten ein wenig den Abschluß dieser so wichtigen Phase unseres Experiments. Was wir in dieser Ausprägung kaum zu hoffen gewagt hatten, war wieder eingetreten. Wir hatten die Orte bestimmt, an denen wir Teams für die Meditation haben wollten, und das Phänomen hatte nicht nur einmal, sondern überall an diesen Orten die genauen Plätze markiert, an denen sich die Teams niederlassen sollten, um den höchstmöglichen Effekt zu erzielen. Wir schauten uns immer wieder an, schüttelten stumm die Köpfe, hätten lachen, weinen und schreien mögen, und blieben doch still in unserer Ecke sitzen. Irgendwie, so dachten wir, ist es einfach zu viel, es ist kaum zu fassen. Die ganzen Jahre, wir fragen, »sie« antworten, und das immer in der »ihnen« so eigenen Art, immer ein wenig anders, als man es erwartete, aber doch noch nachvollzieh- und auffindbar, immer wieder herausfordernd, inspirierend, harmonisch, sinnvoll, weiterleitend.

Während draußen um uns herum der Kornkreiszirkus seine – im wahrsten Sinne – Blüten trieb, saßen wir jetzt ganz einfach hier drinnen, lehnten uns zurück und waren überwältigt von der Güte der Intelligenz, die sich nach Jahren wunderschönster Muster so ganz aus den bewachsenen Feldern zurückgezogen zu haben schien, um jetzt auf der rein energetischen, nächsten Stufe ihre positiven Absichten an den alten, ehrwürdigen Plätzen mit uns allen weiterzuverfolgen.

Dankbarkeit – dieses Gefühl stieg in diesen letzten Stunden vor den vielleicht wichtigsten Momenten aller unserer bisheriger Kornkreisaktivitäten so tief empfunden in uns empor, daß es uns bald den Atem nahm. Doch es war niemand da, den man hätte umarmen können und immer mehr schien offensichtlich zu werden, daß auch dieser Test zu »ihrem« Konzept gehörte: Würden wir ihnen folgen, die wir in unserer Welt das physisch Faßbare als einzigen Beweis anerkennen, in jene Dimensionen, die wir mit ihnen gerade noch gemeinsam haben? Würden wir uns getrauen, ohne sehen oder tasten zu können, bekanntes Terrain zu verlassen, einzig den Linien folgend, um auf ihnen in neue, unentdeckte Gefilde zu gelangen, so, wie wir einen blinden Freund bei der Hand nehmen, um ihn sicher zu anderen Straße zu geleiten? Vertrauen haben – welch ein Angebot wurde uns hier gemacht. Wir waren fest entschlossen, einzuschlagen und dieses Vertrauen zu erwidern.

KAPITEL 12

Close Encounter in Avebury

Dieses Kapitel möchten wir Shari Adamiak widmen, die 1998 an Krebs verstarb. Bis dahin bekleidete sie das Amt des Executive Director beim *Center for the Search for Extraterrestrial Intelligence* (CSETI). Sie war, neben Ron Russell, maßgeblich am Zustandekommen der Kooperation und Koordination unserer amerikanischen Freunde mit unseren Aktivitäten beteiligt und hat darüber hinaus mit ihrem großen, positiven Energiepotential entscheidend zum Erfolg unseres Zusammenwirkens beigetragen.

Durch die phantastischen Ereignisse im Gefolge unseres gemeinsamen Experiments des Vorjahres motiviert, hatte sie, unterstützt durch die von uns vorbereiteten und ihr zugeschickten Karten, Diagramme und Videoanimationen, innerhalb von CSETI um Unterstützung für unser diesjähriges Projekt geworben, die sie auch reichlich erhielt. Die geplante Unternehmung wurde vom Center weitgehend geheim gehalten, um eine erneute Infiltration von Täuschern und Fälschern zu verhindern, die in der Vergangenheit oft versucht hatten, CSETI-Aktivitäten aus den verschiedensten Gründen zu unterwandern. So gelang es Shari, sehr potente Personen für das Projekt zu gewinnen, ohne daß allzu viele Einzelheiten nach außen gedrungen waren. Allen Teilnehmern wurde mitgeteilt, daß es um etwas Wichtiges ginge, dessen Einzelheiten sie vor Ort in Wiltshire erfahren würden. Für uns war essentiell, daß es bei aller Beteiligung von CSETI ein »Koch-Kyborg-Experiment« blieb, denn wir wollten ja als Individuen antreten, frei von jeglichem Zwang der Zugehörigkeit zu einer Partei, Organisation oder gar Glaubensrichtung.

Gegen 20.40 Uhr trafen wir uns in der warmen Dämmerung dieses wunderschönen, wolkenfreien Sommerabends auf dem Parkplatz beim Silbury Hill. Schon allein der Ort ist gut für eine erhöhte Pulsfrequenz, aber nun schlug uns allen wirklich das Herz bis zum Halse, als wir sahen, wer sich da aus allen Himmelsrichtungen von diesseits und jenseits des Atlantik eingefunden hatte. Alle hatten unsere Meditationsrichtlinien erhalten, die Winkelschablonen für die Außenteams waren verteilt. 40 Personen standen im letzten Licht der untergehenden Sonne beieinander, bereit, den Dialog mit der Unendlichkeit einzugehen.

Wir stellten uns in einem Kreis auf, um eine letzte Einweisung zu geben. Dr. Greer und Shari sprachen zuerst, dann gaben wir noch einmal die Richtlinien der kommenden Meditation bekannt. Es war uns wichtig, zu betonen, daß unser Handeln in den kommenden Stunden ausschließlich dem Wohle unseres Planeten gewidmet sein sollte, daß wir alle gleich waren und ohne Unterschied unser Bestes geben müßten, für uns, für die Anderen und für die Erde.

Schließlich gaben wir bekannt, was wir noch niemandem vorher mitgeteilt hatten. Im nördlichen Zentrum von Avebury sollte ein rein weibliches Team sitzen, im südlichen ein rein männliches. Seit Jahrtausenden hatte der männliche Aspekt den weiblichen dominiert, ist Frauen von Männern viel Leid zugefügt worden, haben sich Männer über Frauen erhoben. In dieser Nacht wollten wir mithelfen, das, was zwischen Männern und Frauen aus dem Gleichgewicht geraten war, genau dorthin wieder zurückzubringen, indem wir einmal durch die beiden getrennten Teams vor dem Kosmos die uneingeschränkte Gleichberechtigung der Geschlechter demonstrieren und uns Männer für das zugefügte Unrecht an Frauen schuldig und verantwortlich erklären wollten.

So wurden die Teams dann eingeteilt. Wir wollten wieder auf Silbury Hill sitzen, Ron ging zum Windmill Hill, Alison Tredwell zum Sanctuary, Mibo, Martin, Chat Deetken und andere wählten das Monument auf Cherhill, Ed Sherwood und seine Freundin gingen zum Knap Hill, Busty und Joan Gulino zogen hoch zum Barbury Castle, der Rest verteilte sich auf das West Kennett Long Barrow und die anderen Plätze.

In Avebury, so unser Konzept, sollten je drei der Stärksten sitzen. Im südlichen – dem männlichen – Zentrum würden Jon Groves, Dr. Greer und Colin Andrews die ihnen von allen anderen Gruppen zugeleitete Energie aufnehmen, im nördlichen – dem weiblichen – Zentrum würden sich in gleicher Weise Louise Olivi, Mary Bennett und Shari in das Experiment einbinden, um gemeinsam mit dem männlichen Team die gesamte, nach Avebury einströmende Energie zu fokussieren und sie, durch die Steine verstärkt, in einem gewaltigen Strahl nach oben in das All zu leiten. So, wie von einem Pulsar ein Energiestrahl herausgeschleudert wird, würde in diesen Augenblicken die Erde einen mächtigen Strahl positiver Energie in das sie umgebende All aussenden und die in ihm enthaltene universelle Liebe in das mit allem verbundene kosmische Energienetz einfließen lassen. Wir würden laut verkünden, gelernt zu haben, für diesen Planeten verantwortlich zu sein und uns dieser Verantwortung zu stellen, daß wir uns diese Erde nicht untertan machen, sondern zusammen mit ihr leben wollten, daß wir bereit sein würden, in die große kosmische Gemeinschaft aufgenommen zu werden.

Jede Gruppe an jedem Ort sollte sich einen Koordinator wählen, der sie sanft durch den verabredeten Zeitplan geleiten solle, denn nur so war sichergestellt, daß alle zur gleichen Zeit das gleiche tun würden und der Energiefluß unter dem Schutzschild des großen Dreiecks sein Optimum erreichen würde.

Gegen Ende des Briefings fiel uns ein junges, freundliches Pärchen auf, das erst sehr spät zu uns gestoßen war. Die beiden waren von West Lavington aufgebrochen, um zum Barge zu fahren. Sie fanden sich, so berichteten sie, vor dem Red Lion in Avebury wieder, ohne eigentlich zu wissen, wie sie dorthin gelangt waren. Sie wunderten sich, daß sie nicht vor dem Barge standen und hatten irgendwie kein Zeitgefühl mehr, denn es kam ihnen vor, als seien erst fünf Minuten vergangen, seit sie von zu Hause losgefahren waren, dabei bräuchte man für diese Strecke mindestens 30 Minuten mit dem Auto. Ohne eigentlich zu wissen, warum, so sagten sie, fuhren sie in Richtung Silbury. Als sie am Parkplatz vorbeikamen, auf dem wir gerade standen, wurden sie regelrecht wach und erkannten, wo sie waren. Sie hielten an, denn sie hatten das zwingende Gefühl, ja irgendwie wurde es für sie zur Gewißheit, daß sie sich uns anschließen müßten, so sagten sie es jedenfalls uns auf unsere Fragen hin. Sie wurden Mitglieder des Teams am Sanctuary. Wir kannten die beiden nicht, hatten sie vorher nicht und dann auch hinterher nie wieder gesehen, aber wir wußten, daß von ihnen etwas sehr Positives ausging.

Nach der Besprechung stiegen Dr. Greer, Colin Andrews und dessen Schwager, Reg Presley, sowie dessen Frau und Shari auf den Silbury Hill, um die traumhaft schöne, wolkenlose Dämmerung von dort oben zu genießen und ein wenig von der Energie dieses rätselhaften Bauwerks aufzunehmen, das einem ein Gefühl vermittelt, als ob sich die Essenz der Erde und des Himmels in einem selbst verbinden. Allerdings wurden diese beschaulichen Momente bald von einer Gruppe lärmender Kinder und deren erwachsenen Begleitern beendet.

Als sie wieder unten bei ihren Pkws angekommen waren, bemerkte Dr. Greer eine bunte, blinkende Lichterscheinung vor der Kühlerhaube eines Minivan. Dieser Wechsel von Gelb über Weiß und Rot zu einem brillanten Blau erinnerte ihn an die Blinklichter eines Krankenwagens, kam ihm aber insgesamt viel farbiger vor. Er rief Shari herbei, die aber nur noch einen Lichtschein wahrnahm, dann war die Erscheinung einfach wieder verschwunden. Verständlicherweise herrschte einige Aufregung bei den Umstehenden.

Sie fuhren dann zum Parkplatz des Red Lion, dem Treffpunkt der Avebury-Teams. Zu ihrer großen Überraschung spielte eine Band im Pub, und die sehr laute Musik dominierte die sonst um diese Zeit eher weihevolle Atmosphäre der Steinkreise. Gerade um diese Stimmung aufzunehmen, hatten Achim und Hans die Mitternachtsstunde für den Beginn der Meditation gewählt, weil dann der Pub normalerweise geschlossen ist. Wir sollten später erfahren, daß der Pub für eine private Party gemietet worden war. Weder vorher noch nachher in diesem Jahr war der Pub so lange auf, weder vorher noch nachher gab es eine derartig laute Veranstaltung in Avebury, und darüber hinaus war sie im gesamten Umkreis die einzige dieser Art. Seltsam, ausgerechnet an diesem Tag, in dieser Nacht.

Schließlich spielte die Band ihr letztes Lied »Wild Thing«, was die Anwesenden überrascht registrierten, denn kurz vorher waren sie ja mit dem Komponisten dieses Liedes, Reg Presley, zusammen gewesen. Wieder einer dieser ermutigenden Zufälle, denen man geneigt ist, eine besondere Bedeutung zuzumessen.

Als die beiden Avebury-Gruppen gerade ihre Ausrüstung für das unmittelbar bevorstehende Experiment zusammenstellten, versetzte sie ein himmlisches Schauspiel der besonderen Art in helles Erstaunen. Ein riesiger »Feuerball« kam in weiter Entfernung vom Firmament herab und zerstob scheinbar in viele kleine Teile, die aussahen wie aufstiebende Funken. Von ihrem Standpunkt projizierte sich diese Erscheinung direkt über das Cove. Auch von anderen Gruppen wurde diese eindrucksvolle und erregende Erscheinung wahrgenommen. Konnten wir uns, wenige Minuten vor dem Beginn des so lange geplanten Projekts, eine schönere Einstimmung auf das nun Kommende wünschen, als dieses ermunternde, kosmische Feuerwerk?

Plötzlich öffneten sich die Türen des Pubs und die Gäste strömten lärmend ins Freie, was die beiden Teams veranlaßte, schleunigst den Parkplatz zu verlassen und ihre Posten einzunehmen. Das Team im südlichen Zentrum hatte jedoch Pech, denn die Partyteilnehmer liefen gerade hier in größerer Zahl umher, einige veranstalteten eine regelrechte Prozession mit Taschenlampen und Kerzen. Dies führte letztlich dazu, daß Dr. Greer und Colin Andrews mangels Konzentration die Meditation abbrachen, einzig John hielt die Stellung und somit den Energiefluß aufrecht, was eine großartige Leistung bedeutete und das Experiment rettete. Es gelang ihm schließlich, in einen tiefen Meditationszustand einzutauchen und den Zeitplan einzuhalten. Gerade dem südlichen Team hatten wir eine besondere Bedeutung beigemessen, denn hier flutete die Energie an, die über die großen Leys transportiert wurde, diesmal angereichert durch die Vibrationen der Teams im Sanctuary, West Kennett Long Barrow und Silbury Hill. So war es auch kein Wunder, daß Jon den Obelisken unzerstört an der Stelle errichtet sah, wo sich die Mary's und Michael's Line kreuzten. Er verspürte mit zunehmender Dauer des Experiments einen immer stärker werdenden Druck in Kopf und Nacken, so daß er sich schließlich sogar gezwungen sah, Hut und Stirnband abzunehmen.

All dies wußten wir jedoch noch nicht, als wir um 23.30 Uhr mit dem

Anstieg zum Gipfelplateau des Silbury Hill begannen. Wer dies einmal in dunkler, englischer Nacht gewagt hat, wird den Augenblick nicht mehr vergessen, wenn sein Fuß nach Überwinden des Zaunes und des Vorwerks zum ersten Mal die Schräge des Hills unter sich verspürt. Es sind magische Momente, Minuten der Zwiesprache mit dem Bauwerk, und man tut gut daran, den Hügel zu begrüßen und um Eintritt zu bitten.

Genau zu dieser Zeit sahen Shawn Randall und andere auf der Fahrt zu ihrem Treffpunkt ein Licht von der Größe des Vollmondes am Himmel auftauchen und ebenso wieder verschwinden.

Oben auf dem Gipfel etwas atemlos angekommen, stellten wir zu unserer Enttäuschung fest, daß die von Shari vorhin erwähnte Großfamilie dort immer noch lärmte. Außerdem drang die (nicht schlechte) Beatmusik vom Pub nahezu ungefiltert hierher hoch, was sich anfangs doch sehr nachteilig auf unsere Stimmung auswirkte. Wir hofften auf ein Ende des Spektakels gegen Mitternacht und ertappten uns dabei, daß wir bereits anfingen, »gegen« die Störenfriede zu meditieren, um das Ende ihrer Aktivitäten schneller herbeizuführen. Irgendwie beschlich uns der Gedanke, daß durch irgendein energetisches Schlupfloch, das wir übersehen hatten, es »den Negativen« doch noch gelungen sein könnte, hereinzuschlüpfen und unser Experiment versuchsweise zu stören.

Dies war der Zeitpunkt, als unsere Köpfe plötzlich herumgerissen wurden, weil in nördlicher Richtung, über und hinter Avebury, ein riesiger grüner Meteor niederging, der so grell leuchtete, daß er für den Moment seines Auftauchens das hellste und auffälligste Objekt am Himmel war, wie oben schon berichtet wurde. Alle anderen Teams nahmen die Erscheinung ebenfalls mit dem gleichen dankbaren Gefühl wahr.

Da begann die alte, ehrwürdige Glocke der nahen Saint James' Church in Avebury zwölfmal zu schlagen und mahnte uns, mit unserem Vorhaben anzufangen. Die ersten Minuten unseres Experiments waren besonders wichtig, denn es galt, schnell in höchste Konzentration zu gelangen, um den Schutzschild über der ganzen Gegend zu errichten. War dies einmal erreicht, konnten negative Kräfte von außen nicht mehr eindringen. Wir hatten dies ganz bewußt an den Anfang des gesamten Projekts gestellt, denn wir waren gewärtig, daß wir nicht nur mit terrestrischen Eindringlingen zu rechnen hatten. Unsere Experimente der Vergangenheit hatten jene in den kosmischen Weiten »aufhorchen« lassen, die seit einiger Zeit versuchten, mit den echten Formationen ihren Zielen nachzukommen, indem sie diese veränderten, Kürzel hinzufügten oder gänzlich neue geschaffen hatten. Wir wollten den hier unten anwesenden Hoaxern wenigstens in dieser Nacht ein wenig ihrer Energie rauben und die oben anwesenden Hoaxer erst gar nicht hierher kommen lassen. So konzentrierten wir uns von Anfang an mit all unserer Kraft und halfen mit, die Energiepyramide über der Landschaft zu errichten. Alles Negative sollte weichen.

Wir hatten zumindest einen ersten Teilerfolg, denn nach kurzer Zeit verließ die Familie das Plateau und auch die Musik verstummte. Überall begannen die Gruppen mit ihren Meditationen, stimmten ein in das von uns vorgegebene Protokoll, vereinten ihre Energien und die der Plätze, auf denen sie saßen. Zum erstenmal seit Jahrtausenden begann der Energie-/Steinkomplex von Avebury wieder zu vibrieren, fokussierte die Energien und lenkte sie wie ein Schaltkreis in seine einzelnen Bauteile, um wieder seiner eigentlichen Aufgabe zu dienen: kosmischer Kommunikation. Wir fühlten, wie sie durch uns hindurchströmten und uns voller Rührung mit dem Hill verschmelzen ließen.

Wir spürten unsere Körper kaum noch, als wir begannen, immer tiefer in den Energiestrom hineinzutauchen, der uns von den anderen Teams erreichte und den verstärkt weiterzugeben unsere Aufgabe war. Und während wir so saßen, formte sich in uns das herzsprengende Bild einer wunderschönen blauen Erde, durchsetzt mit dem hellen Braun ihrer Kontinente und bekränzt mit dem filigranen weißen Geflecht ihrer Wolken, wie sie sich inmitten eines golden leuchtenden Tetraeders langsam und erhaben drehte.

Wir erhoben uns und wurden ein Teil ihrer schimmernden Hülle, unsere schützenden Arme reichten einmal um sie herum, wir hielten sie fest und weinten mit ihr. Und während wir uns in sanftem Reigen mir ihr drehten, fiel in jede ihrer Wunden eine unserer Tränen, war jeder unserer Atemzüge, die sie uns seit so langer Zeit trotzdem immer wieder gewährte, eine Bitte um Verzeihung, lagen unser Wangen auf ihren Narben, streichelten unsere Energien über die zerzausten Baumkronen unseres lieben Planeten.

Gegen halb eins wurden wir sanft auf den dichten Nebel aufmerksam gemacht, der ziemlich plötzlich angefangen hatte, sich zu bilden. Und wahrhaftig – wie ein dichtes Tuch legten sich undurchdringliche, weiße Nebelschleier von Avebury her über die Gegend und verschluckten jegliches terrestrische Licht, während der helle Schein der Sterne vom klaren Himmel herab auf diese Szene schien. Diese Nebel quollen geradezu über den Boden, während wir hier auf dem Hill noch einen relativ guten Rundblick behielten.

Die Zeit war gekommen, mit allen anderen in den Schlußakkord einzustimmen und die fremde Intelligenz hierher einzuladen. Wir waren dabei wegen des bisher Erlebten von tiefer Dankbarkeit erfüllt und gerieten in eine Art Zwiesprache – so schien es uns – mit der höheren Intelligenz. Dabei verwunderte uns gar nicht so sehr die Tatsache ihrer offensichtlichen Anwesenheit, als vielmehr die Vehemenz, mit der wir klarzumachen versuchten, daß wir keine Forderungen stellen, sondern einfach nur zum Ausdruck bringen wollten, wie glücklich und dankbar wir über das bisher Erreichte waren.

Von irgendwo her vernahmen wir leise gesprochene Worte der höchsten Verwunderung ob dieses dichten Nebels da unten in und um Avebury und bemerkten, wie wir uns darüber freuten. Wir erinnerten uns, daß uns einmal gesagt worden war, daß sich plötzlich bei den alten Steinen bildender Nebel häufig ein Vorzeichen außergewöhnlicher Ereignisse sei – und war es nicht genau die richtige Gelegenheit dazu?

Bei uns auf dem Hill herrschte eine ruhige und äußerst friedliche Atmosphäre, die bis weit über das offizielle Ende des verabredeten Zeitplans hinaus anhielt. Als wir auf die Uhr schauten, war es kurz vor zwei Uhr, fast eine Stunde war seit dem Ende des Experiments vergangen. Wir fühlten uns wie in der Neujahrsnacht, wenn nach »Dinner For One«, traditionell um 19.40 auf N3, und all der Feierei und dem mitternächtlichen Feuerwerk dann plötzlich die Erkenntnis reifte, sich unversehens in einem völlig neuen Kalenderjahr zu befinden, das noch völlig unbelastet, unschuldig und offen für alle guten Vorsätze zu sein schien. So machten wir uns langsam, unheimlich frohgemut und zufrieden auf den nicht ungefährlichen Weg hinab in die Profanität des Parkplatzes, wo unser treues Gefährt auf die Heimfahrt wartete.

Wie im letzten Jahr, waren wir gespannt darauf zu hören, was sich bei den anderen Teams ereignet hatte und wie die einzelnen die Mitwirkung an diesem großartigen, uneigennützigen Experiment empfunden hatten. Wir waren in dieser Nacht hier unten viele Kilometer räumlich voneinander entfernt gewesen, und wenn es hier ruhig gewesen war, konnte es dort ganz anders zugegangen sein. Und so war es dann auch.

Als wir nach Sonnenaufgang auf der Fahrt nach Compton Bassett am Barge anhielten, sprach uns ein junger Mann aufgeregt an, ob wir schon wüßten, was sich in der Nacht in Avebury ereignet hatte. Wir verneinten und waren nun noch mehr gespannt, was uns bei der Abschlußbesprechung erwarten würde.

Dort herrschte an diesem schönen, sonnigen Morgen bei unserem Eintreffen eine regelrecht aufgekratzte Stimmung. Ron berichtete, wie eindrucksvoll sie den Fall des großen, grünen Meteors erlebt hatten, was vom Cherhill-Team bestätigt wurde. Zusätzlich sahen sie, fast zeitgleich über Avebury ein Licht niedergehen, das sich über der alten Steinanlage aufspaltete und filigran verästelte. Später dann beobachteten sie eine dichte Nebelbank, die sich über Avebury bildete und meinten, ein rötliches Licht darin wahrgenommen zu haben. Allen Teams war die große Zahl von Sternschnuppenfällen noch in lebhafter Erinnerung. Der dichte Nebel wurde auch vom Team am Long Barrow gesehen, jedoch hatte man den Eindruck, daß er mehr jenseits des Hills geblieben und dort auch dichter war.

Das Team am Barbury Castle hatte unerwartet Schwierigkeiten, in das Hillfort hineinzulangen, denn ein übereifriger Wächter gedachte, das verhindern zu wollen. Durch das entschiedene Auftreten von Joan Gulino gelang es dem Team, wenige Minuten vor dem offiziellen Beginn des Experiments, den vom Phänomen bezeichneten Platz einzunehmen und so den nördlichsten Punkt des Dreiecks zu besetzen. Nicht auszudenken, wenn unser nördlichstes Team ausgefallen wäre. Sie wurden auch prompt durch ein rötliches Licht belohnt, das sie bis 15 Minuten nach Beginn der Meditation in südlicher Richtung wahrnahmen.

Allisons Team konnte sich gegen den Lärm der A 4 ganz gut abschirmen und bemerkte gleich zu Beginn ihrer Meditationsphase einen orangefarbenen Lichtball hinter der südlichen Hecke. Allison selbst, die vorher noch nie im Sanctuary meditiert hatte, fühlte etwa zur Hälfte der Meditation deutliche Zeichen weiblicher Anwesenheit und visualisierte danach eine Frauengestalt mit einer Art Strahlenkrone innerhalb des Steinkreises. Das Pulsieren der beiden Leylines wurde von allen im Team deutlich wahrgenommen.

Vom Knap Hill sah das Team, bei ansonsten ruhigem Verlauf, in Richtung Avebury ein helleres Aufleuchten. Ebenso bestätigten die Teams in Avebury gegen Ende ihrer Aktivitäten, daß die Konturen des Silbury Hill wie illuminiert erschienen und sich ein schwaches bläuliches Licht von seinem Plateau nach oben verlor.

Und dann erfuhren wir, was sich in Avebury abgespielt hatte, etwas, das wir uns selbst in unseren kühnsten Träumen nicht vorzustellen gewagt hätten.

Lassen wir Shari Adamiak selbst berichten, was sie und ihre beiden Begleiterinnen beim nördlichen Kreiszentrum erlebten, dem wir das weibliche Element zugeordnet hatten.

»Mary, Louise und ich ließen uns im Schutz der großen Steine des Cove nieder. Ich fühlte eine Art Erkennen und Akzeptieren von ihnen zu uns herüberwehen. Ich begann zu erkennen, daß die Steine tatsächlich Generatoren waren, die Energievibrationen aussenden und empfangen konnten. Im vorigen Jahr war mir diese Verbindung mit den Steinen zum ersten Male passiert – ein das Leben veränderndes Ereignis. Heute wußte ich, daß ich nicht lediglich einer Illusion aufgesessen war, die alten Steine schienen etwas Bewußtes auszustrahlen und waren voller Vitalität.«

»Ein junger Mann kam durch das Zauntor zu uns herüber und lehnte sich außen gegen einen Stein, während wir dabei waren, zu uns zu finden und mit der Meditation zu beginnen. Um weitere Störungen zu vermeiden, visualisierten wir eine große Raumzeit-Blase über diesem Teil des Henges, die dort auch für die nächste Stunde bleiben sollte. Wie wir am Ende der Meditation feststellten, schien dies auch geklappt zu haben, denn zwischendurch vernahmen wir immer wieder mal das Klappern des Zaunschlosses, ohne daß jedoch jemand hereingekommen wäre.«

»Mary übernahm freiwillig die Rolle der Koordinatorin für unsere Gruppe. Sie würde auf die Zeit achten und uns durch den Zeitplan geleiten, den Joachim und Hans so sorgfältig vorbereitet hatten. Ich war über ihre Entscheidung dankbar und hatte nur den einen Wunsch, tief in die Meditation einzutauchen und mein Bewußtsein mit dem des gesamten Kosmos zu verbinden. Als wir dann damit begannen, lenkte Mary unsere Aufmerksamkeit sanft auf unsere Umgebung. In der klaren, warmen Nacht bildeten sich nur in unserem Quadranten dieses Steinkreises plötzlich über dem Boden an verschiedenen Stellen dichte Nebel aus, die sich dann um uns herum verbreiteten und über Avebury hinaus in die Gegend flossen. Später sollten wir hören, daß es der dichteste Nebel seit langer Zeit in dieser Gegend gewesen war. Ich weiß von früheren Begebenheiten unserer CSETI-Untersuchungsteams, daß diese dichten Nebel, wenn sie sich bildeten, immer die Vorboten von bedeutenden extraterrestrischen Aktivitäten waren. So war es auch 1992 gewesen, als vier Mitglieder eines CSETI-Teams einen deutlich strukturierten Flugkörper bei Woodborough Hill wahrnahmen, der rotierende rote Lichter ausgesendet hatte. Eine Stunde zuvor hatte ein dichter Nebel das Feld der Sichtung bedeckt. Dies kam als Erinnerung in mir hoch, als ich sah, wie sich wieder dieser dichte Nebel um uns herum entfaltete.«

»Während der Phase, in der wir unsere positive Energie an den Krisenplätzen in den verschiedenen Ländern ausgießen sollten, fühlte ich, wie später auch andere bestätigten, eine regelrechte Kraft, die sich von Land zu Land fortsetzte, von Meer zu Meer. Jon Groves würde am nächsten Tage berichten, daß er gefühlt hatte, wie sich während dieser Zeitspanne Messer senkten, die bereits zum Stoß erhoben waren, Gewehre abgesetzt wurden, obwohl das Ziel bereits im Visier war und jene Streiter verblüfft ihre Kraft verloren und sich für einen Moment beruhigten.«

»Gegen Ende unserer einstündigen Meditationszeit flüsterte Mary Bennett uns plötzlich zu: ›Schaut mal da rüber!‹ Ich öffnete meine Augen und erblickte den faszinierenden Widerschein eines rosaroten Lichtes, das in ca. 50 m Entfernung neben dem alten, weitausladenden Baum dort erschienen war. Am Boden leuchtete es am hellsten und formte von dort einen nahezu perfekten Bogen bis in ca. 1 m Höhe. Wir waren für einen Moment völlig sprachlos und wagten nicht, auch nur einen Muskel zu bewegen, als dieses glänzende Licht nun begann, sich bodenwärts zusammenzuziehen, wobei es seine Farben über Türkis nach Gold und schließlich Gelbweiß wechselte. Am Boden darunter beobachtete ich goldfarbene und gelbe Lichtblitze in unregelmäßiger Folge. Ich saß in schrägem Winkel zu dem Licht und konnte deshalb eine kuppelartige Struktur hindurchscheinen sehen, auch Louise hatte einmal den Eindruck einer Kuppel in dem jetzt sehr hellen Licht, nur Mary, die gerade davor saß, nahm etwas derartiges nicht wahr. Ihr kam das Ganze wie ein Hologramm vor.«

»Dann wurde das Licht schwächer und verschwand schließlich. Wir waren voll bei unseren Sinnen und fragten uns: ›Ist es das, was wir annehmen?‹ Natürliche Ursachen schieden aus, denn solch eine meteorologische oder geologische Erscheinung war uns unbekannt und selbst ein St.-Elmsfeuer sah anders aus, ganz abgesehen davon, daß hier weder Witterung noch Örtlichkeit als Vorraussetzung vorhanden waren. Dann war ja auch noch der Aspekt einer Kuppel in dem Licht gewesen! Ein menschengemachtes Licht schied ebenfalls aus, denn erstens waren keine Menschen außer uns da und zweitens hatten wir gegen 00.40 Uhr eine Taschenlampe in einer anderen Richtung gesehen und konnten es daher gut mit dieser Erscheinung vergleichen, die total anders aussah. Da alle prosaischen Erklärungen ausschieden, machte Mary den Vorschlag, schnell zu dem Zustand zurückzukehren, in dem wir uns kurz vor dem Auftauchen des Lichts befunden hatten.«

»Ich spürte den überwältigenden Wunsch in mir, daß dieses rote Licht, sollte es extraterrestrischer Natur sein, bitte zurückkehren möge. Ich hätte schwören können, dies laut geäußert zu haben, meine Teamkolleginnen bestanden später jedoch darauf, daß kein Wort von mir gekommen sei. Gerade hatte ich dies gedacht, als das rote Licht erneut auftauchte und sich uns bis auf wenige Meter näherte. Es glühte wie ein gigantischer, pulsierende Rubin dicht über dem Boden. Langsam erschienen auch die goldenen und weißen Farbtöne wieder und schließlich sogar dieses lieblich anzusehende rosarote Leuchten, das die Erscheinung wie ein Bogen umgab. Dann zog es sich wieder zusammen und verschwand. Mary und Louise baten und flehten, das Licht möge zurückkehren, aber insgeheim wußten wir bereits, daß wir ein wunderschönes Geschenk erhalten hatten. Die Lichter kamen nicht zurück.«

»Einige Momente später machte Louise uns auf einen schwachen roten Lichtstrahl aufmerksam, der in schrägem Winkel nach oben in den Himmel schoß. Kurz davor hatte sich in der Nähe, wo sich das Objekt vorher aufgehalten hatte, plötzlich eine dichte Nebelbank gebildet. Sie hatte eine ungewöhnliche Form und erinnerte uns an ein Parallelogramm, hatte die Größe eines Pkw und war an die zwei Meter hoch. Als dann der rote Strahl nach oben schoß, tat er es in genau dem gleichen Winkel, den auch diese seltsame parallelogrammartige Nebelbank aufwies. Kurz nachdem der rote

Strahl im Nachthimmel verschwunden war, erschien in genau jener Richtung ganz kurz ein goldfarbenes Flackerlicht.«

»Wir waren von dem Geschehen noch ganz benommen, als erneut Lichter auftauchten. Diesmal war es jedoch das Frontlicht eines Autos, das den Weg herunterkam, der nach Grey Wethers hochführt, und nun konnten wir sehr schön den Unterschied zwischen dieser irdischen Lichtquelle und der Lichterscheinung ausmachen, die uns kurz zuvor beim Cove besucht hatte.«

Als Shari ihren Bericht geendet hatte, saßen alle zunächst einen Moment sprachlos vor Freude da, überwältigt von tief empfundenen Emotionen der Dankbarkeit. Das Unglaubliche war geschehen, eine fremde Intelligenz war noch während unseres Experiments mit uns in Kontakt getreten und dies nun ausgerechnet auch noch im Cove, dort, wo wir auch den Hauptschwerpunkt hingelegt hatten, dort, wo das weibliche Prinzip seinen Platz hatte. Welch ein wunderbarer Erfolg, welch eine großartige Bestätigung, für uns, für das Experiment, für das ganze Team. In Avebury hatten sich in dieser Nacht zwei Welten berührt.

Auf dem Rückweg von dieser denkwürdigen Besprechung nach Beckhampton befanden wir uns in einer derartigen Hochstimmung, daß es uns nichts ausgemacht hätte, wenn unser Auto bei Cherhill abgehoben und mit uns über diese sonnenbeschienene Landschaft geflogen wäre.

Irgendwie ging uns in den nächsten Tagen ein Ort durch den Kopf, den wir auf den Karten so oft gelesen hatten und den wir irgendwie vergessen hatten, in unser Experiment miteinzubeziehen: Grey Wethers. Von Avebury aus sieht man davon in östlicher Richtung nur den Rand des Plateaus, auf dem es liegt und es erfordert einigen Mut und ein recht hochgebautes und robustes Auto, wenn man dort hochfahren möchte. Einmal oben angekommen, eröffnet sich einem ein herrlicher Blick über die Senke, in der die Anlage von Avebury liegt. Grey Wethers ist ein schräg nach Süden abfallendes Hochplateau, das sich zum Tal des River Kennett hin zu einer Rinne verschmälert. Hier oben wirkt die Gegend wie zerzaust, und überall liegen kleinere Steine und größere Platten herum. Avebury und Teile von Stonehenge und viele andere neolithische Bauwerke der Umgebung sind aus diesen Steinen errichtet worden. Irgendwie fühlten wir uns hier nicht besonders wohl.

Kurz vor dem Zaun, der das ganze Areal begrenzt, hoben wir unsere Ruten und erhielten beim Annähern zunächst keine Reaktion. Dann, mit Durchschreiten des Tores, fingen die Ruten an, sich regelmäßig zu bewegen, auch hier lag also auf dem Weg ein an den Rändern scharf begrenztes Gitternetz, das uns offensichtlich irgendwohin führen sollte! Nun fragten wir uns natürlich, ob wir diesen Ort nicht besser doch in unser Experiment hätten miteinbeziehen sollen. Wir erinnerten uns daran, daß die Energie des Ridgeways hier entlang floß und »man« (zum Schutze dieser speziellen Informanten wollen wir es hier bei dieser allgemeinen Bezeichnung lassen) den Eindruck hatte, daß von hier negative Einflüsse bis hinunter nach Alton Barnes wirkten.

Wir folgten den Linien, bis die Ruten zuerst bei Achim nach links, bei Hans wenige Meter weiter nach rechts zeigten. Getrennt folgten wir der neuen Richtung und wurden unmißverständlich jeder zu einem der Steine geführt, die hier mehr oder weniger auffällig in der Gegend herumlagen. Für jeden von uns endeten hier die Rutenausschläge mit einem Empfangszeichen am Stein, wir waren also die Sender. Jedoch – was sollten wir senden? Wir erinnerten uns, daß wir nach Auffinden der Gitternetze im Vorfeld des Experiments immer zu einem bestimmten Ort geführt wurden, und danach keine Rutenreaktionen auf dem gleichen Weg zurück mehr erfolgten. Die Aufgabe war erfüllt, die Netze waren wie ausgeknipst. Hier waren trotz des Endes des Experiments die Netze noch aktiv, was nur bedeuten konnte, daß sie nichts mit diesem zu tun hatten, sondern eine neue Aufgabe bedeuteten. Doch welche?

In einiger Entfernung befand sich ein weiterer Zaun und dahinter erblickten wir einen uralt zerstörten Steinkreis von ca. 10 m Durchmesser. Also hatte auch hier, in dieser relativ abgelegenen Gegend, blindwütiger Eifer sein Unwesen getrieben. Als wir dieses Tor durchschritten, überkreuzten sich die Ruten noch einmal, um dann nur noch eher wirre, unregelmäßige Reaktionen zu zeigen, was bei genauerem Befragen mehr auf geologische Gegebenheiten als auf bewußt plazierte Linien schließen ließ. Nun war klar, die erste Wiese war gemeint.

Obwohl uns die wilde Schönheit dieses Ortes mit der abwärts reichenden breiten Rinne und den vielen in ihr liegenden Sarsensteinen nun doch sehr anzog, gingen wir wieder zurück zu den Netzen auf der anderen Wiese. Und hier wurde uns klar, was zu tun war. Wir wollten diesen Ort mit unserer positiven Energie erfüllen und ihn damit »übernehmen«, wir wollten das Negative, das in diesem Teil hier so deutlich zu spüren war, vertreiben und damit den Damm brechen, der Alton Barnes von einem seiner wesentlichen Energieflüsse abschnitt. Ob von hier aus versucht worden war, unser Experiment zu stören?

So kehrten wir am Abend des gleichen Tages wieder zurück, fanden Gitternetze und die uns bezeichneten Steine wieder, ließen uns dort nieder und begannen in Symbiose mit ihnen, unsere Energien in diese Gegend einfließen zu lassen, um das Negative hier zu bannen. Um uns herum versank alles im Dunkel der Nacht. Nach ungefähr einer Stunde erhoben wir uns und machten uns auf den Rückweg. Dabei nahmen wir die Ruten zur Hand – kein Ausschlag mehr! Die Aufgabe schien erfüllt, das also war tatsächlich gemeint. Ein wenig gruselte uns, als wir zurück zum Wagen stolperten, denn ohne genau zu wissen, gegen wen wir hier agierten, hatten wir uns für eine Unternehmung »engagieren« lassen, deren Ausgang für uns letztlich unklar blieb. Einzig unser Vertrauen in die Anwesenheit der Gitternetze hatte uns hierher geführt und die Tatsache, daß sie nun ausgeschaltet waren, nahmen wir als Bestätigung für die Richtigkeit unserer Entscheidung. Wir hatten also offenbar einen mächtigen Verbündeten.

Der nächste und letzte Tag im Juli dieses denkwürdigen Kornkreisjahres sollte für uns eine weitere Lektion zum Verständnis dessen werden, was uns hier über die wechselwirkenden Energiefelder in Form der für uns mit den Dowsing Rods erfahrbaren Gitternetze nahegebracht wurde. In den letzten Tagen war es sehr heiß geworden, und wir taten gut daran, uns in der Mittagszeit an einem kühlen Ort aufzuhalten. Der »Waggon & Horses«-Pub war solch ein Ort, der uns allein schon wegen seines malerischen, typisch englischen Aussehens und seiner zentralen Lage immer wieder anzog, wenn auch die Kornkreisszene jetzt hier nicht mehr verkehrte.

Heute trafen wir hier einen alten Bekannten, den Barkeeper des Pubs von 1991. Er hatte uns damals, als mit englischen Pub- und Trinkgewohnheiten völlig unerfahrenen Festländern, stets an den Rand eines Schreikrampfes gebracht, wenn er nach der Bestellung der entsprechenden Biersorte das Glas ordnungsgemäß unter den Zapfhahn stellte, diesen voll aufdrehte – dann aber wegging, um andere Gäste zu bedienen. Das Glas füllte sich immer mehr, doch niemand erschien, um diesen sprudelnden Hahn zuzudrehen, und unser Barkeeper wandte sich in weiter Entfernung gerade der Bestellung eines neuen Gastes zu. Das Bier lief, fast ohne jegliche Kohlensäure, mit vollem Strahl in das Glas, nur noch wenige Millimeter trennten es von einer für den Tresen mittelfeuchten Katastrophe, wir waren im Begriff, laut loszuschreien – da näherte sich mit gemessenem Schritt der Initiator dieses Nervenkitzels und drehte den Hahn zu, genau einen Tropfen vor der Apokalypse. Es war stets das gleiche Spiel, das er mit uns trieb, und wir waren die ewigen Verlierer, emotional angesichts des drohend überlaufenden Glases und physisch, wenn wir dann bei der kleinsten Bewegung des ungewohnt randvollen Glases ständig und überall hinkleckerten. Dies war wohl so eine Spielart des gefürchteten britischen Humors.

Diesmal war er uns jedoch eine große Hilfe, denn er ermöglichte uns zu verwirklichen, was wir schon lange vorhatten: den gesamten Pub zu dowsen, zumal wir nun wußten, daß die St. Mary's Line hier in unmittelbarer Nähe vorbei- oder sogar hindurchzog. Wir liefen nun los, eigentlich das erste Mal unter den Augen so aufmerksamer Beobachter, die sicherlich schon von den Energiemustern unter ihrem Arbeitsplatz gehört hatten. Im Westen des Gebäudes fanden wir einige Linien, die durch die Räume zogen, eine davon genau zwischen zwei Zapfhähnen hindurch, was verwundert und anerkennend bestätigt wurde. Eine separate Line führte durch den sogenannten »Tuck Room«, jenem sagenhaften Platz, in dem die »Beckhampton Group«, einstmals Kornkreisgeschichte geschrieben hatte und deren ausländische Mitglieder sein zu dürfen wir die Ehre hatten. Inzwischen war der kleine Jockey namens Peter hereingekommen, den wir seit Jahren beobachteten, wie er oft hier mit seinen Kollegen diskutierend zusammensaß und das schwarze Guinness in sich hineinschlürfte. Er war einer der wenigen seines Berufes, der Pferde der Queen trainieren durfte, und erzählte laut und gern, wie sie einmal ihre Lieblinge hier besucht und ihn in eine kurze Konversation verwickelt hatte.

Er hatte unser Dowsen beobachtet und sprach uns an. Sehr schnell waren wir bei den alten, unschuldigen Kornkreiszeiten angekommen, die er offensichtlich genauso wie wir vermißte. Dann erwähnte er eine CE3-Geschichte, die er erlebt haben wollte. Niemand wollte ihm glauben, beklagte er sich und wurde dabei immer aufgeregter. Aber auch wir ermahnten ihn, uns nicht Unwahrheiten aufzutischen. So faßten wir mit der Zeit Zutrauen zueinander und beschlossen, ihn zu dowsen, um seine Polung herauszufinden. Und tatsächlich, er zeigte Reaktionen, indem er rechts empfing und links sendete. Zusätzlich zeigte er im Moment über seinem Kopf und über seinen gefalteten Händen ein Empfangszeichen. Dann mußte er zurück zu seinen Pferden und verabschiedete sich freundlich und sichtlich bewegt von uns.

Eigentlich ohne vorherige Überlegung begannen wir, unsere Sitzplätze zu dowsen, denn es waren hier immer die gleichen, die wir einnahmen. Die Ruten überkreuzten sich jeweils dort, wo wir zu sitzen pflegten. Wir gingen hinüber zum Stuhl, auf dem eben noch Peter gesessen hatte – auch hier kreuzten sie, obwohl er doch gar nicht mehr da war! Wir nahmen den Stuhl zur Seite, dowsten ihn separat und erhielten die gleiche Reaktion. Schließlich gingen wir zurück zu der Stelle, wo der Stuhl die ganze Zeit gestanden hatte. Auch hier kreuzten die Ruten. Verblüfft schauten wir uns an. Peter war energetisch immer noch da, obwohl er physisch schon weg war. Als sich unsere Überraschung gelegt hatte, versuchten wir, das eben Erlebte zu analysieren. Am Schluß blieb nur eine Erklärung übrig: Peter hatte den ihn umgebenden Raum energetisch geprägt und, sicherlich verstärkt durch sein emotional angehobenes Niveau, dem ihn umgebenden Raumgitter gleichsam seinen Stempel aufgedrückt.

Da kam der neue Nachmittagskellner zu uns und wollte wissen, was wir da die ganze Zeit veranstalteten. Er setzte sich auf Peters Stuhl, der wieder an seinem Platz stand und lauschte unseren seltsamen Erklärungen. Darüber kamen wir auf die Idee, die Stelle, an der er nun saß, erneut zu dowsen, und stellten erstaunt fest, daß die Ruten nun nicht mehr kreuzten. So baten wir unseren geduldigen Zuhörer, sich von uns vermessen zu lassen, und erhielten dadurch des Rätsels Lösung. Er war genau anders als Peter gepolt und hatte so dessen Muster gelöscht, selbst aber noch nicht soviel Energie emittiert, um dem Raumgitter seinen Stempel aufzudrücken. In einer Art Kreuztest setzten wir drei uns nun abwechselnd auf unsere Fenstersitzplätze und erhielten jedesmal die Bestätigung für unsere Vermutung. Unser Proband war in der Lage, unser Muster zu neutralisieren, denn wir hatten ja die gleiche Polung wie Peter.

Später am Abend fanden wir dann die Ruhe, die Erfahrungen des Nachmittags für uns selbst verständlich einzuordnen. Je nach unserem mehr oder minder angeregten Energiezustand sind wir in der Lage, den uns umgebenden Raum zu prägen. Sind wir an einem Ort zum Beispiel sehr aufgeregt oder stark konzentriert, verändern wir die uns umgebende Raumstruktur. Einmal hinterlassen wir einen energetischen »Schatten« entsprechend unserem physisch sichtbaren Körper plus seiner Energiesphäre, zum anderen müssen zwangsläufig auch Informationen über unseren momentanen Zustand mit einfließen, denn es gibt keine Grenzen zwischen Geist und Materie. So hinterlassen wir an jedem Ort, an dem wir uns aufhalten, Muster und Informationen, deren Dichte direkt proportional zur Intensität unserer Präsenz an dieser Stelle ist. So ist es schließlich möglich, eine bleibende Veränderung in der Raumstruktur hervorzurufen, die wieder auffindbar ist. Selbstverständlich können die dort hinterlassenen Informationen jederzeit abgerufen werden, jedoch nur solange, wie das Muster vorhanden ist.

Nimmt jemand mit genau der entgegengesetzten Polung genau den gleichen Platz ein und tut dies zudem noch mit einem starken Energiepegel, wird das vorbestehende Energiemuster inklusive aller Informationen überlagert, und das neue Muster tritt an die Stelle des alten. Nun prägt dieser neue Mensch den alten Platz.

Diese Erkenntnisse erschütterten uns doch sehr, denn als wir begannen, darüber nachzudenken, welche Auswirkungen sich daraus ergäben, erkannten wir die eigentliche Tragweite und den fundamentalen Charakter unserer Experimente. Was wir auf dem Wilcot Brow Field und in der kleinen Kirche von Compton Bassett zu ahnen begannen, erfuhr hier, auf der Mary's Line, die den westlichen Teil des »Waggon & Horses« streift, seine eindeutige Bestätigung.

So waren wir die ganze Zeit auf dem richtigen Weg gewesen, hatten die Hinweise richtig gedeutet, uns getraut, Fragen zu stellen und nach Antworten gesucht, die uns gegeben wurden. Schau hin und denke. Sei offen und handle auch so.

KAPITEL 13

Das Licht über Alton Priors

Viele Menschen sind inzwischen im Wiltshire der Kornkreise und Piktogramme gewesen. Natürlich haben sie auch Avebury, Stonehenge und Glastonbury besucht und dann begeistert davon zu Hause berichtet. Aber die meisten haben eben doch nur touristische Exkursionen unternommen, und nur wenige sind unter die Oberfläche dieser faszinierenden Landschaft getaucht.

Denn es gibt auch noch das andere, das echte, das keltische Wiltshire, das zwar viele kennen, aber doch nur wenige im wahrsten Sinne des Wortes erleben. Uns war es vergönnt, diese Seite Wiltshires kennenzulernen, denn durch die Freundschaft zu einigen der hier Wohnenden wurden uns Türen geöffnet, von denen die meisten Ausländer gar nicht wissen, das es sie überhaupt gibt.

Sicher haben die vielen Jahre, die wir hintereinander nach England gefahren sind, dazu beigetragen, die notwendige Vertrauensbasis zu begründen, andererseits hatten wir dadurch auch Zeit und Gelegenheit, mit dieser Landschaft etwas inniger in Berührung zu kommen, als es dem 14-Tage-Touristen, der sein Programm abspulen will, möglich ist. Und genau das ist es, was man für Wiltshire braucht: Zeit.

Man muß sie haben, um Stunden in dem alten neolithischen Camp auf dem vorgeschobenen Clifford's Hill zu sitzen und den Blick über den Anfang des Vale of Pewsey schweifen zu lassen. Den Kennet-Avon-Canal im Vordergrund, auf dem die bunten Longboats wie Spielzeuge entlanggleiten, geradezu dahinter Al Cannings, dann Allington mit seinen lieblichen weißen Reetdachhäusern, rechts im Hintergrund der Kirchturm von Bishops Cannings, noch weiter dahinter der Roundway Hill. Und zur Linken Stanton St. Bernhard und Alton Barnes, die markanten, zerzausten Bäume auf Woodborough Hill und ihm gegenüber Walkers Hill und Knap Hill, zwischen denen sich die Straße nach Lockeridge emporwindet. Man muß sich frei von jedem Zeitdruck hinlegen können, hinein ins Gras, um über sich nur das Spiel der weiterziehenden Wolken im Gesichtsfeld zu haben, um dann die Augen schließen zu können und den Stimmen der Landschaft und des Windes zu lauschen und um mit ihnen eins zu werden.

Man muss still auf den Tumuli gesessen und an den Wällen der alten Hillforts gelehnt und sich in diese Bauwerke versenkt haben, um den Puls der Zeiten zu spüren, erst dann war man wirklich hier – in Wiltshire, auf dieser Erde.

Die Menschen wachsen hier mit den großen Steinen und den alten neolithischen Siedlungsplätzen und Bauwerken auf, es sind selbstverständliche Lebensbegleiter und werden als solche respektiert. Nie käme hier heutzutage jemand auf die Idee, unter einem Dolmen ein Lagerfeuer anzuzünden oder neben einem Stein seine Notdurft zu verrichten, wie es bei uns in Deutschland so oft passiert. Oft haben hier die Steine irrationale, aus der Tradition der Christianisierung herrührende Bezeichnungen erhalten, wie etwa »Germanentanz«, die sich bis heute erhalten haben und den Ort und dessen eigentliche Bedeutung in gröbster Weise falsch darstellen und verunglimpfen. Die Tumuli werden von den englischen Farmern in den Feldern kreisrund umfahren und sind nicht, wie etwa bei uns in Schleswig-Holstein gesehen, mit allerlei Kraut und Gebüsch bewachsen und somit kaum sicht- oder gar erfahrbar. In England kümmert sich das »National Heritage« um die alten Steine als Teil des nationalen, kulturellen Erbes, in Deutschland verwaisen sie.

An vielen Orten sind hier wie dort in den letzten Jahrhunderten Symbole anderer Religionen in die alten Steine eingeritzt worden, teilweise mit sogenannten »Sagen« oder Spielchen verbunden, die den Ort natürlich entweihen und deren Erbauer herabwürdigen sollen. Daß dies Methode hat, ist klar, denn wer erinnert sich aus seinem Religionsunterricht nicht an die schlechten Wilden, zu denen der gute Mönch kam, den heiligen Baum fällte und die entsetzten Umstehenden angesichts der eigenen Unversehrtheit ob des Frevels fragte, wo denn nun ihr Gott sei. So haben sich durch alle Zeiten hindurch die jeweiligen religiös-politischen Machtsysteme verhalten, wie die Borg in der Star-Trek-Serie »Raumschiff Voyager«: Unliebsame oder gefährliche kulturelle Einflüsse wurden assimiliert oder zerstört. Unzählige Bäume, Steine, Plätze und Menschen sind ihnen bisher zum Opfer gefallen.

Ein Volk jedoch, das um seine kulturellen Wurzeln weiß und Traditionen pflegt, ohne dabei aber chronisch altmodisch oder gar restaurativ zu sein, ist kulturell stark und traditionell selbstbewußt, das sehen wir an England. Und so gibt es hier eine zahlenmäßig nicht unbedeutende Gruppe von Menschen, die sich »Pagans« nennen, die diese alten keltischen Bräuche – und damit die Energie der Plätze – pflegen und lebendig erhalten. Sie sind keine zusammenhängende Bewegung, sondern treffen sich in kleinen privaten Kreisen, agieren leise und unauffällig im Hintergrund. Sie sind keine Religionsgemeinschaft oder gar Sekten und verfolgen keine politischen Ziele, obwohl sie auf ihre Weise gewaltigen Einfluß nehmen können, wie es zum Beispiel im II. Weltkrieg gegen Deutschland geschehen sein soll. Es heißt, daß es damals in England Massenmeditationen gab, mit deren Hilfe man den Nazis die Energie abziehen und so den Krieg gewinnen helfen wollte. Dieses Thema interessierte uns sofort und wir versuchten, an nähere Informationen heranzukommen. Es sollte noch einige Jahre dauern, bis es uns schließlich gelang, etwas darüber zu erfahren. Wir werden später noch in diesem Buch darüber berichten, denn es ist auf faszinierende Weise mit unserer bisherigen und zukünftigen Arbeit verbunden.

Hier in Wiltshire wird die Pagan-Tradition auf den verschiedensten gesellschaftlichen Ebenen gepflegt, »man kennt sich«. Natürlich existiert ein breites Spektrum von Erscheinungsformen und natürlich gehören die Hippies, die in der kleinen Seitenstraße neben der Chalice Well und auf dem Glastonbury Tor ständig präsent sind, genauso dazu, wie die Wissenschaftler, die von hier stammen und die freundlichen Frauen, denen man allenthalben in den »besonderen Gegenden« begegnet. Fast alle, die wir darauf angesprochen haben, egal, ob sie mehr oder weniger Anhänger dieser landestypischen Tradition sind, kennen ihre heimatliche Folklore.

In einigen Landschaften werden bestimmte, überwiegend weibliche, Entitäten verehrt. Manchmal werden auch nur vereinzelte markante Hügel, wie etwa Silbury Hill, mit einer Schutzpatronin in Verbindung gebracht, die dann dort angerufen werden. Die Pagans feiern jedes Jahr die alten keltischen Festtage, wie etwa Beltaine am 1. Mai, an dem man zum Beispiel für ein ganzes Jahr mit einem Partner verbunden werden kann, eine Art Pagan-Ehe. Sie sind eigentlich alle sehr belesen und über die meisten mystischen Traditionen in oder aus anderen Ländern informiert. Einige von ihnen praktizieren okkulte Riten, ganz wenige auch schwarze Magie.

Es gibt geheime, mystische Orte in Wiltshire, und es gibt sie auch rund um Avebury und Alton Barnes. Sie werden vor den Fremden behütet, die nun in Scharen in diese einstmals so stille Gegend geschwappt sind, seitdem die Kornkreise ihre weltweite Berühmtheit erlangt haben. Nur wenn man das entsprechende Vertrauen genießt, wird man an einen solchen Ort einmal mitgenommen. Wir wußten gleichfalls wenig von jenen verschwiegenen Plätzen, an denen »das kleine Volk« lebt und manchmal die Feen tanzen, bis wir eines Abends völlig überraschend zu einem solchen Ort geführt werden sollten.

Es war der 3. August 1995, ein Tag, der eigentlich ganz ruhig begann. Wir fuhren hin und her, machten Besuche und trafen in den Pubs ein paar Leute aus der Kornkreisszene, mit denen wir über die aktuelle Entwicklung diskutierten. Mit einigem Unbehagen verfolgten jetzt viele der Locals und auch der etwas abgeklärtere Teil der Kornkreisforscher eine gewissen Tendenz zur Kommerzialisierung der Szene. Zu viele Menschen verdienten bereits auf den verschiedensten Ebenen dauerhaft und gut an den Kreisen; in der Machart konnte man fast schon verschiedene »Schulen« erkennen, und die Häufung von Piktogrammen immer gerade zu der Zeit, wenn die meisten Reisegruppen durch die Gegend touren, verursachte nicht nur bei uns Stirnrunzeln.

In Alton Barnes machte man sich in diesen Tagen Sorgen über Grey Wethers und daß der Energiefluß den Ridgeway entlang hierher schwächer geworden sei. Sehr positiv wurde aufgenommen, daß wir dort oben versucht hatten, den negativen Aspekt umzukehren, denn einige der medial engagierten Locals hatten dort oben ganz aktuell Anzeichen sehr schwarzer Aktivitäten festgestellt. Wir machten uns natürlich unsere Gedanken darüber, denn wir erinnerten uns daran, daß wir Grey Wethers eigentlich in unser Experiment hatten miteinbeziehen wollen, schließlich lag es genau an der Verbindungslinie von Barbury Castle und Knap Hill. Wir wollten ja während der Meditation ein Schutzschild über unserer Gegend errichten und irgendwie erschien uns intuitiv dieses Sarsenfeld als möglicher Schwachpunkt, als Angriffspunkt für negative Entitäten, denn es war eine »strategisch günstige Lage« zu Avebury. Als wir unser Experiment damals vorbereiteten, wußten wir nichts über die aktuellen Energieverhältnisse dort. Aus irgendeinem Grunde haben wir es nicht mit einbezogen, aber wir konnten auch nicht ahnen, daß gerade dieser Platz solche Schwierigkeiten verursachte.

Unser großes Experiment lag nun schon einige Tage hinter uns und dessen Erfolg hatte sich allgemein herumgesprochen. Wir waren nun wohl doch etwas bekannter geworden und so ging der Gesprächsstoff nie aus. Alles in allem war dieser 3. August bisher eigentlich ein ganz normaler Kornkreistag gewesen, bis unsere Dowserin abends um 23.00 Uhr plötzlich herantrat und uns bedeutete, ihr zu folgen. Die Zeit sei reif, uns etwas zu zeigen, sagte sie, und so stiegen wir in ihr Auto, ohne auch nur im geringsten auf das vorbereitet gewesen zu sein, was uns kurz darauf widerfahren sollte.

Als die Autoscheinwerfer verloschen, merkten wir erst, wie dunkel es geworden war. Alles um uns herum erschien uns schemenhaft, als wir eine kleine, sehr alte Pforte durchschritten und uns auf einer Weide wiederfanden, die diagonal von einem aus runden Natursteinen gepflasterten Weg durchquert wurde. Irgendwo im Hintergrund nahmen wir die Schatten von Pferden wahr, war da nicht auch ein Mann? Seltsam, was machte der hier nachts bei den Pferden? Ein Drehkreuz, ein Blätterdach, Wasser unter uns, noch ein Drehkreuz, Stille, der eigene Atem, viel zu laut, das Herz, viel zu schnell, beruhige dich!

Während wir weitergingen, wurde die Szenerie immer unwirklicher. Nach dem zweiten Drehkreuz standen wir auf einer großen Wiese, auf der wir vorher noch nie gewesen waren. Die Dowserin und Hans gingen nach links den Zaun entlang, während Achim stehenblieb und eigentlich nicht mehr weiterwollte. Irgend etwas war dahinten, das spürte er, etwas, das ihm Unbehagen bereitete. Er blieb stehen.

Hans und die Dowserin hielten nach ca. 80 Metern ebenfalls inne und Hans konnte in der Dunkelheit unter sich hinter einem Zaun eine Wasseroberfläche ausmachen. Die umstehenden Bäume waren groß und bizarr geformt, fast meinte man, sie wollten einen mit ihren armgleichen Ästen ergreifen. Plötzlich hob die Dowserin ihre beiden Arme, zunächst nur etwas, dann hoch empor, ohne jedoch ein Wort dabei zu sagen. Hans starrte angestrengt hinüber zu dem großen Baum, der ihnen hinter dem Wasser gegenüberstand, konnte jedoch zunächst nichts Besonderes entdecken.

Dies war der Moment, in dem sich Achim entschloß, trotz aller Alarmglocken, die in ihm klingelten, doch hinüber zu Hans und der Dowserin zu gehen. Er holte noch einmal tief Luft und lief los, hin zu den beiden, und traf auf Hans, der ihn ermunterte, näher zu treten, während er die Dowserin kaum wahrnahm. Noch fünf Meter trennten ihn, er nahm allen Mut zusammen und ging dann langsam auf den Zaun zu.

Als Achim am Zaun stand, war es ihm, als ob er bis in das Mark erschüttert würde. Er blickte hinab auf die kleine, dunkle Wasserfläche unter den großen Bäumen, aber er sah sie nicht. Ein starkes Entsetzen packte ihn, denn er sah auf eine ganze dunkle Landschaft mit einem Wasserlauf unter und zwischen dunkelgrünen Büschen und Bäumen, aber er hatte auch gleichzeitig das Empfinden, in ein Grab zu blicken – als ob es sein eigenes wäre. Es schien ihm, als ob er hier eine fremde, ferne, außerirdische Welt erblickte. Im gleichen Moment bemerkte er, daß aus dem Baum gegenüber von hoch oben eine starke Kraft begann, auf ihn einzuwirken. Er geriet in Panik und lief weg, hinein in die Wiese. Nach ein paar Metern kauerte er sich hin und hatte immer nur den einen Gedanken, nicht zulassen zu wollen, daß das hier geschieht, es darf nicht sein, es ist nicht sein Wille. Ihm war in diesen Sekunden, als ob jemand oder etwas in ihn eindringen wolle, gegen seine ausdrückliche Ablehnung. Er hielt sich den Kopf und begann, hemmungslos zu weinen.

Nach ein paar Minuten beruhigte sich die Situation, Hans und die Dowserin näherten sich und wollten hinüber zu der Kapelle gehen, deren Turm sich im Hintergrund aus dem Dunkel herausschälte. Achim sagte, daß er jetzt um Mitternacht bloß nicht noch in eine Kirche wollte und folgte den anderen. Die Dowserin aber ging rechts an der Kirche und einigen alten Grabsteinen vorbei und hielt vor einem seltsamen Baum inne. Es war der eigenartigste Baum, den wir je gesehen hatten. Sein Stamm war vielleicht drei Meter hoch und hatte in der Mitte einen Durchtritt. Tatsächlich bestand dieser Baumstamm nur noch aus seinen seitlichen Rindenteilen, das Stamminnere fehlte völlig. Trotzdem besaß der Baum eine mächtige, vitale Krone und flößte uns schon allein ob seiner Erscheinung gehörigen Respekt ein. Es war ein Yew-Tree, ca. 1700 Jahre alt, und seit jeher markierte er einen Ort, der schon zu druidischen Zeiten besondere Verehrung genoß – deswegen wurde hier im Mittelalter eine Benediktinerabtei etabliert.

Vorsichtig und mit größtem Respekt näherten wir uns dem Baum. Hans und die Dowserin blieben stehen, während Achim sich mit pochendem Herzen in die rechte Hälfte des Baumes hineinstellte. Den anderen beiden schien sich der Durchtritt des Baumes in diesem Moment aufzuhellen und die Dowserin visualisierte ein Licht, das sich rechts im Baum herniedersenkte. Als Achim dann zur anderen Seite aus dem Baum heraus- und wie in eine andere Welt hineintrat, wurde er von einer unglaublich starken Rührung ergriffen und begann, in der Gegend herumzulaufen und laut zu erzählen. Schließlich näherte er sich wieder den Grabsteinen und, indem er sich auf eine der schiefen Platten lehnte, fing an, tiefstes Mitleid für den hier Begrabenen zu empfinden. Achim war vorher noch nie hier gewesen und wußte auch nicht, daß unten in dem Grab, an dem er in diesem Moment stand, tatsächlich eine männliche Person begraben war, wie sich bei einem späteren Besuch dieses seltsamen Ortes herausstellte.

Während Achim durch den Baum trat, wurde Hans plötzlich von der Dowserin auf die Knie herabgezogen und in dieser Stellung traf Achim die beiden an, als er von der Seite her wie durch einen Nebel hindurch zu ihnen zurückkehrte. Alle erhoben sich dann und gingen langsam und schweigend den langen Weg zurück zum Wagen. Nach all dem Erlebten war es sehr schwer, die Fassung wieder zu gewinnen. Welch ein Ort, welch eine Erfahrung! Wer oder was war hier anwesend? Welche oder wessen Ener-gien waren hier so spürbar lebendig? Wem waren wir hier begegnet? Wir fühlten uns, als ob wir uns kurzzeitig in einer anderen Realität aufgehalten hatten, und wir hofften, daß dies eine positive Wechselwirkung gewesen war. Wir hofften, daß sich dies bald zeigen würde, denn so manches Mal hatten wir schon den Verdacht gehegt, daß die Abfolge der Ereignisse nur scheinbar zufällig gewesen war und daß hier eine unterbewußte Lenkung stattgefunden haben könnte.

Wenn wir nur ein wenig länger geblieben wären, hätten wir die Antwort auf unsere Fragen vielleicht sogar noch in dieser Nacht bekommen.

Während wir auf dem Heimweg über dunkle Hügel in Richtung Avebury fuhren und Enyas »Sheperd Moons« lauschten, die unsere aufgewühlten Gemüter mit ihrer feengleichen Stimme langsam besänftigte, ereignete sich dort, wo wir gerade herkamen, genau das Wunderbare, von dem wir eigentlich immer hofften, einmal selbst Zeugen sein zu dürfen.

Keine drei Kilometer Luftlinie vom Ort des eben Erlebten entfernt, saßen in dieser Nacht zwei Polizisten während ihres nächtlichen Einsatzes in einem Feld und beobachteten die Umgebung, als sie plötzlich auf eine faszinierende Lichterscheinung aufmerksam wurden, die sich, wie spätere Vergleiche ergaben, genau dort auftauchte, wo wir kurz vorher eine unheimliche Begegnung einer unbekannten Art hatten. Lassen wir hier die beiden Polizisten selbst berichten, was sie beobachtet hatten. Das englische Original ihres Berichtes ist auf Seite 155 wiedergegeben.

»22. April 1996.

Liebe Mrs. ....

Wie versprochen, bestätige ich hiermit einen Vorfall aus dem letzten Jahr, der sich unter klaren Sicht- und Mondscheinbedingungen ereignet hat, als ein anderer Hilfspolizist und ich im Einsatz gewesen waren.

Am Donnerstag, dem 3. August 1995, befand ich mich während eines Diensteinsatzes zusammen mit Hilfspolizist 5309 Yates an einem Ort, der unter dem Name »Frith Copse«, Manningford, bekannt ist.

Um ungefähr 02.15 Uhr sahen HP. Yates und ich ein einzelnes helles Licht, das uns an einen großen Stern erinnerte, in geringer Höhe in der Richtung von Alton Barnes. Die geschätzte Größe des Objekts war die eines Kricketballs. Es wurde heller, während es sich auf Frith Copse zubewegte, dann stehenblieb und erneut noch heller wurde und einen äußeren Ring entwickelte, der unter ihm aufleuchtete. Der äußere Ring war nicht ganz so hell und schien wellenartig zu schimmern.

Es waren keine Geräusche zu hören oder Navigationslichter zu sehen, und sein tiefster Erscheinungspunkt war etwa die Höhe der Stromleitungen in dem Feld, während sie nach oben nicht zu schätzen war. Indem es sich in Richtung auf Everleigh/Pewsey weiterbewegte und an Höhe gewann, verschwanden der äußere Ring und schließlich auch das helle, weiße Leuchten.

Nachdem wir in das Polizeirevier zurückgekehrt waren, überprüften wir das Gesehene anhand einer topographischen Karte und stellten fest, daß unsere Sichtlinie zum Objekt auf Walkers Hill, Alton Barnes, zeigte, eine Gegend, die für Kornkreiserscheinungen und UFO-Beobachtungen bekannt war.

Am nächsten Abend war ich während meines Dienstes zusammen mit HP. 5348 Friend wieder am gleichen Ort und beobachtete zusammen mit ihm seltsame Lichter in Richtung auf Everleigh. Wir konnten uns diese Lichter nicht erklären, denn sie schienen ständig ihre Farbe von rot nach orange, gelb, grün und blau zu verändern. Weil sich in den Everleigh Downs ein Armeeübungsgelände befindet, haben wir darüber keinen Bericht angefertigt, da wir annahmen, daß die Lichter von Manövertätigkeiten herrührten.

John Todd, Special Constable 5461.«

In einem späteren Telefonat fügte Mr. Todd seinem Bericht noch hinzu, daß er diesen UFO-Geschichten eigentlich immer sehr skeptisch gegenübergestanden hatte, seit der eigenen Sichtung nun jedoch anders darüber denke.

Wir konnten das nächtliche Erlebnis an der Quelle und am Baum einfach nicht einordnen. Hatte es mit unseren Experimenten zu tun? Dagegen sprach, daß die Dowserin uns diesen Platz als Freunde und nicht als Kornkreisforscher gezeigt hatte und daß sie uns einen Ort zeigen wollte, der schon sehr lange, bevor es die Kornkreise überhaupt gab, seine mystische Bedeutung hatte. Er war ein lebendiges Stück der Geschichte dieser uralten Landschaft, deren planetare Energien vor Jahrtausenden den damals lebenden Menschen näher waren als heute uns.

Dafür sprach wiederum, daß es unmittelbar nach unseren Aktivitäten dort diese bezeugte Lichterscheinung gab, die zur Kategorie der UFO-assoziierten »Balls of Light« gehörte und schon mehrmals im Zusammenhang mit unseren Experimenten an anderer Stelle gesehen worden war. Letztlich entschieden wir uns, es als Ereignis einfach so hinzunehmen und stehenzulassen, denn zu tief saß es uns noch in der Erinnerung, zu verwirrend waren unsere Empfindungen gewesen.

Mit diesem unerwarteten Schlußakkord beendeten wir unseren Aufenthalt in Wiltshire für diesen Sommer. Es fiel uns schwerer als sonst, von Land und Leuten Abschied zu nehmen, aber hatten wir nicht mehr als genug erfahren und geschenkt bekommen? Alle Aufgaben waren, wie die Netze anzeigten, erfüllt, alle Experimente waren mehr als erfolgreich abgeschlossen worden, viele neue Freundschaften hatten sich ergeben, und die zu dieser freundlichen Intelligenz hinter dem Kornkreisphänomen bestehende war auf das Wunderbarste bestätigt und gefestigt worden, »sie« waren immer noch mit uns.

Wir erinnerten uns, wie wir 1991 ahnungslos und unerfahren, aber doch voller Hoffnung in dieses Land und in dieses Phänomen hineingestolpert waren und nun hatten wir Dinge vollbracht, die wir selbst so nicht für möglich gehalten hatten. Nie zuvor war diese Art von Experimenten hier durchgeführt worden, nie hatte es hier in einem so großem Maßstab ablaufende, landschaftserfüllende Meditationen gegeben und nie waren dafür so viele verschiedene Menschen zusammengekommen. Das Phänomen war uns physisch nahegekommen wie nie zuvor, und dabei ergab sich auch gleich die Frage, ob es uns überhaupt noch näher kommen konnte – oder wollte?

Noch klarer war in diesem Jahr geworden, daß sich bei diesem ehemals nur in niedergelegten Kornkreissymbolen bemerkbar machenden Phänomen eine neue Qualität etabliert hatte und, weg von den Kreisen, die energetische Interaktion, Kommunikation und Kooperation im Vordergrund

J.P. Todd

52 BULFORD ROAD
DURRINGTON
SALISBURY
WILTSHIRE SP4 8DJ

GLASS and GLAZING

Telephone or Fax: 0980 853771

GLASS STOCKISTS • GLAZIERS • 24 HOUR GLAZING & BOARDING SERVICE

Mrs ▆▆▆▆
▆▆▆▆▆▆▆
▆▆▆▆▆▆
▆▆▆▆▆

22nd April 1996.

Dear Mrs ▆▆▆▆

As promised I confirm below the occurrance of last year when myself and another Special
Constable were on an operational duty, in clear visibility and moonlit conditions.

On Thursday 3rd August 1995 I was on an operational duty with Special Constable 5309 YATES,
at a location known as Frith Copse,Manningford.
At approximately 0215hrs both myself and SPc YATES saw a single bright light resembling
a large star low in the direction of Alton Barnes. The estimated size of this object to
be the size of a cricket ball,became brighter as it moved towards Frith Copse and then
hovered and grew again much brighter with an outer ring radiating beneath it.
The outer ring was not as bright and appeared to ripple and shimmer.
There was no noise or navigational lighting but it appeared at its lowest point to be
the height of the powerlines in the field. Its upper height would be impossible to
calculate.
As it moved towards Everleigh/Pewsey the outer ring disappeared and eventually the
bright white glow dulled and vanished as it gained further height.
A check of an ordanance survey map on our return to our police station pinpointed the
exact location as being under Walkers Hill,Alton Barnes and an area notorious for crop
circle sightings and UFO watchers.
The following evening I was on duty at the same location with Special Constable 5348
FRIEND and saw strange lights in the Everleigh direction. We could not explain these
lights but they appeared to be a changing constant colour varying from red/orange/yellow/
green/and blue. With Army ranges on Everleigh Downs we did not report this and presumed
MOD activity to be the source.
I trust you find the Frith Copse sighting of interest and if you wish to contact me
then please do so at PEWSEY POLICE STATION on 01672 562222.

John Todd. Special Constable 5461.

*SERVING THE STONEHENGE
AREA 24 HOURS A DAY*

Partners: J.P. Todd, S.A. Todd   V.A.T. Reg. No. 423 7239 60

Abb. 13: Der Sichtungsbericht von Mr. Todd.

stand. Die Energienetze und Gitter waren die »neuen Kornkreise«, hier ging es weiter, hier kamen die neuen Informationen herüber. Und, was wir immer wieder kopfschüttelnd bemerkten, wir konnten mithalten, wir hatten ein wenig verstanden, wie sie funktionierten und was man mit ihnen anstellen konnte. Dieser letzte Gedanke faszinierte uns am meisten, denn wir hatten nun die Gewißheit, eine in uns – und eigentlich auch in allen und allem – schlummernde Fähigkeit wiedererweckt zu haben, die wir weiterentwickeln und stärker machen konnten, ohne daß hier nach oben eine Begrenzung erkennbar wäre. Welch schwindelerregende Aussicht!

Es schien alles so einfach, alles fügte sich so harmonisch und war so grandios fundamental, daß wir langsam zu ahnen begannen, warum die früheren, so hochtechnisch ausgerüsteten Teams so spärliche Resultate bei der Erforschung des Phänomens erzielt hatten. Sie hatten zu sehr auf ihre Apparate vertraut, anstatt auf sich selbst, sie waren passiv geblieben, statt selbst aktiv zu werden, sie hatten nicht erkannt und verstanden, daß das Phänomen sich hier nicht nur für ihre Kameras manifestierte, sondern unmittelbar für sie selbst als lebendige, geistige Wesen.

Schau hin und denke, das hatte uns das Phänomen einst mit seinen Piktogrammen mitgeteilt. Fühle, finde, vertraue Dir, sei aktiv, das waren die neuen Qualitäten, die uns nun vermittelt wurden. Und hier lag auch der Schlüssel für die Aktivitäten des nächsten Experiments, das eigentlich schon mit unserer diesjährigen Reise zurück nach Deutschland begonnen hatte.

KAPITEL 14

Zwischenwelten

Die lange Fahrt mit dem Auto von England zurück nach Hause ist zwar sehr anstrengend, aber sie hilft jedesmal mit, zwischen dem gerade eben Erlebten und der bevorstehenden Alltagsrealität eine Art Puffer zu bilden, der den Übergang zwischen den beiden Welten erträglicher gestaltet. Während der langen Stunden, in denen Hunderte von Kilometern unter uns hinweggleiten, haben wir genügend Zeit, dem Nachhall Wiltshires zu lauschen, verschiedene Aspekte des soeben Vergangenen erneut zu betrachten und der Wehmut Raum zu geben, die jeder Abschied mit sich bringt.

Jedesmal waren uns nun seit 1991 in England kaum für möglich gehaltene Dinge widerfahren und jedesmal reisten wir – kaum daß wir vor Ort Zeit gehabt hätten, das Erlebte zu fassen, geschweige denn zu analysieren – mit dieser wunderbaren, aber unbewältigten Last zurück nach Berlin. Hier mußten wir sie stets erst einmal irgendwo verstauen, denn das tägliche private und berufliche Leben mit all seinen unbewältigten und neuen Obstipationen verlangte unerbittlich sein Recht. Die vielen Absurditäten des Lebens in einer ständig wachsenden Metropole mit dem noch so frischen Eindruck ländlicher Vitalität zu vereinen, war stets wie eine harte Prüfung unserer psychischen und physischen Standhaftigkeit, der wir uns Jahr für Jahr zu unterziehen hatten.

Und dann, mit der Zeit, kamen stets die Inspirationen durch, fand das, was in den Feldern aufgenommen wurde, den Weg zurück an die Oberfläche. Der unruhige, stets suchende Geist begann, wie in einem Rebound-Effekt, verstärkt nach Lösungen zu suchen, denn das Erlebte war nicht umsonst passiert, es hatte etwas zu bedeuten, es sollte in die Zukunft weiterhelfen und es war an uns, den Weg dorthin zu finden.

Was wir diesmal, im Herbst 1995, zunächst einmal fanden, war die aufkeimende Zuversicht, daß nun der richtige Zeitpunkt gekommen war, unsere Erlebnisse in Form eines Buches zu veröffentlichen. Wie wir immer betont haben, führten wir unsere Experimente ja nicht nur für uns durch, sondern für alle, wie auch die Kornkreise nicht nur für eine kleine Clique Auserwählter erschienen waren, sondern als ein an die gesamte Menschheit gerichtetes Angebot zur Kommunikation.

So begannen wir, das bisher Erlebte in einem Manuskript niederzulegen. Diese Arbeit, die sich bis in das Frühjahr 1996 hinzog, war für uns bisher eine der schwierigsten Tätigkeiten, die so ein tägliches Leben aushalten kann.

Der zweite Bereich, zu dem wir in den letzten Jahren immer mehr Vertrauen entwickelt hatten, war unsere Fähigkeit, mit den Ruten umzugehen. Seit wir 1992 mit dem Flugzeug am Milk Hill und über dem Tawsmead Field in die Energiestrukturen hineingeflogen waren, die sich über den dortigen beiden Piktogrammen befanden, hatte sich etwas verändert. Das von uns in diesem Jahr mit dem Phänomen gewünschte physische Zusammentreffen hatte sich damals dort in 100 m Höhe in diesen Energieschläuchen vollzogen, und seither hatten wir es ständig mit dem Begriff »Energie« zu tun. Das war es, was wir nun lernen sollten, den Begriff der Energie neu zu verstehen, ihn uns neu zu erarbeiten und damit umzugehen. Seit diesen Tagen hatten wir es nun nicht mehr mit den sichtbaren Kornkreisen zu tun, denn das echte Phänomen war dazu übergegangen, reine Energiestrukturen in den Feldern zu aktivieren. Wir waren dankbar, daß wir mit unseren Ruten in der Lage gewesen waren, diese Energiestrukturen zu finden, uns an ihnen zu messen und zu trainieren. Und je besser uns dies gelang, desto phantastischer erschienen uns die Aussichten, die uns hier eröffnet wurden.

So liefen wir in unserer Freizeit immer wieder los, testeten hier, vermaßen da und waren so bald in der Lage, uns mit den verschiedensten Energiefeldern auseinanderzusetzen. Die Ruten gehörten bald zu uns wie wirkliche Körperteile auch, es war stets ein wunderbares Gefühl, zusammen mit ihnen mehr Informationen zu sammeln als es uns mit der üblichen Sinneswahrnehmung sonst möglich war. Wir hatten inzwischen immer mehr über die Wirkungsweise der Ruten gelernt und uns ständig in Theorie und in Praxis weitergebildet. War es wirklich nur Zufall, daß wir dann auch noch ausgerechnet hier in Spandau auf eine kräftige, dreibändrige Linie stießen, die unsere derzeitigen Lebensräume streift und offenbar die ganze Stadt durchzieht?

Immer wieder testeten wir verschiedene Menschen auf ihre Polarität und können nun, ohne daß wir bis jetzt darüber eine wissenschaftliche Studie erstellt haben, sagen, daß das Verhältnis der Rechtsempfänger/Linkssender zu den Rechtssendern/Linksempfängern ca. 75:25 Prozent zu betragen scheint. Ob mit diesen unterschiedlichen Polungen noch andere physio-energetische Effekte einhergehen, bliebe zu erforschen.

Schließlich war es uns offenbar sogar möglich, uns auf verschiedene »Wellenlängen« der mit den Suchobjekten verbundenen Felder einzustellen und relativ differenzierte Aussagen darüber zu machen, die dann auch zutrafen. Natürlich freuten wir uns über all dies und wagten uns dann auch an andere Dinge heran.

So wurden wir in die Wohnung einer Bekannten gebeten und entdeckten dort den Grund, weshalb deren Katzen jeden Abend um die gleiche Zeit

immer zu einer bestimmten Stelle einer Wand hinter dem ehemaligen Ehe-
bett liefen und diese anjaulten und zerkratzten, was sie sonst nie gemacht
hatten.

An dem Abend, als wir die Bekannte aufsuchten, paßten wir die bewuß-
te Zeit ab und konnten gegen 20.00 Uhr das eigenartige Verhalten der Tiere
selbst beobachten. Es war uns zunächst etwas unheimlich, denn sie taten
so, als ob sich dort etwas befand, was offenbar nur sie wahrnehmen – oder
sogar sehen? – konnten. Dort in der Zimmerecke lag, wie wir herausfanden, ein auf den Bettbereich begrenztes, engmaschiges Feld. Über der jau-
lenden Katze und über der Bekannten kreuzten sich die Ruten, sie waren
beide auf Empfang gepolt. Die Kinder der Bekannten sowie eine weitere
anwesende Freundin blieben diesbezüglich neutral, sie hatten nur die ihnen eigene Polung. Es mußte sich also um ein Phänomen handeln, das
streng auf die Bekannte und deren Katzen bezogen und dessen Erklärung
hier in diesem Zimmer zu finden war.

Die Anamnese der sich erinnernden Bekannten ergab, daß sie derzeit
unter den Folgen ihrer Scheidung litt und deshalb vor drei Tagen in diesem
Bett in tiefer Verzweiflung wegen ihrer privaten Probleme ihre liebe Großmutter angerufen hatte, die immer für sie dagewesen und jetzt leider schon
seit einiger Zeit verstorben war. Sie hatte daraufhin die Vision, daß ihre
Großmutter auch tatsächlich in ihrem Zimmer erschien und kann dabei
nicht angeben, ob sie träumte oder wach war. Die Großmutter beruhigte sie
und teilte mit, daß alles wieder gut werde. Seit dieser Nacht trat dann das
unerklärliche Verhalten der Katzen auf. Wir fragten weiter nach, ob sich
dort in der Ecke besondere oder für sie besonders wichtige Gegenstände
befänden. Dies wurde zunächst verneint, doch dann fing unsere Bekannte
an herumzukramen und förderte schließlich eine Schachtel zutage, an die
sie schon lange nicht mehr gedacht hatte. Es war eine Schachtel, in der sich
Bilder und ein kleines Tuch von ihrer Großmutter befanden, das einzige,
was ihr von diesem sehr geliebten Menschen übriggeblieben war.

Nun war klar, was all dies zu bedeuten hatte. Das Feld in dem Bereich
des Zimmers, in dem das Bett stand, war nach dem verzweifelten Hilferuf
der Bekannten dort entstanden, sie selbst hatte es durch die in ihrer Emotion freigesetzte Energie aufgebaut. Sie hatte damit quasi ein Fenster in eine
andere Dimension geschaffen und es geöffnet, wodurch es der Großmutter
möglich war zu antworten. Dieses Feld war immer noch vorhanden und
verstärkte sich zyklisch gegen Abend, worauf die Katzen reagierten und
die Manifestation der großmütterlichen Energie mit ihrem Gejaule und
Gekratze anzeigten. Ohne dieses Verhalten der Tiere hätte die Bekannte die
Veränderung nicht wahrgenommen. Die Großmutter wollte damit anzeigen, daß sie den Ruf der Enkelin gehört hatte.

Als wir dies der Bekannten erklärten, liefen die Tränen, und tiefe Freude und Dankbarkeit gegenüber der Großmutter erfüllten sie, denn sie wußte nun, daß sie in ihrer schwierigen Lebenssituation nicht allein gewesen war. Nach zirka einer Stunde standen wir beide plötzlich gleichzeitig auf und bestätigten uns gegenseitig verblüfft, daß wir eben den gleichen Gedanken bekommen hatten: Das Zimmer und die eine Katze noch einmal zu dowsen. Das Phänomen, das wir im gleichen Moment dasselbe dachten, war uns schon seit einigen Jahren bekannt. Zu unserer Überraschung war das Netz verschwunden. Es war wie mit den Gitternetzen in England: Lösung gefunden, Netz ausgeknipst. Offenbar funktionierte es auch hier nach dem gleichen Prinzip.

Wir verließen unsere Bekannte, nachdem sich ihre Stimmung doch deutlich aufgehellt hatte. Nach Wochen hörten wir dann, daß sie ihre Probleme viel besser im Griff hatte und die Depression verschwunden war. Auch die Katzen hatten sich beruhigt. Schon das bloße Wissen um die wiedererstandene Verbindung zu dem geliebten Menschen setzten in ihr die positiven Energien frei, die nötig waren, um die momentanen Schwierigkeiten zu überwinden. Die Großmutter hatte geholfen!

Sie tat das auf die ihr einzig mögliche Weise, denn bei ihrem Tode verließ ihr unsterblicher Geist den menschlichen Container und damit die für uns wahrnehmbaren Dimensionen. Es war ihr jedoch möglich, Verbindungen von ihrem höherdimensionalen Bereich zu uns herzustellen, und zwar durch energetische Aktivierung eines speziellen Raumzeitbereiches, den wir dann mit unseren Ruten als umschriebene Gitternetze auffinden konnten. Und offenbar bestand von dort zu uns her auch die Möglichkeit, das Energieniveau zu variieren, weshalb die Katzen stets auf die eine Stelle innerhalb des Gitternetzes zustrebten, denn hier war offenbar ein besonderer, verdichteter Bereich vorhanden, wie auch unsere Ruten mit kürzeren Bewegungsintervallen anzeigten. Möglicherweise »sahen« die Katzen hier bereits etwas, was sich für uns noch unterhalb unserer Wahrnehmungsschwelle befand.

Ein anderes Mal besuchten wir eine Frau, die annahm, von Außerirdischen besucht zu werden. Daß dies immer wieder passiert, gehört zum eher beängstigenden Teil dieses komplexen Phänomens, und so waren wir interessiert, einmal in unserer Heimatstadt eine derartige Recherche durchführen zu können.

Wir ersparen uns hier die Einzelheiten des Interviews der Betroffenen, denn sehr bald deutete einiges auf ein handfestes Poltergeistphänomen hin, denn z.B. Seife im Badezimmer durch die Gegend zu pfeffern, gehört im allgemeinen nicht in das Repertoire Außerirdischer. Als wir dann hörten, daß sich die Plagegeister immer zuerst im Nebenzimmer rührten, wurden wir hellhörig und packten unsere Ruten aus, um dort zu dowsen. Wir wurden schnell fündig. Das Zentrum des Gitters fand sich an einer Wand, und Strukturen im Fußboden ließen den Schluß zu, daß sie erst später eingebaut worden ist.

Das weitere Gespräch und die abschließende grobe Inspektion des Gebäudes erbrachten dann einen Teil der Lösung. Es handelte sich um ein sogenanntes Gründerhaus, wie es in Berlin noch viele gibt. Jedes der Stockwerke war einst eine ganze Wohnung mit vielen Zimmern, und ein schlichterer Anbau im Hof schien damals das Hauspersonal zu beherbergen. Jetzt war das Haus umgebaut worden, wodurch aus den ehemaligen Etagenwohnungen viele kleine Teilwohnungen entstanden.

Irgend etwas muß in dem Haus einmal passiert sein, etwas, das mit einem der ehemaligen Bewohner zu tun hat. Dieser hat aus einem uns zur Zeit nicht bekannten Grund ein stärkeres Energiefeld aufgebaut, vielleicht sogar in der Stunde seines (gewaltsamen?) Todes. Dieses von ihm/ihr produzierte Gitterfeld existiert so lange, wie es nicht gefunden und gelöscht oder (auch unbeabsichtigt) exakt überlagert wird. Zum Zeitpunkt eines Geschehens in der Vergangenheit existierten die neueingezogenen Wände noch nicht, weshalb das einstmals geprägte Gitterfeld durch sie hindurch und über sie hinaus reicht. Der menschliche Geist, der einst dieses Raumgitter geschaffen hat, bewegt sich auch weiterhin in dieser Sphäre, seiner/ihrer damaligen Raumzeit und ignoriert die neuen stofflichen Grenzen. Die Ausdehnung des alten Energiegitters limitiert den Wirkungsgrad, nicht die neu errichtete Mauer. Dies ist der Grund, weshalb es oft den Eindruck macht, sogenannte »Geister« könnten durch Wände gehen. Hier liegt mit Sicherheit der Schlüssel dazu, daß es auch uns möglich sein müßte, innerhalb entsprechend manipulierter Energiefelder oder mit deren Hilfe physische Barrieren zu durchdringen. Die Grauen, von denen in Entführungsfällen immer soviel die Rede ist, besitzen diese Fähigkeit offenbar schon.

Die Geschichte dieses Berliner Hauses und seiner ehemaligen Bewohner wird einer späteren, sicher sehr aufschlußreichen Recherche vorbehalten bleiben, und wir sind sicher, dann auch das bestimmte Einzelschicksal ans Tageslicht zu fördern, dessen Energiemuster unserer Gastgeberin soviel Unruhe bereitete.

Nach solchen Erlebnissen sitzen wir immer gern noch eine Weile zusammen, um deren Ablauf zu protokollieren oder einfach in der Diskussion zu verarbeiten, was sich da eben eigentlich abgespielt hatte. Wir hatten ja mit unseren Ruten, diesen simplen und so wunderbar effektvollen Metallstäben, und den Gitternetzen der verschiedensten Art nun schon so einige Erfahrungen gesammelt, aber die Tragweite unseres jetzigen Wissenstandes verursachte doch noch einiges Unbehagen, wenn auch mehr von der freundlicheren Art.

Wir prägen also den uns umgebenden Raum. Wir tun dies ständig und überall und hinterlassen an bestimmten Stellen, an denen wir, z.B. durch geistige Konzentration oder Emotionen, ein höheres Energieniveau produzieren, einen bleibenden Abdruck unserer selbst im Raum und in der Zeit. Wir verändern also Raum und Zeit am Ort unseres momentanen Aufenthaltes und unterscheiden uns damit in keiner Weise z.B. von den Planeten, Sternen oder gar Galaxien, die in ihrer unmittelbaren Umgebung alle genau das gleiche tun.

Haben wir einmal den Raum und die Zeit an einer Stelle verändert, so bleibt dies dort für alle Zeiten so, es sei denn, jemand begibt sich genau an den gleichen Platz und verändert ihn seinerseits. Es hängt dann vom Grad des Energieaufwandes ab, ob er/sie das vorbestehende Muster nur teilweise ergänzt, ganz überlagert oder komplett auslöscht. Voraussetzung dafür ist natürlich, das Muster erst einmal zu finden.

Die Veränderung von Raum und Zeit an einer Stelle hinterläßt Spuren, deren Ursache unsere ständige Wechselwirkung mit der umgebenden Raumstruktur ist. Daß man den »Abdruck« eines Menschen an der Stelle wiederfinden kann, an der er sich konzentriert eine Weile aufgehalten hat, haben wir oben schon demonstriert und erwähnt. Dies ist aber nur die eine Seite der Medaille.

Auf der anderen Seite dieser Wechselwirkung stehen die Informationen, die wir dabei hinterlassen und die genau das enthalten, was wir in dem Moment emittiert haben, in dem wir das Raumgitter veränderten. Sie können einem Ort also sehr wohl »Charme« oder »Farbe« verleihen, und es hängt allein von Ihnen ab, wie andere später den Ort empfinden, den Sie geprägt haben.

Sie können in ein leeres Haus gehen und sich darin umsehen, weil Sie beispielsweise umziehen wollen. Schon bei der Annäherung an dieses Haus werden Sie wissen, ob Sie es mehr oder weniger mögen. Drinnen werden Sie sich, abgesehen von den optischen Informationen, die Ihnen Ihre Augen vermitteln, so oder so fühlen. Und Sie werden möglicherweise in Bereiche dieses Hauses kommen, die Sie »irgendwie« nicht so sympathisch finden, aber zu Gunsten des sonstigen positiven Eindrucks gewillt sind, mitzutragen – ein bißchen Farbe und dann sieht alles schon anders aus.

Und dann kommen Sie in ein Zimmer und Sie fühlen sich plötzlich unbehaglich, irgend etwas gefällt Ihnen hier nicht. Je weiter Sie in das Zimmer hineingehen, desto unbehaglicher wird Ihnen, Sie schauen sich um, finden aber nichts und eigentlich wissen Sie auch gar nicht, was Sie suchen, denn das Zimmer ist ja leer, aber nun haben Sie genug gesehen, Sie möchten wieder aus diesem Zimmer hinaus und eigentlich – nein, das war es vielleicht doch nicht, was Sie sich vorgestellt hatten.

Sie waren vielleicht im Schlafzimmer der Vormieter, in dem sich alle die Ehedramen der letzten Jahre abgespielt haben. Sie haben, ohne sich dessen bewußt zu sein, die Informationen des hier existierenden Raumgitters aufgenommen, das durch die Energieemissionen der Ehefrau geprägt wurde, die hier oft von ihrem Ehemann geschlagen und vergewaltigt wurde.

Hätten Sie das Haus genommen und diesen Raum, dessen Geschichte – die im Raumgitter gespeicherten Informationen – sie nicht kennen, neu tapeziert, Fenster und Türen gestrichen und den Boden ausgelegt – das Gitter wäre geblieben und damit die negative Atmosphäre dieses Zimmers. Erst, wenn Sie die in Raum und Zeit gespeicherten Muster finden, wird es Ihnen mit Ihrer positiven Energie gelingen, das Gitter neu zu prägen, es zu »Ihrem« Zimmer zu machen und sich schließlich dort wohlzufühlen.

Bemerken Sie, was wir hier andeuten wollen, welche Tragweite des oben Beschriebenen sich hier abzeichnet?

Was sind wir? Oder besser: Was kennen wir von uns? Bisher doch sicherlich nur das, was man uns über uns beigebracht hat und was wir zumindest morgens einmal verschlafen im Spiegel sehen. Nein, wir sind mehr, als wir zu sein scheinen, wir sind ein Teil des Universums, wir bestehen aus seinen elementaren Bausteinen und wir sind ständig mit ihm verbunden und wechselwirken mit ihm. Alles was wir tun, geschieht nicht nur in der Küche, am Schreibtisch oder im Traum im Bett, es geschieht immer in den Kulissen einer Szene auf der Bühne des kosmischen Theaters, dessen Spielplan wir unablässig mitgestalten.

Um Ihnen die Wirkung und Funktion des Raumgitters zu veranschaulichen, stellen Sie sich diese Bühne als einen schwarzen Raum vor, der in Höhe und Breite von weißlich reflektierenden Linien durchzogen wird, ähnlich den unablässig strömenden Rauchfahnen im Windkanal beim Testen einer neuen Pkw-Form, die ein perfektes, scheinbar dreidimensionales Gitternetz vor ihren Augen erzeugen. Nun betritt an der einen Seite ein schwarz gekleideter Schauspieler den Raum. Sie können ihn selbst nicht sehen, wie er langsam auf der Bühne entlang läuft, aber sie erhalten die visuelle Information, daß die sonst völlig geraden Linien sich vor und um seinen Körper herum verbiegen und krümmen, so daß sie sehr wohl Größe und Umriß eines menschlichen Körpers ausmachen können.

Durchläuft er zügig den Raum, verschwindet auch die Veränderung im Raumgitter schnell, das kurz darauf so aussieht, wie vorher, rechtwinklig und gitternetzartig. Bleibt er stehen, verändert er permanent den Fluß der Linien, was wir dann auch wahrnehmen können. Anders, als bei Rauchfahnen, die bald nach dem Verschwinden des angeblasenen Hindernisses wieder gerade wehen, bleiben Energiegitter am Ort des Verweilens durch die hinterlassenen Informationen verbogen, d.h. der Raum dort besitzt einen höheren Informationsgehalt.

Viele von uns kennen noch, entweder aus alten Kindertagen oder weil sie in jüngerer Zeit wieder in Mode kamen, die Bücher, in denen man einen Mann oder eine Frau folienweise von außen nach innen aufklappen kann, um stufenweise den organischen Aufbau des Menschen nach innen zu verstehen.

Unsere Analogie mit dem scheinbar materielosen schwarzen Theater soll mithelfen, Ihnen die Ausdehnung der menschlichen Sphäre nach außen, über seine uns physisch wahrnehmbaren Grenzen hinweg, zu verdeutlichen. Sie haben dort tatsächlich nur Ihren Energieschatten gesehen.

Im Rahmen unserer bisherigen Forschungen stoßen wir immer wieder auf geometrische Strukturen, die in Raum und Zeit auftauchen und auf die wir zusammen mit unseren Sonden, den Ruten, reagieren, also sind sie auch real vorhanden. Wir wissen inzwischen, daß diese Strukturen eine Eigenschaft des Raumes darstellen, die erzeugbar und manipulierbar ist. Wir wissen, daß diese Gitternetze energetische Aus- oder Fließrichtungen haben (wir nannten es mangels anderer Terminologie »Polarität«) und daß sie sich an übergeordneten Strukturen, wie hier z.B. dem geomagnetischen Feld, orientieren und miteinander in Verbindung stehen, nach oben wie nach unten. So wie wir Informationen in die Raumstruktur einspeichern können, haben andere Menschen früher an anderen Orten Informationen hinterlassen, ja alles, was sich im Kosmos je ereignet hat, hinterließ Spuren in Form von Informationen. Dadurch, daß alle Felder miteinander in Verbindung stehen, ist es auch möglich, an die in ihnen gespeicherten Informationen zu gelangen, hier auf der Erde, auf dem Mars, auf HD 42807, überall, in Zeit und Raum. Wie das gehen kann, haben wir für Sie in diesem Buch aufgeschrieben.

Lassen Sie sich das eben Geschriebene noch einmal langsam durch den Kopf gehen und versuchen Sie, zu erahnen, was Gewaltiges daraus folgt. Auch wir saßen einst so da und fühlten uns fast überfordert, obwohl doch alles so klar vor uns lag. Wir hatten es dann jedoch leichter, theoretisch und vor allem praktisch vorwärts zu kommen, als wir endlich begannen, auch die andere Hälfte von uns, die wir mit unseren Augen nicht sehen, als zu uns zugehörig zu akzeptieren und ihr zu vertrauen.

Nicht nur Ihre Faust verbeult den Raum, Ihr Geist tut das genauso, denken Sie an das Bild mit der schwarzen Bühne. Und so sind Sie auch viel mehr, als Sie zu sein scheinen, Sie scheinen viel mehr, als Sie sehen, Ihre Haut ist keine Grenze, sondern nur eine Membran im steten Austausch mit der Unendlichkeit.

KAPITEL 15

Blaupausen

An einem Tag im Frühjahr 1996, als die immer höher steigende Sonne den nahen Frühling ankündigte, setzten wir uns um die Mittagszeit an den Tisch, auf dem ein fein säuberlich geschnürtes Paket lag. Es enthielt das fertig korrigierte, druckreife Manuskript zu unserem Buchprojekt »Die Antwort des Orion«. Wir schlossen die Augen, zählten und atmeten uns in die Meditation hinein, und mit der Kraft aller Planeten unseres Sonnensystems entließen wir es hinaus in die Welt.

Wir hofften natürlich, daß es auch von vielen gelesen wird und heute, im Jahre 2000, können wir rückblickend sagen, daß unser Buch die erreicht hat, die es erreichen sollte, und damit ein Erfolg war. Dafür danken wir Ihnen. Bis zum heutigen Tage erreichten und erreichen uns weiter viele positive Leserbriefe, in denen uns gratuliert und auch häufig mitgeteilt wird, daß durch unser Buch ein Anstoß bewirkt wurde, in der einen oder anderen Richtung aktiver zu werden. Wie wunderbar! So ist ein wesentliches Ziel unserer Zusammenarbeit mit der fremden Intelligenz erreicht worden, durch Sie!

Für uns kristallisierte sich, nicht nur wegen des Buches, in jenem Frühjahr so langsam ein Wendepunkt unserer Aktivitäten heraus. Was hatten wir nicht alles schon erlebt, gesehen und unternommen, seitdem wir 1991 in die Felder gestolpert waren. Was blieb also?

Den Piktogrammen in England und anderswo war nicht mehr zu trauen, das Hoaxen hatte eine Perfektion erreicht, die vor Jahren kaum glaubhaft schien. Unsere Ruten zeigten stets die menschliche Urheberschaft der von uns besuchten, zugegeben manchmal sehr kunstvoll konstruierten Piktogramme an, und wir hatten einfach keine Lust mehr, den Neuankömmlingen in der Szene gegenüber so zu tun, als sei jedes neu entstandene Piktogramm echt. Wir wußten inzwischen zuviel über die Hoaxer und deren Praktiken und spürten daher das Verlangen der frühen Jahre nicht mehr, unbedingt als erste im Piktogramm sein zu müssen. Nicht, daß es vielleicht keine echten mehr gab, nur da, wo wir nachgeschaut hatten, waren keine zu finden gewesen. Und das kann man auch nachmittags noch feststellen, deswegen muß man nicht um 04.00 Uhr aufstehen.

Das Phänomen selbst hatte ja klar mitgeteilt, daß längst die nächste Stufe zu seinem Verständnis zu erklimmen war, daß wir uns weiterzuentwickeln hatten, daß die sichtbaren Piktogramme nur ein Anfang gewesen waren. Jetzt waren die Energiestrukturen auf dem Lehrplan, aktive Zusammenarbeit war gefordert, man wollte uns helfen, unsere Realität zu verstehen, um dann darin und damit besser umgehen zu können.

Es war uns bisher wichtig gewesen, jedes Jahr ein Piktogramm zu erstellen. Wir taten es ja nicht, weil wir »den Kick brauchten«, unsere Visitenkarte hinterlassen oder wohlmeinende Croppies an der Nase herumführen wollten. Wir taten es als körperlich aktive Meditation, als Fortführung unserer Forschungsarbeit, als Präsentation unserer »Schulaufgaben« für unsere fremden Freunde (oder Freundinnen, wer weiß …), als Fortführung der im Jahre 1991 so aufregend und wunderbar begonnenen Kommunikation.

Sicherlich waren unsere Fähigkeiten, das Korn einigermaßen gerade umzubiegen, im Laufe der Jahre besser geworden, aber an das, was da jedes Jahr zur Hochzeit des Kornkreistourismus so in den Feldern lag, reichten wir natürlich bei weitem nicht heran. Das war uns aber auch gar nicht wichtig, wir waren immer stolz auf unsere kleinen Piktogramme, und mit diesem guten Gefühl haben wir es dann auch immer dem Phänomen noch im Feld zum Geschenk angeboten. Wir schenkten ihm damit in jedem Jahr ein wenig unserer Zeit und Kraft und glauben, daß dies anerkannt wurde und auch mit zum Erfolg des ganzen Konzepts beigetragen hat.

In unseren Piktogrammen hatten wir viele verschiedene Fragen gestellt und Informationen eingearbeitet, doch nun dachten auch wir daran, eine Art Schlußpunkt unter das bisherige Verfahren zu setzen, um Wiederholungen zu vermeiden und uns zukünftig ausschließlich den Energien widmen zu können. Wir begannen, ein letztes, großes Piktogramm zu planen, das in seiner Klarheit dem im Tawsmead Field von 1992 nahekommen und das Wesentliche unserer bisherigen Arbeit ausdrücken sollte. Und prompt veränderte sich daraufhin das Energiemuster in unseren Wohnungen. In den Monaten vor dem 15. Mai, der Fertigstellung des Piktogrammentwurfes, überkreuzten sich zum Beispiel bei Hans die Rods in seinem Zimmer bei jedem Schritt, das heißt hier herrschte erhebliche Aktivität bis in kleinste Auflösungen hinunter. Bei Achim blieb das Gitter um das Haus herum gleich, im Erdgeschoß bildete sich ein zimmergroßer Kreis heraus, der in ein Netz eingebettet war.

Das Wesentliche an unserer bisherigen Arbeit war die Identifizierung von HD 42807, einer gelben, etwas kleineren Sonne im Sternbild Orion, zugleich auch genau im Zentrum des die Menschen seit Jahrtausenden bewegenden Wintersechsecks am Nordhimmel. Dann die Entdeckung der Gitternetze, dieser wechselseitig aktivierbaren energetischen Raumstrukturen, die für Kommunikation und zumindest Projektion aus anderen Dimensionen oder Welten zu uns her verantwortlich sind. Sie scheinen beliebig und überall aktivierbar zu sein und können Informationen speichern.

Schließlich war da noch der Kontakt, der durch unser Fragepiktogramm 1991 hergestellt wurde und seither anhielt.

So konstruierten wir also ein Piktogramm, das alle diese Dinge wiedergeben sollte. Es bestand am einen Ende aus dem Symbol des Sonnensystems von HD 42807 mit einem 10 m großen Innenkreis stehenden Korns und einem planetaren Ring von 10 m Breite drumherum. Von ihm ging ein Zeiger mit zwei Querbalken ab, einer davon breiter, den zweiten Planeten hervorhebend.

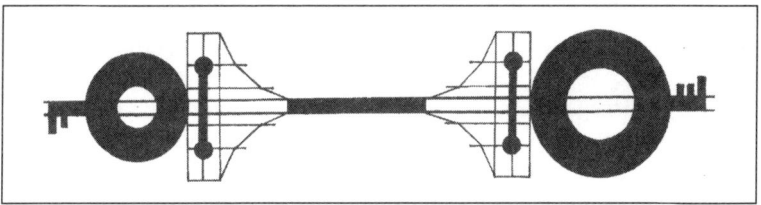

Abb. 14: Der Entwurf unseres Experimentalpiktogramms von 1996.

Am anderen Ende lag ebenfalls ein Ring von 10 m Breite um einen Kreis stehenden Korns von hier 20 m Durchmesser. Von ihm ging auch ein Zeiger mit drei Querbalken ab, der Dritte war betont. Dies war unser Sonnensystem mit dem hervorgehobenen dritten Planeten, unserer Erde. Ein 2 m breiter Steg symbolisierte die Verbindung beider Sonnensysteme, so wie es ja auch in der Realität der letzten Jahre tatsächlich der Fall war. Dieser Steg sollte 100 m lang sein und zu beiden Seiten aus zwei spitzwinklig zur Mitte hin auslaufenden Gitternetzen hervorgehen. Mit den beiden Zeigern würde die Gesamtlänge des Piktogramms ca. 190 m betragen, ein wahrhaft würdiges Ausrufezeichen am Ende unserer Piktogrammphase!

Am 11. Juli war es dann wieder so weit. Wir erreichten gegen 12.00 Uhr GMT Stonehenge, wo wir das Phänomen traditionell mit einer kurzen Meditation begrüßten. Eine Veränderung hatte sich hier auf dem Gelände ergeben, man hatte einen Laufsteg am Heel-Stone vorbei gebaut und somit die alte Unterbrechung für den Umlauf der Besucher geschlossen.

Es macht nichts und niemandem etwas aus, wenn man sich still an die Seite setzt, die Augen schließt, etwas kontrollierter atmet und sich dabei von 10 herunter zählt, um dann ein paar Minuten lang dem ehrwürdigen Bauwerk, dem Land, den Menschen, die man gern hat und den fremden Intelligenzen seine positive Energie zu widmen. Wir haben das stets als eine Art Entrittskarte angesehen, die wir dann letztlich auch immer erhalten haben.

Diesmal mischte sich eine erwartungsvolle Schwingung mit unter unsere Gedanken, denn wir wußten, daß wir in wenigen Tagen dort drinnen stehen würden. Durch Vermittlung unserer Dowserin hatten wir »Special Access« erhalten, Stonehenge würde in wenigen Tagen für zwei Stunden ab Mitternacht ganz uns gehören!

Am 12. Juli inspizierten wir, genau wie vor 5 Jahren, die Felder auf der Farm. Bei den Scheunen trafen wir unsere Freunde Nick und Grant, mit denen wir uns über die neuen Piktogramme im East Field und bei Stonehenge unterhielten. Dort waren eine Doppelhelix und das berühmte Julia-Set entstanden, riesige und sehr kompliziert wirkende Piktogramme. Fast nebenbei lief Hans los und dowste den Feldweg, der weiter in die Felder hineinführte – die Ruten bewegten sich! Hier lag ein Gitternetz, das exakt mit dem Beginn des Weges anfing und eine »Maschenbreite« von 1,25 m x 1,25 m aufwies, was fast der gesamten Wegbreite entsprach. Innerhalb der Maschen befanden sich drei parallele Längslinien, neben dem Netz auf den Wegkanten, am Feldrain und in den Feldern war weiter nichts zu finden. Hier wurde etwas angezeigt, dem wir folgen sollten, das Phänomen hatte den Weg aus irgendeinem Grunde präpariert, es hatte auf uns gewartet!

Wie gut, daß die beiden uns dabei beobachteten, wie gut, daß es ausgerechnet zwei Zeugen waren, die aus dem innersten Kernbereich der Kornkreisszene stammten, zwei, die alles kannten, was sich bisher vor und hinter den Kulissen abgespielt hatte, zwei von den »Echten«. Und es war eindeutig zu merken, daß sie, als scheinbar zufällige Zeugen des unerwarteten Auftauchens derart eindeutig künstlich dort plazierter Gitter, sehr beeindruckt waren von dem, was wir ihnen hier präsentieren und darüber hinaus auch noch erklären konnten.

Wir liefen also los. Der »Energieteppich« folgte ohne Veränderungen in der Breite dem Weg mit all seinen Bögen und Abknickungen. Dort, wo es scharf nach links hoch zum Rabbit Holes ging, machte das Netz keinen scharfen Knick, sondern folgte in weichem Bogen der wild wuchernden Grasnarbe. Oben am Eingang zum Feld brach das Netz abrupt ab. Eine einzelne Linie zog vom Netzende nach rechts in die Tramlines am Feldeingang hinein. Wir folgten gespannt dieser Linie. Zunächst gab es nur Ausschläge mit der rechten Rute hinunter ins Feld, die damit anzeigte, daß sich in diesem Feld etwas Wichtiges oder Gesuchtes befindet. Man kann mit einiger Übung die Ruten auch zum groben Scannen benutzen, um zu sehen, ob überhaupt etwas in einer bestimmten Richtung vorhanden ist.

Dann stieß Achim auf einen Bereich, beginnend mit der zweiten Feldtramline, in dem die Ruten alle vier Schritte nach beiden Seiten ausschlugen – etwas/jemand sendete hier und wir empfingen. Durch weitere Verengung der Abstände wurde innerhalb des auf beiden Seiten korrespondierenden Musters ein Bereich zwischen der dritten und vierten Tramline hervorgehoben. Wir schauten uns an. Das Phänomen hatte uns regelrecht hierher geführt und uns quasi einen bestimmten Bereich dieses Feldes zugewiesen, also was lag näher, als ihn dann auch zu benutzen! Dort unten wollten wir unser Piktogramm hinlegen.

Zwei Tage wollten wir vor Ort die langen Schnüre testen, die wir für die großen Kreise und den Steg brauchten und inzwischen präpariert hatten. Als wir bei den Scheunen am Woodborough Hill ankamen, liefen wir als erstes zum Weg: Das Netz war noch da!

Wir begannen in den vormarkierten Tramlines den Abstieg ins Feld und entrollten dabei die 135 m lange Leine, als Hans zu seiner Überraschung in seiner dritten Tramline beim dowsen plötzlich ein Netz fand, das sich auf 30 m weiter nach unten erstreckte. HD sollte oben im Feld zu liegen kommen, das Netz hatte genau die Proportionen von HD! Hans blieb in der Mitte des Netzes stehen, während Achim in der vierten Tramline weiter hinab in die Senke lief, die sich am Ende des Rabbit Holes Field befindet, bis das Seil straff gespannt war. Dann legte er es ab und fing zu dowsen an. Nach wenigen Schritten war klar: Er befand sich inmitten eines Netzes! Unwillkürlich schaute er sich da unten um, aber er war allein mit dieser eigenartigen Atmosphäre, die sich hier unten bemerkbar machte. Hans war so weit entfernt, und es war nicht einfach, ihm die Entdeckung zuzuschreien. Der letzte Energieausschlag am Netzrand zeigte nach rechts im Uhrzeigersinn, während es beim oberen Energiefeld genau entgegengesetzt war. So hatten wir aber zu Hause auch geplant, das Korn in den Ringen umzulegen, bei HD gegen, beim Sonnensystem mit dem Uhrzeigersinn!

So langsam dämmerte uns, was sich hier abspielte. Es befand sich, bevor wir hier überhaupt angefangen hatten, ein Energiemuster im Rabbit Holes, das in Größe und Kornlage genau dem entsprach, was wir in Berlin entworfen hatten. Wir selbst hatten ja keine Stelle bestimmen können und es vorher auch nicht gedacht, wo wir unser Piktogramm letztendlich hinlegen würden, das Muster stammte also nicht von uns. Das Netz auf dem Weg und der genaue Hinweis auf bestimmte Tramlines in Verbindung mit dem Energiemuster im Feld selbst konnten nur eines bedeuteten:

Unsere Gedanken sind dem Phänomen bekannt, und wir stehen seit längerer Zeit mit ihm in Kontakt.

Wir sollten die vorbestimmten Stellen finden.

Es hat eine Verkürzung bei den Netzen gegeben (siehe die einzelne Linie ins Feld hinein, einzelne Gitter an bestimmten Stellen, die untereinander nicht mehr in Verbindung stehen oder in ein größeres Netz eingebettet sind). War dies ein Hinweis auf den akzeptierten Fortschritt beim Umgang und dem Verständnis dieser Strukturen?

Das Phänomen zeigt uns durch die unveränderte energetische Abbildung unseres Piktogramms im Feld selbst, das es inhaltsrichtig ist und als solches anerkannt wurde.

Als wir später wieder vor dem malerischen Red Lion in Avebury saßen, schüttelten wir immer wieder den Kopf. Da lag also tatsächlich unser Piktogramm bereits fix und fertig, wie eine energetische Blaupause, im Feld, während wir auf einem energetischen Weg quasi an die Hand genommen und direkt dort hingeführt wurden. Wir benötigten gar keine Papiervorlage mehr, wir brauchten einfach nur in die Gitternetze zu gehen und nachzuziehen, was dort vorgegeben war. Soweit war die Kommunikation also bereits fortgeschritten, unsere Gedanken wurden uns abgenommen und woanders in reelle, auffindbare Formen übersetzt. Aktivierung energetischer Strukturen über Raum und Zeit hinweg – was deutet sich hier Ungeheuerliches an? Doch bevor wir uns weiter darin vertieften konnten, stand zunächst noch ein anderes Projekt an, das wir unbedingt noch realisieren wollten, denn der Termin der nächsten Meditation rückte näher. Wir wollten das sagenhafte Beckhampton Sanctuary finden, das visuell verschwundene westliche Pendant zu Aveburys östlicher Steinavenue und dem Sanctuary an der A 4. Dieses Sanctuary ist in der Gegend des Fox Covert vermutet worden, und schon viele haben danach gesucht. Zwei Plätze wurden favorisiert, nämlich der Hügel links von der A 4 am Parkplatz mit dem Namen Knoll Down und die Buschgruppe, Fox Covert, die sich unterhalb davon im West Down befand. Es gibt einen »Fontane von Avebury«, William Stukeley, dem wir die einzigen zeitgenössischen Zeichnungen aus dem 18. Jahrhundert aus der Gegend dort verdanken. Stukeley beschreibt, daß er in der Main Street von Avebury, die quasi der Verlaufsrichtung der westlichen Avenue entspricht, noch zwei große Sarsensteine im Boden liegend gesehen habe, die als »Straßenpflaster«benutzt wurden.

Er hat auch von noch ca. 30 stehenden Sarsensteinen entlang der Avenue berichtet, wo einmal über 100 sich gegenüberstehende Steinpaare gestanden haben. Heute sind davon nur noch zwei übrig, die natürlich abstruse Bezeichnungen tragen: Sie heißen »Adam und Eva«.

Dazu hatten wir bereits einmal an der A 4 hinter dem Beckhampton Roundabout (Richtung Calne) gedowst und ein bemerkenswertes Ergebnis erzielt. Wir fanden einen Energiepfad, der sich ca. 10 m breit schräg über die Straße hinweg erstreckte. Er zog von Avebury kommend an die Weiden der nördlichen Straßenseite heran, dort stand ein vertrockneter Busch. Auf der westlichen Straßenseite zog der Pfad weiter ins Fox Covert hinab, wohin wir damals noch nicht gegangen waren. Ein Blick auf die Karte zeigte, daß der von uns gemessene Energiepfad genau in Verlängerung der Linie Adam und Eva – Long Barrow verlief. Entlang der Steinavenuen sind durch

Avebury hindurch Energien geflossen und fokussiert worden. Dies muß Spuren hinterlassen haben, ganz abgesehen davon, daß die Steine an ihren Standplätzen die Raumzeit verändert haben, weshalb man sie stets genau lokalisieren kann. Wir waren ganz sicher: Die westliche Steinavenue hatte ein Energiemuster hinterlassen, das wir finden konnten, wenn es vorhanden war und wenn wir uns auf dessen Energiefrequenz einstellen konnten. Und schon diese erste Sondierung hatte angezeigt, daß es offenbar möglich war.

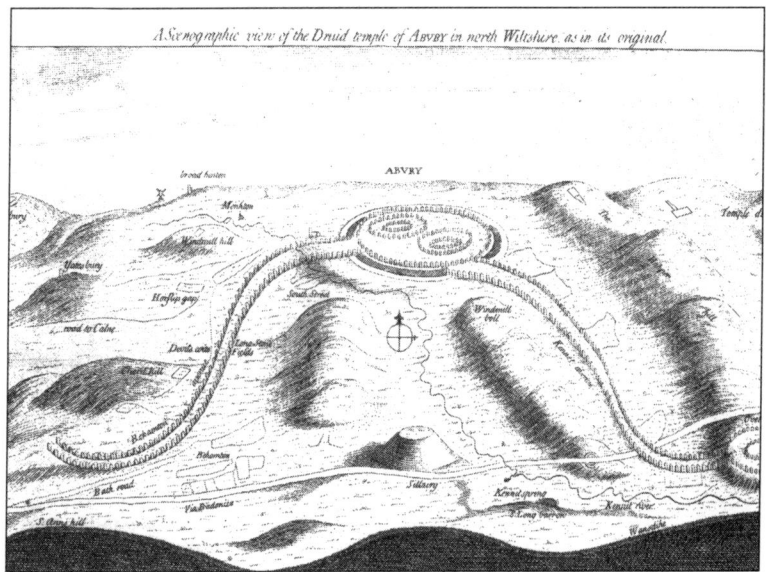

Abb. 15: Auf dieser Zeichnung von Stukeley sind die Beckhampton Avenue und die Kennet Avenue zu erkennen.

Wir fuhren also ein zweites Mal nach Knoll Down, parkten diesmal jedoch an der A 361 und liefen einen Weg nach Norden hoch. Schon bald zeigten die Ruten den Beginn eines Energienetzes, das wir letztlich mit 30 m Breite bestimmen konnten. Interessantes Zusammentreffen: Der Energiepfad verlief von der A 4 her, wo wir beim letzten Mal aufgehört hatten schräg über die Wiese. Dort, wo wir den Pfad auf dem Weg fanden, gab es zu beiden Seiten zwei breite Tore, durch die der Energiepfad hindurchlief. Dies ist den Dowsern nicht unbekannt, denn oft findet man Tore oder kleine Pforten dort, wo kleine oder größere Leys über Wiesen-, Feld- oder Weidengrenzen hinwegziehen. Fragt man jemanden danach, wird einem oft nur bestätigt, daß das Tor schon immer da war und wohl nur der allererste Errichter dieses Tores wird um das energetische Geheimnis gewußt haben, das dann in Vergessenheit geriet. So befanden sich auch hier zwei Weidentore, und wenn wir dem Farmer mitgeteilt hätten, daß hier der Energieabdruck der alten Steinavenue hindurchzieht, wir würden bestimmt einen Blick mit hochgezogenen Augenbrauen geerntet haben.

Wir begannen also, auf diesem weitläufigen, schräg abfallenden Gelände den Verlauf des Energiemusters zu markieren und genau zu vermessen. Natürlich wurden wir dabei beobachtet, und es dauerte auch nicht lange, da knatterte ein Polizeihubschrauber heran und drehte in einiger Höhe ein paar Runden über unseren Köpfen. Sein Hauptinteresse schien dann aber doch den Menschen auf Silbury Hill zu gelten, die er von dort gekonnt vertrieb.

Über 480 m lang verfolgten wir den Energiepfad hinab zum Fox Covert, und nach einem scharfen Kick nach links fanden wir dann in den Büschen eine 75 m durchmessende Kreisstruktur. Hier also lag einmal das kreisförmige Sanctuary am Ende der Beckhampton Avenue, im Fox Covert. Von hier aus konnte man gerade so das Gipfelplateau des Silbury Hill in der Ferne ausmachen. Überhaupt war uns immer wieder aufgefallen, daß man von verschiedenen markanten Punkten immer gerade eben das Gipfelplateau hervorlugen sehen konnte. Dem werden wir später auch noch nachgehen, nahmen wir uns vor. Fox Covert war also der gesuchte Ort, wir hatten es gefunden. Wir setzten uns erschöpft nieder, dankten abschließend dem Phänomen und bereiteten den Platz auf die Meditation vor. Wir hatten ja diesmal vor, den gesamten Avebury-Komplex zu reaktivieren, und ein Team sollte nun hier im Fox Covert sitzen.

Verwundert stellten wir fest, daß das von uns so mühsam gedowste und markierte Energienetz nicht mehr vorhanden war, wieder wie ausgeknipst. Aber hatten wir das jetzt nicht schon oft erfahren? Ziel erreicht, Aufgabe erfüllt, Netz verschwunden!

Am 15. Juli war es dann soweit. Ein strahlender Morgen empfing uns, nur wenige Wolkenklümpchen standen gegen den hellblauen Himmel, wir jubilierten, die Skylarks jubilierten, überall schien Hochgefühl zu herrschen. Ein Tag wie geschaffen, um Piktogramme zu erschaffen.

Wir liefen wieder den von den Scheunen wegführenden Energieweg lang, diesmal schwerer bepackt mit Seilen und sehr soliden Stangen – als Achsen für unsere Kreise. Wir begannen mit dem Kreis für HD, der immer noch innerhalb des Gitternetzes lag. Nach sehr kurzer Zeit stellten wir jedoch fest, daß es eine äußerst harte Arbeit werden würde, denn es wurde immer heißer, kaum ein Lüftchen wehte, das Korn war diesmal extrem dicht und unglaublich verfilzt, und die niederzulegender Ringfläche war doch sehr groß. So waren wir nach der Fertigstellung von HD fast schon am Ende unserer Kräfte, dabei lag ein ganzer Kreis noch vor uns, der zudem auch noch größer war. Erschwerend kam hier hinzu, daß wir zur Hälfte immer bergan laufen mußten, so daß wir es nur mit vereinten Kräften gerade mal so schafften, unser Sonnensystem fertig zu umrunden. Am Ende lagen wir keuchend auf dem Rücken und konnten uns weder rühren noch unseren Durst stillen, denn unsere Getränke standen in der Sonnenglut kurz vor dem Aufkochen. Niemand hatte uns bisher bemerkt, und so erhoben wir uns mit wirklich allerletzter Kraft, um den Verbindungssteg zwischen den beiden Kreisen herzustellen. Es gelang uns, das 135 m lange Seil noch einmal zu spannen und an ihm entlang den Mittelsteg sehr präzise niederzulegen. Als dies geschafft war, einigten wir uns darauf, die ursprünglich geplanten Gitternetze wegzulassen und verließen nach nunmehr 6 ½ Stunden härtester Arbeit unter brütender Sonne das Feld schleppenden Schrittes.

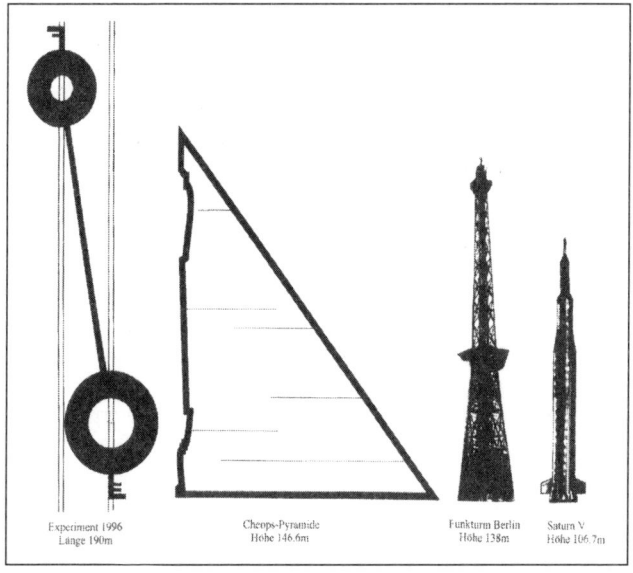

Experiment 1996
Länge 190m

Cheops-Pyramide
Höhe 146,6m

Funkturm Berlin
Höhe 138m

Saturn V
Höhe 106,7m

Abb. 16: Unser Experimentalpiktogramm 1996 in seinem tatsächlichen Design im Größenvergleich.

Als wir dann weiter oben vom Wegrand seitlich etwas auf das Rabbit Holes hinabsehen konnten, merkten wir erst, was wir da geschaffen hatten. Nur teilweise aus dieser Perspektive sichtbar, lagen dort zwei riesige Kreise im Feld und vermittelten eine gewaltigen und bald schon archaischen

Eindruck. So sollte es ja eigentlich auch sein, klar und einfach in der Darstellung und doch komplex in der Aussage, eben Phänomen pur.

Nach einigen erfrischenden Pints im Red Lion ging es gleich weiter zum Flugplatz, wo unser freundlicher Pilot, Mr. Gibbs, bereits auf uns wartete. Wir hatten eine herrliche Flugstunde und zogen in seinem kleinen Tiefdecker über all die wichtigen Plätze und Piktogramme der Umgebung hinweg nach Alton Barnes. Was wir dort von oben sahen, verschlug uns zunächst Atem und Sprache gleichermaßen! Schon von weitem leuchtete uns unser Piktogramm silbrig aus dem grünen Kornfeld des Rabbit Holes entgegen. Das waren wir gewesen? Nach der ersten Runde brach ein ohrenbetäubender, befreiender Jubel los. Wie gut, daß wir keine zusätzlichen Linien mehr gezogen hatten, denn so prangte unser Piktogramm im Feld wie damals auf der anderen Seite der Hügel die Formation im Tawsmead Field. Von oben betrachtet, bestach unsere Formation durch ihre Größe, die Klarheit in der Aussage und durch die Präzision in der Ausführung. Der Verbindungssteg war wirklich gerade und gelungen. Welch ein würdiges Geschenk für das Phänomen, welch ein kräftiges Ausrufezeichen hinter unserer bisherigen Arbeit!

KAPITEL 16

Begegnung im Sanctuary

Nachdem wir nun wußten, wo das Beckhampton-Sanctuary gelegen hatte, war der Avebury-Komplex komplett, und der Meditation stand nichts mehr im Wege. Um jedoch den höchstmöglichen Effekt zu erzielen, wollten wir vorher unbedingt nach Glastonbury. Am 17. Juli, dem Tag des Meditationsexperiments, fuhren wir an diesen wohl bedeutendsten Kraftort Südenglands.

Zunächst erklommen wir das Tor, um dort oben auf der Dragon Line die heranflutenden Energien zu spüren. Diese mächtige Ley Line verbindet Avebury mit Glastonbury und St. Michael's Mount in Cornwall. Unsere Vorstellung war, die Kraft dieser Linie mit in unser Experiment einzubeziehen. Seitlich am Tor kreuzen sich die Mary's und Michael's Line. Nachdem die Ruten zuverlässig diesen Punkt anzeigten, setzte sich Achim dort kurz nieder. Hier oben kennt der Blick keine Grenzen, und mit einem Gefühl liebevoller Zuneigung zu der im warmen Sonnenlicht sanft pulsierenden Landschaft dort unten, dem alten Avalon, schloß er die Augen und versuchte, diesen glücklichen Moment ein wenig festzuhalten.

Danach stiegen wir hinab zur Chalice Well, einer Quelle mit »weißem Wasser«, um von ihr zu trinken und so die positive Kraft dieses Ortes auch physisch mitzunehmen. Wir spürten förmlich, wie der die Quelle umgebende, liebliche Hain an uns zog, um uns zum Verweilen einzuladen, aber wir mußten an den für uns noch wichtigeren Abend denken und konnten dem deshalb nicht nachgeben.

Wir hatten uns für die abendliche Einweisung zur Meditation diesmal einen besonderen Ort ausgesucht. Es war der berühmte »Tuck-Room« im Waggon & Horses, jener Raum, der unwiederbringliche Kornkreisgeschichte geschrieben hat. Hier trafen sich in jenen noch unschuldigen Tagen der frühen Kornkreise die lokalen Größen, um über dieses für sie völlig unbekannte und neue Phänomen zu diskutieren. Hier trafen sich die Gründer des CCCS, die Wissenschaftler, Journalisten, Farmer, Piloten, Frauen und Männer aus der Umgebung, und gründeten die legendäre »Beckhampton Group«, zu deren handvoll ausländischer Mitglieder wir uns zählen durften. Von diesem Raum gingen dann auch Mißtrauen, Dekadenz und Zersetzung aus, als Leute wie Robert Irving sich hier einschlichen und der Verdacht bestätigt wurde, daß Fälscher unter jenen saßen, die eigentlich den wahren Kern des Phänomens zu ergründen gehofft hatten. So löste sich die Gruppe nach einigen Rettungsversuchen schließlich 1992 auf, der Tuck-

Room und der Pub verloren ihre Bedeutung als seriöser Nabel der Kornkreisszene, die hier nie wieder heimisch wurde. Ständige Wechsel der Wirts-
leute taten ein übriges, bis von dieser jüngeren Geschichte schließlich kaum
einer mehr etwas wußte, der Tuck-Room verkam zum Speiseraum und so
fanden wir ihn auch vor. Dies wollten wir ändern.

Als sich alle versammelt hatten, wurde deshalb zunächst genau auf diesen Umstand hingewiesen, daß wir nämlich durch unsere Anwesenheit und
unsere positive Ausstrahlung die negative Polung des Raumgitters hier überlagern werden, daß das seit den letzten Tagen der »Beckhampton Group«
hier verankerte Negative ein für alle Male getilgt werden würde. Wenn
auch vielleicht nicht wörtlich, aber sinngemäß wurden unsere Ausführungen verstanden, und es ist schließlich auch etwas bewirkt worden, wie die
folgenden Jahre in der Entwicklung des Pubs dann zeigten.

Dann besprachen wir den Ablauf der Meditation, der in seinem stufen-
förmigen Ablauf dem der letzten Jahre glich. Auch die Hauptziele waren
gleich, die Heilungskraft des Planeten zu verstärken, Krisenherde zu däm-
fen, Kontakt zu Entitäten außerirdischer und anders dimensionierter Art
herzustellen und schließlich freies Umherschweifen, um am Ende in einem
gemeinsamen Schlußakkord zu enden. Alison und Una gingen ins Sanctuary,
Peter und Cariel zum West Kennett Long Barrow, Mary, Ron, Louise, Danny,
Chad und Warren wollten das Fox Covert besetzen. Hans, Achim und die
Dowserin würden, wie immer, ihren Platz auf Silbury Hill einnehmen.

Neu war diesmal, daß wir uns ganz auf den gesamten Avebury-Komplex
konzentrieren wollten, um ihn und seine Kraft vom einen bis zum anderen
Ende energetisch ganz in unsere Anstrengungen miteinzubeziehen. Avebury,
Silbury Hill, das West Kennett Long Barrow und die beiden Sanktuarien –
dieses Bild sollte zu Beginn vor aller Augen sein.

Im Nachgespräch ließ eine Bemerkung von Mary alle aufhorchen. Dem
Platz, den wir im Fox Covert gefunden haben, kommt eine besondere Bedeutung bei. Mary hat die Karte von Cydonia mit der des Avebury-Komplexes zur Deckung bringen können. Während der Arbeiten an ihrem neu-
en Buch sei ihr dann durch Tom, dem Sprecher des Council Of Nine, mitgeteilt worden, daß an gleicher Stelle in Cydonia auf dem Mars eine Plakette vergraben liegt. Auf der einen Seite dieser Plakette sei ein spezielles
Sonnensystem angegeben, auf der anderen Seite findet sich die Abbildung
einer Galaxie mit einem hervorgehobenen Sonnensystem, dessen dritter
Planet betont ist. Wenn wir erst einmal zum Mars fliegen können, wird
diese Plakette gefunden werden und man wird Näheres über das spezielle
Sonnensystem erfahren.

Unter sternklarem Himmel waren wir alle zur vereinbarten Zeit an Ort
und Stelle. Wir zählten uns runter und hatten das gute Gefühl, Avebury mit

Bild 1: Das »Charming Bracelet« von 1992 aus der Luft.

Bild 2: Unser Experiment von 1994.

Bild 3: Der mit weißen Kreideklumpen markierte Energiekreis oberhalb des rechteckigen Zeigers im Wilcot Brow. Er führte uns zum Windmill Hill.

Bild 4: Die Experimentalformation 1995, im Zentrum mit ersten Zerstörungen.

Bild 5: Unser Piktogramm von 1996 – unser Sonnensystem
mit HD 42807 verbunden.

Bild 6: Das »Fox Covert« aus dem Flugzeug. In der Mitte der Buschgruppe
lag einst das westliche Sanctuary des Avebury-Komplexes.

Bild 7: Das »Cove« in Avebury. Im Hintergrund steht der Baum, von dem sich her 1995 die Lichtsphäre näherte.

Bild 8: Das Experiment von 1997, ein Piktogramm von nicht-menschlichem Design und nur aus der Luft zu überblicken.

Bild 9: Die »Hurles Stone Circles« (Cornwall). Hier lernten wir,
die Steine zu aktivieren.

Bild 10: Der »Merry Maidens Stone Circle« (Cornwall). Hier aktivierten
wir ein permanentes, komplexes Energiemuster.

Bild 11: Abendstimmung im »Cove« – Momente wie Ewigkeiten.

Bild 12: Matthias, Joachim, Peter, Stena, Hans und Andrea 1997.

Bild 13: Das unbekannte fliegende Objekt vom 24.07.1999, das in dem von uns auf dem Woodborough Hill aktivierten Energienetz erschien. Es ist der helle Lichtpunkt in dem grünen Streifen unterhalb der dunklen Baumgruppe auf dem Hügel. Zum Aufnahmezeitpunkt war das Objekt noch ca. 4 m groß.

Bild 14: Unser Experimentalpiktogramm 1999.
Es ist das Symbol der miteinander vernetzten Welten.

Bild 15: Die Arbeit der kommenden Jahre: die Aktivierung der Energieplätze
in Deutschland wie hier in Boitin, Mecklenburg-Vorpommern.

jedem Atemzug näher zu kommen, es lebendiger werden lassen zu können. Die erste halbe Stunde verlief ruhig und verging scheinbar rasend schnell. Hans sah sich durch die Galaxis an vielen Sternen vorbeifliegen und nahm dabei unbekannte blasenförmige Strukturen wahr. Plötzlich empfing er ein dumpfes Geräusch, und es schien, als habe sich der ganze Silbury Hill einmal ruckartig hin- und herbewegt. Dann erschienen zwei Männer und störten durch lautes Reden. Später hörten wir in der Ferne leises Trommeln und hatten nun vollends Schwierigkeiten, die Konzentration aufrechtzuhalten. Gleichzeitig wurde es empfindlich kalt und wir verließen schließlich den Hill. Eine weitere Nacht war dem Planeten geschenkt worden, wohl das Größte, was uns zu machen möglich ist.

Am nächsten Mittag trafen wir uns alle zum Debriefing. Wir waren gespannt, was sich bei den anderen getan hatte. Cariel berichtete vom Long Barrow über leichte Schwierigkeiten. Kurz vor Beginn der Meditation ertönte leises, sich näherndes Trommeln, und eine Taschenlampe blitzte auf – eine nächtliche Führung bahnte sich an! Damit war zunächst keine Ruhe zu finden. Nach einer halben Stunde verschwanden die Touristen, es kehrte wieder Ruhe ein. Plötzlich sahen sie und der sonst recht abgeklärte Peter in einiger Entfernung ein Licht auftauchen, das ständig die Farben von rot über blau nach weiß wechselte. Mit dieser Erscheinung machte sich aufkommende Kälte stark bemerkbar, und die Konzentration ließ deutlich nach.

Im Fox Covert hatte die Gruppe den vereinbarten Platz in der Dunkelheit nicht finden können und ließ sich daher in dessen Nähe nieder. Während Mary in die Meditation glitt und dabei an Avebury dachte, verspürte sie mehrmals ruckartige Energiestöße aus Richtung des Steinkreises am ganzen Körper. Sie und Ron sahen dann im weiteren Verlauf unabhängig voneinander die Erde im All schweben, wie von einer dunklen Masse belegt, die dann zerriß und seitlich im Weltraum verschwand. Die Erde strahlte danach mit einem roten und goldenen Saum. Gegen halb eins machte sich auch hier plötzlich eine ungewöhnliche Kälte bemerkbar, die den meisten der Anwesenden die Konzentration raubte.

Chad und seine liebe Frau Gwenda hatten sich verspätet und stolperten deshalb vom Tor her ohne Orientierung und einen Hinweis, wo die anderen sein könnten, einfach hinunter ins Fox Covert. Sie stießen nach kurzer Zeit genau zu den anderen, was ihnen wie ein Wunder vorkam, denn der Platz ist in der Dunkelheit alles andere als übersichtlich. Sie stimmten sich in die Meditation ein und hatten eine wunderbare Vision. Gwenda sah Avebury in weißem LIcht erstrahlen, so, wie es einmal ganz und vollständig gewesen war. Es war, als ob ein tiefer See oder ein Meer um die Steine herumfloß. In diesem Wasser oder was es auch immer war, tummelten sich alle Arten von Tieren. Sie sah Elefanten, Delphine und den Blauwale als die markantesten. Sie ist eine erfahrende Meditatorin, hatte aber eine solche Vision bisher noch nicht gehabt.

War es 1995 in Avebury gewesen, wo sich während der Meditation Außerordentliches ereignet hatte, so schien es diesmal das West Kennett Sanctuary gewesen zu sein, das im Fokus nicht-menschlicher Aktivitäten gelegen hatte. Lesen wir dazu einmal Alisons Bericht:

»Auf der Vorbesprechung zur diesjährigen Meditation wurde mitgeteilt, daß das Sanctuary für das letzte Jahr wichtig gewesen sei, da ja dort zeitweilig Kontakt zu einem fremden Wesen hergestellt wurde. Ich nahm an, Joachim bezog sich auf die Vision zweier Gruppenmitglieder, die ein weibliches Wesen wahrgenommen hatten, das sie als ›Isis‹ bezeichneten. Ich selbst hatte die kurze Sichtung eines ›Grauen‹. Auf alle Fälle hatte die gesamte Gruppe damals Visionen, die man am ehesten mit dem Erscheinungsbild von Priesterinnen- oder Göttinnenwesen in Verbindung bringen könnte. So nahm ich unter dem Aspekt an der diesjährigen Unternehmung teil, das letztjährig Erlebte weiter zu vertiefen. Weil nun auf der Besprechung auch Ägypten erwähnt wurde, formte sich in mir eine Verbindung der Erlebnisse im Sanctuary mit Ägypten, was es mir, wie sich später herausstellte, zunächst schwierig machte, den wahren Hintergrund der Dinge zu erkennen, die sich später abspielen sollten.

Die Nacht war klar, und ein wunderschöner Sternenhimmel breitet sich über uns aus. Wir wollten uns eigentlich ins Zentrum des Sanctuary setzen, verfehlten es aber aus irgendeinem Grund und ließen uns, in der Überzeugung, es sei das Zentrum, einen Ring nach außen davon entfernt, nieder. Zwei Minuten vor Mitternacht schaute ich mich noch einmal um. Ich nahm im Westen einen Lichtblitz nahe bei einem größeren, orange-roten Stern wahr, der mich zuerst an eines der vielen Navigationslichter der zahlreichen Flugzeuge erinnerte, die ständig am Himmel entlangzogen. Es wiederholte sich jedoch nicht.

Das erste, was mir während der nun begonnenen Meditation auffiel, war die völlige Andersartigkeit der Energie, die auf uns einströmte. 1995 erlebten wir alle einige starke, etwas ungemütliche physische Energieeffekte. Der Energiefluß war mächtig und beharrlich-fordernd. In diesem Jahr erschien alles friedvoll und ausgeglichen. Dies kann an uns gelegen haben, aber vielleicht hatte sich auch der Platz selbst verändert.

Der zweite Unterschied war der Krach, der in diesem Jahr von der Straße herüberschallte. Es mag am Nebel gelegen haben, daß es im letzten Jahr hier ruhiger war, jedenfalls wurde ich dadurch immer wieder an die Oberfläche geholt und mußte stets von neuem abtauchen.

Ich begann, die nähere Umgebung zu scannen. Das Sanctuary war friedlich und energetisch ruhig, keine Anwesenheit fremder Energien war zu

spüren. Ich richtete meine Aufmerksamkeit auf die anderen Meditationsorte und stellte fest, wie die Energie in Richtung Silbury floß. So kam ich
zurück und stellte mich auf die natürlichen Energien des Sanctuary ein.
Dieses Mal nahm ich drei weibliche Gestalten wahr, die sich ein bißchen
entfernt von mir gegenüber aufhielten. Ihr Erscheinungsbild war menschlich, vielleicht ein wenig kleiner. Sie vermittelten den Eindruck großer Leichtigkeit, graziengleich, mit langem Haar und wehenden weißen Kleidern.
Sie schwebten sacht zu meiner Rechten hin und her, wie in einem leichten
Tanz. Fast im gleichen Moment nahm ich eine andere Art von Anwesenheit
wahr, eine große, dunkle Gestalt, die ruhig und leise hinter meiner linken
Schulter stand. Ich konnte keine Details erkennen, wußte aber, daß sie weib-
lich war, nicht menschlicher Statur, streng und mächtig. Zweimal während
der ersten halben Stunde der Meditation, fühlte ich mich bei der Hand genommen (ich bin nicht sicher, ob es das streng wirkende Wesen war) und
sollte zu drei Steinstufen geführt werden, die in den Boden nach unten
führten. Diesmal nahm ich das nicht so wichtig, zuckte zurück und widmete mich wieder unserem eigentlichen Vorhaben.

Während ich vorhin zu den anderen Plätzen wanderte, hatte ich plötzlich das Bild von Silbury Hill vor mir, wie blaue Lichtstrahlen sich auf ihn
zu konzentrieren begannen. Sie kamen von Süden und Westen, und ich
nahm an, daß es die Energieübertragungen der anderen Teams waren. Sie
befanden sich in zwei, drei unterschiedlichen Höhen und Winkeln und es
schien mir, als ob sie Teil eines Energienetzes waren, obwohl ich keine
Linien senkrecht dazu ausmachen konnte. Sie waren alle horizontal ausgerichtet. Ich fragte mich, welchen Effekt das wohl auf Avebury haben könne
und wandte mich dorthin. Ich konnte erkennen, wie Wellen ziemlich feuri-
ger Energie um die gesamte Ringanlage herumflossen.

Dies geschah alles innerhalb der ersten 14 Minuten. Momentan in normaler visueller Wahrnehmung, betrachtete ich kurz den Himmel und begab
mich dann in die zweite Phase der Meditation. Obwohl ich mich mit Übungen zur Heilung planetarer Sphären auskenne, fiel es mir diesmal schwer,
dem vorgegebenen Schema zu folgen, und ich ließ los, um frei umherzu-
schweben. Ich fand mich oberhalb des Planeten wieder, schaute hinab auf
die Erde und fand sie eigentlich hell leuchtend und in lebendigen Farben.

Plötzlich änderte sich das Bild und ich sah eine Art Nebel, riesige Gas-
wolken mit tief roten, rosa, braunen und orangenen Farben. Ich dachte zuerst, daß mir mein Verstand Streiche spielt, weshalb ich mich zwang, zur
planetaren Heilungsphase der Meditation zurückzukehren. Es gelang mir
auch, und ich konnte die Erde wieder sehen, wie sie jetzt in blaues Licht,
ähnlich dem von Silbury, getaucht war. Auf einmal erschienen wieder die
Nebelwolken, und ich beschloß, dem diesmal nachzugehen. Sofort befand

ich mich innerhalb des Nebels, wurde weiter hineingezogen, bis plötzlich die Wolken zerrissen und ich in der Entfernung ein Licht wahrnahm, das sich in eine Art Gestalt umformte, galaktisch groß und nicht genau auszumachen, die auf einem leuchtenden »Etwas« thronte, das irgendwie physisch hart, fast kristallin, wirkte.

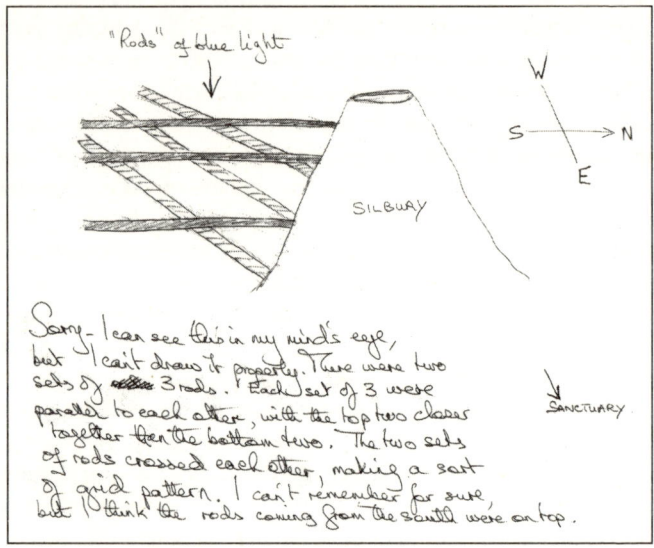

Abb. 17: Alisons Zeichnung des Gitternetzes am Silbury Hill 1996.

Kurz nach dieser Vision befand ich mich wieder im Sanctuary, wach, schaute umher und ging wieder zurück in die Meditation. Plötzlich wurde ich nun zum dritten Male bei der Hand gefaßt und wieder in Richtung der drei Treppen gezogen. Diesmal ließ ich es zu und fand mich gleich darauf in einer scheinbar unterirdischen Kammer wieder, die mir wie aus dem Fels herausgehauen oder zumindest aus sehr großen Felsplatten zu bestehen schien. Ich war immer noch auf der ›ägyptischen Schiene‹, obwohl das, was ich sah, dafür nicht typisch erschien und eher an das West Kennett Long Barrow erinnerte, wenn es auch hier innen viel weiter aussah.

Ich fand mich in einem dämmrigen, halbkreis- oder kreisförmigen Raum wieder, und ich versuchte, herauszufiltern, wo es sich (ich mich) befinden könnte. Ich testete das Long Barrow, aber irgendwie paßte es nicht zusammen. Dann bekam ich die immer deutlicher werdende Wahrnehmung, mich irgendwo unterhalb von Avebury zu befinden. Ich bin mir dessen aber nicht sicher, denn es kann sein, daß Avebury nur für den gesamten Komplex steht und die Kammer hier irgendwo ist, aber bisher noch nicht entdeckt wurde.

Meine Aufmerksamkeit wurde durch eine Kerze angezogen, die ich vor mir erblickte. Es war genug Licht, um zu erkennen, daß die Hinterwand der Kammer einen Halbkreis beschrieb und zu den Seiten im Dunkel verschwand. Es schien, als ob die Kerze auf einer Art Podest zu stehen schien, ich konnte jedoch nicht sehen, ob sie auf einem Kerzenhalter stand. Ich konnte jedoch einige andere Objekte wahrnehmen, die neben der Kerze lagen. Links von ihr war Wasser in irgendeiner Art von Behältnis, zentral hinter der Kerze lag Brot, ebenfalls in einer Art von Behälter aus, so gut, wie ich mich erinnern kann, grauem Metall. Rechts davon lag eine kristalline Substanz, die ich nach einigem Hin und Her als Salz identifizieren konnte.

Insgesamt lag die ganze Szenerie so vor mir, als ob ihr eine Art rituelle Bedeutung innewohnte. Ich spürte deutlich, daß etwas von mir erwartet wurde, aber was? Bis dahin war nur ich in dieser Kammer anwesend, nun aber erschien hinter dem Podest eine helle Lichtgestalt, und ich glaube, daß es das ernste weibliche Wesen von vorhin war. Ich wußte nicht, was ich tun sollte. Ich dachte, daß höhere Wesen ein offenes Herz und die Ernsthaftigkeit unseres Vorhabens schätzen würden, und entschied mich dafür, dem Wesen die Inhalte unseres Meditationsexperiments mitzuteilen. Ich sprach zu ihm von unserer Liebe zu unserer Erde und dem Wunsch, ihre Wunden heilen zu helfen, von der Einmütigkeit unserer Gruppe, mit der wir zusammengekommen waren und daß wir die Energien dieser ehrwürdigen Stätten zurück ins Gleichgewicht bringen wollten. Ich drückte den Wunsch aus, uns zu helfen, damit wir unser Ziel bestmöglichst erreichten.

Fast augenblicklich danach war ich wieder außerhalb der Kammer und zurück im Sanctuary. Dort stand nun ein großer Kristall im Zentrum, eigentlich der Platz, auf dem wir ursprünglich sitzen wollten. Hatten wir ihn deshalb verfehlt – oder verfehlen sollen? Wie ich ihn so anschaute, explodierte er plötzlich in einem blendenden Lichtball, der das ganze Sanctuary erhellte. Danach war wieder alles ruhig, und ich empfand ein sehr intensives Gefühl von Liebe von außen auf mich einströmen. Kurz darauf öffnete ich die Augen und beendete fast zur gleichen Zeit wie meine Partnerin die Meditation.«

Soweit Alisons Schilderung ihres Meditationserlebnisses. Wir waren alle sehr beeindruckt und über den erneuten Erfolg unserer Unternehmung höchst erfreut. Es war ein spezifisches Avebury-Erlebnis geworden, und in der Diskussion darüber wurde von dem meisten vermutet, daß dieses eher strenge Wesen etwas mit der »Great Goddess« zu tun gehabt haben könnte, der großen Erdenmutter, die in der Pagan-Tradition tief verwurzelt ist und seit alters her und speziell in und um Avebury verehrt wurde. Eine sehr hohe Entität hatte sich uns positiv genähert, eine Ehre und Unterstützung, der wir für würdig befunden wurden. Etwas Schöneres hätten wir uns, auch im Hinblick auf unsere zukünftige Arbeit, kaum wünschen können.

Nach solchen erfolgreichen Erlebnissen fühlt man sich beschwingt und heiter. So ließen wir uns unbeschwert durch die nächsten Tage treiben und widmeten uns doch noch einigen der Piktogramme. Im East-Field lag ja immer noch die inzwischen stark zertretene und daher recht unansehnlich gewordene Doppelhelix. Wir dowsten sie und das umgebende Feld und fanden keine Energie darin, was für uns einen eindeutigen Hinweis auf menschliche Urheberschaft bedeutete. Wir fanden auch gebogene Kornhalme, jedoch waren sie natürlichen Ursprungs. Als wir nämlich die danebenliegenden gerade Halme zur Seite schoben, entdeckten wir, daß die gebogenen direkt an der Kante der Treckerspurvertiefung zunächst waagerecht aus dem Boden herausgewachsen waren und sich mit den nächsten Wachstumsknoten senkrecht nach oben verbogen hatten, dem Licht entgegen. Daraufhin achteten wir mehr auf die Ränder der Treckerspuren und fanden dort immer wieder diese gebogenen Halme. So sollte man bei der Untersuchung der Kreise nicht zu früh über vermeintlich besonders eindrucksvolle Beispiele künstlich gebogener Halme jubeln, bis man den Untergrund untersucht hat, um nicht dem natürlichen Drang der Pflanze, zum Licht hin zu wachsen, aufgesessen zu sein.

Wie schon erwähnt, war bei Stonehenge ein Piktogramm entstanden, das an eine fraktale Julia-Menge erinnerte. Gaston Julia lebte von 1893–1978. Er war einer der Stammväter der modernen Theorie dynamischer Systeme. Julias Arbeit ist die Quelle einiger der schönsten heute bekannten Fraktale. Dieses Piktogramm bestach nicht nur durch seine Größe, sondern auch durch die große Anzahl der Kreise (149!) und seine geheimnisvolle Entstehungszeit.

Dieses ca. 300 m lange Piktogramm sei in nur 45 Minuten entstanden! Jedenfalls sagte dies der Pilot aus, der am 8. Juli gegen 18.00 Uhr an Stonehenge vorbeigeflogen ist. Laut Busty Taylor, der den Kollegen kannte, sei es ein Flieger, der mit der Erkennung von Kornkreisen einige Erfahrung besitzt. Alle, die hier in der Gegend fliegen, halten immer mal wieder Ausschau nach neuen Formationen. Er sei auf dem Hinflug auch nicht einfach über das betreffende Feld hinweg, sondern mehrfach um Stonehenge herumgeflogen. Und er schwört eben, da noch nichts von einem Piktogramm gesehen zu haben. Erst als er eine Dreiviertelstunde später auf dem Rückflug wieder an der selben Stelle vorbei kam, habe er das Piktogramm sofort bemerkt.

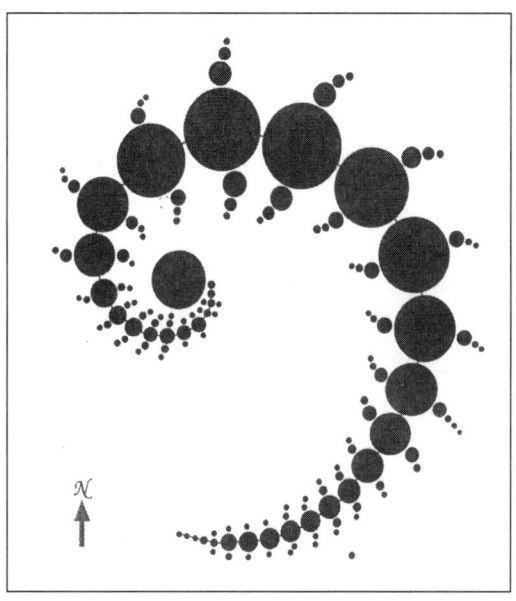

*Abb. 18: Das Piktogramm von 1996 bei Stonehenge
(nach einer Skizze von Peter Soerensen).*

Die einen glaubten an diese faszinierende Geschichte, andere blieben skeptisch. Zugegeben, die Aussage des an keiner Verschwörung und an keinem Hoaxer-Unternehmen beteiligten Piloten steht. Busty berichtete, daß er an diesem Tage drei Pkw und acht Leute gesehen hatte, die in der Nähe des Feldes vor der Entstehung des Piktogramms nach irgendetwas Ausschau hielten. Etwas weiter entfernt standen noch einmal vier Leute und ein Pkw. Zufall – oder die Hersteller?

Peter Soerensen zeigte uns ein Video seiner Begehung der noch frischen Formation. Wir wollen wirklich nicht ketzerisch wirken, aber was wir dort sahen, wenn Peter seine Kamera über das Korn in die kleineren Kreise hineinhielt, waren teilweise häßlich verwurschtelte Spiralen, so, als ob sie in großer Eile niedergedrückt worden waren. Sicherlich muß die Formation am Boden riesig, unübersichtlich und beeindruckend auf den Betrachter gewirkt haben, und es gab auch schon erste Berichte über physische und psychische Anomalien bei einigen Besucherinnen. Aber gerade letztere Erscheinungen haben wir auch schon aus eindeutigen Hoaxen zu hören bekommen, je nach der Stärke der individuellen Einbildungskraft.

Später in dieser Saison erschien bei Windmill Hill ein noch größeres

Piktogramm, das gleich aus drei derartigen »Julia-Sets« bestand, die spiral-
artig von einem gemeinsamen Mittelpunkt ausgingen. Wie auch immer
entstanden, eine Meisterleistung war es allemal!

Als wir uns diesmal von Wiltshire verabschieden mußten, fiel es uns
natürlich wieder schwer, jedoch erwartete uns diesmal zu Hause unser neues Buch, was der Heimreise einen etwas erfreulicheren Aspekt verlieh.
Andererseits hatten wir wirklich den Eindruck, daß ein Abschnitt zu Ende
gegangen war und natürlich war es aufregend, darauf zu warten, was als
nächstes auf uns zu käme. Wir wußten damals noch nicht, wie phantastisch
es noch werden würde.

KAPITEL 17

Ferne Aktivitäten

Die letzten Monate des Jahres 1996 standen ganz im Zeichen der Aktivitäten um das Erscheinen unseres Buches »Die Antwort des Orion«, das ja die Ereignisse der Jahre 1991 und 1992 beschreibt. Pressetermine, Interviews, Buchmesse, Dreharbeiten mit Fernsehteams, Vorträge, eben die ganze Palette der Promotion. Bald trafen auch die ersten Leserbriefe ein, auf die wir besonders gespannt waren. Zu unserer großen Freude waren die Reaktionen der LeserInnen fast ausschließlich positiv bis begeistert und meistens wurde auch gleich nach der Fortsetzung gefragt. Wie ermutigend! Das Presseecho war geteilt, wie sollte es bei diesem Thema auch anders sein. Wir haben – unter den gegebenen Umständen – einige gute ganz- und mehrseitige Artikel in Tages-, Wochenzeitungen und Magazinen gehabt, daneben gab es aber auch einige, die stark mit dem Lächerlichkeitsfaktor arbeiteten, wie wir es ja von der reinen UFO-Thematik her kennen. Richtige Ausrutscher unter die Gürtellinie gab es nur wenige.

Auffallend war, daß sich die Printmedien viel mehr Zeit nahmen und uns auch länger zuhörten, während es beim Fernsehen meistens hektisch und unter Zeitdruck ablief. Natürlich hatten wir nie Einfluß auf die endgültige Fassung der gedruckten oder gesendeten Beiträge, so daß wir eigentlich nie sicher waren, was am Ende dabei herauskommen würde. Meistens waren wir skeptisch, denn die Journalisten hatten mit dem Thema oft gar nichts am Hut oder führten bloß einen Auftrag der Redaktion aus und oft eben auch mit dem klaren Auftrag, uns oder das Thema nicht zu positiv darzustellen. Es kann nicht sein, was nicht sein darf.

Manche ForscherkollegInnen reagierten hierzulande in sogenannten »Buchbesprechungen« fast eifersüchtig, so schien es, aber es gab darunter auch Positives zu vermelden. So ehrte uns die deutsche »Forschungsgesellschaft Kornkreise e.V.« in der Ausgabe 3/1996 ihres Mitteilungsblattes, dem »FGK-Report«, mit dem Abdruck einer Luftaufnahme unseres Piktogrammes auf den Mittelseiten unter der Überschrift »Kornkreise 1996«. Und unter der Bildnummer 8 steht da zu lesen:»Piktogramm am Woodborough Hill, Alton Barnes/England.«

Als es nach dem ersten Presserummel um unser Buch etwas ruhiger wurde, begannen wir, uns zu überlegen, wie es nun weitergehen sollte. Die Tatsache, daß unser letztes Piktogramm als vollständiger Energieabdruck bei unserem Eintreffen schon im Feld gelegen hatte, beschäftigte uns nachhaltig. Es hatte etwas zu bedeuten, aber was?

Immer wieder diskutierten wir darüber, liefen wie durch ein Meer von verschleiernden Nebeln, immer auf der Suche nach der Lichtquelle, die von irgendwoher schimmerte. »Jemand« hatte uns die Gedanken abgenommen und die darin enthaltenen Informationen 1300 km von uns entfernt in einem Feld abgelegt. Lag nicht der Schluß nahe, daß es etwas mit diesen Raumgittern zu tun haben könnte, die man uns ständig so auffällig präsentierte und die wir mit den Ruten so relativ einfach zu finden in der Lage waren?

Aktivierter Raum im Raum, so als ob sich z.B. mitten im Zimmer ein vorher unsichtbares Fenster öffnet, durch das man in eine andere Welt schauen und auch zu ihr gelangen kann. Wir fühlten uns bei diesem Konzept an den »Riemannschen Schnitt« bei mehrfach zusammenhängenden Räumen erinnert. Wenn dem so wäre, müßte »jemand« in der Lage sein, von irgendwoher ein beliebiges Raumzeitsegment irgendwoanders zu aktivieren, in dem »jemand« sich quasi wie in einer Exklave seiner eigenen Realität in unserer Dimension aufhielte.

Dieses Modell könnte zum Beispiel erklären, weshalb sogenannte »UFOs« so plötzlich auftauchen und wieder verschwinden können, was wir bisher mit re- und dematerialisieren bezeichnen. Wir hatten ja in der Vergangenheit immer wieder festgestellt, daß die Gitternetze oft »wie ausgeknipst« verschwunden waren und mit ihnen all die Dinge, die wir vorher darin gefunden und erlebt hatten. Und wenn dem so wäre und diese Struktur der Raumgitter einen Einfluß hat, könnten auch einige der auffallenden, nicht aerodynamischen Bewegungen mancher Objekte erklärbar sein, denn sie können sich immer nur innerhalb der Bereiche bewegen, die vorher aktiviert wurden.

Diese Hypothese und ihre Möglichkeiten erschien uns derart faszinierend, daß wir darüber nachzusinnen begannen, ob wir auf irgendeine Art und Weise damit experimentieren könnten. Die größte Schwierigkeit bestand in dieser Phase unseres Gedankenprozesses eigentlich darin, sich adäquat auszudrücken. Wir benutzten die uns bekannten Bezeichnungen wie »Polarität« und »oben/unten«, weil wir für das, womit wir hier konfrontiert waren, einfach keine besseren Bezeichnungen wußten. Wir benahmen uns wie zweidimensionale Flachländler, die versuchten, ihnen unbekannte, dreidimensionale Phänomene mit der ihnen bekannten flachländischen Terminologie zu beschreiben. Aber die Phänomene waren nun einmal da, die Ruten – wir – reagierten doch darauf, und wir mußten ja irgendwie damit umgehen. Außerdem wollten wir mit unserer Forschung weiterkommen, denn bisher war es immer weitergegangen. Wir hatten uns immer an das Einfachste, Naheliegendste gehalten und damit doch bisher ganz gut gelegen, warum also auch nicht diesmal?

Also, das Phänomen hatte uns eindeutig gezeigt, daß es ihm möglich ist, Gedanken abzunehmen und sie woanders »wiederfindbar« zu machen. War es das, was man uns zeigen wollte – womit wir uns beschäftigen sollten? Wir trauten uns kaum, das laut auszusprechen, aber – sollten wir ein ähnliches Experiment durchführen? Und je länger wir uns mit diesem Gedanken beschäftigten, desto mehr Zutrauen faßten wir wieder zu uns selbst. Natürlich wußten wir, daß es in einer Welt, wie momentan der unseren, schwer sein würde, derartige Gedankengänge zu vermitteln. Aber wir waren bis hierher gekommen, nun mußten wir auch weitergehen.

Wir faßten also den kühnen Entschluß, das, was uns von »anderen« gezeigt worden war, selbst zu versuchen. Unter Verwendung aller bisher gemachten Erfahrungen und der vermittelten Erkenntnisse wollten wir während einer Meditation versuchen, ein Raumgitter zu aktivieren. Und damit es auch von der Versuchsanordnung her einigermaßen akzeptabel sein sollte, wählten wir einen Ort aus, der weit entfernt war, sehr weit sogar. Wir wollten auf die Wiese zwischen dem Yew-Tree und der Quelle in England ein Gitternetz projizieren, 1300 km von Berlin entfernt, so wie es uns das Phänomen vorgemacht hatte, denn wenn es überhaupt funktionierte, dann funktionierte es überall, in der Küche nebenan, in Quenstedt, in England, Amerika, auf dem Mond oder auf dem Mars.

Niemand außer uns wußte von dem Vorhaben, niemand sollte davon wissen. Ohne Angaben von Einzelheiten baten wir also die uns bekannte Dowserin, mit einer Zeugin auf die Wiese zu gehen und sie zweimal im Abstand einer Woche zu dowsen. Das taten sie dann auch zum ersten Mal am 14. Januar 1997. Auf dem ganzen, großen Gelände fand sich eine einzige, aus drei Banden bestehende Linie. Diese verlief exakt noch dort, wo sie 1990/91 zum ersten Mal gedowst wurde. Sonst war das sanfte Grün energetisch ruhig und friedlich.

Am 23. Januar 1997 begann dann unser Part in dem bisher einmaligen Experiment. In der Mittagszeit dieses kalten, aber nicht unfreundlichen Tages ließen sich Achim und Hans in ihren Wohnungen jeweils an »ihren« Plätzen nieder und stimmten sich auf das Kommende ein. Jeder hielt in der einen Hand auf der empfangenden Seite ein Stück von der Rinde des Yew-Trees und in der anderen einen Kristall auf der abgebenden Seite. Dies geschah unter der Vorstellung, die ein- und ausströmenden Energien zu verstärken. Um exakt 12.30 Uhr zählten sich beide langsam von Zehn auf Null herunter und synchronisierten die Atmung.

Zunächst galt es, den Kontakt zum Partner herzustellen. Beide visualisierten, wie sie sich über ihre Häuser erhoben und den Blick über die Dächer in jeweils die Richtung des anderen wendeten, um dann langsam zu ihm bis hinab in sein Zimmer zu gelangen. Es entstand ein hell leuchtendes, bogenförmiges, breites Band vital hin- und herfließender Energie zwischen den ca. 4 km Luftlinie entfernten Wohnungen. Danach visualisierten beide das Planetensystem, um von außen in Richtung Erde zu gelangen. Das Bild jedes Planeten wurde gesehen und dessen Energie als Booster verwendet, um zum nächsten zu gelangen.

Als die Erde, diese blau, weiß und braun-grün schimmernde Schönheit, gegen den schwarzen, funkelnden Sternenhimmel auftauchte, entschied sich jeder für seine bevorzugte Anflugrichtung. Achim bevorzugte, über Afrika hereinzukommen, nach Norden über Ägypten, das Mittelmeer, Italien, München und dann entlang der Autobahn weiterzufliegen und schließlich Berlin unter sich zu sehen. Das hell leuchtende Energieband im Westen der Stadt war leicht auszumachen. Hier vereinigten sich beide Energien und flogen nun gemeinsam nach Westen zur Küste, hinüber zur Insel, an London vorbei und dann nach Südwesten hinab in die Salisbury Plains bis an den Rand des Kliffs am Vale of Pewsey.

Hans konzentrierte sich ganz auf ein Gitternetz mit einer Maschenweite von 1,20 m², das er auf die Wiese projizierte. Währenddessen knackte das 1700 Jahre alte Stück Holz in seinen Händen beständig. Gegen 12.45 Uhr zählte er sich wieder hoch und griff sich seine Ruten. Mitten im Zimmer lag ein Quadrat von 1,20 m².

Auch Achim versuchte, ein Gitternetz zu visualisieren, aber so sehr er sich anstrengte, es wollte nicht gelingen. Stattdessen formte sich vor ihm ein Bild, das sich am ehesten mit dem eines Tornadoschlauches vergleichen ließ. Irgendwie war er am Milk Hill hängen geblieben und schaute hinab auf Alton Priors und Alton Barnes. Dort geschah etwas Unglaubliches. Ein riesiger, atmosphärenhoher, sich unablässig drehender, grauer Wirbel hatte sich dort gebildet, wo die Wiese sein mußte, auf der er deutlich das Energienetz von Hans wahrnehmen konnte. Er wußte, daß er für diesen Wirbel dort unten verantwortlich war, der an jenem Ort wie ein gewaltiger Mahlstrom rotierte. Daneben hatte er das Gefühl, daß dieser Schlauch eigentlich in Berlin begann, sich nach oben bis in die planetare Sphäre verjüngte, um sich bei Alton Barnes verbreiternd wieder hinabzufallen. Fasziniert betrachtete er eine ganze Weile die Szenerie. So langsam ließ dann die Kraft diese Bildes nach, und auch Achim begann, sich wieder hochzuzählen. Gegen 12.50 Uhr war dann dieser Teil des Experiments beendet. Wir waren wieder in Berlin.

Gleich am nächsten Tag schrieben wir nach England und baten um eine neuerliche Untersuchung des bewußten Areals.

Am 1. Februar 1997 näherte sich um 11.20 Uhr ein diesmal dreiköpfiges Team in England erneut der Wiese. Unmittelbar nach dem Überqueren der Brücke, die über den hier noch embryonenhaften Fluß führt, begannen die Ruten sich zu bewegen, und nach sehr kurzer Zeit war allen klar: Hier hatte sich eindeutig etwas verändert, hier lag ein Energienetz, das vorher noch nicht dagewesen war. Dies war energetisch eine komplett andere Wiese! Das Team begann, das Areal erneut zu dowsen. Während sie sich auf das Zählen der Schritte konzentrierten, fühlten alle eine ihnen unerklärliche Art von energetischer Präsenz und bald kristallisierte sich auch ein Muster heraus. Es war ein nicht gleichmäßiges Gitter mit nach innen abnehmenden Linienabständen in der Süd-Nord Richtung. Die Dowserin berichtete, daß sie an einer Stelle das Gefühl hatte, in einen »Energieschlauch« einzutreten, als ihr an genau dieser Stelle einmal die Ruten durch deren heftige Bewegung fast aus der Hand gerissen wurden. Innerhalb dieses von ihr so empfundenen Schlauches gab es ein großes, rechteckiges Areal ohne jegliche Ausschläge. Es hatte sich also seit ihrem letzten Besuch hier, so berichteten sie uns, ein Gitternetz gebildet, dessen Linien sich um einen zentralen, linienfreien Bereich herum zumindest an einer Seite verdichten. Sie wollten nun wissen, was sich ereignet hatte.

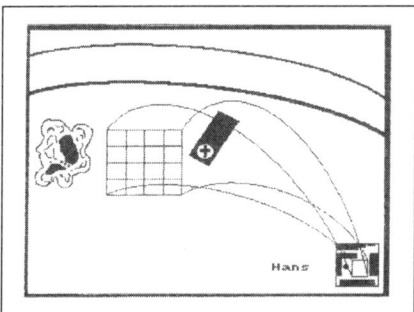

Abb. 19: So projizierte Hans ein Gitternetz nach England.

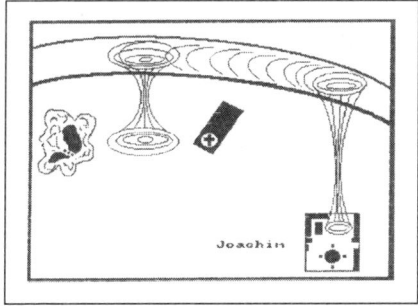

Abb. 20: Achim projizierte einen Energiewirbel nach England.
Gitternetz und Wirbel überlagerten sich dort.

Als wir diese Nachricht aus England bekamen und damit wußten, daß unser Experiment geglückt war, verstummten wir für einen Moment, erfüllt von tiefer Dankbarkeit. Alles, was uns das Phänomen bisher gezeigt hatte, war von uns analysiert und wieder praktisch umgesetzt worden. Vor diesem letzten Experiment waren wir, trotz aller Neugier, zunächst doch zurückgeschreckt, denn wir kamen uns anmaßend vor und hatten auch etwas Angst davor, welche Schlußfolgerungen bei einem positiven Ausgang daraus zu ziehen wären. Nun war das Experiment erfolgt und hatte diesen positiven Ausgang gehabt. Das Phänomen hatte uns immer wieder die Vorlagen gegeben: schau hin und denke – und handle.

Wir hatten kraft unseres gemeinsam auf ein spezielles Zielgebiet ausgerichteten Geistes über eine Entfernung von 1300 km eine komplizierte geometrische Veränderung der Raumzeitstruktur erreicht, die von unabhängigen Dowserinnen ohne jegliche Vorinformationen zu deren Verwunderung verifiziert werden konnte. Deren Originalskizzen liegen uns vor. Wir taten dies, um herauszufinden, ob das, was das Phänomen die ganze Zeit andeutete, für uns umsetzbar war. Und dem war so! Wir besaßen also die Fähigkeit, mittels der Raumgitter, unabhängig von unserem scheinbar physischen Aufenthaltsort, entfernte Orte aufzusuchen und hier nachweislich physisch/psychische Veränderungen zu bewirken. Und wenn wir sagen »wir«, dann meinen wir uns alle, auch Sie!

Als der Frühling auch in diesem Jahr wieder in Berlin Einzug hielt, die Luft milder wurde und die Vögel lauter und fröhlicher sangen, wurde uns klar, was wir dieses Jahr in England zu tun hatten. Wir würden diesmal, das erste Mal, kein eigenes Piktogramm erstellen. Über die bekannten Phänomene hinaus, nach denen echte Kreise ein spezifisches Energiemuster besaßen und in ein Energienetz eingebettet waren, das wie eine zweidimensionale Projektion einer mehrdimensionalen Raumzeitkrümmung auf und in den Feldern lag, hatte die unbekannte Intelligenz uns eine weitere Möglichkeit des Umgangs mit diesen Energiemustern gezeigt, indem sie unser Piktogramm in das Feld transferiert hatte. Es war uns dann möglich gewesen, diese Energiestruktur aufzufinden.

Ab 1992 hatten wir mit unseren Piktogrammen unter anderem natürlich auch zu erreichen gehofft, daß das Phänomen mit weiteren »Antwortpiktogrammen« den einmal begonnenen Dialog weiterführen würde. Wir erkannten glücklicherweise jedoch, daß es auf einer anderen Ebene weitergehen sollte, eben jener energetischen. Wir erkannten auch, daß es nicht nach unseren Regeln ablief und wir unsere Ungeduld zügeln mußten, so schwer es auch fiel. Doch nun waren wir in der Lage, so wie 1991, als wir mit unserem Fragepiktogramm der langjährig wiederholten Aufforderung zur Kommunikation mittels graphischer Symbole in Kornfeldern nachkamen, auch hier den beabsichtigten logischen Fortgang der Dinge mitzubekommen.

Letztes Jahr hatten sie unser Piktogramm ins Feld gelegt, und wir sollten es finden. Was, wenn – »sie« im kommenden Sommer nun ihr Piktogramm ins Feld legen und wir es finden würden – oder sollten? Wir beschlossen also, in diesem Sommer kein eigenes Piktogramm zu entwerfen, was bedeutete, daß wir auch an kein spezielles Muster denken durften, um absolut sicher zu sein, daß wir nicht unser eigenes Muster dort hinprojizieren würden. Wir waren im Umgang mit unseren neuen Fähigkeiten noch nicht trainiert genug, so könnte eine unkontrollierte Aktion leicht zu falschen Ergebnissen führen. Stattdessen wollten wir das im Moment noch kaum Glaubliche wagen und nach »ihrem« Muster Ausschau halten. Und wenn wir dann tatsächlich eines finden würden, bedeutete dies, daß zum einen nach vielen Jahren wieder ein »echtes« Piktogramm entstanden wäre und daß darin neue – »ihre« – Informationen enthalten sein würden. Die Kommunikation hätte ein neues Niveau erreicht, denn offenbar bestünde dann auf »der anderen Seite« weiter das Bedürfnis, uns etwas mitteilen zu wollen – wenn wir mit unserer Annahme richtig lagen. In jedem Falle stand uns eine aufregende Zeit bevor und wir konnten es wieder einmal kaum erwarten, bis es losgehen würde.

Es war Mai geworden, und Berlin präsentierte sich wieder von seiner besten Seite. Das aufkeimende, frische Grün in den Straßen, all die belebten Plätze, nachts die ersten Spaziergänge mit nur noch Hemd und Jacke durch die erwärmende City – Berlin machte sich zum Kuscheln bereit.

Doch wir im fernen Spandau bekamen davon wenig mit, zu sehr waren wir mit den Vorbereitungen auf unser neues Experiment beschäftigt. Hans stellte am Anfang Mai 97 fest, daß das 1,20 m x 1,20 m große Energiequadrat, das bei der Meditation am 23. Januar entstanden war, sich in seinem Zimmer immer noch nachweisen ließ. Es kam uns fast so vor, als ob es uns an etwas erinnern wollte. So hatten wir die Idee, unsere Meditation zu wiederholen, diesmal aber mit einem anderen Zielpunkt. Sehr schnell kamen wir überein, diesmal Woodborough Hill als Zielobjekt auszuwählen und die Meditation auf den Abend des 16. Mai festzulegen. Wir informierten wieder unser Team in England, das am 13. Mai auf den Hill ging, ohne zu wissen, was wir diesmal vorhatten. Der Hügel erschien energetisch völlig frei, lediglich eine dreibandige Ley Line zog so über die östliche Hügelseite, wie sie es auch seit den Wintern 1990/91 getan hat, als sie entdeckt wurde. Diese Ley Line zieht rüber zum East Field, hinauf zum Adam's Grave, weiter zum Milk Hill, Tan Hill, wieder hinunter in das Pewsey Tal, überquert die A 361, um dann zum Morgan's Hill hochzuziehen.

Hans dowste sein Zimmer erneut am 16. Mai gegen 17.00 Uhr. Das

Energiequadrat war verschwunden. Um 22.00 Uhr waren wir dann wieder auf unseren Stellen, sammelten uns und begannen nach bewährtem Muster mit der Meditation. Achim absolvierte das Schema problemlos bis nach England hinein und kam diesmal etwas weiter an das Zielobjekt heran, konnte aber wiederum nicht direkt dort hingelangen. Er blieb in einiger Entfernung westlich von Woodborough Hill hängen und konnte eine rechteckige, an ein Gebäude mit einem großen, freien Innenhof erinnernde, Struktur auf der Gipfelkuppe des Hills erkennen. Dieses Bild blieb während der gesamten Meditation bestehen.

Hans begann seinen Part wieder mit dem Kristall in der linken und einem Stück vom Tree in der rechten Hand. In beiden Händen war für einige Zeit ein starkes Pulsieren zu spüren, als er aus dem Raum in unser Sonnensystem hineinflog. Während der Neptun- und Uranuspassage trat ein eigenartiges, singendes Brummen auf, der Weiterflug zur Erde ähnelte dann einem rasenden Sturzflug, während sich die letzte Annäherungsphase wie in mehreren wiederholten Anflügen abspielte. Dabei kristallisierte sich immer mehr die Mittelmeerküste Ägyptens heraus. Danach änderte sich der Anflugwinkel schlagartig, und Hans war in Spandau, versuchte sich mit Achim zu verbinden, was aber nicht recht gelingen wollte. Vielleicht war der schon weg? Dann ging es ebenso schnell weiter nach England zum Woodborough Hill, den er mehrmals von der Seite, von dem Weg, der von den Barnes her hinaufführt und auch von oben anflog.

Von hier aus konnte er ein bereits schon auf dem Hill liegendes Gitternetz erkennen, das wieder ziemlich genau nach Norden ausgerichtet zu sein schien. Danach sah er, wie sich dieses Netz über der Mitte des Woodborough Hill immer wieder leicht anhob, als ob es dort pulsierte. Daraufhin stand er genau an dieser Stelle, und als er nach oben sah, konnte er mehrere Male ein großes, schwarzes Loch erkennen, wohingegen die Seiten bis hoch zu diesem Loch hell erschienen. Dann stand er wieder außerhalb und sah erneut herab auf das sich pulsierend anhebende Gitternetz auf dem Hill.

Während der ganzen Zeit hatte er kein Gefühl mehr am ganzen Körper, auch der Kristall und das Stück vom Tree in den Händen waren nicht zu spüren. Sie waren wie leblos. Um 22.00 Uhr löste sich für ihn dieses Bild auf, und er beendete die Meditation. Das anschließende Dowsen in seinem Zimmer zeigte die Anwesenheit eines 2 m x 2 m großen Energiequadrates.

Am 17. Mai wurde Woodborough Hill erneut von unserem ahnungslosen Team in England untersucht. Sie waren total überrascht, daß die Ruten diesmal bereits unmittelbar an der Zaungrenze der die Hügelkuppe bedeckenden Weide begannen, sich zu bewegen. Und nach kurzer Zeit war den beiden dort klar: Hier lag ein ziemlich regelmäßiges Gitternetz auf dem

Hill, das bei der ersten Untersuchung nicht vorhanden gewesen war. Die originalen Untersuchungsskizzen liegen uns vor. Sie fanden darüber hinaus etwas südöstlich von der Hügelkuppe ein energiefreies Areal von ca. 8 m x 6 m, bei dem wieder das Gefühl auftrat, wie durch eine Wand in einen Schlauch einzutreten.

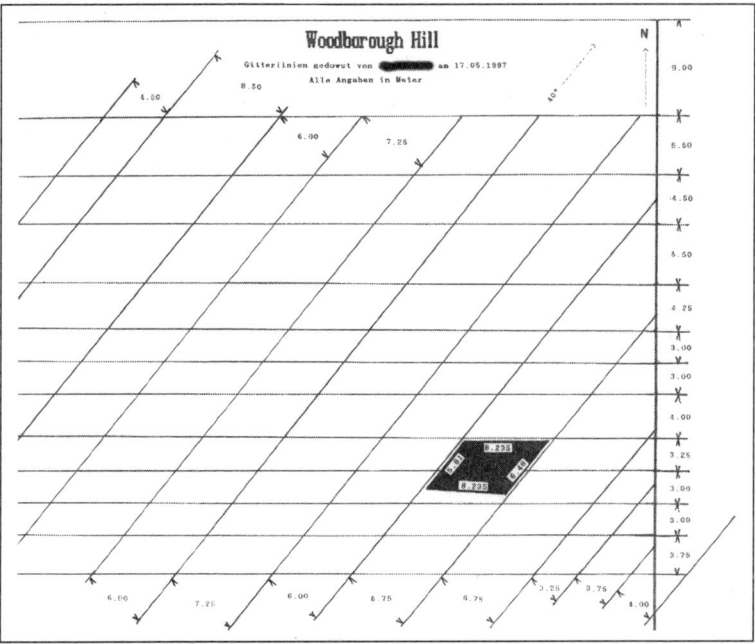

Abb. 21: Schematische Darstellung mit Originalmaßen des Gitternetzes auf dem Woodborough Hill. Eingezeichnet ist der (relativ zur Hügelkuppe) etwas exzentrische energiefreie Bereich.

Welch ein Erfolg, denn auch dieses Experiment hatte funktioniert! Es stand für uns nun außer Zweifel, daß wir wirklich in der Lage waren, über Raum und Zeit hinweg an anderen Orten eine Änderung der Struktur diese Gitternetzes zu bewirken bzw. die dort vorhandenen Gitterstrukturen zu aktivieren. Wir waren in der Lage nachzuvollziehen, was uns die Intelligenz hinter dem Kornkreisphänomen in all den Jahren als eine ihrer Fähigkeiten vorgemacht hatte, mit uns in Wechselwirkung zu treten und zu kommunizieren. Und wenn wir alles, was wir bisher erfahren und gelernt hatten, mit dieser neuen Eigenschaft verbänden, könnte daraus ein geradezu phantastisches Werkzeug werden – und ein mächtiges noch dazu.

Doch soweit war es noch nicht, das spürten wir. Es gab noch einiges zu tun, wie zum Beispiel unser nächstes Experiment im bevorstehenden Sommer. So behielten wir unsere neue Erfahrung zunächst für uns und warteten ab, was sich tun würde. Und mit der Zeit erschien uns dieses Abwarten immer sinnvoller, denn je mehr wir über die Ergebnisse unserer Meditationen nachdachten, desto unheimlicher wurden uns deren mögliche Auswirkungen auf andere als die bisherigen, nach allgemeinem gesellschaftlichen Standard mehr als »esoterisch« anzusehenden, in Frage kommenden Ziele.

Und – waren diese Ergebnisse nicht eigentlich die Bestätigungen für die Richtigkeit unserer Meditationsexperimente der vergangenen Jahre? Hatten wir nicht immer darum ersucht, daß die einzelnen Teams sich bei ihrer Umrundung der Erde auf einen ihnen besonders dringlich der Hilfe bedürfenden Krisenherd konzentrieren sollten?

Dieses Prinzip funktioniert, so ist uns gezeigt worden, sehr gut. Die Veränderung am Zielort hängt nur von der Genauigkeit des Zielens und der Intensität ab, mit der man versucht, hier einzuwirken. Man kann, wie beim Remote Viewing, nur Beobachter sein, man kann aber auch zum Mitwirkenden werden.

KAPITEL 18

Experimente in Cornwall

Im Sommer 1997 reisten wir zunächst nach Cornwall, diesmal im Team zu viert, denn Andrea und Matthias waren mit uns. Wir hatten von den Steinkreisen dort gehört und wollten sie besichtigen und das Angenehme mit dem Nützlichen verbinden. Unser erstes Ziel war Bodmin Moor, wo wir in strömendem Regen ankamen. Es ist eine atemberaubende, schaurig schöne Landschaft, zumindest bei dieser Witterung. Wer einmal dorthin fahren will, sollte sich allerdings auf einiges gefaßt machen, denn es kann einem passieren, wie uns gleich zweimal, daß eine riesige Dampfmaschine auf vier Rädern schnaufend hinter der nächsten Biegung der viel zu schmalen Straße auftaucht. Dann ist guter Rat teuer, und Schrammen am Wagen sind seitlich an der Böschung vorprogrammiert. Diese antiken Ungetüme werden hier von der betuchteren Bevölkerungsschicht nämlich als Hobby betrieben und gelegentlich über die Straßen gerollt.

Wir stoppten zuerst bei den Hurlers Steinkreisen. Die sichtbaren Reste dieser Anlage mitten im Hochmoor sind drei hintereinanderliegende Kreise, einer aus 32 Einzelsteinen bestehend, zwei andere ebensogroß, aber zur Hälfte zerstört. Vor dem ersten stehen in einiger Entfernung zwei einzelne Menhire. Unsere Ruten zeigten, daß sie auf einer Energielinie standen, die zum ersten Kreis, unter diesem hinweg und zum zweiten Kreis zog. Beide Kreise besaßen einen vollständig erhaltenen Energiering. Der Kreismenhir, der von der einzelnen Energielinie berührt wurde, die von den beiden Außenmenhiren heranzog, wies kein spezifisches Eigenmuster auf. So stellten wir uns um den Menhir herum, der im zweiten Kreis von dieser Linie berührt wurde, legten ihm unsere Hände auf, konzentrierten uns auf ihn und sprachen ein paar freundliche Worte, die unsere Absicht ausdrückten, ihn aktivieren zu wollen. Kaum war dies geschehen, so zeigte das nachfolgende Dowsen, besaß er ein Sende- und Empfangsmuster!

Andrea und Matthias kamen auf die Idee, einen zweiten Ringstein zu aktivieren, was wir dann auch in gleicher Weise mit dem übernächsten Stein durchführten. Das anschließende Dowsen zeigte eine große Überraschung! Es war eine zweite Linie entstanden, die vom Linienstein im ersten Ring zum neu aktivierten Ringstein im zweiten Ring zog!

In einem zweiten Experiment stellten wir uns in den Energiering, der mit der Stellung der Steine im Kreis korrespondierte. Je nach dem, wie wir uns mit unserer Empfänger- und Sendeseite in den Ring stellten, konnten wir den Energiefluß des Steinkreises einmal mit und einmal gegen den

Uhrzeigersinn herumleiten. Die Ruten zeigten jeweils ohne Probleme die Fließrichtung an. Ziemlich beeindruckt von diesen unerwarteten Ergebnissen machten wir uns auf den noch weiten Weg zum Ort unseres nächsten Experiments, zu den Merry Maidens.

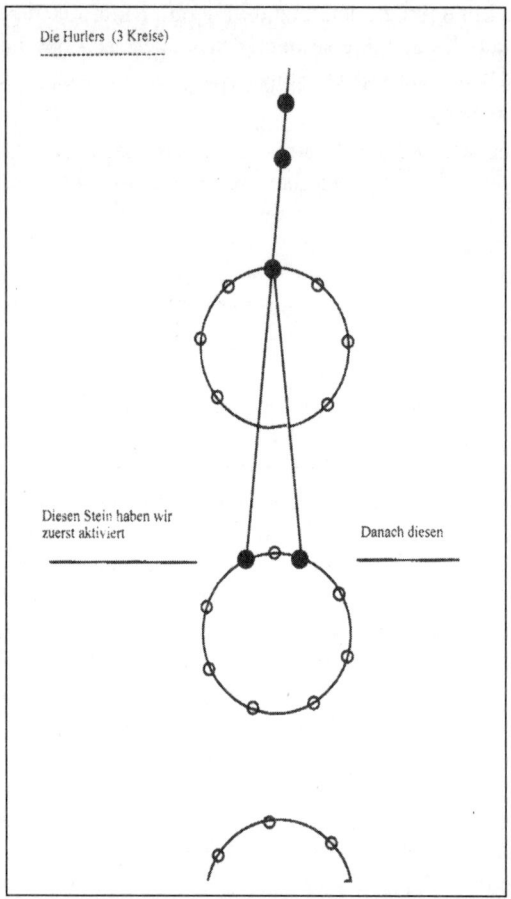

Die Hurlers (3 Kreise)

Diesen Stein haben wir zuerst aktiviert

Danach diesen

Abb. 22: Schema der von uns gedowsten Linien bei den Hurlers Stein-kreisen, Cornwall.

Dieser hübsche und intakte Steinkreis lag etwas abgelegen und bestand aus 19 einzelnen Ringmenhiren und wieder zwei außen separat stehenden Einzelsteinen. Die Ruten zeigten an, daß beide Außensteine auf einer Linie lagen, die sich ab dem ringnahen Einzelstein aufzweigte und zu zwei der nächsten Ringsteine zog. Diese beiden Menhire zeigten kein eigenes Muster. Wir aktivierten beide nach dem bekannten Vorgehen, wonach sie sofort Empfangsmuster aufwiesen. Danach aktivierten wir zu beiden Seiten jeweils den übernächsten Stein, wonach sich von den beiden Außensteinen je eine neue Linie hin zu den jetzt aktivierten Ringsteinen gebildet hatte. Auch innerhalb des Steinkreises hatten sich überraschende Veränderungen ergeben. Jeder der aktivierten Steine war jetzt mit jedem anderen durch eine Linie verbunden!

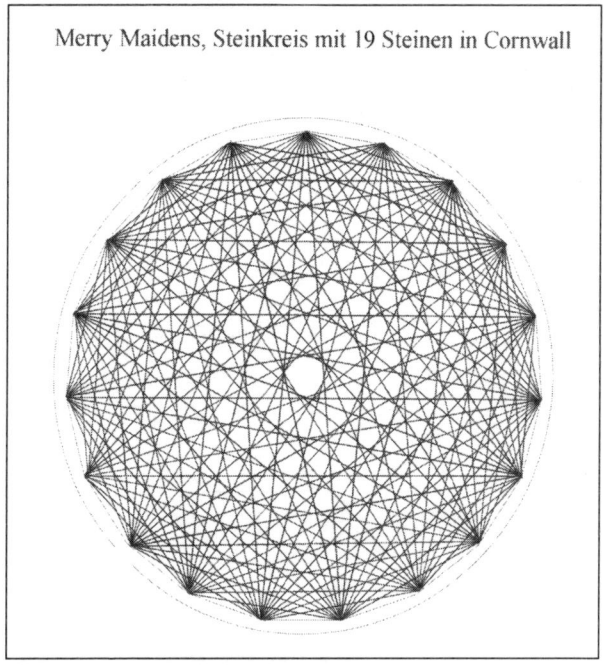

Merry Maidens, Steinkreis mit 19 Steinen in Cornwall

Abb. 23: So müßte das Linienmuster innerhalb der Merry Maidens nach Aktivierung aller Steine aussehen – alles ist mit allem verbunden. Und dann stellen Sie sich diese Struktur noch dreidimensional vor!

Zuletzt überprüften wir noch, ob sich auch bei diesem Steinkreis die Richtung des Energieflußes umkehren ließ. Matthias stellte sich zwischen die Steine und breitete die Arme aus. Je nach dem, wie er sich drehte, änderte sich die Richtung der Rutenbewegung. Es funktionierte also auch hier!

Sehr nachdenklich verließen wir diese ehrwürdige Stätte. Zweifellos waren wir hier wichtigen Dingen auf die Spur gekommen, und der Schluß liegt nahe, daß sie den Erbauern des Steinringes sicher bekannt gewesen sein müssen. War dies ein Teil des berühmten Druidenwissens? Welche Möglichkeiten eröffneten sich hier! Man konnte regelrecht mit diesen Kreisen arbeiten, sie zu energetischen Manipulationen benutzen, die sicher über die Grenze des dort sichtbaren Steinringes hinausgingen. Und diese Außensteine, hatten sie die Aufgabe, den Ring über die Zeiten hinweg energetisch in Bereitschaft zu halten, bis eines Tages wieder jemand kommen würde, um die Steine zu aktivieren?

Mit einem leisen Lächeln verließen wir die Merry Maidens, wohl wissend, das unser Muster dort nun für alle Zeiten weiterbestehen würde, es sei denn, wir »knipsten es wieder aus« – oder es käme jemand, der in genau gleicher Weise sein Muster über unseres legte ...

KAPITEL 19

Sara's Circles

In Alton Barnes begrüßte uns in diesem Jahr ein sehr großes Piktogramm, das gegenüber dem East Field im Wilcot Brow Field lag. Es bestand aus vielen ineinander verwobenen Spiralen mit einem zentralen Kreis darin. Doch wir hatten anderes im Sinn und die Zeit drängte. Wir wußten ja nicht, wie lange wir suchen müßten, vorausgesetzt, das Phänomen hatte etwas in ein Feld gelegt, also begannen wir unmittelbar nach unserem Eintreffen mit der Suche.

Gespannt liefen wir den Betonweg entlang, der auf das offene Farmgelände hinausführt. Dort wo der Ridgeway durch die Farm zieht, zeigten die Ruten drei einzelne, parallele Linien an. Hans lief als erster über diese magische Grenze hinweg weiter auf dem Weg entlang. Plötzlich stoppte er, die Ruten zeigten einen Kreis an, der ca. 5 m Durchmesser hatte und dessen Energie entgegen dem Uhrzeigersinn kreiste. Jetzt lief Achim auf diese Stelle los. Auch er dowste einen Kreis, der jedoch energetisch genau entgegengesetzt verlief! Beim genaueren Hinschauen war sein Kreis zwar auch in gleicher Entfernung vom Farmtor, aber etwas nach seitlich verschoben. Es handelte sich also um zwei Kreise. Wir freuten uns wie kleine Kinder und hüpften regelrecht umher, denn was sollten dieses beiden Kreise gleich am Farmeingang anderes bedeuten als ein Zeichen der Anwesenheit des Phänomens, eine Art energetisches Ausrufezeichen: »Ja, wir sind hier! Sucht weiter!«

Nun begann ein stundenlanges, angestrengtes Suchen auf der riesigen Farm. Der Betonweg, den wir schon so oft entlanggefahren waren, erwies sich zu Fuß als eine schwer zu begehende, lange Piste. Volle Konzentration war nötig, immer den Kopf leer halten, immer nur das Eine fragen: Sind hier Energiemuster des Phänomens zu finden? Die Ruten in unseren Händen jedoch blieben total ruhig – außer gelegentlich vom Wind verursacht, nicht die leiseste Andeutung einer Bewegung. Hans war zwischendurch einmal zu den Scheunen vorgefahren, um dort zu dowsen, insbesondere den Weg zum Rabbit Holes. Nichts. Keine Linien, keine Gitter.

Achim war inzwischen am zweiten Kuhgitter angelangt, wo links der Weg zum Wilcot Brow und Tawsmead Field abbog. Einige große Felder lagen schon hinter uns. Nach kurzer Pause im Schatten der Büsche ging es weiter. Wir erinnerten uns, daß erfahrene Dowser vor zu langen Gängen hintereinander warnen, aber wir wollten heute weiterlaufen, um so viel Gelände wie möglich zu schaffen. Als Achim dann in Richtung der Scheunen weiterging, gab es plötzlich eine Bewegung der linken Rute nach links, erst einmal, dann immer wieder. Kehrtgemacht und den gleichen Weg wieder zurück! Jetzt schlug die rechte Rute nach rechts aus. Es wurde also auf das Feld unterhalb von Woodborough Hill hingewiesen, eine riesige, sanft ansteigende Matte aus Kornpflanzen. Hier war etwas drin, wir hatten etwas gefunden! Es war uns, als könnten wir sofort einhundert Meter hoch springen, mußten aber noch völlig konzentriert bleiben, denn nun galt es, die Stelle in diesem Kornmeer genauer zu lokalisieren.

Wir teilten uns in zwei Gruppen ein, Achim und Matthias liefen den Weg am Wilcot Brow entlang, Hans und Andrea fuhren weiter zu den Scheunen. Es war unheimlich schwer, jetzt ruhigzubleiben, sich auf den Weg zu konzentrieren und nichts durch willentliche Vorgaben zu beeinflussen. Achim und Matthias liefen los. Von der Kreuzung an gab es einen ständigen, sich wiederholenden Ausschlag der rechten Rute nach rechts in Richtung Feld.

Dann, nach etwa 80 Schritten von der Weggabelung entfernt, nahm der Abstand zwischen den Ausschlägen der rechten Rute deutlich von vorher vier Schritten auf zwei ab, bis schließlich ab 90 Schritten die Ruten keinen Zweifel mehr ließen: Hier begann ein Gitternetz! Es hatte eine Zellenweite von drei Schritten, erstreckte sich für weitere 90 Schritte und endete dabei die ganze Zeit jeweils haarscharf am linken Wegrand. Weiter oben gab es noch einige rechtsseitige Ausschläge, dann war Schluß, keine weiteren Linien mehr. Wir stürmten geradezu den Weg zurück, um Hans und Andrea zu treffen, die, für uns dort nicht sichtbar, von der anderen Seite dieses Riesenfeldes her zurückkamen. Auch sie machten vielversprechende Gesichter.

Alle Versuche, bei den Scheunen Energiemuster zu dowsen, blieben zunächst erfolglos. Als sie aber dann den Weg zum Woodborough Hill hinaufliefen, trafen sie nach etwa einem Drittel der Weglänge auf ein auf den Weg beschränktes Energiemuster, das sich für weitere 92 Schritte nach oben erstreckte. Sie waren also offenbar auf der rechten Seite auf die Begrenzung des quer über dem Feld liegenden Gitternetzes gestoßen. Das Phänomen hatte, anders als z.B. 1993, nicht das ganze Feld, sondern nur einen Bereich desselben markiert, was es uns leichter machte, den wichtigen Bereich zu finden, in dem wir zu suchen hätten. Trotz unserer Aufgeregtheit und der Anstrengung der letzten Stunden fingen wir noch am Nachmittag nach einer kleinen Pause an, die Tramlines abzuzählen und anschließend in ihnen entlangzulaufen. Wir wollten wissen, ob wir in dem markierten Bereich auf abweichende Muster stoßen würden, denn dann hätten wir Gewißheit, daß das Phänomen tatsächlich ein Piktogramm aus reiner Energie für uns hier »hinterlegt« hatte.

Achim lief die erste Tramline hoch, dann die zweite, die dritte – nichts. So langsam beschlich ihn ein mulmiges Gefühl, war etwa alles falsch? Gab es gar kein Muster? Da begann Hans zu rufen, der nach Achim gestartet war. Seine Ruten zeigten bereits in der ersten Tramline etwas an, er war auf ein Muster gestoßen! Achim lief weiter, Tramline nach Tramline, immer ohne Ausschlag, während Hans weiter hinten ständig stehenblieb und sich Notizen machte. Sechs Tramlines war er jetzt schon bis hoch an die Gipfelwiese des Woodborough Hill gelaufen und hatte noch nicht einen einzigen Ausschlag verspürt. Aber gut, wenn er auch gegen die Enttäuschung ankämpfen mußte, die Ruten waren unbestechlich, sie zeigten, was war und was nicht, es waren eben keine »Wünschel«ruten, sondern Zeiger einer noch nicht genau zu beschreibenden Wechselwirkung des Rutenträgers mit noch nicht genau verstandenen Energiemustern seiner Realität.

Es dauerte viele hundert Meter holprigen Weges und bis zur siebten Tramline, als sich Achims Ruten zu bewegen anfingen. Er war auf ein Muster gestoßen, so viele Tramlines von Hans entfernt! Auch in den nächsten drei gab es Ausschläge, dann war endgültig Schluß. Ab der elften Tramline gab es kein Muster mehr. Später versuchte Hans dort, wo Achim Ausschläge erhalten hatte, dieses Energiemuster zu finden. Es gelang ihm nicht, genauso, wie es Achim nicht gelungen war, in den Tramlines, in denen Hans'

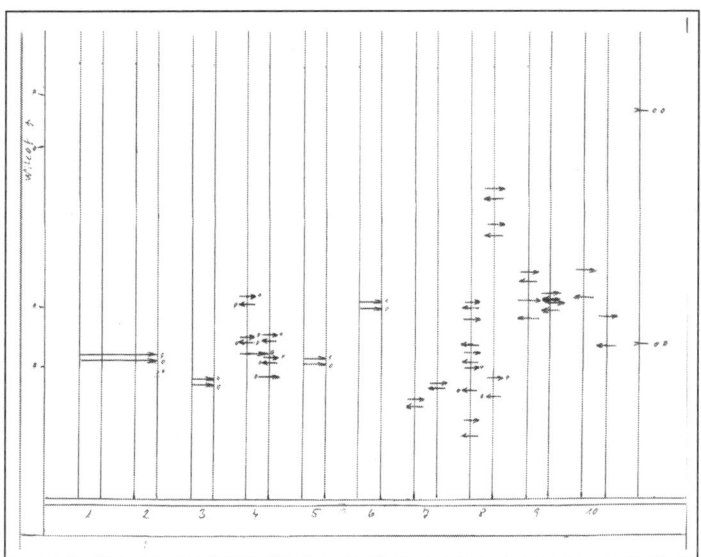

Abb. 24: Die Originalskizze aus dem »Stones« mit den eingetragenen Rutenausschlägen aus dem Feld »Above Road« 1997.

202

Ruten Ausschläge zeigten, ein Muster zu verifizieren. Wir erinnerten uns der unterschiedlichen Maße der Gitter zu beiden Seiten des Feldes. Als wir das, was die beiden Teams anfangs gedowst hatten, übereinander auf einer Karte eintrugen, wurde deutlich, daß Achim und Hans offenbar wieder einmal im gleichen Bereich gewisse Unterschiede dowsten, die dann zusammen ein vollständiges Bild ergaben.

Als wir wieder unten am Betonweg standen und auf das ruhig in der schräg einfallenden Abendsonne vor sich hin wogende Feld zurückblickten, merkten wir erst, wie weit wir durch die unbekannte Intelligenz, die sich hier seit so langer Zeit um das Verständnis der Planetenbewohner bemühte, geführt worden waren. Jeder andere hätte hier nur ein Kornfeld gesehen, ein sehr schönes zwar, aber eben nur ein Feld. Wir »sahen« aber zusätzlich die Energiestrukturen, die sich in diesem scheinbar unberührten Feld befanden, wodurch diese flach ansteigende Kornmatte Teil eines komplizierten Gebildes geworden war. Sahen wir in andere – in anderen – Dimensionen?

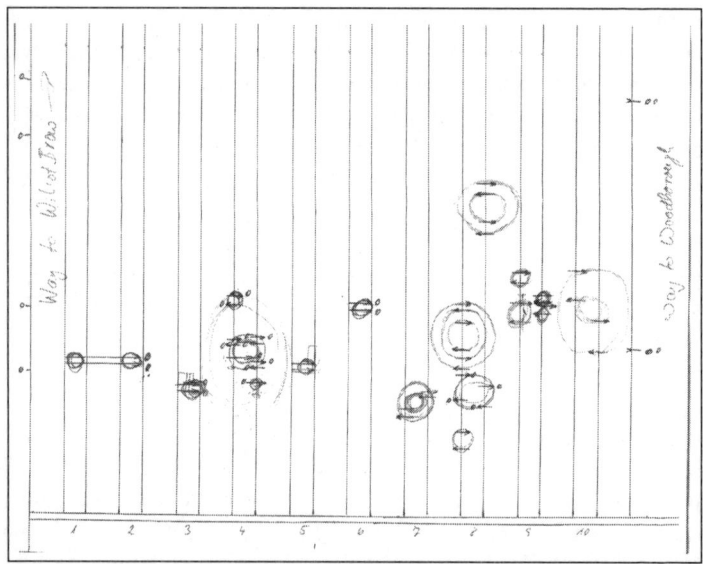

Abb. 25: Die gleiche Originalskizze mit ersten Überlegungen dazu. Die Ziffern unten bezeichnen die Tramlines.

Am nächsten Tag, dem 22. Juli 1997, kehrten wir zum Feld zurück und dowsten es den ganzen Vormittag und Nachmittag lang, Tramline für Tramline, Meter für Meter, Schritt für Schritt. Unmengen Rutenausschläge wurden minutiös vermerkt und auf eine gemeinsame Karte übertragen, bis wir sicher waren, keine vergessen oder in diesem Feld übersehen zu haben. Am Abend dieses Tages hielten wir eine Skizze in den Händen, die entlang der zehn Tramlines mit Pfeilen, Strichen und Maßangaben übersät war. Der nächste Tag würde ganz der Analyse dessen, was uns eine fremde Intelligenz hier hinterlegt hatte, gewidmet sein.

So war es dann auch. Wir saßen draußen vor dem vegetarischen Restaurant »Stones« am Rande von Avebury und schauten auf die scheinbar wirren Markierungen unserer Skizze, die ja nichts weiter als ein papierenes Abbild der schwirrenden Energien eines kleinen Stückes der Oberfläche unseres Planeten war. Linien wurden gezogen, Ideen aufgegriffen und wieder verworfen. Nach einigem Hin und Her besannen wir uns wieder auf das, was uns eigentlich bisher immer weitergebracht hatte, auf das Nächstliegende, das Einfache. Wir hatten Ausschläge in den Tramlines gefunden, die jeweils eine bestimmte Richtung anzeigten. Als wir diese Sichtweise anwendeten, erkannten wir plötzlich, daß in einigem Abstand von dem einen Ausschlag stets ein anderer in die andere Richtung erfolgt war und zwar immer mit beiden Ruten in eine Richtung, was auf eine Kreisstruktur hindeutete. Als wir nun genauer hinschauten, fiel es uns plötzlich wie Schuppen von den Augen: Wir waren auf eine Unzahl von Kreisen gestoßen! Fieberhaft verbanden wir alle Ausschläge gleichen Abstandes in den Tramlines im Uhrzeigersinn, und je länger wir das taten, um so mehr Kreise unterschiedlicher Größe und Form kristallisierten sich hinaus und um so schwieriger wurde es für uns, angesichts des sich deutlich herausschälenden Musters, nicht aufzuspringen und einfach laut und lange und inbrünstig loszuschreien. Um sieben Minuten nach vierzehn Uhr an diesem denkwürdigen 23. Juli 1997 hatten wir schließlich die volle Bedeutung der Dowsepunkte auf unserer Skizze erfaßt.

Es war eine Sternenkarte, eine neue Sternenkarte in dem für uns ersten neuen, echten Piktogramm seit 1992! »Sie« hatten uns nach den Piktogrammen von Preshute Down und Barbury Castle 1991 in »ihrem« ersten neuen Piktogramm erneut astronomische Informationen überbracht und folgten damit der – von beiden Seiten – einmal eingeschlagenen Linie. Wir würden wieder in die Tiefen des Weltalls eintauchen dürfen, um in einer noch unbekannten Region unserer Galaxis ein paar Sterne zu suchen, denen offenbar eine besondere Bedeutung zukäme, denn sonst hätte man sie uns nicht gezeigt. Wir erinnerten uns noch der alles in Anspruch nehmenden, wunderbaren Suche nach HD 42807, wie wir damals dieser kleinen gelben Sonne im Zentrum des Wintersechsecks immer näher kamen, bis wir sie dann schließlich gegen die Schwärze des Weltalls mit unseren eigenen Augen strahlen sehen konnten. So etwas würde uns nun wieder bevorstehen, eine Reise zu den Sternen, unseren Lebensspenderinnen!

Die Sternenkarte schien aus zwei Teilen zu bestehen, und es waren genau die Teile, die wir getrennt gedowst hatten, weil in der Hälfte des anderen die eigenen Ruten stumm geblieben waren. Beide Teile sollten sich ergänzen und wie schon so oft, zusammengenommen die Lösung bilden. Es war wieder die typische Art des Phänomens, die wir schon früher genau so kennengelernt hatten. Es war nicht einfach »eine Landung vor dem Weißen Haus«, es war wieder eine dieser fast mit einem verschmitzten, kosmischen Lächeln präsentierten Aufforderungen an den Geist, sich einmal anzustrengen: schau hin und denke! Der linke Teil des Piktogramms bestand aus sieben kleinen planetaren (= einfachen, unberingten) Kreisen, die sich um ein Sonnensymbol gruppierten, das denen ähnlich sah, die wir in früheren Piktogrammen als vom Spektraltyp sonnenähnlich eingestuft und bestätigt bekommen hatten.

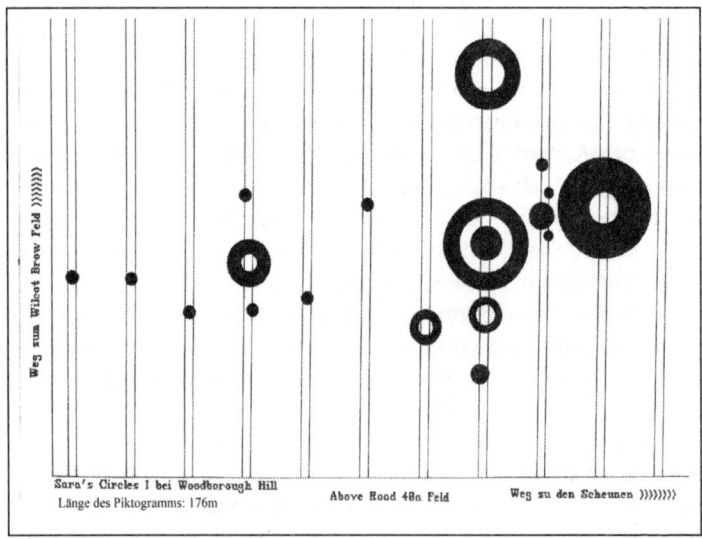

Abb. 26: Experimentalpiktogramm 1997 – das Design stammt nicht von uns, wir waren nur die Pinsel auf dieser kosmischen Palette.

Der rechte Teil bestand aus Kreisen der unterschiedlichsten Erscheinungsart, angefangen von einfachen Kreisen bis hin zu großen beringten Kombinationen, alles in unterschiedlicher Größe. Welch ein Geheimnis mochte hier verborgen sein?

Der Anblick dieses Piktogrammes ließ uns nicht mehr los. Was hatte das nur zu bedeuten, dieses unterschiedliche Dowsen im Feld, diese unterschiedlichen Anordnungen der Kreise und das Design insgesamt? Keine Zeit, im Moment großartig darüber zu sinnieren, weil wir am nächsten Morgen früh aufstehen mußten, denn es galt nun, das Piktogramm sichtbarzumachen.

Am 24. Juli waren wir um 05.00 Uhr im Feld und arbeiteten intensiv ohne Unterbrechung an der Herstellung der Kreise. Das Korn war sehr verfilzt und stand wegen der Windrichtung hier ein wenig schief, was einen doppelten Kraftaufwand erforderte. Gegen 11.00 Uhr waren wir in jeder Hinsicht fertig. Bislang hatten wir keinen Luftverkehr beobachtet, was sicher an der frühen Tageszeit und an dem Nieselregen lag, der eingesetzt hatte. Wir wußten ja, daß menschliche Kornkreishersteller sich ihre Felder vorher immer genau anschauen und speziell auf diese Dinge achten, denn ihr Werk muß schnell vonstatten gehen. So suchen sie sich nur Felder mit sehr schön im Wuchs stehendem Korn und ohne all die Hinderlichkeiten aus, die uns stets die Herstellung unserer Piktogramme erschwerten, denn wir hatten ja andere Vorgaben. Solch ein Feld wie dieses hier hätten sich Hoaxer niemals ausgesucht.

Das Herstellen eines Piktogrammes, so wie wir es tun, ist stets aktive Meditation. Wir befinden uns, mit jedem Detail, das wir fertigstellen, in einem kontinuierlichen Dialog mit dem Phänomen. So wächst mit fortschreitender Zeit auch das Gefühl einer unmittelbaren Anwesenheit, und nicht nur einmal haben wir den Kopf gehoben und uns verstohlen umgeschaut. Und jedesmal, wenn wir dann erschöpft auf das zurückschauen, was wir in den letzten Stunden dort hinten geschaffen haben, befällt uns ein Gefühl intensiver Zuneigung zu diesem wogenden Feld, zu dieser so englischen Landschaft hier, zu dieser unserer Erde und zu der fremden Intelligenz, die sich hier auf so angenehme Weise bemerkbar machte. So war es auch diesmal, wegen der Besonderheit des Piktogrammes vielleicht sogar noch etwas intensiver.

In den nächsten zwei Tagen sprach sich schnell herum, daß »die beiden Deutschen« wieder etwas fabriziert hatten und natürlich wurden wir von einigen aus der Szene daraufhin angesprochen. Interessant war, daß sich diesmal niemand negativ äußerte, auch Ilyes nicht, die ja behauptet hatte, die einzigen Hoaxe, die sie unter allen Piktogrammen in all den Jahren gesehen habe, seien nur unsere Formationen gewesen. Im Gegenteil, unser Piktogramm gefiel denen, auf deren Meinung wir Wert legten, denn es war eben nicht konstruiert, wie die anderen Kreismuster, und man wußte ja inzwischen, daß wir ein bestimmtes Projekt verfolgten, wenn auch nichts über dessen Einzelheiten. Als wir dann auch noch ein wenig verrieten, von wem das Design der Formation stammte, ernteten wir wieder die so typischen Blicke. So streckten wir unsere Füße verdientermaßen ein wenig unter den Tisch des Barge Inn und genossen unsere Zeit, in uns ein Gefühl von Glück und Zufriedenheit über den erfolgreichen Verlauf eines großartigen Experiments.

Dann machte eine kleine Sensation die Runde. Am Abend, bevor wir die Kreise sichtbar machen wollten, war die 14jährige Sara mit ihrem Pferd auf dem Betonweg an unserem Feld vorbeigeritten. Das Pferd kannte jeden Weg auf der Farm und war an Sara gewöhnt. Als sie sich diesmal dem Feld näherten, wurde das Pferd unruhig und weigerte sich schließlich, am Feld vorbeizureiten. Sara konnte machen, was sie wollte, das Pferd scheute. So stieg sie ab und führte das Tier mit viel Mühe an dem Feld vorbei, wonach es sich wieder beruhigte und Sara weiterreiten ließ.»Wenn da nicht mal ein Piktogramm in dem Feld liegt«, dachte Sara, ohne zu wissen, das sie eben tatsächlich an dem noch unsichtbaren Energiepiktogramm des echten Kornkreisphänomens vorbeigekommen war. Natürlich lernten wir Sara später persönlich kennen, sie war ein koketter Teenager, mit erfrischender Direktheit und natürlicher Ehrlichkeit.

Es liegt auf der Hand, welche Aufregung entstand, als man dann später tatsächlich dort ein Piktogramm – unseres – entdeckte. Aus früheren Kornkreiserscheinungen wissen wir, daß sich das Vieh bei echten Piktogrammen häufig geweigert hatte, hineinzugehen oder in den Nächten, in denen in der Nähe echte Piktogramme entstanden waren, eine ungewöhnliche Unruhe zeigte. Dies ist ebenfalls vom klassischen UFO-Phänomen bekannt und spielte auch beim Antwort-Piktogramm von Preshute Down 1991 eine signifikante Rolle. Die Reaktion des Pferdes ließ unser Piktogramm, zumindest für die Locals, in einem deutlich anderen, wichtigeren Licht erscheinen. Peter Soerensen war es, der dem Piktogramm den Namen»Sara's Circles« gab und davon eines seiner berühmten Diagramme im Barge Inn an die Wand pinnte. So ging unser –»ihr« – Piktogramm in die Kornkreisgeschichte dieses Jahres ein.

Am Nachmittag des 26. Juli versammelten sich ungefähr 50 Personen in der Coronation Hall in Alton Barnes. Es waren jene, die an unserem diesjährigen Meditationsexperiment mitwirken wollten, zu dem wir»unter der Oberfläche« aufgerufen hatten. Es war eine illustre, hochkarätige Gruppe mit vielen bekannten Gesichtern aus der Kornkreisszene, die sich da zum Briefing versammelt hatte. Paul Vigay bemerkte kurz vor dem Beginn der Veranstaltung zwei Männer in weißen Oberhemden, die zunächst am Eingang herumstanden und sich dann in ihr Auto setzten. Dort sind sie auch kurz nach der Veranstaltung gesehen worden. Später verschwanden sie und tauchten im Barge auf, wo sie offensichtlich die Szene beobachteten.

Um Mitternacht begann die diesjährige Meditation, wie wir es auf unserem nachmittäglichen Treffen besprochen hatten. Wir lagen wieder inmitten der Sterne auf dem Silbury Hill, während sich rings umher an den verschiedenen Plätzen ein Team nach dem anderen einklinkte, um mit vereinter Energie eine Brücke in die planetare Aurora zu bauen, über die hinweg wir zu den Brennpunkten dieses Planeten gelangen konnten. Es war eine ruhige Nachtstunde, die später von einer dichten Wolkendecke eingehüllt wurde. Auf dem Rückweg zum Parkplatz trafen wir auf einige Deutsche, die aufgeregt von drei weißen Lichtern in den Wolken zwischen Avebury und Silbury Hill berichteten. Außerdem seien hinter dem West Kennet Long Barrow zwei orangene Lichter heruntergekommen.

Die gemeinsame Besprechung der Meditationsteams am nächsten Morgen erbrachte wieder einige spektakuläre Details. Im Sanctuary hatte man einen großen Energiewirbel über dem Silbury Hill visualisiert, der, wie die Bänder eines Maibaumes, Verbindungen zu den einzelnen Teams aufbaute. Am Windmill Hill und in Avebury ereignete sich nichts Besonderes. Ron war mit seiner Gruppe nicht, wie eigentlich vorgesehen, im Fox Covert präsent, sondern wechselte hinüber zum Woodborough Hill. Nachdem sie sich von dort aus in das Meditationsnetzwerk eingeklinkt hatten, nahmen einige aus der Gruppe zunächst ein rotierendes Licht hoch über sich wahr. Danach erschien eine offensichtlich weibliche Gestalt, die eine Art Umhang mit einer Kapuze trug und sich wortlos der Gruppe näherte. Ron begrüßte sie mit »Hi!«, woraufhin sie mit dem gleichen Wort antwortete. Dann sagte ein anderer aus der Gruppe »Hello!«, worauf das gleiche »Hello!« zurückkam. Dann sei die »Kapuzenfrau« plötzlich mitten durch die Gruppe »hinurchgeschossen« und verschwunden. Später wurden noch einige Blitze wahrgenommen, dann war alles wieder ruhig. Gwenda berichtete, daß sie sich während der zweiten Meditationsphase den Brennpunkt Tibet ausgesucht hatte. Danach hatte sie die Vision von vielen, aus Tibet vertriebenen Soldaten, als ob sie die Befreiung von Tibet mit einer von dort ausgehenden, die ganze Welt befreienden Kraft gesehen hätte.

Am Abend dieses Tages sollte sich ein weiteres seltsames und unerwartetes Ereignis abspielen. Achim hatte von Peter Fuller eine Einladung erhalten, an einer abendlichen Meditation mit Isabel Kingston und anderen an einem alten Ort bei Pewsey teilzunehmen. Der Ort wurde nicht verraten, jedoch wollte man sich an einem Parkplatz in Pewsey treffen, um dann gemeinsam diesen Ort aufzusuchen. Achim verspätete sich ca. 30 Minuten und fand den Treffpunkt natürlich verlassen vor. Da kam ihm eine Idee. Er nahm mitten in dieser kleinen, fremden Stadt auf dem verlassenen Parkplatz die Ruten heraus, stellte sich in einiger Entfernung von seinem Auto auf, konzentrierte sich, hob die Ruten hoch und sagte laut: »Zeigt mir den Weg!« Dann lief er in einem großen Kreis um das Auto herum. Nach kurzer Zeit zeigten die Ruten beide in eine Richtung. Er folgte ihr, wurde um den Supermarkt herumgeführt und gelangte, immer mit erhobenen Ruten und nichts als dem Gedanken:»Zeigt mir den Weg!« im Kopf, am Ende des Parkplatzes in eine kleine Gasse. Es wurde der wundersamste Marsch, den er je in seinem Leben zurückgelegt hatte.

Stetig den Ruten folgend, gelangte er durch Gassen und Parkwege, die er selbst nie gefunden hätte, scheinbar auf dem kürzesten Wege an den Stadtrand von Pewsey und wurde schließlich auf eine Straße geleitet, die hinaus ins freie Land führte. Später endete die Straße und ging in einen ungepflasterten Weg über, der an einer Farm vorbeiführte. Als er dort den Kopf hob und sich umschaute, sah er direkt vor sich in ca. 500m Entfernung das weiße Pferd von Pewsey am Cliff prangen. Rechts davon waren am Hügelkamm die typischen länglichen Rundungen von jetzt grasbewachsenen, neolithischen Anlagen zu erkennen. Hier also werden sie sich hinbegeben haben, dachte er sich, als sich die Ruten nach weiteren Schritten plötzlich nach rechts drehten. Noch einmal zurück, erneut getestet, kein Zweifel, sie zeigen nach rechts, genau auf den Eingang eines Feldes. Dort vorn könnten irgendwo die anderen sein, aber die Ruten zeigten nach rechts, wollten ihn dorthin leiten. Nun gut, dachte er, ihr habt mich bis hierher geführt, nun zeigt mir, warum ich hier abbiegen soll. Er ging nach rechts auf das Feld. Hier war wieder einer dieser bekannten, 2 m breiten »Energieteppiche« ausgerollt worden, denen man immer nur, angezeigt durch den regelmäßigen Ausschlag der Ruten, folgen mußte, um zum vorgegebenen Ziel zu gelangen.

Links von ihm zog eine Hochspannungsleitung nach Pewsey hinein, die aber offenbar keinen Einfluß auf das Verhalten der Ruten zeigte. Er ging immer weiter bis zum anderen Ende des Feldes, wo die Straße zum Pewsey Hill hinaufführte. Hier bog der Energiepfad plötzlich nach links ab, verließ das Feld, wendete sich um 180° zurück, genau hinein in den Eingang zum Nachbarfeld und brach dann ab. Achim hob den Kopf. Vor ihm lag im hellen Abendlicht ein Kornfeld von der Länge, die er eben abgeschritten hatte, sich aber seitlich bis hinten zum White Horse an den Hängen des Cliffs erstreckte. Er war mit dem Brausen des Windes hier ganz allein, der immer wieder in das goldbraune Feld hineinfuhr und mit den Ähren spielte. Scheinbar unberührt lag dieses regelmäßig zerfurchte Pflanzenmeer vor ihm, er schloß für einen Moment die Augen. Hierher war er nun geführt worden, nicht zu dem okkulten Treffen, zu dem er ursprünglich nach Pewsey gekommen war. Hatte hier »jemand« unsichtbar Regie geführt, das eine mit dem anderen verwoben, um doch nur den einen Zweck zu erreichen: Auf dieses Feld hier aufmerksam zu machen. Wenn dem so wäre, wie wunderbar!

Er hob also wieder die Ruten und lief entlang der nächsten Tramline in das Feld hinein. Schon sehr bald zeigten die Ruten Aktivitäten an, hier war etwas im Feld, was nicht dem Muster einer Wasserader, von Drainageleitungen, oder unterirdischen Wasserspeichern entsprach. War dies der Grund, weshalb er hierher geführt worden war? Leider war im Moment keine Zeit mehr, weitere Nachforschungen anzustellen, inzwischen war die eine Verabredung verpaßt und die nächste zum Abendessen ebenfalls seit einer Stunde vorbei – egal, das hier war wichtiger. Auf dem Rückweg, den er entlang der Straße nach Pewsey wählte, merkte er erst, über welche verwinkelten Abkürzungen die Ruten ihn durch den Ort geleitet hatten, Wege, die er jetzt nicht rekonstruieren oder wiederfinden konnte.

Die nächste beiden Tage standen ganz im Zeichen der Erkundung des Feldes bei Pewsey. Wir erhielten, entgegen den Befürchtungen der Farmangestellten, ganz überraschend die Genehmigung des sehr freundlichen Farmers James Strong, sein Feld nach den üblichen Regeln zu dowsen. Diesmal war unser österreichischer Freund und begnadeter Fotograf, Martin Engelmann, mit uns, wir bildeten ein Team. Bei allen reagierten die Ruten, wenn auch in unterschiedlicher Weise. Am Ende unserer Tramlinemärsche setzten wir uns zusammen und notierten die Ausschläge mit den dazugehörenden Maßen. Es deutete sich schon bei der ersten Übersicht ein ähnliches Ergebnis an, wie in dem Feld am Woodborough Hill. Sollten wir etwa – eine weitere Sternenkarte erhalten haben?

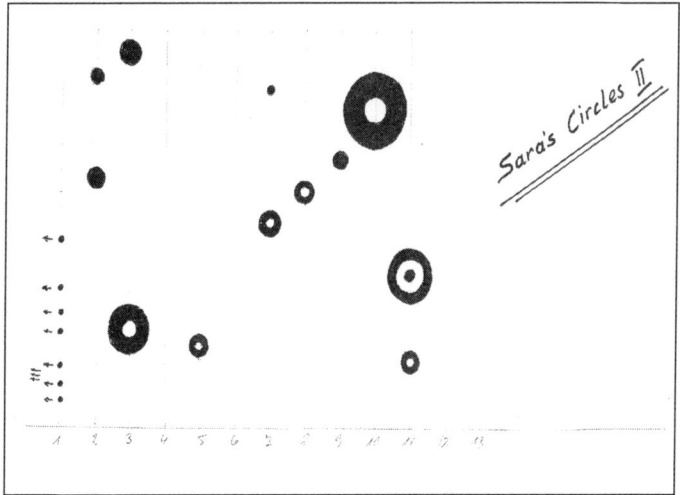

Abb. 27: Sara's Circles II – Handskizze des Piktogramms bei Pewsey Hill. Es war 172 m lang. Links sind Martins Ausschläge eingezeichnet.

In der linken, ersten Tramline erhielt einzig Martin nur sieben Ausschläge, vom Anfang zwei mal drei hintereinander, dann noch einen einzelnen,
alle nach links in Richtung Alton Barnes, wo Sara I lag. Wieder die Zahl
Sieben! Als wir dann die fertige Grafik vor uns liegen hatten, verschlug es
uns die Sprache. Beide Piktogramme ähnelten sich im Aufbau so sehr, daß
nur ein Schluß nahelag: Hier wurde uns wieder eine Himmelsregion gezeigt, deren Position herauszufinden war. Leider erhielten wir nicht die
Erlaubnis, die Kreise sichtbar zu machen, aber das spielte keine entscheidende Rolle, denn wir hatten ja das Feld gefunden und das Design herausgearbeitet. Was es jedoch bedeutete, war uns nicht im geringsten klar, hier
würden eine lange, intensive Analyse und wahrscheinlich ein Geistesblitz
zur rechten Zeit nötig sein, um hinter das Geheimnis zu kommen.

Die folgenden Tage waren von den verschiedensten Aktivitäten beinahe
hektisch erfüllt. Es gab von mehreren Beobachtern Berichte von Lichtern
bei Woodborough Hill und übereinstimmend einige Aufregung wegen merk-
würdiger Helikopterflüge über das East Field, die angeblich ein dunkles
Objekt verfolgt hätten. Auch beim Silbury Hill wurden Helikopter gesichtet. Eine Frau aus Kalifornien, Danny, war mit ihrer Freundin am Woodborough Hill unterwegs, weil sie von »unserem« Piktogramm dort gehört
hatten. Als sie sich oberhalb des Piktogrammes am Feldrand entlang bewegten, hörten sie plötzlich einen eigenartigen, fremden Ton, der erst wieder mit dem Verlassen des Feldes verschwand. Und dann, am 1. August,
lernten wir Heiner Neuhann und seinen Sohn Alex kennen, eine Begegnung, die im wahrsten und positivsten Sinne des Wortes folgenschwer zu
nennen ist und worüber später noch zu berichten sein wird.

Zum Abschluß dieser Englandreise fuhren wir nach Glastonbury, wohin
wir eingeladen worden waren, um auf der diesjährigen, ehrwürdigen »Glastonbury Conference« einen Vortrag über unsere Arbeit und Erkenntnisse
zu halten. Diese Ehre war bis dahin nur sehr wenigen deutschen Kornkreisforschern zuteil geworden, entsprechend war unsere Anspannung, zumal
wir vorher noch nie einen Vortrag von dieser Komplexizität und Länge in
Englisch gehalten hatten. Als wir vor das erlauchte, überwiegend aus der
Crème de la Crème der hier auch stark vertretenen esoterischen Kornkreisszene bestehende Publikum traten, schlug uns das Herz bis zum Halse.
Zirka 300 Menschen versuchten, in dem voll besetzten Saal zu verstehen,
was wir von den Sternen zu berichten hatten. Es schien letztlich aber doch
das Wesentliche hinübergekommen zu sein, denn als nach mehr als einer
Stunde unser Vortrag zu Ende ging, erhielten wir zweimal lang anhalten-
den Beifall, viele der Anwesenden waren dabei aufgestanden. Welch ein
schöner und wichtiger Erfolg für das Phänomen!

Bevor wir nach Deutschland zurückkehrten, wurden wir noch mit zwei sehr unterschiedlichen Aspekten dieser Realität konfrontiert. Der eine war CSETI. Man erzählte uns, daß Dr. Greer erkrankt sei und – zu unserem Entsetzen – Shari ebenfalls. Beide seien in der Vergangenheit in den USA bedroht worden, weil sie mit dem »Starlight Project« viel Wirbel verursacht hatten. Dieses Projekt diente dazu, mittels hochrangiger und seriöser Zeugen aus Wissenschaft, Wirtschaft, Militär- und Regierungskreisen der (scheinbar) herrschenden Administration in Washington nachzuweisen, daß der Öffentlichkeit die Wahrheit über das sogenannte UFO-Phänomen und die damit zusammenhängenden Verwicklungen des »Militärisch-Industriellen Komplexes« vorenthalten wird. So sahen die CSETI-Leute diese Erkrankungen als einen direkten Angriff »schwarzer Kreise« in den USA auf ihre Gesundheit, um sie unauffällig zum Schweigen zu bringen.

KAPITEL 20

Hatschepsut

Der andere Aspekt war Ägypten. Seit langer, langer Zeit haben wir eine spezielle Beziehung zu diesem Teil der Erde. Wir erinnern uns noch, wie elektrisiert wir waren, als wir damals die Publikation von Christian Leitz[10] in den Händen hielten und darin die astronomische Decke im Grab des Senenmut erblickten. Es war, als ob Schleier weggerissen worden waren und nun helles Licht auf Erinnerungen fiel, die seit langem im Halbdunkel der Zeit verborgen gewesen waren. Immer und immer wieder waren wir zu den Abbildungen der Dekane und Sternbilder zurückgekehrt, stets ahnend, daß hier irgendwo ein Geheimnis verborgen war, das zu finden unsere Aufgabe sein könnte. Erst als wir durch die Piktogramme von 1991, die von der unbekannten Intelligenz als Antwort auf unser Fragepiktogramm in die Felder nordwestlich von Marlborough gelegt worden waren, HD 42807 identifiziert hatten, begannen sich Ahnungen zu erfüllen und die Teile eines Zeit und Raum übergreifenden Puzzles ineinanderzufügen. Wir waren mit HD 42807 (»HD«) im Sternbild des Orion gelandet, das seit Urzeiten für viele Völker auf diesem Planeten von großem Interesse war. Bei den Ägyptern war Orion der an den Himmel projizierte Osiris, der in ihrer Geschichte und Mythologie eine zentrale Rolle spielte. Und hier lag auch das Geheimnis des Senenmut verborgen, wie wir in »Die Antwort des Orion« ausführlich beschrieben haben[11]. HD in den englischen Kornfeldern und »der Stern, auf dem die Götter geboren wurden« aus den altägyptischen Pyramidentexten – ein und dieselbe Himmelsregion, ein und derselbe Stern.

Dieses überraschende Ergebnis unserer Forschung hat uns doch regelrecht betroffen gemacht, denn zwischen den beiden völlig verschiedenen Wegen, auf denen wir zu dieser kleinen gelben Sonne gelangten, liegen immerhin einige tausend Jahre. Natürlich haben wir uns lange den Kopf darüber zerbrochen, was die Bedeutung dieses »kosmischen Doppels« sein könne. Als sich dann langsam eine Antwort herauszukristallisieren begann, erschien sie uns fast zu phantastisch, und wir hatten Mühe, sie uns selbst erfaßbar zu machen.

Der Intelligenz, die sich heute, am Ende des 20. Jahrhunderts nach Christi Geburt, so sehr bemüht, unsere Aufmerksamkeit zu erwecken, scheint die gleiche Himmelsgegend so besonders wichtig zu sein, die für die Intelligenzen wichtig war, die bereits Jahrtausende früher den Menschen ein bestimmtes Wissen vermittelt haben. Die gleiche Himmelsregion – die gleichen Intelligenzen? Selbst wenn es heute andere wären, die Nachfahren der ersteren, dann scheint ihnen der Ort noch genauso wichtig zu sein, um ihn im Rahmen einer ersten Kontaktaufnahme mit uns als Zielobjekt anzubieten. Es gibt hier eine Art »übergeordneten Rahmen«, einen Kontext.

Einen zweiten Stich verspürten wir, als wir sahen, daß es die Tempelanlage der Hatschepsut in Deir el Bahari war, die mit dem Geheimnis des Senenmut inniglich verwoben war. Schon immer hatte dieses einzigartige Bauwerk einen speziellen Reiz auf uns ausgeübt und bei aller Schönheit und Faszination, die den anderen altägyptischen Bauwerken eigen ist, zog es uns, zunächst rein visuell, immer wieder zurück zu Hatschepsuts Terrassentempel vor dieser hochaufragenden Steilwand in Theben-West.

Hatschepsut hatte in ihre Anlage für die von ihr am meisten verehrte Göttin Hathor einen eigenen Tempel integriert. Der Name der Himmelsgöttin bedeutet »Haus des Horus«, und sie galt in alter Zeit als Mutter des Gottes Horus, bis später Isis an ihre Stelle gesetzt wurde. Im Nildelta setzte man den Himmel mit einer riesigen Kuh gleich, so erhielt Hathor Kuhgestalt. Wurde die Göttin menschlich dargestellt, trug sie eine Sonnenscheibe zwischen einem Rindergehörn. Und welches war der Hauptkultort der Hathor? Kein anderer als Dendera, jener Tempel, in dem sich der einzige in dieser Größe bekannte altägyptische Zodiak[12] befand, jene Darstellung der alten ägyptischen Sternenbilder, die in unserer Analyse zu HD 42807 eine so große Rolle gespielt hatten. In Dendera und Theben-West sind die Rundpfeiler mit den kuhorigen Frauenköpfen die Kultsymbole Hathors, die auch die Göttin der Liebe, der Musik und des Tanzes ist.

Mit der Zeit nahm unsere Beziehung zu Deir-el-Bahari eine andere Qualität an, sie wurde, was uns nicht minder beunruhigte, viel vertrauter. Je mehr wir uns mit der 18. Dynastie beschäftigten, desto bekannter erschienen uns Orte und Personen. Und immer klarer kristallisierte sich eine Art dunkler Schatten heraus, ein unangenehmes Gefühl von Negativität, etwas regelrecht Böses, das, so verspürten wir mit beängstigender Gewißheit, dort immer noch präsent war. Senenmuts überraschendes Ende, das Grab mit der astronomischen, geheimnistragenden Decke, in dem er nie gelegen hat, Hatschepsuts Tod, dessen Umstände im Dunkel liegen, die Tatsache, daß ihr Name später fast überall ausgelöscht wurde, alles dies deutet auf Gewalt, Haß und Liebe hin. Hatschepsut und Senenmut haben sich geliebt – ewiglich.

Richard W. Larisch schreibt 1983 im Vorwort zu seinem Buch »Frau auf dem Horusthron«[13]:

»Wer sich mit der ägyptischen Kultur und der Geschichte des Pharaonenreiches näher befaßt, stößt zweifellos auf den jahrtausendelang vergessen gewesenen weiblichen Pharao Hatschepsut-Khnemetamun-Makare aus der 18. Dynastie im Neuen Reich. Das Leben und Wirken dieser einzigartigen und faszinierenden Frau auf dem Horusthron führte Ägypten nach langer Hyksos-Fremdherrschaft zu einer Blütezeit, die zu den glücklichsten Epochen des Landes zählen dürfte. Damals lebten die alten, religiösen Traditionen wieder auf und die mittelägyptische Sprache wurde erneut Kult-, Literatur-, Hof- und Amtssprache.

Hatschepsut-Khnemetamun-Makare war unbestritten eine der profiliertesten Frauen im alten Ägypten. Sie prägte den Stil ihrer Zeit auf allen Gebieten, insbesondere in der Architektur und Religion, führte aber auch das Land zu wirtschaftlichem Wohlstand und verschaffte ihm wieder Weltgeltung.[14]

Hatschepsut (hat = Haupt, schapes = herrlich; deutsch: herrliches Haupt, Erste der Herrlichen, der Edelfrauen) war ihr Geburtsname, den sie bei ihrer Thronbesteigung zu Ehren ihres göttlichen Vaters Amun durch Khnemetamun (deutsch: Die Amun umfängt) ergänzte. Als regierender Pharao von Ober- und Unterägypten führte sie unter anderen auch den Thronnamen oder »Großen Namen« Makarê (deutsch: Die Weltordnung ist das Wesen des Sonnengottes). Wie ihr Geburtsname ausgesprochen wurde, läßt sich nicht genau sagen, da in der ägyptischen Hieroglyphenschrift in der Regel nur die Konsonanten geschrieben wurden. Nach Ansicht der Sprachforscher, die sich auf Keilschrifttafeln stützt, dürfte Huschpeswa der Aussprache der damaligen Zeit nahe kommen. Wir wollen uns jedoch an die den deutschen Ägyptologen geläufige Umschrift Hatschepsut halten, obwohl – wie wir sehen werden – der Name Husch-peswa etymologisch eine nicht unbedeutende Rolle spielen könnte.«

Peter H. Schulze schreibt in »Hatschepsut, Herrin beider Länder«[15]:

»Makarês Bauten sind als Kunstwerke infolge ihres eleganten Stils nahezu unübertroffen. Sie sagen viel mehr über die Herrscherin aus als gemeinhin zu vermuten ist. Eine deutliche Herbheit und Zurückhaltung verbindet sich mit klarer Linienführung und einer Eleganz, die leicht, aber nie leichtfertig oder gar dekadent wirkt. Die Monumentalität ihrer Bauten und Statuen erwächst aus Gestaltung und Durchformung, sie verliert sich nie ins Nur-Kolossale wie die Baudenkmäler in der späteren Ramessidenzeit.

Hatschepsut war auch eine schöne Frau. Die Nase, auf welche der Gott Amun sie nach dem Zeugnis ihrer Geburtslegende küßte, als er die kleine Prinzessin den Göttern vorstellte, diese Nase war höchst attraktiv, schmal und leicht gebogen. Der ausdrucksvolle, meist lächelnde Mund, die großen Augen und eine wohlgerundete Stirn verbanden sich zu einem Gesicht, das zwar einen Zug von Hochmut erkennen läßt, dessen Charme wir uns aber auch heute noch nicht entziehen können, obwohl inzwischen mehr als drei Jahrtausende vergangen sind. So einmalig, so unverwechselbar ist es, und so vollkommen haben Hatschepsuts Künstler es dargestellt, daß wir selbst unbeschriftete Statuen oder von späteren Herrschern mit deren Namen usurpierte Bilder ohne Mühe als die ihrigen identifizieren können.«

Das Ende Makarês ist rätselhaft und bis heute noch nicht geklärt. Ihre Bilder wurden unkenntlich gemacht, die meisten ihrer Statuen zerstört. In keiner der späteren Königslisten ist sie aufgeführt, keine griechischen Historiker nennen ihren Namen. Das führte dazu, daß sie mehr als drei Jahrtausende lang vergessen war. Erst in unserer Zeit haben Forscher aller Nationen mit großer Sorgfalt, Mühe und Akribie buchstäblich Stein um Stein gesammelt und damit ein Puzzle dieser faszinierenden Persönlichkeit zusammengesetzt. Es fehlt zwar noch einiges daran, und vielleicht liegt auch manches Teilchen an der falschen Stelle. Wir können aber doch ihre Größe, Bedeutung und ihr Schicksal als Prinzessin, Frau und Pharao ausreichend klar erkennen und so wenigstens teilweise das Unrecht wiedergutzumachen versuchen, das sie nach unserer Auffassung vor Jahrtausenden erlitten hat.[16]

Unrecht – dieser sicher zutreffende Begriff erschien uns noch zu wenig zutreffend, zu schwach. Je länger wir uns mit Deir-el-Bahari beschäftigten, desto sicherer wurden wir, daß hier einstmals ein Fluch ausgesprochen wurde, ein Fluch auf Hatschepsut, von dem Senenmut nicht unberührt geblieben war. An diesem Ort waren energetische Manipulationen vorgenommen worden, die ihn quasi versiegelten, auf alle Zeiten. Die negative Energie des Fluchaussprechenden war in das Raumzeitgitter imprägniert worden, und nur wer um diese Manipulationen wußte, konnte sie vielleicht aufheben. Jedoch – hatten wir nicht gelernt, daß es diese Raumgitter gab und wußten wir nicht inzwischen, wie wir mit diesen Strukturen umzugehen hatten? Was hier in England und in Deutschland funktionierte, was wir in unseren großen Meditationsexperimenten umgesetzt hatten, was offenbar ein kosmisches Funktionsprinzip war, sollte es nicht auch in Deir-el-Bahari funktionieren? Waren etwa all die bisherigen Verwicklungen und scheinbaren Koinzidenzen doch nicht so zufällig passiert? Sollte es etwa ausgerechnet an uns sein, gegen das Negative im Talkessel von Hatschepsuts Tempel anzugehen? Wir schraken ein wenig zurück, denn gemessen an unserem derzeitigen Leben, das wir hier führen, erschien uns die Beziehung zu derartigen Verwicklungen beinahe absurd – und doch, es ließ uns nicht mehr los. Wir wußten um die Wirkungen der Felder, ihrer Reichweite, Wirkungen und deren Manipulationsmöglichkeiten, andererseits verdichtete sich unsere »Beziehung« hinunter zu Hatschepsuts Säulenterrassen derart, daß es uns fast wie ein Hilferuf vorkam, der uns von dort immer wieder erreichte.

Seit langer Zeit waren wir zu der letztendlich für uns überraschenden Erkenntnis gelangt, daß das »weibliche Element« eine besondere Rolle im

Ablauf der Ereignisse spielte, die mit unseren Forschungen zusammenhingen. Eine wunderbare Bestätigung unserer Vermutungen hatten wir unter anderem ja erhalten, als 1995 unser Meditationsexperiment genau darauf ausgelegt war, das »männliche Prinzip« mit dem »weiblichen Prinzip« zu versöhnen und das Ungleichgewicht ausgleichen zu helfen, das durch lange männliche Dominanz hier auf der Erde entstanden war. Es war kein anderes als das weibliche Team, das im Cove, dem nördlichen Zentralkreis von Avebury, dann in jener Nacht eine Manifestation höherdimensionaler Intelligenz in Form einer CE-III-Begegnung hatte. Und es waren stets Frauen, die uns, ohne direkte persönliche Beziehung, in entscheidenden Situationen im Rahmen unserer Forschung weitergeholfen haben oder an besonders erfreulichen Ereignissen beteiligt waren.

So waren es auch zwei uns im Laufe der Jahre bekannt gewordene Frauen, denen gegenüber wir zuerst etwas von unserer »ägyptischen Liaison« erwähnten. Und wie sonderbar, beide beabsichtigten gerade zu der Zeit, unabhängig von unseren Eröffnungen, nach Ägypten zu reisen. Die eine Frau kam aus den USA, die andere aus England, ihre Namen sollen hier aus Gründen des Persönlichkeitsschutzes ungenannt bleiben. Wir baten die Amerikanerin, die im Frühjahr 1996 dort hinflog, bei ihrem Aufenthalt in Theben während des Besuchs des Tempels die Energien am Ort zu testen und eine Botschaft der Liebe, Zuversicht und Hoffnung für Hatschepsut in das dortige Raumzeitgitter zu infundieren. Durch ihre freundliche und völlig positive, offene Art erschien sie uns als die ideale Person, um auf diesem sensiblen Terrain eine erste Sondierung durchzuführen. Nach ihrer Rückkehr berichtete sie von einer sehr angenehmen Verbindung mit dem Ort und einer störungsfreien Meditation bei dem Terrassentempel. Eine besonders intensive Begegnung habe sich bei Hatschepsuts Obelisk in Karnak zugetragen. Wir waren etwas erleichtert und freuten uns über die erfolgreiche Mission einer ersten Emissärin in diese belastete Gegend. Da wir fühlten, daß unsere Zeit für eine Reise nach Ägypten noch nicht gekommen war, baten wir dann die Engländerin, bei ihrem Besuch dort ebenfalls beim Tempel der Hatschepsut vorbeizuschauen, wenn dies die Reiseroute erlaubte.

Die Engländerin war eine freundliche, sehr hilfsbereite und äußerst facettenreiche Person. Sie war mit fast allen Mythen dieser Welt vertraut, besuchte Gruppen, die sich damit beschäftigten und kannte viele magische Plätze in England und anderswo. Sie hat uns in der Anfangsphase unserer Forschungen sehr wertvolle Informationen gegeben, uns unterstützt, wo sie nur konnte und uns Freundschaftsdienste geleistet, ohne die wir manchen verschwiegenen Ort nie gesehen hätten. Als sie dann von unseren ägyptischen »Kontakten« erfuhr, intensivierte sich unsere Beziehung zunächst. Allerdings war sie immer sehr an uns und am Stand unseres Wissens interessiert, was uns ein wenig irritierte. Sie war auch in okkulten Dingen sehr erfahren, womit wir uns aber eigentlich nie beschäftigen wollten, und sie hatte auch profunde Kenntnisse bezüglich des Isis-Kultes. Sie erreichte Djeser Djeseru Amun, so hatte Hatschepsut ihren Tempel genannt, im Winter 1996, ein halbes Jahr nachdem die Amerikanerin dort ihre positive Energie verbreitet hatte.

Sie sandte uns Fotos von ihrem Aufenthalt, die ersten Nahaufnahmen vom Tempel, die wir außerhalb der bekannten Ägyptenbücher zu Gesicht bekamen. Uns fielen sofort die großen Osirisstatuen ins Auge, die sich zum Teil noch an den Säulen befinden. Irgend etwas war mit ihnen los. In einer früheren Meditation über Deir-el-Bahari hatte Achim eine Sequenz gesehen, die ihm wie ein aus einem Film herausgeschnittenes Schnipsel mit einigen zusammenhanglosen Bildern vorkam. Bilder eines schnellen Laufes, wie bei einer Flucht, entlang der Kolonnaden zur rechten Seite des Tempels, hinter den Säulen vorbei mit einem abrupten Bildwechsel nach oben an die Decke, so als ob sich ein Sturz ereignet hätte und die »Kamera« im Liegen nach oben an die Decke des Säulengangs gerichtet blieb.

In einer Erlebnisbeschreibung dieses Besuchsvormittags lasen wir von der Engländerin, daß sie die links von der Rampe stehende Statue nicht gut leiden mochte. Es war vereinbart worden, daß wir beide am Tag ihres Besuches dort meditieren wollten, sie im Tempel, wir hier in Berlin, um Hatschepsuts Geist und dem Ort, an dem ihr Tempel stand, positive Energie zukommen zu lassen. Sie führte ihre Meditation im Hathorheiligtum links neben dem Haupttempel durch, Achim an seinem Platz zwischen den Zimmern in Berlin. Später stellte sich heraus, daß sie sich beide zeitlich nur gering verfehlt hatten, seine Meditation von Liebe und Zuneigung zu Djeser Djeseru Amun geprägt war, bei ihr vor Ort dann jedoch auch Bilder aus Hatschepsuts Leben auftauchten und schließlich das Gefühl einer leibhaftigen Gefahr verspürt wurde. Nach der Meditation machte sie offenbar einen äußerst gestreßten Eindruck, so daß man ihr danach Hilfe anbot.

In einer späteren Email äußerte die Engländerin verhalten einen gewissen Unmut, von uns durch derlei Experimente nicht in Gefahr gebracht werden zu wollen, was natürlich nicht unsere Absicht war.

Während unseres Aufenthaltes in England im Sommer 1997 hatten wir natürlich reichlich Gelegenheit, persönlich mit beiden Frauen über ihre Erfahrungen zu sprechen. Während bei der Amerikanerin ein durchweg positiver Eindruck zurückblieb, waren wir bei der Engländerin etwas zwiespältig. Irgend etwas lief hier nicht rund, und interessanterweise verschlechterte sich unser bisher wichtiges und freundschaftliches Verhältnis, andere Ursachen mit einbezogen, zusehends.

Wir hatten also versucht, vor Ort in Deir-el-Bahari durch die persönliche Präsenz zweier »Abgesandter« etwas positive Energie zu etablieren, quasi eine Testsonde als Vorbereitung auf unsere eigene persönliche Präsenz dort in einer noch unbestimmten Zukunft. Es sollte eine Art erster Brückenkopf nach über dreitausend Jahren dort gebildet werden, wo offensichtlich noch so viel negative Energie anwesend war, wo möglicherweise ein einmal über Hatschepsut und ihren Tempel von noch unbekannter Seite ausgesprochener Fluch noch immer wirksam war, der auch dazu geführt hatte, daß man in alter Zeit überall ihren Namen von den Wänden gekratzt hatte. Das Negative wußte nun, daß Hatschepsut nicht mehr allein war.

KAPITEL 21

Looking through a glass onion

Es ist etwas geschehen in Wiltshire in diesem Sommer des Jahres 1997. Etwas Eindrucksvolles, Wunderbares und Wichtiges. Einmal waren wieder große Piktogramme in den Feldern entstanden, die man aus den Vorjahren schon in ähnlicher Form kannte. Viele Menschen aus vielen Ländern reisten erneut nach England, um die Kornkreise zu sehen, in ihnen zu sitzen, mit ihnen eine Zeit zu verbringen, um Zeuge eines übermenschlichen Phänomens zu sein. In den Gesichtern der Männer und Frauen, die man nach oder während ihrer Besuche in den Piktogrammen traf, spiegelten sich das Glück und die Zufriedenheit wieder, endlich »drin« gewesen zu sein, die den Kreisen innewohnende Energie gespürt zu haben, das gebrochene Korn sanft streicheln zu dürfen.

Medial begabte Heiler und Heilerinnen aus vielen Ländern kamen nach Wiltshire und versetzten sich und ihre mitgebrachten Meditationsgruppen in erhöhte Energiezustände und waren stets beeindruckt von der Wirkung der Kreise aus Korn und Stein auf die verschiedenen Chakren. Einzelne zogen sich völlig in die Landschaft zurück, andere waren glückliche Bucher von ein paar Stunden »Stonehenge Special Access«, nachdem alle anderen Besucher von dort weggegangen waren. Viele kamen einfach, weil sie es nach ersten Begegnungen mit den Kreisen in früheren Jahren nun nicht mehr lassen konnten, weil sie sich hier wohlfühlten und weil es einfach Spaß macht, abends im Barge Inn mit den Leuten aus der Szene ein Pint zu heben, vermeintlich dazuzugehören.

Ja, auch die bekannten Kornkreisgrößen gaben sich hin und wieder die Ehre und zeigten sich der bestaunenden Öffentlichkeit. Viel weniger in diesem Jahr als früher, aber immerhin. So war zum Beispiel von Busty Taylor kaum etwas zu sehen, er war beschäftigt mit Gruppen, flog nicht mehr so viele Croppies herum wie früher, machte viel weniger Damen den Hof und man hörte, daß ihm irgendwie die Lust am Ganzen schwand – oder was es auch immer war. George Wingfield, Michael Glickman, Lucie Pringle, Reg Presley – wir sahen sie wohl, aber eben seltener. Und weil Colin Andrews mit dem Organisator der ehrwürdigen Glastonbury Conference, Roland Pargeter, dieses Jahr gar nicht grün war und irgendwie befürchtete, auf dieser Konferenz der Selbstsucht bezichtigt zu werden, schrieb er ihm einen Absagebrief.

Dabei war die Konferenz eigentlich ganz gut gelungen, viele nette Menschen waren zwischen dem 1. und 3. August dort versammelt und schafften eine durchaus positive Atmosphäre. Hier war noch einmal ein Ort, an dem man wirklich alle treffen konnte, von denen man in den letzten Jahren so vieles gehört und gelesen hatte.

Eine Kuriosität widerfuhr uns. Einige Deutsche und ein Ehepaar aus Luxemburg waren tatsächlich mit unserem ersten Buch in der Hand im Juli in Wiltshire unterwegs und wollten anhand unserer Beschreibungen die Plätze selbst in Augenschein nehmen und nachvollziehen, was wir versucht hatten, an Atmosphäre aus dieser faszinierenden Landschaft dem Leser zu vermitteln. Das zufällige Zusammentreffen mit diesen ehrlich begeisterten Menschen war sehr bewegend, und wir freuten uns, wenigstens ein paar Menschen so motiviert und aktiviert zu haben.

Es gab auch andere. Bereits zur Frühlingszeit hatten sie in England nachmittags beim Tee zusammengesessen und Bücher mit keltischen Symbolen und Runen angeschaut. Aus diesen Büchern entnahmen sie entweder das komplette Design oder sie benutzten sie als Vorlage für erweiterte Entwürfe. Wir erfuhren davon bereits im März 1997 und schließlich dann am 3. April, daß am folgenden Wochenende ein Piktogramm in einem Rapsfeld erscheinen würde, und daß es aussehen sollte, wie Orangenscheiben, die man kreisförmig um einen Mittelpunkt angeordnet hatte. Und so kam es dann auch und wurde als das erste Piktogramm (nach dem Bild einer bekannten Konservenmarke) des Jahres gefeiert, zumal das (rein menschliche) Team einen bedeutsamen Ort ausgesucht hatte: Barbury Castle.

Einen Monat später schlug das gleiche Team am gleichen Ort wieder zu. Diesmal erschuf es ein Piktogramm in der Form des »Lebensbaumes«, des wichtigsten Mandalas der Kabbalah. Die Formation, auch in Raps, bestand aus zehn Kreisen und 22 Verbindungspfaden und wurde sogleich zum Highlight »Echtheit« erhoben. John Sayer (der sie für echt hielt?) vom »Cerealogist« lieferte in einer Email vom 9. Mai sogleich noch eine komplette Erklärung des Lebensbaumes mit hinzu, damit auch jeder verstehe, was da erschienen war und danach bestimmt besser Tarotkarten legen könne. Um diese Formation zu erstellen, brauchte das Hoaxerteam von 22.40 Uhr bis morgens um 04.45 Uhr. Um allein die zehn Kreise korrekt anzuordnen, mußten sie eineinhalb Stunden hin- und herlaufen, ganz abgesehen von der Zeit, sie flachzulegen. Wir wissen, daß sich die »Designer« dieses Piktogramms auf den Zentimeter genau an ihre Zeichenvorlage hielten.

Und so ging es weiter. Der Erzfälscher Robert Irving und seine Truppe dachten wohl, wir fallen auf seine »Koch-Fraktale« bei Silbury Hill und Milk Hill herein, nachdem er sich für einige Bloßstellungen, die er durch uns erfahren hatte, entsprechend seiner Veranlagung, einfach »revanchieren« mußte. Noch einige andere Teams – nicht nur aus England ... – haben sich in den Feldern verewigt, wie sie es seit langem tun. Sie alle folgten ihren eigenen Intentionen, entsprechend vielfältig waren die Kornkreismuster. Wir waren es ein wenig leid, immer wieder auf die Merkmale menschengemachter Formationen, wie z.B. die berühmten Konstruktionslinien, zu stoßen. Sie entstanden, wenn die Teams die Umrisse oder größere Details des Piktogramms vorbereiteten, um bestimmte Symmetrien zu erhalten. Dies war besonderes leicht bei den großen Dreiecken zu entdecken, die den »Koch-Fraktalen« zugrunde lagen. Man fand (und findet) die Konstruktionslinien häufig an den Rändern des noch stehenden Korns als eine fußbreite, zuunterst liegende Kornschicht. Auch die Herstellung von »Balls of Light« mittels kleiner, rauchgefüllter Gasballons, in denen Taucherlichter glimmen und die in großer Anzahl nachts gestartet wurden und viele Menschen als vermeintliche »UFO-Sichtungen« narrten, war uns nun bekannt und stieß uns ab.

Es war auch deutlich zu merken, daß eine neue Generation von Croppies aktiv geworden war, welche die »alten Zeiten« nicht mehr kannten und somit auch nicht in einem echten Piktogramm der Endachtziger gestanden haben konnten. Hier kam ein psychologisches Moment zum Tragen, denn sie kamen, ob alt oder jung, mit der gleichen Begeisterung und Erwartung nach Wiltshire, wie alle anderen vor ihnen. Natürlich wurden auch sie von der Landschaft mit ihrem mystischen Reiz und all den Relikten einer geheimnisvollen, vergangenen Kultur gefangengenommen, weshalb sie, ohne Vergleichsmöglichkeiten, auf den einen oder anderen Hoax hereinfallen mußten. Dieser Umstand ist eigentlich schon tragisch zu nennen und das eigentlich Schändliche am unheimlich fortgeschrittenen und wahnsinnig perfektionierten Treiben der Hoaxer, denn sie treten mit ihren »Kunstwerken« die ehrlichen und wohlmeinenden Antriebe so vieler positiver Menschen im wahrsten Sinne des Wortes mit Füßen.

Wir unterließen es dann auch zunehmend, über die »Echtheit« von Piktogrammen mit jenen zu diskutieren, für die nicht sein konnte, was nicht sein darf: menschengemacht. Wir mieden die Nähe von Besserwissern und diesen Tourführern, die sich nach Art des Rattenfängers von Hameln einer Gruppe wohlmeinender und ahnungsloser Mitmenschen voran- und nach einer langen und teuer bezahlten Anreise in die Hoaxe hineinstellten und ihrem Gefolge dann deren Echtheit einredeten. Und wir hatten auch einige Schwierigkeiten mit denen, die wider besseres Wissens immer wieder mit Unerfahreneren über die Echtheit der einen oder anderen Formation diskutierten, bloß, um selbst weiter im Gespräch zu sein.

Besonders betroffen machte uns nach Erscheinen unseres ersten Buches das Verhalten einiger deutscher Kollegen und Kolleginnen in Sachen Kornkreisforschung. Wir betonten immer wieder, daß wir unsere Forschungen ja nicht für uns allein, sondern für alle durchgeführt haben und weiter durchführen werden, denn das ist ja der tiefere Sinn des Phänomens, daß es eben nicht die Sache einiger Auserwählter zur Erhöhung der eigenen Person ist, sondern eine für alle gleichermaßen gedachte Aufforderung, sich hinzusetzen zu schauen und sich darüber Gedanken zu machen. Wir können nur Mittler sein und Informationen, die wir erhalten haben, weitergeben, denn sie gehören allen zu gleichen Teilen.

Es geht auch gar nicht um uns als Personen, sondern um diesen Planeten und um unseren kosmischen Auftrag, uns verantwortungsvoll um ihn zu kümmern, zu beweisen, daß wir als Spezies Mensch ein würdiges Mitglied der kosmischen Gemeinschaft der Zivilisationen sein können, wo immer wir sie auch dereinst – mit Sicherheit – entdecken werden.

Wir sahen uns verwundert teilweise sehr negativen Reaktionen ausgesetzt, die ganz vereinzelt auch nicht die Region unterhalb der Gürtellinie scheuten. Einer, der durch intensive Recherche und sehr schöne Farbfotos bekannt geworden war, stellte sich sogar hin und bemerkte zu unserem Erlebnis im Flugzeug im Vale of Pewsey in abwertender Weise, er habe schließlich »ganz andere Erlebnisse« in Kornkreisen gehabt. Eine andere aus Deutschland konnte gar nicht genug bekommen und ließ gleich dreimal in verschiedenen einschlägigen Publikationen regelrechte Haßtiraden los. Auf ihr seltsames Verhalten angesprochen, wollte sie es dann doch nicht so gemeint haben, und außerdem sei ihr gar nicht wichtig, was hinter dem Phänomen stehe, denn »… wüßte man es erst einmal, sei der ganze Reiz dahin …«

Diese und andere eigenartige Meinungen waren zu vernehmen. Es haben sich inzwischen zu unserem ersten Buch fast alle gemeldet, die hierzulande mit dem Thema befaßt sind. Und seltsam, in dem, was manche der »VIPs« sagten oder schrieben, war immer wieder ein gewisser gehässiger Unterton zu spüren, sogar in einer der jüngsten Publikationen über die Kornkreise konnten sie sich dessen nicht enthalten. Warum ist das so? Warum können sie das nicht lassen?

Genau wie sie heute, sind wir damals nach Wiltshire gezogen, mit genau den gleichen heißen Wangen und auf der Suche nach dem faszinierenden Unbekannten. Anders als viele vor- und nachher, hatten wir jedoch einen Plan in der Tasche und eine Theorie im Kopf, wie man diesem weltbekannten Phänomen doch etwas näherkommen könnte. Und es hat geklappt. Sind sie uns deswegen gram? Ist es gar Eifersucht? Dann sollten sie zukünftig besser zu Hause bleiben und nicht mehr nach England fahren, denn derartige menschliche Regungen sind dort fehl am Platze und widersprechen dem Phänomen.

Wir haben konsequent mit dieser Theorie weitergearbeitet, inzwischen mehr als 10 Jahre lang, ein Experiment nach dem anderen, jedes Jahr eine neue Erfahrung, jeden Sommer neue phantastische Ereignisse. Wir haben stets hinter den schillernden Kornkreiskulissen gewirkt, haben dort Freunde gewonnen, tauchten tiefer in die Landschaft ein, als manch anderer ahnen mag und haben mehr Geheimnisse aus der Gegend erfahren, als wir bisher berichten konnten. Von unseren oben angeführten Kritikern haben wir an diesen speziellen Orten niemanden gesehen, und dies sicher nicht nur, weil es dort mit einem Geigerzähler eben nichts zu messen gibt. Wir haben gelernt, haben uns mit dem Phänomen weiterentwickelt, haben mit unseren Sinnen in die Landschaft hineingelauscht und die feinen Signale von dort empfangen. Deshalb sieht man uns auch nicht mehr so oft in den gehoaxten Kreisen.

Es gibt aber auch jene, die seit langem die Beobachter der Geschehnisse in Wiltshire sind und die sagen, daß auch die menschengemachten Formationen ihr Positives haben, indem sie Menschen zu Geist und Körper auffrischenden Erlebnissen verhelfen und man das alles doch nicht so verbissen sehen solle. Wir würden dem für den Teil zustimmen, der die Teams betrifft, die ihre Formationen als wohlgemeinte Kunstwerke oder tatsächlich Botschaften an andere Intelligenzen verstehen, aber das sind eben nur sehr wenige.

Nach wie vor agieren die meisten der Hoaxer im Verborgenen und mit dem heimlichen Stolz, daß die Formation das eigene Werk von vorgestern nacht war, in der jene enthusiastische Amerikanerin ihren »echten« Kick bekam und allen voller Freude davon erzählte. Vergessen soll auch nicht sein, daß sie für den kriminellen Schaden, den sie auf der jeweiligen Farm anrichten, niemals aufkommen, weder offiziell noch anonym.

Deshalb fuhren wir auch in diesem Jahr ohne Illusionen an echte Piktogramme nach England, um einzig unser Experiment zu machen und die Kommunikation mit der Intelligenz fortzusetzen, die hinter den echten Kornkreisen bis 1992 stand und jetzt, als nächste Stufe des Phänomens, unsichtbare, aber für uns auffindbare Energiemuster auf Felder und Wege legte. Der Erfolg gab uns recht: 1997 wandelte sich die Kommunikation zu echter Kooperation.

Wenn man aus England zurückkommt, beginnt unweigerlich der Herbst. Es wird langsam kälter, man merkt es meistens zuerst in den Abendstunden, die doch deutlich kühler sind und immer früher einsetzen. Man schaut verwundert auf die Uhr und stellt wehmütig fest, daß es jetzt, um 21.00 Uhr, vor zwei Monaten noch gleißend hell war. Die ersten Laubhaufen werden angezündet und verleihen der frühherbstlichen Abendluft diese unverwechselbare Würze, die in uns die Assoziation bunter Herbstwälder, des ersten warmen Pullovers, dann der tristen Novemberkälte, kahler Bäume in nun einsamen Parks und der heraufziehenden Nebelfeuchte weckt, die uns erschauern läßt.

Gedanken von Leben und Sterben, im Einklang mit der Natur, beginnen uns einzunehmen und verleihen uns die Kraft, über unsere physischen Grenzen hinauszuwachsen. Den Wechsel der Jahreszeiten so zu erleben, wie er hierzulande abläuft, ist für die hier Lebenden ein kosmisches Geschenk, das seit Jahrtausenden den Geist beflügelt und die Menschen mit ihrem Teil des Planeten inniglichst verbunden hat.

Wenn die Tage kürzer werden, beginnt die Zeit des Aufarbeitens alles Erlebten des letzten Sommers, die entwickelten Dias werden geordnet, Texte werden geschrieben, Vorträge geplant und auch bald gehalten. Auch wir sichteten unser »Expeditionsgepäck«, stellten Dias, Videos und Fotos zusammen, schrieben unser Tagebuch ins Reine – und betrachteten immer wieder »Sara's Circles«, die neuen Sternenkarten, die uns die unbekannte Intelligenz in diesem Sommer beschert hatten. Was steckte dahinter? Was wollten »sie« uns mitteilen?

Wir wollen es hier nochmals ganz deutlich herausstreichen: Diese Energiemuster lagen schon in dem Feld unterhalb Woodborough Hill, bevor wir sie dort fanden. Es war »die zweite Generation der Kornkreise«, die von der unbekannten Intelligenz dort plaziert worden waren, einzig und allein, damit wir sie finden sollten. Und wenn uns das gelungen war, sollten wir sie natürlich in alter Manier sichtbar machen. Während draußen die Croppies im niedergelegten, gebrochenen Korn den sichtbaren Formationen der verschiedenen Teams nachjagten, waren wir auf der Farm herumgelaufen und hatten im stehenden, lebenden Korn nach den unsichtbaren Energieformationen des echten Kornkreisphänomens gesucht. Wie weit klaffte die Schere doch schon auseinander, wie zunehmend unwirklich erschien uns die Realität der sehr schönen, menschengemachten Kreise und ihrer für uns unschönen Begleiterscheinungen.

Was wir in den ersten Jahren in den Gesichtern der aufrichtig Interessierten noch gesehen hatten, dieses ehrfürchtige Erstaunen angesichts eines bis dato unbekannten und in seiner Monumentalität eindringlichen Phänomens, dieses ehrliche, noch unschuldige Interesse herauszufinden, was dahinter steckte, alles das war fast verschwunden. Während die meisten der uns bekannten Kornkreisforscher inzwischen eine Menge mehr über die Hoaxerteams wußten, als sie vor den von ihnen oft geführten Reisegruppen zugeben wollten, und viele von ihnen sogar schon einmal mit einem der Teams nachts draußen in den Feldern waren und hinterher schwiegen, wenn ihnen die abenteuerlichsten Geschichten aus der neuen, »echten« Formation geschildert wurden, hielten wir uns von alledem konsequent fern. Auch als wir aus den verschiedenen Richtungen, besonders nach der Veröffentlichung unseres Buches »Die Antwort des Orion«, Neid und Mißgunst verspürten, wußten wir, daß es besser war, Toleranz zu üben und zu schweigen. Wir wollten dem treu bleiben, was uns einst in die Felder Englands geführt hatte. Unser Bewußtsein hatte sich merklich geöffnet, wir hatten uns weiterentwickelt, dachten endlich kosmischer.

Was wir in dem Feld unterhalb von Woodborough Hill gefunden hatten, war ja nicht eine dieser Kreisformen mit einem wohlkonstruierten Inhalt, wie sie immer häufiger in der letzten Zeit aufgetaucht waren, sondern eine große Anzahl von Kreisen unterschiedlichster Größe und Form, wie wir sie uns selbst weder nach Ausrichtung, Ausdehnung und Aussehen je ausgedacht hätten. Wir beschlossen deshalb, wie damals bei der Entschlüsselung der ersten Piktogramme 1989/90, wieder rein analytisch vorzugehen, um erneut einfach aus der Reihenfolge dessen, was passiert war, herauszufiltern, ob hier eine irgendwie nachvollziehbare Entwicklung stattgefunden hatte.

Da war einmal die Tatsache, daß wir das Feld total unterschiedlich dowsten, dort, wo der eine etwas fand, blieben die Ruten beim anderen still, obwohl sie bei der Auffindung des gesamten markierten Feldbereiches bei beiden die gleichen Aktivitäten zeigten. Beide sollten wir also hier etwas suchen, finden und die Ergebnisse miteinander kombinieren, so wie wir es in der Vergangenheit stets vermutet und auch schon erprobt hatten. Die Teile sollten das Ganze ergeben.

Es war auf den ersten Blick erkennbar, worin der Unterschied zwischen dem bestand, was wir in unseren jeweiligen Bereichen gedowst hatten. Bei Hans waren es ein größerer, breit beringter Kreis, also ein Sonnensymbol, der von sieben kleinen, unberingten Kreisen, also Planetensymbolen, umgeben war. Tatsächlich, wir konnten hier wieder unsere Prinzipien anwenden, die uns bei der Entschlüsselung der alten Piktogramme so entscheidend weitergeholfen hatten. Seien Sie versichert, daß wir darauf eigentlich nicht vorbereitet waren, als wir mit diesem Experiment begonnen hatten. Unsere relativ unbelasteten Kinder Andrea und Matthias mögen dies bezeugen. Der Ring um den Kreis war breit, also wichtig und er erinnerte sehr an den hinteren Kreis im Piktogramm von Preshute Down von 1991. Als wir dann die kleinen Kreise zählten, sprang uns die Zahl sieben ins Auge. Schlagartig erinnerten wir uns wieder an Fritz Will und seine Theorie zur Entschlüsselung des sagenhaften Diskus von Phaistos. Er hatte dort die Zahl sieben für einen Planeten entdeckt. Es war in unserem Sonnensystem die Erde, die dort als siebenter Planet bezeichnet war – wenn man von außen nach innen zählt.

Wieder saßen wir, so wie 1991, an einem Tisch, wieder war es Nacht geworden, wieder schauten wir uns an und schüttelten den Kopf, denn wieder schien alles ineinanderzugreifen und einen Sinn zu ergeben. Offensichtlich zeigte die von Hans gedowste Seite des Feldes unser Planetensystem mit der Sonne und den sieben äußeren Planeten, von Pluto bis hinab zur Erde. Und diese Zahl sieben war der eindeutige Hinweis, daß es sich um unser Sonnensystem handelte, denn wir kennen kein anderes, in dem ein Planet an Stelle sieben von außen kreist, der eine herausragende Bedeutung besitzt – außer eben dem unseren.

Und schon einmal hatten wir, es war im Jahre 1993, eine angebliche »Sternenkarte« als unser Sonnensystem identifiziert: Es handelte sich um die sagenhafte »Sternenkarte« aus dem berühmten UFO-Entführungsfall von Betty und Barney Hill, aber das ist eine andere Geschichte[17]. Erwähnt soll hier nur werden, daß es sich bei dieser Karte um eine Darstellung unseres Sonnensystems zu einem bestimmten Zeitpunkt handelte, etwas, das von den bisher mit diesem Fall befaßten und sehr bekannten UFO-Forschern nur sehr schwer akzeptiert werden kann, denn alle hängen der sehr aufwendigen Arbeit von Frau Marjorie Fish nach, die ja, unter der Annahme, es sei eine Sternenkarte, die Urheberin des Zeta-Reticuli-Mythos ist. Schon damals hatten wir angemerkt, daß es doch eigentlich faszinierend logisch (und kosmisch gedacht) ist, einen »Zeitpunkt«, unabhängig von allen Zeitbegriffen oder Chronometern einer Zivilisation, nach der Stellung seiner Planeten im jeweiligen System zum Auftreten eines Ereignisses zu bestimmen. Wer den Lauf der Planeten beobachtet, braucht keine Uhren.

Die linke Seite des Feldes unterhalb von Woodborough Hill, die nur von Hans gedowst werden konnte, zeigte also eine bestimmte Konstellation unseres Sonnensystems an, und es war nun offenbar an uns, diesen Zeitpunkt zu bestimmen.

Dann gab es da aber noch die rechte Seite des Feldes, in der Achim die vielen unterschiedlichen Kreise entdeckt hatte. Was war mit denen? Aus den völlig unterschiedlichen Aspekten der beiden Feldhälften leiteten wir ab, daß in der linken Hälfte ein Zeitpunkt angegeben war, zu dem die rechte Hälfte »zuträfe«. Also machten wir uns daran, den Zeitpunkt zu bestimmen.

Wie damals, bei Betty Hills Sternenkarte und bei der Identifizierung von HD 42807, schalteten wir den Computer an und starteten unsere astronomischen Programme. Mit »Dance of the Planets«[18] ließen wir die Planeten auf ihrem scheinbar ewigen Lauf um die Sonne rotieren und hofften, einmal eine Konstellation zu finden, die der linken Hälfte des Feldes entsprechen würde. Doch was suchten wir eigentlich?

Es war zumindest das Jahr, in dem die Planeten Nummer eins bis sieben, von außen nach innen gezählt, so standen, wie wir sie im Feld in ihrer

Position gedowst hatten. Welche Planeten? Natürlich hatten wir vor der eigentlichen Analyse schon einmal nachgeschaut, weil wir es einfach nicht erwarten konnten, ob zu bestimmten Zeitpunkten, die mit unseren »Lieblingszeitpunkten« spektakulärer Ereignisse aus Ancient Astronauts, Paläo-SETI oder der UFO-Forschung zusammentrafen, die Planeten eine derartige Konstellation aufwiesen. So gerieten wir für eine lange Zeit auf ein falsches Gleis, denn wir nahmen an, die beiden linken Kreise auf Hans' Seite seien Pluto und Neptun. So landeten wir in der Zeit um die Wiederkehr des Halleyschen Kometen 1910 und haben hier eine interessante Zeit mit diesem Wanderer durch unser Sonnensystem zugebracht. Doch davon sei ein anderes Mal die Rede. Irgend etwas stimmte jedoch nicht so recht, weshalb wir uns wieder in unsere Skizze vertieften.

Anhand unserer Meßwerte fanden wir heraus, daß alle Kreise auf der linken Seite in unterschiedlichen Abständen vom Zentralkreis im Feld plaziert lagen und durch deren Anordnung doch eine Signifikanz in der Reihenfolge der Kreise, die ja die Planeten unseres Systems repräsentierten, beabsichtigt schien.

Es ist ein beliebtes Spiel, die Dimensionen unseres Sonnensystems zu verdeutlichen, wobei immer die Größe der Sonnenkugel die limitierende Größe für das ganze System ist. So gibt es in den verschiedenen Freizeitzentren inzwischen z.B. regelrechte astronomische Wanderwege, entlang derer die Entfernungen zwischen den Planeten zeitlich und örtlich selbst erfahren werden können.

Hans nahm zum Beispiel den Durchmesser der Sonne als Bezugszahl. Dieser beträgt ungefähr 1.392.000 km, woraus er eine Modellgröße von 13,92 cm ableitete. In diesem Modell hätte die Erde eine Größe von 1,27 mm (!) und befände sich in einer Entfernung von 14,96 m von der Sonne. Neptun mit 5,30 mm befände sich in 449,80 m Entfernung. Der bekannte Stern Sirius, der derzeit hellste Stern am Nachthimmel und zu den sonnennächsten Sternen gehörend, wäre mit seinem 1,7fachen Sonnendurchmesser 23,67 cm groß und müßte in 8.325 km Entfernung plaziert werden. Schauen Sie doch mal auf Ihrem Atlas nach, wo er, auf die irdischen Dimensionen übertragen, hier markiert werden müßte.

In diesen minimierten Größenverhältnissen hat selbst unsere Milchstraße, unsere Heimatgalaxie, schon wahrhaft astronomische Ausmaße, nämlich einen Durchmesser von 93 Millionen Kilometern.

Das Phänomen hatte offenbar versucht, in dem vorgegebenen Maßstab eines Getreidefeldes mit seinen Tramlines ein mit den realen Verhältnissen einigermaßen übereinstimmendes Abbild unseres Sonnensystems einzupassen. So mußten sich zwangsläufig perspektivische Verkürzungen ergeben, Verzerrungen, die mit den realen Entfernungen nicht übereinstimmen

230

konnten. So blieb letztlich nur der Stand der Planeten relativ zueinander übrig, unabhängig von den wirklichen Proportionen. Es war an uns, dieses Bild, diese Planetenkonstellation wiederzuerkennen.

So gingen wir erneut die Skizze unserer Meßwerte durch und stellten fest, daß alle Planeten tatsächlich in unterschiedlichen Entfernungen vom Sonnenkreis angeordnet waren. Dies hatte das Phänomen in der Enge des verfügbaren Raumes unter anderem auch dadurch geschafft, daß es für den nächsten Kreis einfach nur die Tramline wechselte. So ergab sich folgende Konstellation für den linken, den Hans'schen Teil des Feldes:

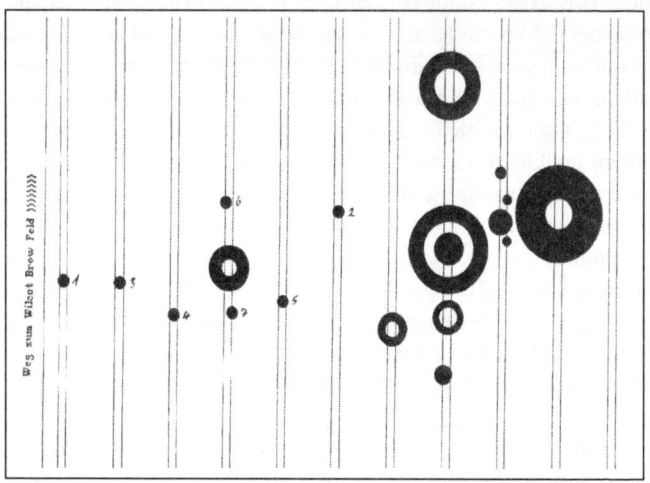

Abb. 28: Sara's Circles I mit bezifferten Planeten.

Hierbei sind:

Planetennummer in der Skizze	Entfernung vom Sonnenzentrum in Metern auf dem Feld	Planetenname
1	53,40	Pluto
2	39,05	Neptun
3	35,60	Uranus
4	22,25	Saturn
5	21,25	Jupiter
6	20,25	Mars
7	14,35	Erde

Wir hatten also eine Konstellation zu suchen, bei der auf der einen Seite – hier in der Skizze auf der gegenüberliegenden Seite links – Pluto, Uranus und Saturn standen, auf der anderen Seite – hier in der Skizze rechts – außen Neptun und Jupiter. Die Erde mußte »unterhalb« der Sonne, der Mars »darüber« stehen. Damit würde eindeutig ein bestimmter Zeitpunkt markiert, bei dem wir irgendwie auf die rechte Seite des Piktogramms stoßen mußten. Die Frage war nur, mußten wir das Planetensystem von oben nach Süden oder von unten nach Norden hin betrachten? Eine zeit- und nervenraubende Suche begann.

Während die Planeten auf dem Monitor vor unseren Augen mal schneller, mal langsamer um die Sonne rotierten, wurden wir dabei oft sehr nachdenklich. Was in der Natur so ehern vor sich geht, was wir stets nur durch den Wechsel der Jahreszeiten um uns herum und während gerade mal 80 Jahren mühsam in uns verspüren, den Wandel der Zeiten, das lief hier in Sekunden, Minuten und Stunden ab. All die Jahrhunderte und Jahrtausende, all die Epochen, Reiche, die kamen und untergingen, all die Menschen, die einmal als kleine lachende Wesen geboren wurden, voller Unschuld, bis der erste Schlag sie traf, die ganze bekannte Geschichte der Menschheit, all das zog immer wieder an uns vorbei, repräsentiert durch den Lauf der Planeten.

Und dann, als wir das Planetensystem in die Zukunft laufen ließen, stellte sich ein vages Gefühl der Hoffnung ein, es möge besser werden mit den Menschen und der Erde. Würden wir die Verschmutzung unseres Planeten beenden und wieder im Einklang mit der übrigen Natur leben und damit überleben lernen? Oder würden wir vor den kosmischen Zivilisationen unseren Bankrott erklären müssen, weil wir es nicht geschafft haben, das Geschenk an uns, unsere Erde, gesund und sauber zu halten, um mit ihr zusammen auf ihrer Milliarden Jahre währenden Reise durch das All in eine glücklichere Zukunft zu fliegen?

Aus irgendeinem Grunde hatten wir immer noch den Halleyschen Kometen in unserer Simulation belassen und stoppten kurz im Jahre 2062, dem Jahr seiner Wiederkehr und Kreuzung der Erdbahn. Wir stellten fest, daß sich Erde und Kometenbahn nur um ca. 1 Monat verpassen werden, was uns etwas unruhig machte, denn wir haben herausgefunden, daß mit dem Kometen etwas passiert sein kann, doch darüber später mehr.

Die Zeitreisen, die wir mit »Dance of the Planets« unternommen haben, waren sehr langwierig und höchst inspirativ, aber ein rechtes Ergebnis wollte sich zunächst nicht einstellen. Bis 3000 v.Chr. gab es keine befriedigende Übereinstimmung mit dem Muster im Feld unterhalb Woodborough Hill, denn stimmten mal die äußeren Planeten einigermaßen überein, paßte es nicht mit den inneren und umgekehrt. Mit der Zeit stellten wir auch fest, daß das Feldmuster sicher nur als Suchskizze verstanden werden konnte, denn das Phänomen hatte für die Darstellung des Planetensystems nur ein paar Tramlines Platz gehabt. So mußten wir von unserer Wunschvorstellung Abschied nehmen, die Konstellation könnte etwas mit unseren Lieblingszeiten und -ereignissen in alter Zeit zu tun haben. Es war eben eine Botschaft des Phänomens, der unbekannten Intelligenz hinter den alten Kornkreisen und jetzt den Energienetzen, deren Wirkungsweisen wir zu verstehen begannen. Eine Botschaft nicht von uns, aber für uns gemacht.

Es hieß also weitersuchen. Wenn nicht in der Vergangenheit, war dann vielleicht ein Zeitpunkt in der Zukunft gemeint? Erwartungsvoll beobachteten wir den Fortgang der Dinge. Viel Zeit war inzwischen ins Land gegangen und immer wieder ließen wir die Planeten um unser Muttergestirn kreisen, getrieben von der Hoffnung, doch einmal auf das zu stoßen, was wir glaubten, in einem Kornfeld in der Nähe von Alton Barnes verstanden zu haben.

Und dann, eines Nachts, als wir wieder einmal das Planetensystem rotieren ließen, diesmal mit Blick von Süden nach Norden hoch, als sich Pluto und Uranus auf die eine Seite und Neptun auf die anderen Seite der Sonne hinzubewegten, läuteten innerlich die Alarmglocken und ließen uns mit einem Schlage hellwach werden. Wir verringerten die Umlaufgeschwindigkeiten und drehten das gesamte Planetensystem schnell in eine Position, die Pluto und Uranus auf die linke Seite brachten, so, wie es auch in der »Feldskizze« der Fall gewesen war. Dann zoomten wir in den inneren Bereich der Planeten hinein und beobachteten, wo sich Saturn, Jupiter, Mars und die Erde hinbewegten.

Es war fast wie in der Fernsehserie »Stargate«, wo sich dieses große runde Tor dreht und nacheinander bestimmte Positionsmarken aufleuchten, bis es schließlich vollständig aktiviert ist. Genauso bewegte sich vor unseren Augen ein Planet nach dem anderen in eine Position, die weitgehend dem zentralen Teil der linken Piktogrammhälfte entsprach. Dies war in all den voraufgegangenen Jahrhunderten jetzt das erste Mal, daß unser Computerprogramm die Stellung der Planeten annähernd so übereinstimmend zeigte. Lediglich Uranus war schon ein wenig weitergewandert und stand relativ zu Pluto ein bißchen höher; die uns in diesen unzähligen Jahren so zu Freunden gewordenen Himmelskörper stimmten jedoch im Prinzip mit unserer Skizze überein.

Es wird das Jahr 2113 nach unserer Zeitrechnung sein.

Als wir diese Zahl links unten im Fenster des Programmbildschirmes lasen, mußten wir lächeln. Welch ein schönes Zahlenspiel. Seltsam, seitdem wir seit einigen Jahren aus den Kornkreisen zurückgekehrt waren, erwischten wir uns, erst eher wie zufällig, dann immer häufiger und ohne daß wir es eigentlich provozierten, daß wir immer wieder gerade dann auf eine der zahlreichen Digitaluhren in unserem Leben geschaut hatten, als Uhrzeiten wie 20.20, 13.31 oder 22.22 angezeigt wurden, um nur einige als Beispiel zu nennen. Und jetzt dieses erneute Zahlenspiel, das nicht wir uns ausgedacht hatten. Seit jeher war die 13 Achims Glückszahl, und selbst die eine scheinbare Ausnahme im Mai eines schönen Jahres wird am Ende ein Gewinn sein. Alles kam so, wie es kommen sollte. Als wir zufällig die Ziffern der Jahreszahl zusammenzählten, ergab sich 7! Der siebente Planet, die Erde! Eine eingebaute Bestätigung, daß dies das tatsächlich gesuchte Jahr war?

Was hatte uns Fritz Will, der Vergangenheitsforscher auf Kreta, erzählt? Nach seinen Berechnungen entspricht das Minoische Jahr 0 dem Jahr 115 v.Chr. unserer Zeitrechnung. So haben wir also im Minoischen Jahr 2113 (= 1998) das Piktogramm einer fremden Intelligenz entziffert, das wir ein Jahr zuvor gefunden hatten. Wir erwähnen diesen seltsamen Zufall (?) an dieser Stelle, weil Kreta und der Diskus von Phaistos wahrscheinlich eine besondere Rolle in Kontext der Wechselwirkungen der Menschen mit kosmischem Wissen und Geist spielen, doch das ist zunächst eine andere Geschichte.

Es zeigte sich weiter, daß der optimalste Stand der Planeten im Juli 2113 sein wird, ja sogar am 21. dieses Monats. Um das nicht von uns begonnene Zahlenspiel nun zu Ende zu bringen, stellten wir als Uhrzeit 21.13 Uhr ein, und alles schien komplett zu sein. Welch ein Weg bis hierher!

Nun lag der zweite Teil der Aufgabe vor uns, denn es galt, den rechten Teil des Piktogramms zu finden oder zu entschlüsseln. Zwei Dinge waren uns hier sofort aufgefallen. Da war der ganz rechts liegende, große Kreis mit seinem breiten Ring, ein eindeutiges inverses Sonnensymbol. Es sah ganz genauso aus, wie die Sonne im hinteren Teil unseres Antwortpiktogramms von 1991 in Preshute Down, was, wie wir ja herausgefunden hatten, für einen sonnenähnlichen Stern von vielleicht geringerer Größe, Masse oder Leuchtkraft stand – wie es ja bei HD 42807 zutraf. Direkt daneben waren links vier kleine planetare Symbole abgebildet. Nach unseren 1989/90 entdeckten Entschlüsselungshilfen für die Kornkreise und Piktogramme – wir nannten sie Prinzipien[19] – bedeutete ja: Was groß oder hervorgehoben oder breit dargestellt wurde, ist wichtig. Hier hatten wir eine sehr breit dargestellte Umlaufebene um eine Sonne, also war sie wichtig. Warum ist eine Umlaufebene um eine Sonne wichtig? Weil etwas in ihr um diese Sonne kreist. Links sind vier Planeten dargestellt, von denen einer deutlich größer hervorgehoben ist. Wir haben hier also einen irgendwie sonnenähnlichen Stern, in dessen Umlaufebene vier Planeten kreisen, von denen der zweite wichtig ist.

Links daneben befand sich in unserem Piktogramm ein Ring, in dessen Zentrum ein Kreis mit umgebogenem Korn lag. In den Anfangstagen des

Kornkreisphänomens hätte dies, da kein Zeiger oder Stummel vom Ring abging, als Sonne mit einem Planeten in der Umlaufbahn gelten müssen. Wir hatten jedoch nachgewiesen, daß sich das Phänomen von dieser archaischen Darstellungsweise weiterentwickelte und später abgekürzt nur noch inverse Sonnensymbole verwendete, d.h. einfach nur noch einen Ring um einen Kreis stehenden Korns zog.

Hier war ein Ring um stehendes Korn gezogen und mitten hinein ein Kreis gelegt worden, wie zwei ineinandergeschachtelte Sonnensymbole. Sollten dies zwei Sonnen oder gar ein Doppelsternsystem sein? Oben drüber lag in einiger Entfernung ein weiteres größeres Sonnensymbol. Ganz unten in gleicher Linie fanden sich zwei weitere Sonnensymbole, von denen dasjenige weiter links etwas dicker ausgeführt war. Beide Sonnen waren kleiner dargestellt, also für die Aussage offenbar nur ergänzend wichtig, obwohl die linke hervorgehoben wurde, also vielleicht heller sein konnte. Ja, und unter diesen beiden Sonnen lag ein einfacher Kreis, ein planetares Symbol, von dem wir zunächst nicht wußten, was er dort bedeuten sollte, denn er hatten keine Zuordnung zu einer der Sonnen. Ein frei dahinziehender Planet? Hatte er einen Bezug zu uns? War es ein anderer Himmelskörper, der einstmals an dieser Stelle erscheinen wird? War es eine Warnung vor etwas? Aber warum dann die detaillierte Darstellung der offenbar vier Planeten des Sterns ganz rechts?

Und vor allem – wo sollten wir suchen?

Wir probierten es auf alle erdenklichen Arten. Einmal peilten wir entlang des völlig waagerecht stehenden Sonnensystems entlang der Achse etwa Pluto/Sonne/Neptun in den Raum dahinter und hofften, eine Anordnung heller Sterne zu finden, die in etwa dem Bild im Kornfeld ähnelte. In unserer Simulation schauten wir aus den Tiefen des Alls genau auf die Kante unseres Heimatsystems und kniffen erschrocken die Augen zusammen. Im Hintergrund leuchteten unübersehbar ein paar helle Sterne im Sternbild Fische (Pisces), deren Anordnung genau unserer Skizze entsprach.

Sie sind in der folgenden Tabelle aufgelistet:

Name	Spektraltyp	Entfernung in Lj
71 Epsilon Psc	K0	212
60 Psc	G8	457
62 Psc	G8	326
63 Delta Psc	K5	300
58 Psc	G8	978
51 Psc	B9	359

Welch ein vielversprechendes Arrangement von Sonnen, von denen die G8- und K0-Typen sogar zum Bereich lebentragender Sterne gehören können. Leider fiel hier 51 Psc, dessen Position im Bild dem besonders breiten Sonnensymbol mit den vier Planeten entsprach, völlig heraus, denn B9-Sterne sind zu heiß und zu jung dafür. Außerdem hätte an Stelle des einzelnen planetaren Symbols im Bild hier in der Realität ein Stern gestanden, was nach unserer bisherigen Arbeitshypothese nicht sein durfte.

Und genau diese nahmen wir nun noch einmal unter die Lupe. Waren wir bisher korrekt vorgegangen? Hatten wir zu kompliziert gedacht? Wir hatten in einem Feld ein Piktogramm erhalten, bei dessen linkem Teil es sich um eine bestimmte Planetenkonstellation eines Sonnensystems handelte. Ausgehend von der Annahme, es sei das unsrige, haben wir nach einer entsprechenden Konstellation gesucht und auch eine gefunden, die mit der Vorgabe einigermaßen übereinstimmte. Wir schauten senkrecht auf dieses System im Feld, sollten wir das dann nicht auch besser in der Realität tun, statt an den Planeten vorbei in den Raum zu peilen? Sollten wir es nicht einfach so versuchen, wie es da vor uns lag? Dann würde es bedeuten, daß die zu suchenden Sterne rechts vom Sonnensystem zu suchen wären. Und das kleine Planetensymbol?

Rechts stand einsam Neptun. War etwa gemeint: »Schaut nach rechts, und damit ihr wißt, welche Sterne gemeint sind, schaut zur Orientierung dorthin, wo euer äußerster rechter Planet steht, den wir in den rechten Bildteil noch einmal mit hineingenommen haben. Dort werdet ihr die Sterne finden.« Wenn diese Annahme stimmte, müßten wir in dieser Anordnung auch noch rechts unten im Sternendreieck einen Stern finden, der irgendwie sonnenähnlich war. Es gab also zwei Anhaltspunkte für die Richtigkeit: einmal eine an das Bild erinnernde Sternenkonstellation bei Neptun und den rechten unteren Stern. Wir machten uns auf die Suche – und wurden fündig!

Neptun steht hier (siehe bitte Abb. 29 auf der nächsten Seite) in Projektion auf das Sternbild Drache (Draco) knapp rechts unterhalb eines Sternes, von dem querab links ein weiterer hellerer Stern zu sehen ist. Oberhalb davon stehen zwei Sterne dicht beieinander, die mit bloßem Auge oder einem Feldstecher nicht zu trennen sind. Diese beiden sind die linke Ecke eines Dreiecks, das aus den Sternen 19/20 Dra, 15 Dra und 18 Dra als hellste Sterne in der Nähe gebildet wird.

Hier alle Sterne in einer Tabelle zusammengefaßt:

Name	Spektraltyp	Entfernung in Lj
22 Zeta Draco	B6	326
SAO 17324	KIII	489
19 Draco	F6	55
20 Draco	F1	192
15 Draco	A0	424
18 Draco	K1	107.58

Und da war es! Der rechte untere Eckstern des Dreiecks war ein K1-Typ, d.h. ein Stern, noch im Bereich der Sterne, die nicht zu kalt sind, um auf einem Planeten in einem sonnennahen Orbit Leben zu unterhalten, wie wir in »Die Antwort des Orion«[20] ausgeführt haben. Welcher Planet war im Piktogramm von den vier dargestellten hervorgehoben worden? Der zweite, also einer ganz in der Nähe seiner Sonne! Unsere Bedingungen waren erfüllt, Neptun stand bei einer ohne Mühe passenden Konstellation, die mit dem rechten Teil unseres Piktogramms übereinstimmte und der rechte untere Stern war »sonnenähnlich«, d.h. er lag im Spektrum der Sterne in der nächsten Klasse nach den G-Sternen, zu denen unsere Sonne gehört, und

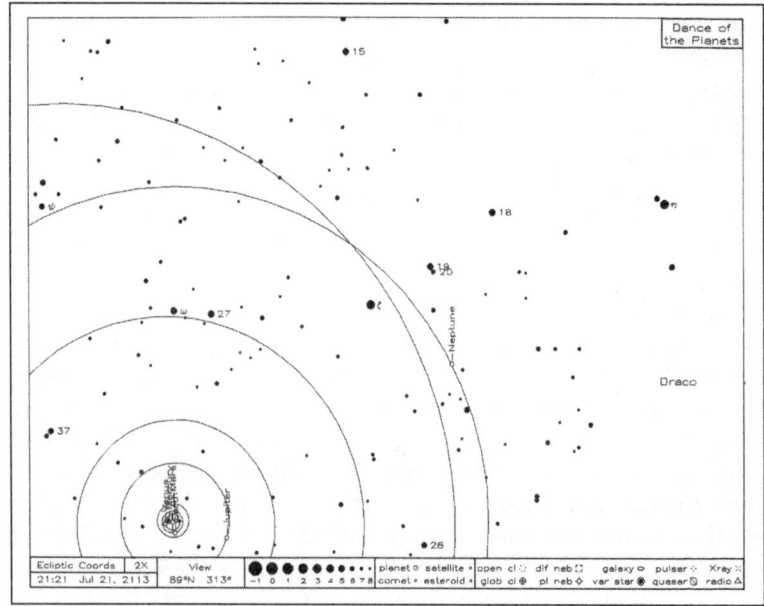

Abb. 29: Neptun und die Sterne auf der rechten Seite am 21. Juli im Jahre 2113.

lag dort im oberen, den G-Typen näheren Bereich. Nach HD 42807 waren wir nun erneut auf eine Sonne, 18 Dra oder HD 151101, hingewiesen worden, deren möglicher zweiter Planet als bedeutsam hervorgehoben wurde. Ein weiterer Hinweis auf Leben in einem Sonnensystem?

Wir haben versucht, das Piktogramm in dem sanft abfallenden Kornfeld unterhalb des für uns so bedeutungsträchtigen Woodborough Hill zu entschlüsseln. Wie stets in der Vergangenheit, haben wir versucht, dabei uns selbst gegenüber ehrlich und aufrichtig zu bleiben und keine unserer Daten zu verfälschen, um nicht der Selbstsucht zu erliegen, einem Gift, dem in der Vergangenheit viele nur wenig entgegenzusetzen hatten und haben werden. Wir sind Schritt für Schritt vorangegangen, stets bereit, auch wieder einen zurück zu tun, sollte sich die Richtung als falsch erweisen. Wir haben einfache Fragen gestellt und stets Antworten bekommen. Diese des Jahres 1997 war so unerwartet, so gewaltig, wir hätten nie damit rechnen können. Wieder haben wir eine Sternenkarte geschenkt bekommen und wieder war es uns vergönnt, durch einfache Überlegungen eine faszinierende Reise zu den Sternen zu unternehmen, durch Sternenkataloge hindurch, mit Hilfe von Computern und deren Programmen, die uns nüchterne Daten und berückende Simulationen des Planetensystems und des Sternenhimmels boten. Doch nichts ist vergleichbar mit dem selbst gesehenen Funkeln der scheinbar Unveränderlichen dort oben, den farbigen Diamanten am blauschwarzen Gewand der allumfassenden Erhabenheit, Nut. Dort oben, als immer sichtbares, zirkumpolares Sternbild folgt der Drache seinem ewigen Weg um den durch die Neigung und Drehung der Erde bestimmten scheinbaren nördlichen Himmelspol und wie schon bei HD 42807, können Sie auch HD 151101 mit eigenen Augen betrachten.

Über unser Ergebnis werden wir mit dem Phänomen im Sommer 2001 kommunizieren und hoffen, im Falle der Richtigkeit eine Bestätigung, im Falle des Irrtums eine bessere Interpretation zu erhalten. Ihnen aber bieten wir an, mitzuhelfen, das Piktogramm »Saras Circles II« im Feld bei Pewsey zu entschlüsseln und herauszufinden, welche Himmelsregion sich dahinter verbirgt und ob darin der Stern in der oberen Bildmitte dann tatsächlich ein sonnenähnlicher Stern ist, wie es das Symbol verheißt. Wir denken, daß es das Phänomen vielleicht auch so gewollt hat.

Bezüglich HD 42807 gibt es mittlerweile aufregende Neuigkeiten. Der Stern im Zentrum des Wintersechsecks ist in die Liste der Objekte aufgenommen worden, bei denen das berühmte SETI-Institut im Rahmen von Dr. Jill Tarters »Projekt Phönix« mit dem 300-m-Radioteleskop von Arecibo nach Radiosignalen fremder Zivilisationen sucht. HD hat dort die Katalognummer 4109 und ist zu finden unter: http://www.seti.org/science/startab2.html. Seit wenigen Jahren läuft jetzt weltweit die Suche nach extrasolaren Planeten. Der zu den bekanntesten Planetensuchern zählende Michel Mayor (er entdeckte bei 51 Pegasi am 06.10.1995 mit dem Spektrografen ELODIE den ersten extrasolaren Planeten) vom Département d'Astronomie der Universität Genf schrieb uns am 31. Januar 1997:

»Dear Mr.Koch, Thank you for your new message. In fact HD 42807 is already part of the present sample measured with ELODIE (OHP spectrometer) during the past 3 years.

With Didier Queloz we have obtained 10 measurements. The dispersion of these measurements is 25 m/s, only a little bit larger than expected from the accuracy of these measurements. This ›excess‹ of rms is only marginally significant. New measurements will be continued this season (as for all objects having shown variability or suspected variability).

Best wishes. Michel Mayor«

Welch wunderbare Bestätigung unserer Arbeit wäre es, wenn diese angekündigten, zukünftigen Messungen mit immer feineren Instrumenten die Existenz terrestrischer Planeten bei HD 42807 nachweisen würden ...

KAPITEL 22

Mord bei Djeser Djeseru Amun

Während wir intensiv mit unserer Analyse des Piktogramms in dem Feld beim Woodborough Hill beschäftigt waren, beschlich uns wieder dieses sehnsuchtsvolle Gefühl, das wir verspürt hatten, als wir schon einmal 1991 an der Entschlüsselung einer Sternenkarte arbeiteten, die uns damals 58 Lichtjahre hinauf in das Sternbild Orion und zum anderen zurück in eine grandiose Epoche menschlicher Geschichte geführt hatte. Während wir auf der Suche nach Planetenstellungen, fernen Sonnen und Sternenkonstellationen im All umherschweiften, hob an anderer Stelle ein schrecklicher und verfluchter Moloch sein Haupt und spie Tod und Verderben aus seinem verfaulten Schlund.

Wir haben beschrieben, auf welch wundersame Weise wir mit dem Geheimnis des Senenmut[21] und mit Deir-el-Bahari in Ägypten in Berührung gekommen waren und wie es uns in eigener Forschungsarbeit gelungen war, dieses auch zu entschlüsseln. Weitere Untersuchungen werden zeigen, ob in seiner Grabesdecke noch andere Rätsel verborgen sind. Senenmut war und ist auf vielfältige Weise mit seiner Pharaonin Hatschepsut verbunden und dies nicht nur auf der Namensebene. Sie haben sich geliebt und diese Liebe war der Auslöser für ihren gewaltsamen Tod. Die anschließende umfassende Auslöschung ihres Namens in den Reliefs und Kartuschen nach ihrer Ermordung in den Kolonnaden ihres eigenen Tempels zog sich bis in die Zeiten Echnatons und Tejes hin. Diese Tilgung des Namens, als die wohl schlimmste Handlung am Andenken einer so bedeutungsvollen Pharaonin, wie Hatschepsut sie für die ägyptische Geschichte darstellt, spiegelt nur in Ansätzen die Negativität wider, mit der dieses Ereignis verbunden ist – oder das Negative selbst, das sich hier manifestierte.

Wann immer wir an Hatschepsut und Senenmut dachten, kam uns die wunderschöne Tempelanlage in Deir-el-Bahari in den Sinn, die von Makarê, so hieß Hatschepsut mit ihrem Thronnamen, selbst geplant war und einzigartig in der ägyptischen Baukunst geblieben ist. Was man heute sieht, ist nur ein Echo dessen, was sich einst in diesem beeindruckenden Talkessel befunden hat. Hierhin waren wir während unserer Meditationen oft gewandert und hatten auch die Hügel oberhalb der Anlage erklommen, von denen man einen grandiosen Blick hinunter zum Nil und auf der anderen Seite zum sogenannten »Tal der Könige« hat. Besonders eine Anhöhe hat es uns hier angetan, von der eine besondere Anziehung ausgeht. Es wird sich bald zeigen, ob und was sich dahinter/darunter verbirgt.

Wir schickten stets unsere positivsten Energien nach Deir-el-Bahari und wußten von anderen, mit denen wir in Kontakt standen, daß sie uns in diesem Bemühen unterstützten, nicht zu vergessen, daß zwei »Emissärinnen« bereits vor Ort gewesen waren, um das Terrain nach über drei Jahrtausenden energetisch zu sondieren.

Als wir dann am 17. November 1997 hörten und bald auch sahen, was sich in den Vormittagsstunden dieses Tages vor Makarês Tempel zugetragen hatte, verstummten wir vor Entsetzen, und das Grauen ob dieser gewaltigen und abscheulichen Demonstration des Negativen ließ uns frösteln.

Dort standen an diesem Morgen, wie üblich, schon morgens einige Reisebusse. Diesmal waren es eine größere Anzahl Schweizer, die ausstiegen und sich um die Reiseleiterin versammelten. In diesem Moment eröffneten mindestens sechs islamische Terroristen, alle im Alter zwischen 20 und 25 Jahren, das Feuer auf die Ahnungslosen. Überall brachen Menschen schreiend zusammen. Alle rannten durcheinander. Manche flüchteten in die Tempelanlage, andere suchten hinter einer Säule oder einem Bus Deckung. Doch die Mörder gingen durch die Reihen der Verletzten, massakrierten sie mit Messern und schlugen ihnen die Schädel ein.[22] Die Westschweizerin Rosemarie Dousse hatte riesiges Glück und wurde nur verletzt. Sichtlich geschockt, sagte sie später im Fernsehen:»Wir haben uns hinter Statuen versteckt. Die jungen Männer kamen immer näher. Sie schossen. Wir warfen uns zu Boden. Ich lag unter einem großen Mann und einer Frau. Nur meine Hand und ein Arm ragten hervor. Sie haben uns richtiggehend hingerichtet. Ich habe nur überlebt, weil ich unter den anderen lag.« Mit unglaublichem Sadismus wurden einzelne Opfer in die Knie gezwungen und dann mit Kopfschüssen getötet. Ein verletztes Paar lag engumschlungen am Boden, und sie töteten nur den einen Partner – der andere sollte offenbar noch mehr leiden.[23] Die Ärztin Lis Vettovaglia war die erste Schweizerin, die in der folgenden Nacht mit jenen zehn verletzten Landsleuten in Kontakt kam, die das Massaker überlebten. Was sie im Militärspital von den unter Schock stehenden Patienten zu hören bekam, war ein Szenario des Grauens.

Um den Schrecken des blutigen Gemetzels zu steigern, verschonten die Attentäter offenbar einige Partner und Angehörige von Opfern mit Absicht. So mußte eine junge, nur leicht verletzte Frau mitansehen, wie ihrem Vater das Gesicht weggeschnitten wurde. Ein Schweizer Tourist, der in den Lauf einer Maschinenpistole blickte, überlebte nur deshalb, weil das Magazin genau in diesem Moment leergeschossen war. Voller Zorn warf der Attentäter die Waffe auf den Boden und griff zu einem Messer. Seine Wut richtete sich auf eine junge Frau, die, am Boden liegend, die Hände schützend über ihren Kopf hielt. Sie wurde vom wutentbrannten Attentäter mit dem Messer zerstückelt.[24]

Nach weiteren Augenzeugenberichten kamen in den ersten dreißig Minuten mehr Menschen durch Messerverletzungen ums Leben als durch Schüsse. Die regelrechte Abschlachterei von lebenden, wehrlosen Touristen erreichte während dieser Phase ein bisher nie gekanntes Ausmaß. Erst gegen Ende ihrer Verstümmelungsorgie setzte wieder vermehrtes Schießen ein, wohl um sicherzugehen, daß auch wirklich alle Opfer umgebracht waren. Dabei riefen sie »Allah ist groß« und andere Schmähungen auf die armen, fast sechzig Toten.

Als viel zu spät schließlich die ersten Sicherheitskräfte eintrafen und das Feuer eröffneten, konnten die Terroristen zunächst flüchten. Ein Augenzeuge folgte ihnen mit der Polizei bis zu deren Versteck in einer Höhle. Nach offizieller Angabe war dann eine Art Gesang und anschließend Gewehrfeuer zu vernehmen. Nachdem dies verstummte, sei man in die Höhle vorgedrungen und hätte alle bis auf einen tot in ihrem Blute liegend vorgefunden. Der eine noch lebende Täter ist dann wahrscheinlich noch in der Höhle erschossen worden.

Die Sechs wurden nach Kairo gebracht und forensisch untersucht. Lediglich von einem konnte die Identität ermittelt werden, die anderen blieben unbekannt. Anhand ihres Magendarminhalts wurde ermittelt, daß sie mindestens schon eine Woche zusammen waren, denn sie hatten alle das gleiche gegessen. Die Mörder hatten ein Bekennerschreiben hinterlassen, in dem sie mitteilten, daß sie den Auftrag von »Mustafa Hamzeh« ausgeführt hatten, dem Chef und militärischen Führer der Gruppe »Al Jamaat Al Islamiah«. Hamzeh war wegen der Planung zur Ermordung ägyptischer Politiker in Abwesenheit verurteilt worden. Kairoer Geheimdienstkreise ermittelten, daß Hamzeh sein »Büro« von Afghanistan nach London verlegt hatte – unter anderem in Begleitung von Mohammad Shawki Al Islambouli, dem Bruder des Sadatmörders Khaled Al Islambouli. Hier arbeitete diese Gruppe aktiv an der Unterstützung anderer fundamentalistischer Gruppen und transferierte große Geldsummen in andere Länder. Unter den Empfängern sei auch jene Gruppierung gewesen, die das Luxor-Massaker ausgeführt hatte.

Das offizielle Ägypten verdammte dieses Verbrechen und in ersten Erklärungen äußerte der ägyptische Präsident Mubarak gegenüber dem französischen Fernsehen die Vermutung, daß hier »ausländische Hände« an dem Massaker mitgewirkt hätten und von Terroristen in London und Afghanistan koordiniert worden waren.

Gamma'a al-Islamiya (in einer deutschen Publikation auch Gamaa Islamija), übersetzt als »Islamische Vereinigung«, ist eine militante Splittergruppe der »Islamischen Bruderschaft«, die eine der größten islamistischen Bewegungen darstellt. Wie alle diese radikalen Ableger großer religiöser

Bewegungen, so wollen auch sie Macht bekommen, die Sharia, das islamische Gesetz, als das allein gültige in Ägypten einführen. Sie wollen ein Ende der Friedensverhandlungen mit Israel und ein Ende der amerikanischen Hilfe und Präsenz im Lande. Sie träumen von einem radikal-islamischen Gottesstaat wie dem Sudan, Iran oder Afghanistan.

El-Gamaa El-Islamiya (in einer anderen Schreibweise) wurde 1971/72 mit ausdrücklicher Unterstützung des damaligen Präsidenten Anwar el Sadat gegründet, der ein moslemisches Gegengewicht zu Nasseristen und Kommunisten einsetzen wollte. Die Organisation geriet jedoch außer Kontrolle und hat seither viele hundert Morde begangen. Nachdem sie zum Terrorismus übergegangen war und dem Staat den Krieg erklärt hatte, wurde sie seit 1992 mit aller Härte verfolgt. Bisher sind etwa 50 Todesurteile gegen Gamaa-Mitglieder vollstreckt worden.

Als einer ihrer geistigen Führer wird Scheich Omar Abdul Rahman genannt, der als Planer und Drahtzieher für das Bombenattentat 1993 auf das World Trade Center in New York verantwortlich zeichnete und eine lebenslange Haftstrafe in einem Gefängnis in den Vereinigten Staaten verbüßt. Jedoch erhärtet ein weiteres Indiz den Verdacht, daß die Gruppe um Rahman entlang ideologischer und tagespolitischer Fragestellung gespalten ist: Im Zusammenhang mit dem Luxor-Massaker tauchte ein Schreiben einer Splittergruppe der Gamaa, der sogenannten Tala en affath (Speerspitze der Eroberung), auf. Diese Gruppe bekannte sich zwar nicht zum Anschlag, kündigte jedoch weitere Terroraktionen gegen Touristen an, falls diese weiterhin mit ihren Reisen die »ungläubige« politische Führung mit Geldern unterstützen und sich die Regierung auch in Zukunft weigern sollte, die Waffenstillstandsofferte der Gamaa zu akzeptieren. Außerdem kritisierte sie Willkür und Folter, denen die Gefangenen ausgesetzt seien.[25]

Weitere Recherchen zeigten uns namentlich, wie weltweit der islamische Fundamentalismus organisiert ist und wie überall Gelder hin- und herfließen, um die einzelnen Gruppen in den verschiedenen Ländern für ihre Aktionen zu unterstützen. Wir unterbrachen unsere Hintergrunduntersuchungen zum Massaker bei Hatschepsuts Tempel hier jedoch, denn sie hielten uns von unserer eigentlichen Arbeit an der Sternenkarte ab. Religiöser Fanatismus, gleich welcher Couleur, gehört für uns zu den übelsten Spielarten menschlicher Verhaltensweisen und erregt eigentlich immer nur Abscheu. Deswegen wollten wir schnell davon wegkommen, denn dieses Gefühl paßte überhaupt nicht zu unserer Hochstimmung ob der Möglichkeit, ein neues, uns von einer nicht-menschlichen Intelligenz gezeigtes Planetensystem im All zu finden.

Es gibt viele großartige Monumente in Ägypten, die alle touristisch sehr besucht sind. Aber ausgerechnet in Deir-el-Bahari ereignete sich eine Untat unvorstellbaren Ausmaßes, öffnete sich der Abyss und entließ das Negative. Warum gerade hier?

Waren diese Massenmörder vielleicht nur vermeintlich islamische Terroristen und tatsächlich aber die sichtbaren Manifestationen einer ganz anderen Agenda? Der Respekt vor den Toten verbietet an dieser Stelle eine weitere Spekulation, wir aber wissen nur zu gut, daß die Energien eines Ortes einen erheblichen Einfluß auf Raum, Zeit und alles darin haben können.

Das Geheimnis des Senenmut brachte uns – zurück? – nach Deir-el-Bahari, zum Tempel der Pharaonin Hatschepsut. Wir waren voller Ahnungen, daß sich hier mehr befindet als nur ein antikes Gebäude. Ein wenig von dem, was hier verborgen liegt, haben wir entschlüsselt, es ist geheimes Wissen um eine Himmelsregion im Sternbild Orion, im Zentrum des Wintersechsecks. Es liegt aber noch mehr verborgen, vielleicht in der astronomischen Decke im nie benutzten »Grab des Senenmut«, unter dem Schutt oder auf einem der umgebenden Hügel. Wir werden es herausfinden und das Böse, das sich hier so grausam manifestierte, wird uns nicht – oder gerade deshalb nicht – davon abhalten können.

Das Wissen um Dinge ist oft wie ein Scheinwerfer, der in Winkel und Ecken unserer vermeintlichen Realität hineinstrahlt und dort für Unruhe sorgt, denn was im Dunkel gedieh, muß oft im Hellen sterben.

KAPITEL 23

Von Ruten und Gitternetzen

Welche Bilder der Nacht begleiten Sie, wenn Sie sich morgens früh erheben? Niemand träumt nie. Woran denken Sie beim Zähneputzen? Schon an das, was vor Ihnen liegt oder an das, was Sie Stunden zuvor durchquert haben? Wie schnell schieben Sie »die Schatten der Nacht« beiseite, um »den Kopf frei zu haben« für das, was nun vor Ihnen liegt, Ihren Tagesablauf, Ihre Arbeit, für das »wirkliche Leben«? Wie lange sind Sie »Ich« in der Grauzone zwischen dem, was nachts war und dem, was tags kommt? Was ist realer für Sie, das Leben im »Traum« oder im »Wachen«? Sicher, Sie wachen immer wieder in Ihrem Bett auf ...

Wir haben Sie mit den Zeilen oben etwas nachdenklich machen wollen, und vielleicht lehnen Sie sich tatsächlich einmal kurz zurück, um darüber nachzudenken. Wenn über andere Welten und Dimensionen spekuliert wird, winken viele Menschen ab, aber selbst die hartgesottensten und konservativsten Wissenschaftler geben zu, daß sie hin und wieder träumen. Auch deswegen haben wir Ihnen die Fragen oben gestellt, um zu verdeutlichen, daß die Fähigkeit von Menschen, mit anderen Realitäten Kontakt aufzunehmen, allgemein doch anerkannt wird. Natürlich haben wir dieses Konzept erst durch die Verlagerung in den Bereich der Psychologie als wissenschaftliche Disziplin gesellschaftsfähig machen können, und auch hier gibt es Grenzen, denn nachts darf man schon mal Stimmen hören und mit fremden Wesen oder Personen reden, mit ihnen Sex haben oder sich von ihnen bedroht fühlen. Anders sieht es dann schon aus, wenn einer behauptet, es würde ihm tagsüber passieren.

Was nun folgt, verlangt von Ihnen ein wenig Toleranz mit sich selbst und etwas Aufgeschlossenheit, denn es ist an der Zeit, Ihnen von einigen Details unserer Arbeit mit den Ruten und den Gitternetzen in den Feldern Wiltshires zu berichten. Wir tun dies, weil wir zutiefst davon überzeugt sind, daß das Kornkreisphänomen eben nicht nur für einige wenige hier erschienen ist, sondern eine Botschaft an die ganze Menschheit darstellt: Schau hin und denke! Wir wollen weitergeben, was wir erfahren haben – und das ist phantastisch genug. Sie sollen davon profitieren und ganz praktisch damit umgehen lernen, denn Ihre Realität ist viel größer, als Sie bisher vielleicht angenommen haben, und das Kornkreisphänomen liefert die Mittel, dorthin zu gelangen. Es ist nicht schwer, das alles zu verstehen, wenn Sie verstehen wollen.

Beginnen wir also mit den Ruten, von denen wir ja schon soviel geschrieben haben und die inzwischen schon ein Teil von uns geworden sind. Wir machen kein Hehl daraus, daß wir den Begriff »Wünschelrute« nie besonders mochten, weil die Assoziation zum »Herbeiwünschen« eines Ausschlages dadurch stets latent vorhanden ist und vielleicht auch mit dazu beigetragen hat, daß das Rutengehen den derzeitigen wissenschaftlichen Paradigmen nicht genügt. Wir wählten daher den Begriff »Ruten« oder bezeichneten sie auch oft mit dem englischen Begriff »Dowsing Rods« und wollen auch dabei bleiben.

Es ist am besten, wenn man sich seine Ruten selber bastelt. Die Zeit, die Sie damit verbringen, ist wie eine kleine aktive Meditation, die geistige Energie, die Sie dabei freisetzen, geht unmittelbar in den Schöpfungsprozeß der Ruten ein, weshalb Sie selbstgemachte Ruten eigentlich auch nicht verborgen sollten. Wir haben es genauso gemacht und sind gut damit gefahren. Bis zum Jahre 1989 hatte niemand von uns jemals eine Rute in den Händen gehalten. Erst als wir uns mit dem Kornkreisphänomen zu befassen begannen, kamen wir mit ihnen in Berührung, denn wir lasen immer wieder, daß Rutengänger sie in England bei der Untersuchung von Kornkreisen benutzten. So wurden wir neugierig und waren dankbar, als Richard Andrews in dem Buch von Ralph Noyes, »Die Kreise im Korn«, ab Seite 145 eine Anleitung zum Bau von Wünschelruten gab. Als wir das nächste Mal in eine chemische Reinigung mußten, um ein Kleidungsstück abzuholen, baten wir um zwei weitere Metallbügel, die wir auch prompt erhielten. Aus ihnen fertigten wir, wie in untenstehender Skizze angegeben, unser erstes, eigenes Rutenpaar.

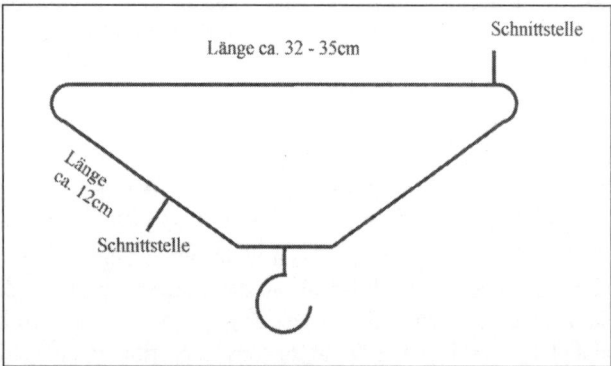

Abb. 30: So fertigen Sie aus einem Metallbügel eine rechtwinklige Metallrute. Nachdem Sie den Bügel an den angegebenen Stellen durchtrennt haben, biegen Sie beide Schenkel zu einem rechten Winkel.

Als wir unsere Ruten zum ersten Male in die Fäuste nahmen, waren sie ungewohnte Fremdkörper und verursachten eigentlich nur Frust. Nichts klappte so, wie im Buch angegeben, und wir waren drauf und dran, uns für nicht »begabt« zu halten. Deshalb möchten wir Ihnen jetzt hier die wichtigsten Regeln mitgeben, die mit entsprechender Übung *in jedem Falle* zum Erfolg führen werden.

Zuallererst müssen Sie sich selbst prüfen, inwieweit Sie überhaupt bereit sind, das Phänomen des Rutengehens zu akzeptieren. Es ist eine überaus ernsthafte Angelegenheit, die verlangt, daß Sie sich innerlich der Möglichkeit öffnen, daß es funktionieren könnte. Wenn Sie in einer ablehnenden Stimmung loslaufen und sich von sich selbst bewegenden Ruten überzeugen lassen wollen, werden Sie einen Mißerfolg erleben.

Die Ruten führen kein Eigenleben, sie sind nichts weiter als Sonden, es sind Zeiger, die nur in Verbindung mit Ihnen funktionieren, denn niemand anders als Sie selbst reagiert direkt auf Änderungen Ihrer Sie ständig umgebenden, wechselnden Energiepotentiale. Die Ruten sind nur Zeiger, das »Meßinstrument« sind Sie. Dies müssen Sie sich unbedingt vor Augen halten.

Wie jedes Meßinstrument müssen Sie sich eichen, und je feiner Sie Ihre Meßskala gestalten, desto mehr Informationen werden Sie bekommen, sichtbar gemacht durch die Zeiger, die Sie in den Händen halten. Sie sind als Mensch eine wunderbare und äußerst komplexe Lebensform und besitzen Fähigkeiten, von denen Sie vielfach nichts ahnen. Um so wichtiger ist es, diese Fähigkeiten endlich wiederzuentdecken. Die Ruten helfen Ihnen dabei in so unkomplizierter und doch so effektiver Weise.

Dabei spielt es keine wesentliche Rolle, aus welchem Material die Ruten sind. Wir haben während unserer ersten Jahre die simplen Metallbügelverschnitte aus der chemischen Reinigung mit großem Erfolg benutzt. Sie sind sehr leicht, sehr empfindlich und ermöglichen Ihnen, jeder kleinen Störung entgegenzuarbeiten, Sie lernen mit diesen Ruten besonders gut, sie in der Balance zu halten. Mit den dicken Kupferruten, wie sie zum Beispiel im Henge Shop in Avebury verkauft werden, haben wir uns nie anfreunden können. Sie sind viel zu schwer und eben nicht selbst gemacht. Es ist auch nicht nötig, sie mit anderen Metalldrähten zu umwickeln, sie werden dadurch nicht sensibler, denn, wie gesagt, das Meßinstrument sind Sie selbst, nicht die Ruten.

Wir tragen die Ruten auch stets ohne Hülsen immer mit direktem Kontakt zum Metall. Die Hülsen sollen die Bewegung der Ruten erleichtern, aber uns stören sie, denn seien Sie versichert: Wenn sich eine Rute bewegen will oder muß, dann tut sie es, Sie können sie nicht festhalten. Ebenso wenig bringt es irgendeinen Vorteil, die Ruten über 30 cm hinaus zu verlängern. Denken Sie immer daran, Sie sind der Empfänger, die Ruten nur die Zeiger.

Nehmen Sie sich Zeit für Ihre neuen Ruten. Stellen Sie sich zu Anfang allein in einen Garten oder irgendeine Freifläche hinein, schließen die Augen und lassen die Arme mit den Ruten in den Händen locker herunterhängen. Seien Sie entspannt und denken an nichts anderes als an das, was Sie finden wollen. Seien Sie wie ein Radio, das auf einer bestimmten Wellenlänge, und nur dort, einen bestimmten Sender empfangen will.

Dann heben Sie die Unterarme, bis das Ellenbogengelenk locker und keinesfalls verkrampft rechtwinklig gebeugt ist. Halten Sie die Ruten mit der geschlossenen Faust so, daß der Knick des kürzeren Schenkels, den Sie anfassen, ca. 1 cm über dem Grundgelenk des Zeigefingers hinausragt. Ideal sollten Sie jetzt die Ruten knapp über Taillenhöhe parallel im Abstand von 20–30 cm halten. Schließen Sie nun die Augen und fühlen, wie sich die Ruten bei der kleinsten Seitwärtskippung Ihrer Hände nach innen oder außen wegdrehen wollen. Verharren Sie in dieser Phase, besonders, wenn Wind an den Ruten zerrt. Lernen Sie, die Ruten waagerecht in der Balance zu halten und den Wackeleien Ihres Körpers und des Windes entgegenzusteuern, denn dies ist die Basislektion des Rutengehens: den selbstgemachten oder windverursachten Wackeleien der Ruten entgegensteuern zu lernen, um dem süßen Gift des Selbstbetruges stets und ständig zu begegnen.

Absolute Ehrlichkeit zeichnet den wahrhaften Rutengänger aus, der ein Suchender ist, der finden möchte, was er nicht vorher weiß.

Dieses ständige Neukalibrieren der Ruten – von sich selbst – vor jedem neuen Gang, immer in Prüfung der Unterlage, auf der man läuft, des Windes, dem man ausgesetzt ist und der geistigen Verfassung, in der man sich befindet, ist essentiell für den Erfolg der Arbeit mit den Ruten, wenn man auf der seriösen Seite bleiben will. Das ist gute wissenschaftliche Tradition.

Wenn Sie dann alle diese Übungen gemacht haben, werden Sie eines Tages loslaufen. Sie sollten Ihre ersten Gänge immer in bekanntem, ebenen Terrain durchführen, d.h. dort, wo sie wissen, daß ein durchflossenes Wasserrohr oder ein dickeres elektrisches Kabel verläuft, das Sie als Übungsobjekt benutzen. Halten sie die Ruten stets waagerecht zum Boden. Es ist gut, wenn Sie es am Anfang bei einem bekannten Objekt versuchen, denn es hilft Ihnen, sich selbst kennenzulernen. Nachdem Sie nämlich bei solchen Objekten trainiert haben, wird Ihnen sehr schnell klar werden, daß es nicht so geht, wie Sie es sich »wünschen«. Wenn Sie nämlich einmal den vermeintlich vorher bekannten Verlauf eines Wasserrohres plötzlich nicht mehr wiederfinden, werden Sie anfangen, in verschiedenen anderen Richtungen zu suchen. Und wenn Sie dann das Rohr durch den Ausschlag der Ruten an einer anderen Stelle wiederfinden, weil es in einem Knick die

Richtung geändert hat, werden Sie sich freuen, und ab diesem Moment sind Sie nicht mehr der gleiche, Sie haben dazugelernt.

Sorgen Sie dafür, daß Sie bei Ihren ersten Rutengängen allein sind. Sie brauchen gerade am Anfang Ruhe und Konzentration. Sie müssen sich erst an sich selbst gewöhnen, denn Sie betreten auch psychisch Neuland, Zuschauer sind zu Beginn mit ihren Bemerkungen sehr störend, und Sie begehen unweigerlich den Fehler, sich unter einen Erwartungs- und Erfolgsdruck zu setzen, was schlicht tödlich für einen ehrlichen Rutengang ist. Später wird Ihnen das nichts mehr ausmachen, aber jetzt fehlen Ihnen noch Routine und Sicherheit.

Immer wieder wurden wir von Freunden, die unseren Untersuchungen beiwohnten, gebeten, doch auch einmal die Ruten halten zu dürfen. Natürlich waren sie entweder enttäuscht oder ihre Skepsis war hinterher noch stärker, denn es geht eigentlich nicht, ohne ein wenig innerer Einstellung und vorheriger Übung, die Ruten einfach in die Hand zu nehmen und loszulaufen. Bevor wir loslaufen, »erden« wir uns, d.h. wir machen uns innerlich ein wenig frei von unserem täglichen Allerlei und konzentrieren uns auf die vor uns liegende Wegstrecke. Wir stehen einen Moment still, lassen die Arme locker hinunterhängen, schließen kurz die Augen und lauschen für einen Moment den Vibrationen unserer Umgebung. Später dann, im Verlauf der Untersuchung, lassen wir nach jedem Rutenausschlag die Arme kurz herunterhängen und justieren die Ruten dann neu. Diese Methode erscheint uns genauer, es lassen sich die Schrittlängen besser bestimmen und durch wiederholtes Vor- und Zurückgehen die Feinheiten genauer ermitteln, wenn das auch insgesamt dadurch etwas länger dauert. So hat jeder seine eigene Methode.

Seit unseren Experimenten im Wilcot Brow Field 1994 (siehe Kapitel 8) wissen wir, daß der Energiefluß im Gitternetz eine Richtung hat und wir offenbar eine Art körperliche Polarität aufweisen, mit der wir uns in einem Energiefeld ausrichten können. Die Versuche 1997 in den Hurlers Steinkreisen und in den Merry Maidens sowie in Boitin in Mecklenburg-Vorpommern haben zusätzlich gezeigt, daß wir den Energiefluß eines Steinkreises verändern können, je nachdem, wie wir unsere Polarität in das Energiemuster des Kreises einbringen. Sie können das auch.

Die offizielle Wissenschaft lehnt das Rutengehen bisher ab, obwohl die Fronten hier langsam aufzuweichen beginnen. In der Bevölkerung glaubt man, daß nur besondere Menschen, die in der Nähe von Hexen und Zauberern angesiedelt werden, über solche Fähigkeiten verfügen können. Sicher hat auch die äußere Erscheinung oder das seltsame Benehmen einiger exotischer Zeitgenossen an diesem Klischee mitgewirkt. Wir erinnern uns hier der Worte des Wissenschaftlers Marshal Duddley aus dem »Argus-Team«

von Michael Chorost, der angesichts unserer in den Stiefeln steckenden Ruten sagte, daß er zwar sehr viel vom Rutengehen halte, sich aber nie trauen würde, sie öffentlich in die Hand zu nehmen, denn dann wäre sein guter Ruf als Wissenschaftler dahin. Diese Anschauung ist sehr weit verbreitet und spiegelt die Unsicherheit wieder, mit der in der sogenannten »wissenschaftlichen Welt« mit diesem Phänomen umgegangen wird.

Es scheint uns auch ein gesellschaftliches Problem dahinter zu stecken, daß wir hier in Deutschland noch haben, andere Nationen aber offensichtlich nicht. Wir meinen damit die Selbstverständlichkeit, mit der in England mit den Ruten umgegangen wird, jedenfalls dort, wo wir es kennengelernt haben. Sie haben sich auf der Insel etwas bewahren können, was uns hier kaputt gemacht wurde – wann auch immer. Wir bemerkten dies gleich in unserem ersten Kornkreisjahr, als wir mit Staunen vernahmen, welchen Einfluß man den Erdenergielinien zubilligte, von denen wir hier bis dato noch nicht einmal wußten, daß sie existieren.

Durch alle Zeiten des Kornkreisphänomens hindurch sind verschiedene Ansätze gemacht worden, mit den gängigen wissenschaftlichen Methoden dem Kornkreisphänomen näherzukommen. Wer hat nicht alles schon mit den ausgefeiltesten Ausrüstungsgegenständen versucht, verwertbare Meßwerte aus den Feldern mit nach Hause zu bringen, doch bisher schlugen alle diese Versuche fehl – einzig die Ruten lieferten, bei sachgerechter Handhabung, verwertbare Ergebnisse. Bei keinem einzigen der vielen Hoaxe haben unsere Ruten jemals einen Ausschlag gezeigt. Wir haben dies schon und immer wieder seit 1994 laut gesagt, aber es war nicht opportun. Dies ging sogar soweit, daß uns von einer engagierten und bestimmt sehr netten Frau mit einem leicht indianischen Äußeren gesagt wurde, die einzigen menschengemachten Kreise seien unsere Experimentalpiktogramme gewesen, der Rest sei echt. Heute, im Jahre 2001, sind wir mit unserer Meinung nicht mehr so allein, aber darüber erst am Ende des Buches mehr.

Warum bewegen sich die Ruten?

Man wußte es bisher nicht. Dies lag daran, daß sich lange niemand aus den genannten Gründen die Mühe gemacht hatte, dies zu untersuchen und zu verstehen. Die einfachste Erklärung, gleichzeitig ein Totschläger für das ganze Phänomen, war, daß es der Rutengänger ist, der die Bewegungen bewußt hervorruft. Der Rutengänger als Scharlatan, ein weitverbreitetes Vorurteil. Eine andere Interpretation nennt Mikrozuckungen der Armmuskulatur, die für die verschiedenen Rutenausschläge verantwortlich sein sollen.

Wer ernsthaft mit den Ruten arbeitet, weiß, daß dies nicht zutrifft. Wer zum ersten Male verspürt hat, wie sich die Metalldrähte in seinen Händen ohne sein Zutun zu bewegen anfangen, wird sich der Faszination dieses

Moments nie mehr entziehen können. Es ist das unglaublichste Gefühl des bisher Erlebten, denn niemand hat uns je erzählt, daß in uns außer den bekannten Sinnen ein weiterer schlummerte, der nun erweckt wurde und das Weltbild verändern wird. Der Ausschlag der Ruten in den eigenen Händen ist die Fahrkarte in ein höheres Bewußtsein und läßt uns eine weitere Dimension unserer Realität wahrnehmen.

Wenn wir mit den Ruten loslaufen, wissen wir nicht, was uns wann erwartet. Wir sind in der Lage, uns auf das Suchobjekt »einzustellen«, d.h. wenn wir nach Wasser suchen, bewegen sich die Ruten nur über Wasser und nicht über dem Elektrokabel, über das wir hinweggelaufen sind. Umgekehrt gilt das gleiche, wenn wir Elektrokabel suchen. Sich »einzustellen« heißt, bevor Sie loslaufen, während der Erdungsphase, machen Sie Ihren Kopf frei und denken nur daran, daß Sie z.B. Wasser finden wollen, denken Sie nur an Wasser. Sie sind wie ein Radioempfänger, der nur auf einen Sender eingestellt wird, es ist das gleiche Prinzip. Sie können das, wir alle können das.

Wenn wir loslaufen, zucken natürlich unsere Unterarmmuskeln, denn wir sind ja die ganze Zeit bemüht, störenden Wackeleien der Ruten entgegenzuarbeiten, um sie in der richtigen Position ruhigzuhalten. Wir sind völlig frei und locker und akzeptieren stets, wenn die Ruten nichts anzeigen. Auch wenn wir etwa im Verlauf einer Untersuchung ein bestimmtes Ergebnis erwartet haben, die Ruten zeigen nur das an, was vorhanden ist, und das muß man dann akzeptieren. Die Ruten, man selbst als der eigentliche Empfänger, besitzen eine erstaunliche Präzision in der räumlichen Dimension. Man kann Energiefelder auf den Zentimeter genau bestimmen.

Man nähert sich dem zu untersuchenden Terrain stets etwas von außerhalb, dann ist es leichter, Anfang und Ende, sofern vorhanden, zu bestimmen. Und wenn Sie trotzdem schon mitten in Ausschlägen stecken, müssen Sie einen anderen Ausgangspunkt wählen. So laufen wir also stets los, die Ruten in der besagten Haltung, eingestellt auf das zu Suchende, und es passiert üblicherweise zunächst nichts. Dann plötzlich erleben wir, beginnend von den Ruten in unseren Händen, ein Gefühl am gesamten Körper, als ob wir in ein dichteres Medium eintreten, ohne daß sich sichtbar etwas geändert hat. Die Ruten sind in diesem Moment noch ruhig, fangen dann aber bald an, sich zu bewegen. Diese Phase zu spüren, verlangt Übung. Haben Sie jedoch im Laufe der Zeit erst einmal diese Stufe des Rutengehens erreicht, wird Ihnen dieser untrügliche Vorbote des nahen Rutenausschlages immer wieder begegnen, und in Ihnen wird eine Art »Empfindlichkeit« herausgebildet, die Sie immer weiter vervollkommnen und mit der Sie dann später auch ohne Ruten merken werden, ob ein Ort von einem besonderen Energiemuster umgeben ist oder nicht.

Dieses Eintauchen in das den gesuchten Bereich umgebende Energiefeld kommt uns noch heute immer so vor, als ob wir aus der klaren Luft in eine dicke Nebelwand hineinlaufen, um Ihnen einmal ein Bild zu geben. Nichts zuckt dabei in ihren Armen, die Ruten sind während dieser Phase noch ganz ruhig. Und wenn sie sich dann kurz danach zu bewegen anfangen, zeigen sie durch ihre Ablenkung die Wechselwirkung Ihrer eigenen Polung mit dem Energiepotential und dem Energiefluß des Feldes an, mit dem Sie gerade in Wechselwirkung getreten sind. Welch ein wunderbarer Augenblick.

Wir möchten Ihnen nun einige unserer Experimente vorstellen, mit denen wir dem Verständnis unserer eigenen energetischen Existenz nähergekommen sind. Sie können sie alle nachvollziehen.

Wir selbst hatten, als wir auf die Energienetze stießen, noch keine eigene Terminologie für das, womit wir hier in Berührung gekommen waren. Unsere seit 1993/94 verwendeten Begriffe von Energien und Polaritäten hatten wir der gängigen Physik entlehnt. So zögern wir im Moment, wie wir die Energie bezeichnen sollen, die wir mit den Ruten finden. Aber wir können zumindest bereits deren Wirkungsweise beschreiben.

So bewegen sich die Winkelruten, wie wir sie verwenden, stets nur nach innen und außen. Das »Überkreuzen«, das auch wir am Anfang wahrnahmen, hängt in gewisser Weise von der Rutenlänge und dem Armabstand ab. Im Anschluß an unsere Erfahrungen 1994 führten wir zusätzliche Test durch, die den Polaritätsbegriff noch erweiterten, denn wir sprechen nicht mehr von Plus und Minus, sondern von Sende- und Empfangsfunktion, da die festgestellte Energie einer Fließrichtung unterworfen ist.

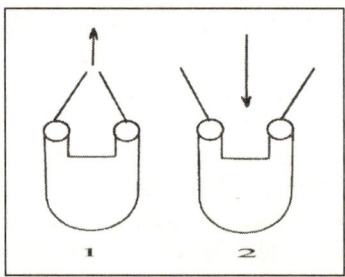

Abb. 31: Anzeige der Sendefunktion (1) des Rutenträgers, der auf eine Empfangsfunktion gestoßen ist und der Empfangsanzeige (2) im umgekehrten Fall.

Veranschaulichen wir uns nun diese Sende- und Empfangsfunktion an einer Testperson A.

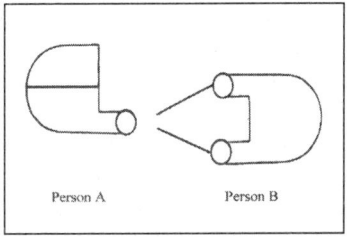

Abb. 32: Versuch 1

Person B geht mit den Ruten auf die ausgestreckte rechte Hand von Testperson A zu. Die Ruten bewegen sich jetzt beide in Richtung der Hand von Testperson A. Beide Ruten sind nun einpolig, also Gegenpol von der Hand der Testperson A, und geben Informationen an Testperson A ab = Sendefunktion. Testperson A empfängt also über diese Hand Informationen.

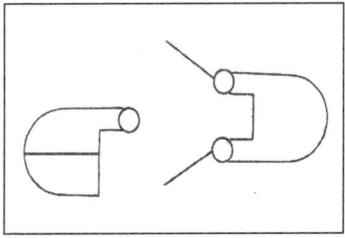

Abb. 33: Versuch 2

Person B geht jetzt mit den Ruten auf die ausgestreckte linke Hand von Testperson A zu. Beide Ruten werden jetzt wieder einpolig, zum Gegenpol von der Hand von Testperson A, und bewegen sich von der Hand von Testperson A weg = Empfangsfunktion. In diesem Falle gibt also Testperson A Informationen an Person B ab. Person B ist in Empfangsposition.

Es gibt auch Personen, die entgegengesetzt gepolt sind. In diesem Falle verhalten sich auch die Ruten entgegengesetzt. Unsere bisherigen Tests lassen darauf schließen, daß ca. 25% der untersuchten Personen Linksempfänger/Rechtssender sind, bei der großen Mehrheit ist es umgekehrt. Die Gründe dafür sind noch unbekannt und bedürfen weiterer Untersuchungen. Interessant wäre es z.B. herauszufinden, ob es signifikante Häufungen von Rechts- und Linkshändern unter den jeweiligen Gruppen gibt.

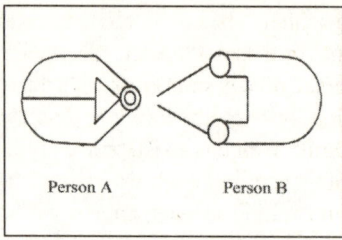

Abb. 34: Versuch 3

Testperson A hält die Hände vor ihrem Körper gefaltet. Mit anderen Worten ruft sie einen »Kurzschluß« zwischen ihren beiden energetisch unterschiedlich geladenen Körperhälften hervor. Person B geht darauf zu, beide Ruten drehen sich nach innen und zeigen auf die gefalteten Hände. Hier haben wir wieder die Sendefunktion von Person B.

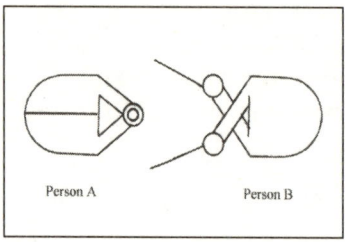

Abb. 35: Versuch 4

Person B geht nun mit gekreuzten Armen auf Testperson A zu. Die Hände von B kommen in den Energiebereich seiner anderen Körperhälften. Beide Ruten bewegen sich von den gefalteten Händen weg. Sie wurden umgepolt, ergeben also in diesem Fall eine Empfangsfunktion.

Beide Stellungen (Versuche 3 und 4) ermöglichen eine eindeutige Aussage, daß nämlich die beiden durch die gefalteten Hände kurzgeschlossenen »Energiebereiche« des Körpers gleichzeitig in Sende- und Empfangsfunktion sind. Kurz gesagt, die gefalteten Hände sind ein Kommunikationsinstrument.

Kommt Ihnen das irgendwie bekannt vor? Seit wann falten Menschen die Hände wozu, und welche Institutionen schreiben das Händefalten wann vor? Warum sollen die Hände gefaltet werden? Na, zum Beten natürlich! Was ist »Beten«? Wer »betet«? Und wann faltet man noch die Hände?

Die gesamte Menschheit »betet« seit Jahrtausenden und faltet in den verschiedensten Winkeln dieses Planeten die Hände zu den unterschiedlichsten Gelegenheiten. Und jedesmal klinkt sich dieser betreffende Mensch in ein Kommunikationssystem ein, empfängt und sendet, steht in Verbindung – mit wem, womit? Weil das so ist, weil es funktioniert, haben es die verschiedenen, vergangenen und noch existierenden Machtsysteme sogenannter weltlicher und religiöser Art benutzt, sie haben die »Betenden« benutzt, die das Händefalten einfach nur als »beten« kennen und gar nicht wissen, was sie damit eigentlich tun und vor allem bewirken. Und je nach Machtsystem wurde ein unterschiedliches »Bet-Ziel« suggeriert, aber immer stand nur die Erhaltung der eigenen Macht im Vordergrund.

Denken Sie daran, wenn Sie das nächste Mal die Hände falten, daß Sie sich zu einem gut funktionierenden »Kommunikationsinstrument« umorganisieren. Überlegen Sie, ob es nicht auch einmal sinnvoll wäre, ihre Energie ganz individuell nur noch dahin zu lenken, wo nur Sie glauben, daß sie etwas Positives bewirkt.

Geheimes Wissen? Verschwörung? Es ist mit Sicherheit seit langer, langer Zeit bekannt, was energetisch eigentlich alles möglich ist, nicht umsonst wurde seit Jahrtausenden Wissen in den verschiedensten Organisationen vor sogenannten »Nichteingeweihten« zurückgehalten, sind dort bis zum heutigen bestimmte »Einweihungsgrade« Gang und Gäbe. Der größte Feind einer machtbesessenen Clique ist immer das mündige Individuum.

Die gleichen Reaktionen wie bei den Versuchen 1 und 2 werden wir seitlich am Kopf der Testperson A feststellen können.

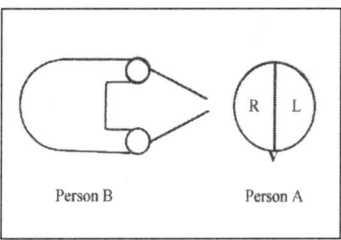

Abb. 36: Versuch 5 und 6 (rechts und links).

Hält Person B dann die Ruten direkt über den Kopf von Testperson A, ob mit ausgestreckten oder überkreuzten Armen, ist das Resultat gleich dem der gefalteten Hände in den Versuchen 3 und 4. Informationen der Person B gehen nun durch die Ruten in die eine Kopf-/Körperhälfte der Testperson A, während Person B aus der anderen Kopf-/Körperhälfte der

Testperson A Informationen erhält. Auch hier können wir einen Kommunikationsbereich feststellen, der jedoch permanent vorhanden ist. Mit etwas Anmaßung könnten wir behaupten, daß wir hiermit das sogenannte und sehr wichtige »Scheitelchakra« nachgewiesen haben.

Bei allen Kommunikationsbereichen konnten wir feststellen, daß die gefundene Energie hier wie einpolig wirkt, denn sie veranlaßt die sich nähernden Ruten, sich auf sie einzustellen. Sie ist hier gleichermaßen für Hin- und Rücktransport von Informationen zuständig. Interessant ist beim Dowsen von Personen auch, daß die Ruten in einer mittleren Entfernung von mindestens zweifacher Rutenlänge (ca. 60 cm) beginnen, eine Reaktion zu zeigen. Soweit reicht zumindest der dichtere Energiebereich Ihres Körpers über die für Sie sichtbare Haut-Luftgrenze hinaus – Sie reichen viel weiter hinaus, als Sie bisher geglaubt haben.

Beschäftigen wir uns nun mit unseren Versuchen und Ergebnissen mit den Dowsing Rods in Kornkreisen und Piktogrammen in Beziehung auf die Fließrichtung der Energie.

Wir gehen mit unseren Ruten auf einen einzelnen Kornkreis oder auf einen solchen innerhalb eines Piktogramms zu. Erreichen wir den Rand des Kreises, werden sich bei einem echten Kreis die Ruten in Richtung der Kornlage ausrichten, die dem Fluß der Energie entspricht, mit welcher der Kreis geschaffen wurde. Echte Kornkreise lagen immer in ein größerflächiges Energienetz eingebettet. Fehlt dieses, ist die Wahrscheinlichkeit sehr groß, daß es sich um ein menschengemachtes Piktogramm handelt. Außerdem ist es unabdingbare Vorraussetzung, daß Sie sich vorher genau und nur auf das »eingestellt« haben, was Sie untersuchen möchten, nämlich die Frage: Gibt es hier die Energie der echten Kreisemacher? Tun Sie dies nicht sehr genau und intensiv, werden Sie kein eindeutiges positives oder ein falsches Ergebnis erhalten.

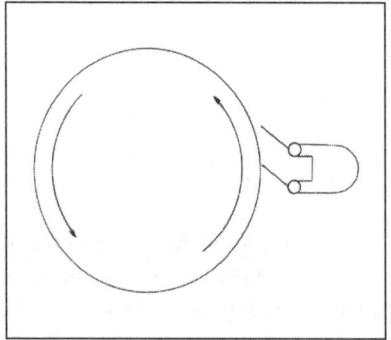

Abb. 37: Versuch 7

Sie können, wenn Sie ein wenig trainiert haben, die Energie der menschlichen Hersteller dieser Formation dowsen, denn sie waren während Stunden an diesem Ort und haben das Raumgitter geprägt, ihren »Stempel« hinterlassen. Oder sie dowsen tatsächlich die Änderung des Energienetzes des Kornfeldes selbst, das ja an dieser Stelle eine Veränderung erfahren hat. Außerdem müssen Sie vorher ausschließen, daß Ihre Ruten nicht irgendwelche unterliegenden Bau- oder Erdwerke, geologische oder lokale energetische Besonderheiten anzeigen. All diese Fehlermöglichkeiten haben selbst bei erfahrenen Rutengängern durch nicht saubere Feineinstellung zu entsprechend verfälschten Ergebnissen geführt und beim unerfahrenen Enthusiasten zur regelrechten Falschmeldung eines vermeintlich »echten Kornkreises«.

Wenn Sie ein Radio nicht genau auf den Sender einstellen, hören Sie Nebengeräusche, die Frequenzen überlagern sich, andere Stimmen oder Musik fallen ein, dies sogar noch in Abhängigkeit vom Wetter und von der Tageszeit. Genauso verhält es sich mit Ihnen und den Ruten in Ihren Händen.

Gehen wir durch den Kreis hindurch, werden die Ruten ab dem Mittelpunkt des Kreises in die entgegengesetzte Richtung umschwenken. Egal, wie wir den Kreis begehen, die Ruten werden immer in Richtung der Kornlage zeigen, wenn diese dem Energiefluß entspricht, mit der sie entstanden ist.

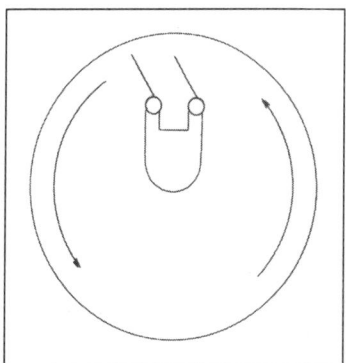

Abb. 38: Versuch 8

In den geraden Stegen, die von Kornkreis zu Kornkreis gehen, zeigen die Rods stets in Richtung der Kornlage, wenn der Energiefluß, der die Halme niederbeugte, die gleiche Richtung hat.

258

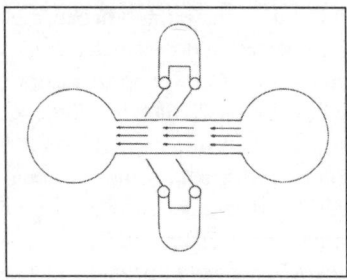

Abb. 39: Versuch 9

Überkreuzen wir hier die Arme, erreichen wir das Gegenteil. Die Ruten richten sich entgegengesetzt der Kornlage aus. Es muß also auch in den Kornkreisen Ein- und Ausgang bzw. eine Sende- und Empfangsmöglichkeit bestehen.

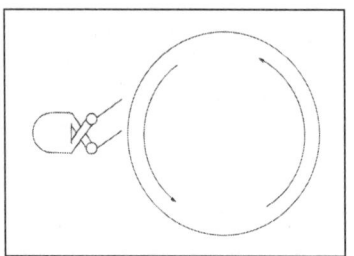

Abb. 40: Versuch 10 (siehe auch Versuche 7 und 8).

Mit diesen Versuchen können wir den Beweis für die Sende- und Empfangsmöglichkeit in einem echten Kornkreis erbringen. Achten Sie auf die Kornlage. Hierbei kommt es natürlich auf die Polarität der jeweiligen Person an. Eine entgegengesetzt gepolte Person reagiert auch entgegengesetzt.

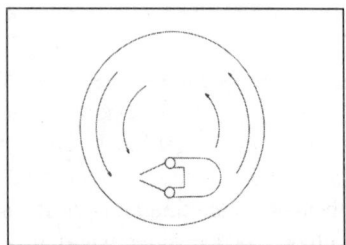

Abb. 41: Versuch 11 (= Sendefunktion des Rutengängers)

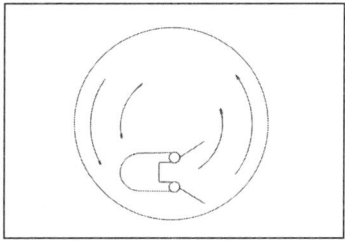

Abb. 42: Versuch 12 (= Empfangsfunktion des Rutengängers).

In den folgenden beiden Versuchen gehen wir vor wie in 11 und 12, jedoch hier mit gekreuzten Armen. Die Ruten werden die Sende- und Empfangsmöglichkeiten bestätigen, weil sie in den Bereich der anderen Körperhälfte gehalten werden. Sie werden sich entgegengesetzt zu den beiden vorherigen Versuchen verhalten.

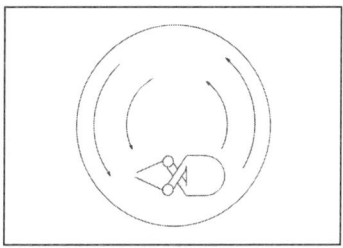

Abb. 43: Versuch 13 (= Sendefunktion des Rutengängers).

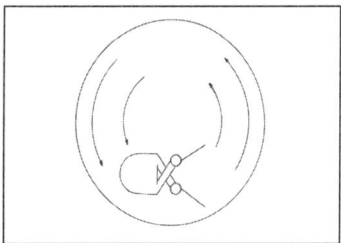

Abb. 44: Versuch 14 (= Empfangsfunktion des Rutengängers)

Wir haben auch zu den von uns gefundenen Gitternetzen einige Versuche durchgeführt. Dazu muß eindeutig festgehalten werden, daß es sich hierbei nicht um die bekannten Hartmann- oder Curry-Netze handelt. Das Hartmann-Netz ist nach dem gleichnamigen Radiästheten benannt und seit ca. 50 Jahren bekannt. Die Maschen dieses Netzes haben eine durchschnittliche Weite von 2,50 m x 2,00 m. Die Linien, die dieses Netz bilden, verlaufen in Nord-Süd- und Ost-Westrichtung und sind nach der fünften (NS) bzw. vierten (OW) Masche verbreitert. Da dieses Netz scheinbar überall auf der Erde gefunden werden kann, hat man es »Globalgitternetz« genannt. Das Curry-Netz ist nach dem Arzt Dr. Manfred Curry benannt, besitzt eine Maschenweite von 3–4 m und ist, wenn auch in einem anderen Winkel, ähnlich wie das Hartmann-Gitter ausgerichtet.[26]

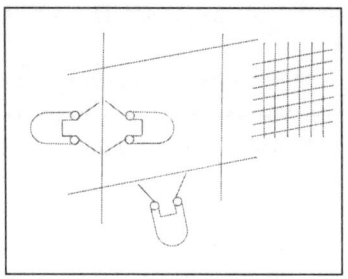

Abb. 45: Versuch 15

Fangen wir mit den Linien in Gitternetzen an, die wir gefunden haben und die eigentlich immer rautenförmige Maschen aufwiesen. Gehen wir mit den Ruten zuerst auf eine gerade Linie zu, egal von welcher Seite. Sofort werden wir bemerken, daß sich die Ruten nach rechts und links auseinanderbewegen, d.h. wir nehmen Informationen auf (Empfangsfunktion).

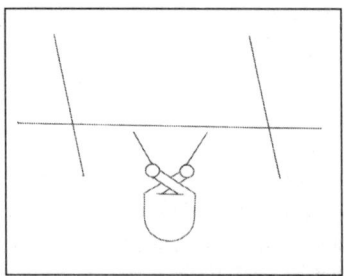

Abb. 46: Versuch 16

Bei diesem Versuch gehen wir vor wie bei Versuch 15, nur mit gekreuzten Armen. Selbstverständlich kann man auch diesen Versuch von allen Seiten beginnen (siehe Versuch 15). Obwohl die Hände mit den Ruten jetzt im Wirkungsbereich der anderen Körperhälfte sind, gehen die Ruten auseinander. Die Aussage bleibt gleich und belegt eindeutig, daß es sich bei den Versuchen 15 und 16 nur um die Aufnahme von Energie handeln kann, die Aufnahme von Information eingeschlossen.

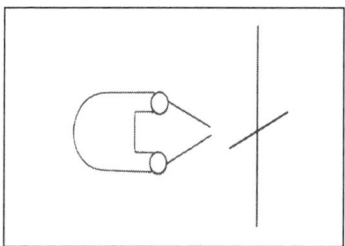

Abb. 47: Versuch 17

Bei den Versuchen 17 und 18 beschäftigen wir uns mit den Kreuzungen der Netzlinien. In beiden Fällen verhalten sich die Ruten wie bei den gefalteten Händen oder über dem Kopf in den Versuchen 3 und 4 bzw. 5 und 6. Auf den Kreuzungen herrscht bidirektionaler Energiefluß, sie haben Sende- und Empfangsfunktion.

Wir konnten durch andere Versuche in Wohnhäusern feststellen, daß die Gitternetze tatsächlich eine räumliche Ausdehnung besitzen, denn sie können sich ohne jegliche Beeinflussung durch Baustrukturen über alle Stockwerke und offenbar darüber hinaus erstrecken. Demnach handelt es sich bei den Linien offenbar um die zweidimensionale Wahrnehmung dreidimensionaler »Energiewände«, die energetisch eine bestimmte Ausrichtung und vielleicht auch Polarität besitzen. Ob sich dadurch regelrechte »Energiezellen« bilden, läßt sich mit den Winkelruten schlecht nachweisen, weil sie in vertikaler Richtung nicht funktionieren. Es ist jedoch sehr naheliegend, bei der gitternetzartigen Projektion dieser Strukturen auf den Boden anzunehmen, daß es sich um sechswändige Energiezellen handelt, die da aktiviert wurden, Raum im Raum.

Die Ruten zeigen Empfangsfunktion auf den Linien oder, mit unserem neuen Wissen besser ausgedrückt, an den Energiewänden, die selbst in Sendefunktion sind. Sie geben Ihre Energie in den Raum ab, d.h. die damit verbundenen Informationen sind nur innerhalb der Gitternetze verfügbar. Diese Zellen sind Übertragungsbereiche, in denen wir durch entsprechende Ausrichtung unseres Körpers Informationen empfangen und abgeben können, verstärkt durch die spezielle Funktion der gefalteten Hände und der Längsachse unseres Körpers mit der Sende- und Empfangsfunktion über dem Kopf.

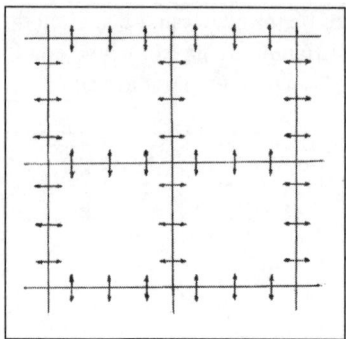

Abb. 48: Gitternetze und räumlicher Energiefluß (1).

Wie könnten nun Übertragungen von Informationen, zum Beispiel von der unbekannten Intelligenz hinter dem Kornkreisphänomen an uns, die wir in den Gittern mit den Ruten stehen, ablaufen? Vom Phänomen aus werden, nachdem an einem bestimmten Ort ein Gitternetz aktiviert wurde, Informationen in die senkrechten Kreuzungslinien eingespeist, die dann in Querverbindungen (die Energiewände) weiterfließen, um dort in die innere Struktur abgestrahlt zu werden.

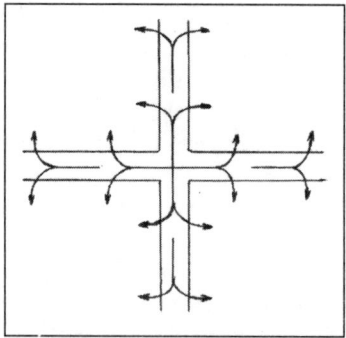

Abb. 49: Gitternetze und räumlicher Energiefluß (2).

Eine Person, die in diesem Raum steht, kann durch ihre eine Kopf- oder Körperhälfte diese Informationen aufnehmen und durch die andere ihrerseits Informationen an die Gitterlinien bzw. Energiewände abgeben, die dann an die Kreuzungen weitergeleitet werden. Steht eine Person auf einer Kreuzung, erfolgt direkter Informationsaustausch.

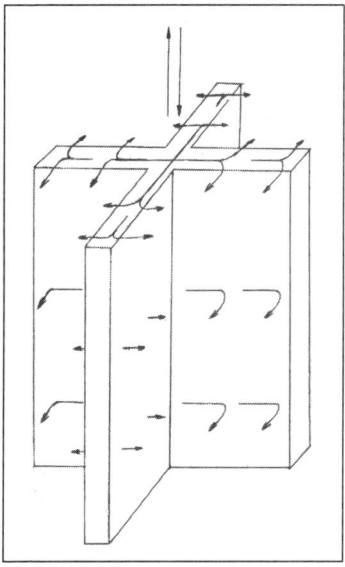

Abb. 50: Gitternetze und räumlicher Energiefluß (3).

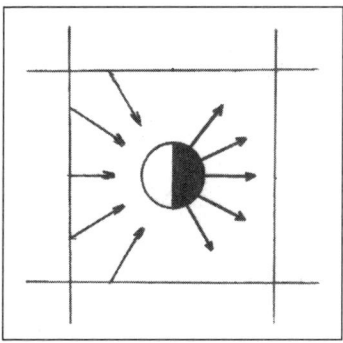

Abb. 51: Gitternetze und räumlicher Energiefluß (4).

Jüngere Untersuchungen an Steinkreisen haben gezeigt, daß der Mensch mit seiner unterschiedlichen Polung dort energetische Effekte hervorrufen kann. So lassen sich z.B. die Fließrichtung der Energie im Hauptkreis umkehren und auch einzelne oder alle Steine zu bestimmten Mustern aktivieren. Die Steinkreise und Steinsetzungen sind nicht nur mystische Wallfahrtsorte einer vergangenen Kultur, es sind regelrechte »Apparate«, mit denen man tatsächlich »arbeiten« kann. Man muß nur wissen, wie es geht.

Sie erinnern sich an unsere Versuche bei den Merry Maidens in Cornwall? Dieser wunderschöne Steinkreis besteht aus 19 Steinen. Nachdem wir 1997 jeden einzelnen Stein aktiviert hatten, waren danach alle Steine mit Energielinien untereinander verbunden, jeder mit jedem. Bei einem erneuten Besuch 1999 konnten wir feststellen, daß alle Energien der Steine und alle Linien noch aktiv waren, so wie wir sie zurückgelassen hatten.

KAPITEL 24

Dimensionen

Angestoßen durch ein Phänomen, das offenbar nicht-menschlicher Herkunft ist (denn alles, was nicht von uns kommt, muß von woanders herstammen), sind wir in all den Jahren, die wir nun schon mit den Energien dieser Erde arbeiten, mit zunehmender Erkenntnis immer kleinlauter geworden, was unsere selbstgemacht herausragende Stellung und unseren oft geäußerten besonderen Anspruch hier auf dem dritten Planeten – dem siebenten von außen – angeht. Wir trauen uns zu sagen, daß wir leiser, demütiger geworden sind.

In den Feldern von Wiltshire wurden wir von einem bislang unbekannten Phänomen alle noch einmal in die Schule geschickt, eine Schule der dritten und vierten Art mit Versetzungsmöglichkeit in den Kosmos. Es gab welche, die gelernt haben, es gab andere, die während des Unterricht stattdessen bunte Bilder malten oder die von anderen gefertigten verträumt anschauten. Einige sind am Ende der ersten Schuljahre sitzen geblieben, andere wurden versetzt, einige haben die Schule verlassen, andere sollten sie besser verlassen.

Was wir Ihnen in diesem Kapitel mitteilen werden, ist eigentlich leicht zu verstehen, aber schwer zu akzeptieren. Es geht um unser Weltbild, es geht um Sie, um uns. Wir alle sollten lernen, so wurde es uns mittels der Kornkreisformationen mitgeteilt, über unseren nun lange genug ehrfürchtig betrachteten, irdischen Tellerrand hinwegzuschauen, unabhängig von jeglicher menschengemachten Staatsform, Glaubensgemeinschaft oder Herkunft, als Individuen, als gleichberechtigte Mitglieder einer planetaren Gemeinschaft, die doch nichts anderes ist als ein wunderbarer Teil eines kosmischen Ganzen.

Es geht um die Akzeptanz von Dingen, die bisher außerhalb unserer Lebenserfahrung lagen, weil wir einfach nichts davon wußten oder weil man uns mit voller Absicht den Zugang dazu verwehrt hat. Was ist dieses Leben, das wir hier führen? Was wollen wir von diesem Leben? Was trauen wir uns zu? Wie weit gehen wir an dessen Grenzen? Wer setzt diese Grenzen? Gibt es sie überhaupt? Und wenn sie gar nicht zu definieren sind, in welchem Rahmen bewegen wir uns dann? Dies sind nur einige wenige Fragen, die immer wieder gestellt wurden, inzwischen haben wir auf den verschiedensten Ebenen Antworten erhalten, so auch in den Kornfeldern von Wiltshire.

Wir alle sollten mithelfen, die reduktionistische Phase unserer Wissenschaft zu beenden und endlich zu einer holistischen Sichtweise der Dinge übergehen. Das Ganze ist mehr als die Summe der Aktivitäten seiner Teile. Wer das nicht akzeptieren will, mag in seiner Gegenwart zurückbleiben, wir jedoch wollen voran, hinein in eine Zukunft, die uns nicht nur auf irdischer, sondern auch wieder auf kosmischer Ebene handlungsfähig werden läßt.

Wenn wir es schaffen könnten, die Förderung der Fortschritte der Wissenschaft vom militärischen wieder zurück ausschließlich in den zivilen Bereich zu verlagern, wäre alles gewonnen. Wenn wir die sogenannten Grenzbereiche oder Parawissenschaften aus der ihnen vom wissenschaftlichen Establishment zugewiesenen Ketzerecke herausholen könnten, würde die jahrhundertelange Verleumdung eines Teils unserer Realität endlich ein Ende haben und dringend notwendige Forschungsarbeiten könnten begonnen werden. Hier sollen unsere Bücher mithelfen.

Jedesmal, wenn wir aus England wieder nach Hause kamen, befanden wir uns in einer eigenartigen Stimmung. Es war eine ganz warme, angenehme, aufregend-kribblige Atmosphäre, die uns umgab, denn einerseits hatten wir wunderbare Dinge erlebt, andererseits war soviel Unglaubliches und Unvermutetes passiert, daß wir uns immer wieder erwischten, wie wir den Kopf schüttelten, wenn wir an die eine oder andere Begebenheit zurückdachten. Es war teilweise einfach zuviel auf einmal gewesen, unser Auffassungsvermögen wurde oft zu plötzlich an seine Grenzen gebracht, wir waren auf vieles nicht vorbereitet gewesen. So trugen wir die Auswirkungen vieler Ereignisse lange mit uns herum, verdrängten sie, weil wir mit Ihnen zunächst nichts anfangen konnten, bis sie dann in Verbindung mit neuen Erfahrungen plötzlich wieder nach vorn flossen und einen Sinn ergaben.

So fragten wir uns in jedem Jahr aufs neue, wie es weitergehen sollte – was können wir auf unserer Seite tun, um zusammen mit dem Phänomen weiterzukommen? Sicher, in einem Piktogramm wiederzugeben, was wir gelernt hatten, war eine Sache, eine andere war es jedoch, eine Art neue Frage zu formulieren, mit dem das Phänomen seinerseits etwas anfangen konnte. Durch diese intensiven Analysen des bisher Erreichten formte sich so langsam ein Bild dessen heraus, was »man« uns vermitteln wollte, und die Richtung wurde klarer, in die sich alles bewegte. Immer deutlicher schälte sich heraus, daß wir auf grundlegende Dinge unserer Existenz und unseres Seins hingewiesen wurden, auf Zusammenhänge im Gefüge unserer Realität, die wir verstehen konnten, ja die wir zuerst begreifen mußten, bevor wir uns an weitere Aufgaben heranmachen konnten.

Und wieder war es eigentlich die Chronologie der Ereignisse, die uns half, die Schleier vor dem eigentlichen Hintergrund des Kornkreisphänomens zu lüften. Wir hatten ganz zu Anfang nach der Herkunft der unbekannten Intelligenz gefragt, die offenbar hinter den Kreisen zu stehen schien. Daraufhin erhielten als Antwort zwei Piktogramme, in denen wir auf eine bestimmte Himmelsregion hingewiesen wurden, in der alles auf einen bestimmten Stern hinzudeuten schien. Dann gaben wir diese Erkenntnis zurück und verbanden dies mit einer Einladung zu weiterer, auch mehr »persönlicher« Kooperation. Daraufhin wurde uns der Energiebegriff dramatisch näher – eigentlich hautnah – gebracht, mit dem wir uns fortan zu beschäftigen hatten. Nun verlagerte sich die Kommunikationsbasis von sichtbaren Kornkreisen hin zu rein energetischen Formen, die Gitternetze tauchten auf und blieben von da an der zentrale Forschungsbereich. Wir lernten die verschiedenen Strukturen der Netze kennen, stellten ihre Mehrdimensionalität fest und erforschten ihre verschiedenen Eigenschaften. Wir fanden eigenartige Binnenmuster wie Verdichtungen und hochaufragende Schläuche, geometrische Figuren und Energiewege.

Wir konnten erfahren, daß diese Netze auch auf uns selbst reagierten und wir diese Strukturen offenbar bewußt und zielgerichtet beeinflussen, ja sogar selbst erschaffen oder aktivieren konnten. Schließlich wagten wir das unmöglich Geglaubte und aktivierten mehrfach ohne jegliche technische Hilfsmittel von einem Punkt der Erde aus an anderen Orten über eine große Distanz hinweg energetische Strukturen nach einem von uns erdachten Modell. So wiesen wir nach, daß wir verstanden hatten, was man uns mitteilen wollte, daß wir Menschen im Besitz des mächtigsten »Instruments« im Universum sind: Wir besitzen Geist. Wir sind Geist.

Diese erschütternde Erkenntnis und Erfahrung ließ uns nun nicht mehr zur Ruhe kommen, wir begannen, nach weiteren Teilen in diesem Puzzle zu suchen und wurden überall fündig. Und eines Tages mußten wir erkennen, wie blind wir eigentlich doch noch gewesen waren. Weiter oben schrieben wir, daß uns die rechte Terminologie für das, was wir zu beschreiben suchten, fehlte, und wir sie deshalb unserer gängigen Physik entlehnen würden. Wir glaubten, daß die von uns im Wilcot Brow Field, im Rabbit Holes, im Copse und im Tawsmead Field gemachten Erfahrungen von Energiefluß, Richtung und Polarität nur Lehnwörter für etwas Neues sein könnten, blieben jedoch bei den »alten« Bezeichnungen, weil sie eigentlich das Erlebte und Erdachte sehr gut beschrieben. Tatsächlich waren wir vom Phänomen zunächst auf grundlegende Dinge hingewiesen worden, die unsere moderne Wissenschaft schon seit zweihundert Jahren zu beschreiben versucht und die inzwischen als aus menschlicher Sicht wissenschaftlich beschriebene »Naturgesetze« Gültigkeit erlangt haben.

Wie wunderbar verständlich hatte es die unbekannte Intelligenz doch einzurichten versucht. Wo waren die echten Kornkreise einst erschienen? In Kornfeldern. Eingebettet in Feldern. Felder – der entscheidende Begriff unserer derzeitigen Zivilisation. Und wo waren wir die ganze Zeit herumgelaufen? Inmitten von gitternetzartigen Energiefeldern, die (zumindest) räumliche Dimensionen besaßen, die ihrerseits inmitten von Kornfeldern lagen. Felder in Feldern – welch ein kosmischer Wink mit dem Zaunpfahl! Felder, die untereinander reagierten, die auf uns reagierten und wir auf sie, Wechselwirkungen von Feldern, die Basis unserer Realität. Felder, die man erschaffen und löschen kann, Einflüsse, die man wirken lassen kann, Realitäten, die geschaffen werden, Energie die wirkt, Energie, die Materie schafft, Materie, die Energie ist, die Geist ist.

Es ist wichtig, daß Sie hier eine kurze Pause einlegen und sich klarzumachen versuchen, was sie glauben, annehmen oder wissen, was sie selbst eigentlich alles sind. Lassen Sie Ihr Ego einmal weg und versuchen Sie, zusammenzufassen, was Sie von sich als Individuum wissen. Versuchen Sie, sich neben sich zu stellen und das Weltbild zu betrachten, das »diese Person« hat. Was ist für sie real, was nicht? Was glaubt sie von sich, was nicht? Was glaubt sie, wovon sie beeinflußt werden kann und wovon nicht? Glaubt sie überhaupt, daß sie beeinflußt werden kann, gegen ihren »Willen«?

Wir sehen uns. Wir sehen uns aber nur, wenn Licht auf uns fällt, weil unsere Augen nur für den Bereich des sichtbaren Lichts empfindlich sind. Wenn kein Licht auf uns fällt, können wir uns nicht sehen. Wenn ich nichts sehe, den Lichtsinn nicht habe, weiß ich nicht, ob etwas da ist. Ich brauche dann andere Sinne, um dies zu erfahren. Oder ich bediene mich spezifischer Hilfsmittel. Als Blinder brauche ich einen Blindenstock oder einen Blindenhund.

Wenn ich keinen Sinn für elektrische oder magnetische Felder habe, weiß ich nicht, ob sie vorhanden sind. Ich brauche spezifische Hilfsmittel wie eine Kompaßnadel oder – Metallruten. Wenn ich nicht sehe, daß die Kompaßnadel abgelenkt wird, weiß ich es nicht, ich kann im Dunkeln keinen Kompaß ablesen. Mit Metallruten in der Hand kann ich jedoch auch im Dunkeln fühlen, bevor sie sich bewegen, daß ich mich in ein neues elektromagnetisches Feld hineinbewege.

Die Ruten in unseren Händen zeigen uns nicht nur an, daß wir in ein Feld eindringen, sie zeigen uns die Richtung an, in der die Energie jeweils fließt, und sie zeigen uns die Binnenstrukturen des Energiefeldes. Dies sind die Grundparameter und reichen zur Beschreibung des Phänomens zunächst aus. Wir halten wenig davon, Ruten mit Skalen zu versehen oder sogar Schieber daran anzubringen. Wichtig beim Rutengehen ist das eigene Empfinden und nicht, einer menschengemachten Skala zu entsprechen.

Die Ruten bewegen sich nicht aufgrund irgendwelcher ominöser Muskelzuckungen, die womöglich sogar noch vom Rutengänger selbst hervorgerufen werden sollen. Sie bewegen sich aufgrund »einfacher« physikalischer Grundtatsachen und dies um so besser, je bewußter sich der Rutengänger dieser physikalischen Vorgänge ist und je mehr er in der Lage ist, sich »kraft seines Geistes« in das zu untersuchende Feld einzuklinken, sich in ihm auszurichten. Hier kommt ein Phänomen ins Spiel, das man landläufig als »besondere Begabung« zum Rutengehen bezeichnet. Wir behaupten dagegen aus eigener Erfahrung, daß jeder Mensch diese Fähigkeit besitzt und werden weiter unten auch darlegen können, warum dies so ist. Es ist, wie so oft, stets nur eine Frage der (eigenen) Akzeptanz und des Trainings. Zum Rutengehen braucht man Ruhe und viel Zeit.

Im Jahre 1989 erschien ein Bericht über ein Forschungsprojekt mit der Bezeichnung »Errichtung und Betrieb von Testanordnungen mit künstlichen variablen Feldern niedriger Energie zum Studium der Reaktionen in biologischen Makrosystemen«. Der 270 Seiten starke Bericht wurde unter dem Buchtitel »Erdstrahlen? Der Wünschelrutenreport«[26] bekannt und stellt die bislang einzigartige wissenschaftliche Studie dar, die sich mit der Kernfrage des Rutengehens beschäftigt: *Können bei Personen Reaktionen stattfinden, die nur vom Ort abhängen?*

Diese Untersuchung verfolgte weder medizinische noch geowissenschaftliche Ziele und vermied es, keinerlei dem Bereich der Parawissenschaften zugehörende Fragen zu tangieren. Man konzentrierte sich ausschließlich auf die Existenzfrage, und da man sich zu Beginn nicht sicher war, ob ein Effekt überhaupt hinreichend sicher nachweisbar sein würde, sollte der Bericht auch keine naturwissenschaftlichen Erklärungsversuche der komplexen Zusammenhänge des Phänomens des Rutengehens beinhalten.[27]

An dem Forschungsprojekt nahmen 14 renommierte Wissenschaftler aus 9 verschiedenen Universitäten und Instituten teil. Unter Einschluß der Vorphase fand eine Überprüfung von etwa 500 Personen in nahezu 10.000 Einzelexperimenten (Doppelblind-Tests zur Prüfung der Reproduzierbarkeit des sogenannten Rutenausschlages) auf über 50 Versuchsstrecken an insgesamt 160 Experimentiertagen statt. Bei der Mehrzahl der Rutengänger stellten sich die behaupteten Fähigkeiten in diesen speziellen Tests als nicht nachweisbar heraus. Es fanden sich jedoch bei allen Testarten einige wenige Personen, die ortsabhängige Reaktionen mit guter bis sehr guter Reproduzierbarkeit zeigten und die sich in ihrem Ausmaß hochsignifikant von der Zufallserwartung unterschieden. Im Sinne der mit dem Projekt vorgegebenen Fragestellung mußte daher generell festgestellt werden, daß ein realer Kern des Phänomens mit an Sicherheit grenzender Wahrscheinlichkeit als gegeben anzusehen ist.[28]

Es ist den Projektleitern zu danken, daß sie von vornherein beabsichtigten, durch Vermeidung der sprachlichen Trockenheit einer reinen wissenschaftlichen Darstellung, ohne dabei Abstriche in der Sache zu machen, sich auch an jene wenden wollten, die bisher nur verzerrte Vorstellungen vom Gegenstand des Projekts hatten, um mit sachlicher Information Aufklärungsarbeit zum immer schon kontrovers diskutierten Komplex »Erdstrahlen und Rutengänger« zu leisten.[29] Sie haben in ihrer ausgewogenen Darstellung auch alle möglichen Gegenpositionen offengelegt und in die Diskussion mit einbezogen. In Abgrenzung von Okkultismus, Esoterik und Scharlatanerie bemühte man sich strikt darum, auf der Grundlage einer biophysikalischen Arbeitshypothese strenge Doppelblind-Experimente durchzuführen und nach wissenschaftlich einwandfreien Kriterien auszuwerten. Die Experimente waren so ausgelegt, daß sie negativ ausgehen mußten, wenn es keinen realen, dem Wünschelrutenphänomen zugrundeliegenden Effekt geben sollte. Nur durch diese einzig mögliche Einengung des Themas sollten zugleich die Voraussetzungen für die Einbindung des Projekts in etablierte Wissenschaftsbereiche geschaffen werden.[30]

Neben den Ergebnissen der eigenen Experimente werden in dem herausragenden Bericht auch einige historische und moderne Ansätze zum möglichen Verständnis des Phänomens ortsabhängiger Reaktionen bei Rutengängern diskutiert.[31] Die Berichte über elektrische und biomagnetische Effekte beim Menschen zeigen recht deutlich, daß er über mehr »Sinneskanäle« verfügen muß, als historisch und im allgemeinen immer noch angenommen wird. So deutet demnach vieles auf das Vorhandensein eines »Sinnes« für statische Magnetfelder beim Menschen hin.[32] Es gibt eine direkte Empfindlichkeit des menschlichen Auges auf Magnetfelder in der Größenordnung des Erdmagnetfeldes. Das Wachstum von Knochenzellen wird ebenfalls beeinflußt. Allergien-Patienten zeigen besondere Sensibilitäten gegenüber elektromagnetischen Feldern. Von weitreichender Konsequenz könnten die Befunde von Athenstaedt und Mitarbeitern[33] sein, die in der Haut pyro- und piezoelektrische Eigenschaften fanden und am Zentralnervensystem mit Gehirn und Rückenmark Dipolfunktionen nachweisen konnten.

Zu den derzeit in der Diskussion stehenden physikalischen Feldern und Signalen, die Ursachen für ortsabhängige biologische Reaktionen hervorrufen können, zählen:

· nichtionisierende elektromagnetische Strahlung (statische magnetische und elektrische Felder, elektromagnetische Wechselfelder von beliebig niedrigen Frequenzen bis hin zur Hochfrequenz im Mikrowellenbereich,

· ionisierende Strahlung (hinreichend kurzwellige elektromagnetische

Strahlung beginnend ab UV-Strahlung, Röntgenstrahlung und Radio-
aktivität),

· luftgebundene Effekte (Infra- und Ultraschall, Luftionisation, Geruchs-
stoffe).[34]

Zur naturwissenschaftlichen Klärung des Problems sind zwei unabdingbare Vorraussetzungen mit hoher Wahrscheinlichkeit erfüllt.[35] Zum einen
weisen verschiedenste bekannte Felder örtliche Schwankungen auf, die
zumindest in bestimmten Fällen mit Strukturen des Untergrundes korre-
liert sind. Zum anderen liegen eine Vielzahl von Beweisen und Hinweisen
zur Sensibilität biologischer Systeme unter Einschluß des Menschen vor,
auf verschiedenste räumliche und zeitlich variierende Felder in einer Weise zu reagieren, die im Rahmen der klassischen Sinne nicht zu verstehen
ist. Ein »guter Rutengänger« sollte die örtliche Variation von Feldern nicht
nur erkennen, sondern in der Lage sein, die im Signalfeld enthaltene Information zu entschlüsseln.

Letztlich konstatiert der Bericht, daß die in diesem Forschungsprojekt
erzielten Ergebnisse klare Hinweise auf die Existenz eines bis dato unver-
standenen Phänomens ergeben haben.[36] Bestimmte Menschen besitzen offenbar eine nicht normal-sensorische Erkennung örtlich begrenzter Zonen
und können eine Zuordnung ihrer Körperregionen zu (geo-)physikalischen
Gegebenheiten der betreffenden Zone herstellen.

Bei der Diskussion der Ergebnisse der Untersuchungen wurde erwähnt,
daß manche Rutengänger das Laufen mit verbundenen Augen, Kopfhörern
oder in einem hermetisch abgeschlossenen Raum als sehr störend empfanden. Wir finden diesen Punkt im Hinblick auf die Fehler so vieler Rutengänger während der Tests bemerkenswert, denn normalerweise läuft ja ein
Rutengänger mit offenen Augen frei in der Natur umher. Wir denken, daß
viele von denen, die im Test durchfielen, in freiem Gelände in der von
ihnen gewohnten Art und Weise, mit den Ruten umzugehen, bestimmt besser funktionieren. Vielleicht sind sie nur noch nicht so trainiert oder waren
zu Ich-bezogen, was einerseits an vielem vorbeilaufen läßt, andererseits
als erheblicher Störfaktor zu werten ist, denn sie sind den Energien gegenüber nicht offen genug.

Woraus glauben Sie, zu bestehen? Aus »Fleisch und Blut«? Nach lang-
läufiger Definitionen bestehen Sie auf einer der unteren Ebenen aus Atomen, die ihrerseits wieder aus kleineren Teilchen bestehen, je nach dem.
Wir empfehlen Ihnen an dieser Stelle dringend, sich in einer stillen Stunde
heimlich einmal das Chemie- und Physikbuch Ihrer Kinder zu schnappen.
Sie werden sich garantiert festlesen, denn es wird Ihnen Spaß bereiten,
längst vergessen geglaubte Zusammenhänge wieder zu verstehen und neu
zu begreifen, was damals während der Schulzeit partout nicht in Ihren Kopf

hineinwollte. Sie können uns glauben: Wir sprechen da auch aus eigener Erfahrung.

Überall im Universum, ob auf Makro- oder Mikroebenen, gibt es Polaritäten, bestehen Potentialdifferenzen, fließen Ströme. Auch von uns lassen sich elektrische Phänomene ableiten, wir kennen das vom EKG oder EEG. Wir leben in einem Wechselbad von Ladungen, die wir nach Konvention mit »plus« und »minus« oder »positiv« und »negativ« bezeichnen. Ständig wechseln in uns und um uns die Vorzeichen, de- und repolarisieren sich Membranen. Wir selbst haben beim Arbeiten mit den Ruten festgestellt, daß wir offenbar bipolar wirken, wie unsere Versuche im Wilcot Brow Field zeigten, weshalb wir uns, durch das Verhalten unserer Teilchen, als Gesamtorganismus mühelos in ein elektromagnetisches Feld einpassen können.

Gleiche Ladungen stoßen sich ab, gegenseitige Ladungen ziehen sich an. [37] Dies tun sie bereits aus einiger Entfernung voneinander, was die Auswirkungen der elektrischen Felder sind, die sich um diese Ladungen herum befinden. Wenn sich Ladungen in elektrischen Feldern befinden, erfahren sie eine Kraft, die sie in Bewegung setzen. Verbinden wir eine positive und eine negative Ladung mit großer Potentialdifferenz durch einen Leiter, setzen sich in ihm die freien Elektronen in Bewegung. Das nennen wir dann fließenden Strom. Dieser Vorgang erzeugt um den Leiter ein zirkuläres Magnetfeld, das je nach seiner Ausdehnung und Stärke Dipole ablenken kann. Wenn unser Körper, ein »bewegter Leiter«, sich in ein Magnetfeld hineinbewegt, wird dies durch die beweglichen Ruten in unseren Händen angezeigt, da sich die Potentiale unserer Körperhälften verändern. Eine sich bewegende Ladung oder ein sich bewegender Magnet verändert das Feld um sich herum, die Veränderung selbst setzt sich durch dieses Feld mit einer ganz bestimmten Geschwindigkeit fort. Nach dem Physiker James C. Maxwell ist dies die Lichtgeschwindigkeit. [38]

Daß wir das Feld um uns herum tatsächlich so nachhaltig verändert haben, wenn wir uns einmal an einem Ort konzentriert haben, zeigten uns bisher die Ruten zuverlässig an. Verließen wir oder eine andere Versuchsperson dann die Stelle, an der wir uns gerade vorher eine Weile in intensiver Beschäftigung aufgehalten hatten, blieb ein verändertes Raumgitter zurück, das die Ruten mit einer beidseitigen Innendrehung (Sendefunktion) anzeigten.

Wenn wir hinunter auf die atomare Ebene gehen, wird noch klarer, daß und wie wir ständig mit Feldern in Wechselwirkung treten. Im Körper enthaltene Elemente, wie z.B. Phosphor, Natrium, Fluor, Kohlenstoff und Wasserstoff als das am häufigsten vorkommende, haben wegen ihrer ungeraden Zahl von Protonen die Voraussetzung für einen von Null verschiedenen Kerndrehimpuls oder Kernspin.[39] Der »Spin« ist der Eigendrehimpuls der Elementarteilchen, bedingt durch die Drehung der Teilchen um ihre eigene Achse.[40]

Bildlich kann man einen solchen Spin mit der Rotation der Erde um ihre Achse oder mit einem Spielzeugkreisel vergleichen, jedoch ist im Gegensatz zu diesen bei den Teilchen die Rotation immer gleich groß und hört nicht auf. Da der Wasserstoff als einfachster Atomkern nur 1 Proton hat, entsteht mit dem Kernspin ein elektrischer Kreisstrom, der ein magnetisches Dipolfeld induziert. Das ist das magnetische Kernmoment oder der Kernmagnetismus, der die Vorraussetzung für die Magnetresonanz ist. Diese »Spinmagnete« verhalten sich wie Vektoren, sie haben einen bestimmten Betrag und eine bestimmte Wirkungsrichtung. Im freien Feld ist ein solches Spinensemble zufällig orientiert und nach außen hin elektrisch neutral, da sich die einzelnen Spinladungen ausgleichen.

Treten wir nun in ein Magnetfeld ein, richten sich die Spinmagnete überwiegend nach dessen Feldlinien aus. Je stärker das Magnetfeld und je mehr Protonen unseres Körpers sich darin befinden, desto stärker werden wir magnetisiert. Wir reagieren also bereits auf einer sehr subtilen Ebene auf Magnetfelder und dies zeigen uns die Ruten an, in dem Moment ein Teil unseres Körpers.

Diesen eben beschriebenen Effekt macht man sich bei der Magnetresonanztomographie (MRT) zunutze. Um die Magnetisierung des Gewebes zu messen, wird ein Hochfrequenzimpuls mit der gleichen Frequenz der rotierenden Wasserstoffprotonen z.B. im Winkel von 90° eingestrahlt.

Dadurch werden die vorher in Längsrichtung gestellten Protonen ausgelenkt und rotieren kurzfristig quer zur ursprünglichen Richtung. Gleichzeitig kommt es, wie beim Stimmgabelversuch in der Akustik, zur Resonanz. Nach Abschaltung des HF-Pulses nehmen die Spinmagnete ihre ursprüngliche Ausrichtung im statischen Magnetfeld wieder ein und geben dabei die ihnen eben zugeführte Energie wieder ab, was eine Spannungsänderung an der Empfangsspule und damit die Aussendung eines Magnetresonanzsignals zur Folge hat, das dann im Rechner zur Bildgebung verwendet wird.[41]

Wir hoffen, daß Sie an dieser Stelle etwas nachdenklicher geworden sind angesichts der Wechselwirkungen, denen Sie ständig ausgesetzt sind und die Sie miterleben, ohne sich dessen bewußt zu sein, einfach weil auch Sie ein »elektrisches Wesen« sind. Die Ruten eröffnen Ihnen den Zugang zu Ihrem siebenten Sinn – den Interaktionen mit Energiefeldern – und gleichzeitig zu einer erweiterten Wahrnehmung Ihrer Realität.

So ist es uns und vielen anderen auch ergangen. Zuerst stolperten wir mit den Metallstäben in unseren Händen nichtsahnend in eine uns unbekannte Welt hinein, die bislang verborgen schien und sich bisher nur durch die Bewegungen unserer Ruten verriet. Heute sind die Ruten ein integraler Bestandteil unseres Daseins geworden und funktionieren zuverlässig in unseren Händen, wann immer wir sie einsetzen. Was uns früher unbekannt erschien, ist uns heute viel vertrauter, wir haben Einblicke erhalten und Erkenntnisse gewonnen, wir wissen inzwischen viel mehr über das, was die Ruten anzeigen. Es ist die scheinbar unsichtbare, energetische Welt, in die wir eingebettet sind und die uns bedingt, genauso, wie wir sie bedingen.

Ohne daß auch nur ein einziges Wort gefallen ist, haben wir vom Phänomen in den Kornkreisen in Anfängen gelernt, wie man sich in dieser Welt bewegen und was man dort leisten kann. Es ist eine wahrhaft höhere Dimension, zu der wir (alle) Kontakt erhalten können, wenn wir uns nur ein wenig zusammenreißen und dies üben.

Vieles von dem, was wir bisher erlebt haben, bleibt unvergessen und einiges davon ist in seinen Nachwirkungen noch so real vorhanden, als sei es eben erst passiert. Wir erinnern uns, wie verwirrt und überrascht wir waren, als wir 1993 wieder losgingen und die Netze fanden, die drei nebeneinander liegende Felder bedeckten. Wir waren auf diese Erscheinung völlig unvorbereitet und konnten es anfangs kaum begreifen, wie diese Netze die Kornfelder so exakt überzogen und nicht etwa an deren Rändern ausfransten oder irgendwohin weiterzogen, sondern ganz genau mit dem Feldrain abbrachen, wie es künstlicher gemacht gar nicht sein konnte. Zuerst dachten wir, daß irgendwo am Himmel ein Objekt zu sehen gewesen sein müßte, von dem die Energie ausgegangen ist, die diese Netze hier unten produziert hatte, denn die Winkel der »Netzmaschen« ließen tatsächlich an die schräge Projektion des ganzen Gebildes wie von oben auf eine ebene oder leicht gekrümmte Oberfläche denken. Aber da war keins.

Regelrecht erschrocken waren wir dann, als wir am nächsten Morgen, nachdem wir uns am Vortag das mittlere der drei Felder für unser Piktogramm ausgesucht hatten, feststellten, daß die Netze in den beiden angrenzenden Feldern nicht mehr vorhanden waren, wie ausgeknipst. Wir fragten uns, wer das wohl gemacht haben könnte und wo dieser oder diese »Wer« steckte. Vor allem aber, wie und wann war das passiert?

Später merkten wir dann immer deutlicher, daß die Veränderungen der Netze wie Antworten auf Fragen wirkten und uns schrittweise, vorsichtig tastend und ohne Hast, in diese neue Dimension hineinführten und immer faszinierendere Überlegungen provozierten, die wir meistens durch sich anschließende Experimente überprüfen und auch bestätigen konnten. Als sich aus der regelmäßigen Gitterform der Netze dann Einzelstrukturen herauszuschälen begannen, deren zweidimensionale Darstellung auf dem Boden oder auf einem Zeichenblatt tatsächlich nur die Projektion eines zumindest dreidimensionalen Gebildes war, begannen wir zu ahnen, worum es sich hier handeln könnte.

Hinter diesen Gitternetzen steckte intelligentes Handeln, das war offensichtlich und unstreitig. Zweck dieser sich eindeutig von natürlichen Feldquellen unterscheidenden Netze war anscheinend, einerseits Aufmerksamkeit zu erregen bzw. diese auf etwas zu lenken und Informationen zu vermitteln, denn dies war die naheliegendste Erklärung für die in den regelmäßigen Gittern enthaltenen Variationen, die ja für sich durchaus einen Sinn ergaben. Also besaß die Intelligenz offenbar die Fähigkeit, womit auch immer lokal begrenzte, gitternetzartige Felder zu erzeugen, die von uns physisch wahrgenommen werden können. Sie werden übrigens auch von Tieren und Pflanzen registriert, wie viele Berichte über seltsames Verhalten von Kühen, Pferden, Hunden u.a. in der Nähe von echten Kreisen oder energetisch präparierten Feldern und schließlich die Wachstumsanomalien der betroffenen Kornpflanzen selbst belegen. Daß bisher in den durchgeführten Experimenten keine eindeutigen Ergebnisse erzielt wurden, kann daran gelegen haben, daß man die falschen Meßinstrumente verwendet hat oder, wie Michael Chorost nach seinem fehlgeschlagenen Projekt »ARGUS«[42] meinte, einfach nach den falschen Kriterien gesucht hat.

Die Netze erscheinen an vielen verschiedenen Orten und in sehr variablen Ausmaßen, haben aber immer ihre gitterartige Struktur. In solchen Gittern können sich andere geometrische Figuren befinden, so scheint also das Gitter in seiner mehrdimensionalen Ausdehnung die zugrundeliegende Struktur zu sein, quasi das »energetische Skelett« des Raumes. Die fremde Intelligenz kann offenbar bestimmte Bereiche dieser Gitterstruktur aktivieren, etwa die Netzzellen eines Quadratkilometers in einem Kornfeld, die wir dann mit unseren Ruten finden. Sie kann diese Zellen verdichten, dann finden wir geringere Abstände zwischen den Linien. Sie kann innerhalb des Grundmusters Kreise erscheinen lassen oder die Zellen so anordnen, daß sich dreidimensionale Energieschläuche bilden, die noch in 100 m Höhe feststellbar sind und möglicherweise weit höher reichen. Wohin?

Die Energieschläuche haben in der Mitte energiefreie »Löcher«, wie wir seit unserer ersten Begegnung am Boden mit einer derartigen Struktur auf dem Milk Hill und dann immer wieder feststellen konnten. Innerhalb der »Löcher«, wie im »toten Auge« eines Hurrikans, herrschte energetische Stille, jedenfalls mit nur waagerecht anzeigenden Winkelruten. Es war stets ein eigenartiges Gefühl, wenn wir nach all der Aufregung um die sich immer mehr verdichtenden Netzlinien plötzlich in diesen scheinbar energiefreien Raum »hineinfielen«, ihn durchschritten und von den anderen Seiten wieder in ihn hineintraten, um ihn auszumessen. Und welch ein Schauer lief uns erst über den Rücken, als wir das, was wir da gedowst hatten, in einer dreidimensionalen Skizze darstellten. Stets befanden wir uns im Zentrum einer hochaufragenden Struktur, die man weder sehen noch anfassen konnte, deren offensichtliches Vorhandensein unsere Ruten als Zeiger der Reaktion unserer selbst aber stets unzweideutig indizierten.

Irgendwie kam uns bei der Aufarbeitung des Erlebten immer die Methode in den Sinn, mit der Ray-Tracing-Bilder erschaffen werden. Zuerst wird ein Gittermodell erstellt, das die markantesten Punkte des Objekts enthält. Der Computer berechnet daraus die Feinheiten der Flächen, Kurven, Rundungen und Winkel der endgültig beabsichtigten Form, die dann in dem beabsichtigten Winkel im Raum steht. Man kann ihr dann farbige Oberflächentexturen zuweisen, womit das Objekt nun sichtbar wird und das zugrundeliegende Gitter verschwindet. Wir fühlten uns stets wie jemand, der zwar das Gittermodell wahrnehmen kann, aber nicht weiß, wie es sich sichtbar machen läßt. Ob uns das Phänomen dies später noch zeigen wird?

Um noch deutlicher zu machen, was hier eigentlich passiert, möchten wir auf die Analogie mit »Flachland« zurückkommen und ihnen dabei gleich empfehlen, das unglaubliche Buch »Die Wunderwelt der vierten Dimension – Ein Kursbuch für Reisen in die höhere Wirklichkeit«[59] zu lesen. In Flachland gibt es nur zwei Dimensionen, alle Objekte und Lebewesen existieren nur in der Ebene. Andere Dimensionen sind unbekannt, Spekulationen darüber können gesellschaftliche Ächtung oder gar Strafverfolgung nach sich ziehen. Eines Tages erscheint einem Quadrat eine dreidimensionale Kugel. Das zweidimensionale Quadrat kann den Durchtritt der Kugel aus der dritten Dimension nur als einen plötzlich auftauchenden Kreis in seiner Lebensebene wahrnehmen, der aus einem Punkt hervorgeht, immer größer wird, sich dann wieder verkleinert und schließlich wieder als Punkt verschwindet.

Analog dazu würde uns, die wir uns mehr als drei Dimensionen kaum bildlich vorstellen können, das Auftauchen einer vierdimensionalen Hyperkugel vorkommen, als ob zunächst ein Punkt im Raum auftauchte, dann eine kleine Kugel, dann immer größere Kugeln, dann wieder kleinere Kugeln, zuletzt ein Punkt, dann nichts mehr. Für das Auge wäre das etwa wie ein Ballon, den man zunächst aufbläst, um dann die Luft wieder abzulassen.[60] Ein Flachländler könnte sich einen dreidimensionalen Würfel mit 6 Seitenflächen nicht vorstellen. Würde man diesen Würfel jedoch entfalten, könnte er zumindest die zusammenhängenden Quadrate in seiner 2D-Ebene erfahren. Genauso können wir uns einen entfalteten vierdimensionalen Würfel, einen Hyperkubus, in unserem dreidimensionalen Raum vorstellen. Wir erhalten dann eine Figur, die unter dem Namen »Tesserakt« bekannt wurde und von Salvadore Dali in seinem Gemälde »Christus Hypercubus« verwendet wurde. Es ist jedoch unmöglich, uns visuell vorzustellen, wie sich solch ein Tesserakt zu einem vierdimensionalen Würfel im 4D-Raum zusammenfalten läßt. Dabei sollten wir das Zeitalter der Euklidischen Geometrie innerlich eigentlich längst überwunden haben, denn es war immerhin schon am 10. Juni 1854, als Bernhard Riemann in seiner berühmten Vorlesung vor den Mitgliedern der Fakultät die Theorie höherer Dimensionen einführte.

Die alte euklidische Vorstellung eines zwei- und dreidimensionalen Universums wurde beendet. Jahre später erklärte Einstein mit Hilfe der Riemannschen Geometrie die Entstehung und Entwicklung des Universums. Und Ende des 20. Jahrhunderts versuchen Wissenschaftler mit einer zehndimensionalen Geometrie alle Gesetze des physikalischen Universums zu vereinigen, denn Kernstück der Riemannschen Arbeit ist, daß physikalische Gesetze im höherdimensionalen Raum einfacher werden. Für Riemann war Kraft eine Konsequenz der Geometrie. [61]

So übertrug er den Satz des Pythagoras, nachdem im zweidimensionalen Raum bei einem rechtwinkligen Dreieck die Summe der Quadrate über den kleineren Seiten gleich dem Quadrat über der langen Seite ist ($a^2+b^2=c^2$), auf den dreidimensionalen Raum. Hier ist die Summe der Quadrate von drei anliegenden Kanten (a, b, c) eines Würfels gleich dem Quadrat der durch den Würfel ziehenden Diagonale(d): $a^2+b^2+c^2=d^2$. [62] Das läßt sich nun ganz leicht auf alle weiteren Dimensionen (n) übertragen, denn man braucht nur weitere Kantenlängen einzufügen und z als die Diagonale des Hyperwürfels zu nehmen, so ergibt sich: $a^2+b^2+c^2+d^2+...= z^2$. Obwohl sich unser Gehirn kein Bild von einem n-dimensionalen Würfel (oder Universum) machen kann, läßt sich die Formel zu seiner Berechnung ganz leicht entwickeln.

Nach Faraday, der die Stärke eines jeden Punktes im Raum innerhalb eines elektrischen oder magnetischen Kraftfeldes gemessen hatte, konnten drei Zahlen die Intensität und Richtung der magnetischen Kraftlinien angeben. Weitere drei Zahlen beschrieben überall im Raum das elektrische Feld. Riemann wollte dagegen an jedem Punkt im Raum eine Reihe von Zahlen einführen, die angeben sollten, wie er verworfen oder gekrümmt ist. [63] Er fand heraus, daß zehn Zahlen ausreichen, um Punkte in einem noch so verworfenen Raum zu beschreiben. Man braucht eigentlich 16 Zahlen, um die Eigenschaften eines Punktes im vierdimensionalen Raum zu beschreiben. Diese Zahlen lassen sich in einer mathematischen Matrix anordnen, wovon sechs dieser Zahlen redundant sind, insofern sind tatsächlich nur zehn Zahlen unabhängig. Man nennt diese Zahlengruppe den »Riemannschen Maßtensor«, der alle Informationen enthält, die erforderlich sind, um einen gekrümmten Raum in n-Dimensionen mathematisch zu beschreiben. Damit legte Riemann die Grundlagen zur Theorie des Hyperraumes. Die erste Theorie höherer Dimensionen bezeichnete man nach den beiden Wissenschaftlern als Kaluza-Klein-Theorie, die das Licht als Schwingung in der fünften Dimension erklären.[64] Die modernste Spielart dieser Theorie ist die Superstringtheorie, nach der alle Materie aus schwingenden Fäden oder Strings besteht. Überraschenderweise sagt diese Theorie eine exakte Dimensionenzahl für Raum und Zeit voraus: zehn. Der zehndimensionale Raum besitzt den Vorteil,»genügend Platz« zu bieten, um alle vier Grundkräfte aufzunehmen. Ferner liefert er uns ein einfaches physikalisches Bild, mit dem wir die verwirrende Sammlung subatomarer Teilchen einfach als Schwingung des Hyperraums erklären können.[65]

Wenn eine Intelligenz aus einem anderen Winkel dieses Universums, egal, ob aus unserer eigenen Galaxie oder aus dem Sombrero-Nebel oder von irgendwoher, zu uns gelangen will, tut sie dies nach gängigem wissenschaftlichen Verständnis am effektivsten, wenn sie den Raum krümmt, denn dies ist der direkteste Weg. Auch hier war Riemann einer der ersten, der mehrfach zusammenhängende Räume untersucht hat. Mit seinem »Riemannschen Schnitt« hat er das Prinzip der später so genannten »Wurmlöcher« eingeführt. Er nahm zwei Blätter, schnitt sie an der gleichen Stelle gleich, z.B. 2 cm, quer ein und klebte sie an diesen Einschnitten zusammen. Lief man nun auf so einem Blatt (einer Ebene) entlang und an dem Einschnitt vorbei, blieb man auf der Ebene (in seinem Universum). Liefe man jedoch in den Schnitt hinein, gelangte man auf das andere Blatt und lief plötzlich in einer z.B. darunter liegenden Ebene (einem darunter liegenden parallelen Universum) weiter – und wunderte sich sicher. Zurück in die alte Ebene (in sein voriges Universum) konnte man nur gelangen, wenn man den Weg zurück durch den Schlitz fand. Der Riemannsche Schnitt repräsentiert ein Wurmloch der Ausdehnung Null.

Die moderne Version dieser ersten Wurmlöcher sind die sogenannten Einstein-Rosen-Brücken, die eng mit dem Begriff der Schwarzen Löcher verbunden sind. Ein Schwarzes Loch entsteht durch den vollständigen Kollaps eines Sternes, der mindestens die 3,2fache Restmasse der Sonne hat. Seine Schwerkraft ist in diesem Endstadium so groß, daß nicht einmal mehr das Licht entweichen kann und er deshalb unsichtbar wird. Albert Einstein war der Überzeugung, daß jedes Raumschiff, das in die Brücke eindringe, um das dahinterliegende Paralleluniversum zu erreichen, zermalmt werden würde. Die Elektronen würden von den Atomen getrennt, die Protonen und die Neutronen in den Kernen würden auseinandergerissen. Außerdem müßte eine solche Sonde die Lichtgeschwindigkeit überschreiten, was nach Einstein bekanntlich unmöglich ist. War die Einstein-Rosen-Brücke nur eine mathematische Notwendigkeit im Rahmen der Theorie Schwarzer Löcher, ansonsten aber eine kosmische Sackgasse?

Erst der neuseeländische Mathematiker Roy Kerr fand 1963 eine weitere Lösung der Einsteinschen Gleichungen.[66] Er stellte fest, daß ein massereicher rotierender Stern nicht zu einem Punkt zusammenstürzt, sondern sich abflacht, bis er zu einem Ring mit besonderen Eigenschaften zusammengepreßt ist. Bei seitlicher Annäherung einer Raumsonde an den Ring würde diese völlig zerstört werden, weil die Krümmung der Raumzeit hier immer noch unendlich ist. Suchte die Sonde jedoch ihren Weg entlang der Rotationsachse des Schwarzen Loches, würde sie die enormen, aber endlichen Gravitationsfelder im Inneren des Ringes überstehen und könnte ins Spiegeluniversum – und zurück – gelangen. So ist die Einstein-Rosen-Brücke nach Kerr eine Art Tunnel, der zwei Regionen in der Raumzeit verbindet, ein »Wurmloch«.

Wie Küstenlinien, die nach langer Fahrt durch unbekannte See zuerst ganz schemenhaft durch die morgendlichen Nebelschwaden wahrnehmbar werden, ohne jedoch Farbe, Größe oder etwa Details erkennen zu lassen, so erschienen uns diese Energiestrukturen, die sich überall um uns herum mit den Ruten nachweisen ließen und wie die Kulissen einer anderen Welt in unsere Realität transzendierten. Was waren also diese mehrdimensionalen Gitternetze, diese hochaufragenden »Schläuche«, auf die wir mit den Ruten immer wieder stießen? Waren es die energetisch wahrnehmbaren Reste höherer Dimensionen? Waren wir auf die »energetischen Signaturen« des Hyperraumes gestoßen, durch den hindurch eine Intelligenz aus einem anderen – parallelen – oder dem gleichen Universum, ja vielleicht aus der gleichen Galaxie, mit uns kommunizierte?

Wir entschlossen uns, als wir dieser Strukturen gewahr wurden, zunächst einfach praktisch weiterzuarbeiten. Natürlich bestand dabei die große Schwierigkeit, daß wir uns als »Flachländler« höhere Dimensionen einfach nicht bildlich vorstellen konnten und wahrscheinlich wieder bei dreidimensionalen Modellen enden würden. Wir nahmen also an, daß die unbekannte Intelligenz die »Technologie« besitzt, von irgendwoher einen bestimmten Raumsektor anzusprechen, der sich dann hier bei uns als plötzlich aktiviert auftauchendes Gitternetz manifestiert, eingedenk der Tatsache, daß es sich bei dem, was wir nach unserem Rutenausschlag auf dem Boden markierten, nur um die zweidimensionale Projektion einer mehrdimensionalen Struktur handelt. Wir postulierten, daß sich innerhalb dieser Gitternetze ein Informationsaustausch abspielt, daß wir innerhalb der Energiezellen, aus denen sie bestehen, Informationen empfangen und senden können. Wir waren überzeugt, daß die sich innerhalb dieser Gitternetze »auftuenden« Schläuche besondere Kommunikationsorte waren, besonders geeignet zum Transport von Energie – und Materie. Wir lernten langsam, daß jene, die vor Tausenden von Jahren ihre Steinsetzungen genau dort

plazierten, wo solch eine Kommunikation »hervorzurufen« war. Wir lernten auch, daß spätere »Mächte« genau an diese Orten größtes Interesse
hatten und sie entweder in Besitz brachten oder einfach nur zerstörten.

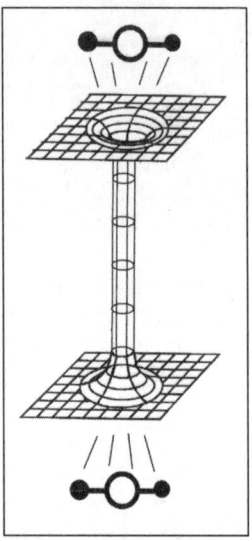

*Abb. 52 : Gelangten die Informationen von HD so zu uns? Hatten
wir es in den Feldern mit Dimensionslöchern zu tun?*

Deshalb begannen wir ab 1994 mit unseren Meditationsexperimenten.
Unsere Idee war, die alten, ehrwürdigen Plätze dieses Planeten, frei von
jeglicher der uns bekannten religiösen oder politischen Ideologien und Fa-
natismen, zu dem Zwecke zu reaktivieren, zu dem sie einst markiert worden waren: um kosmisches Gleichgewicht zu bewahren. Nachdem uns unsere Ruten in den Kornkreisen keine genuine Energie mehr anzeigten und
die Informationen über gefälschte Formationen immer erdrückender wurden, verlagerten wir unsere Aktivitäten immer mehr auf das, was uns als
offensichtlich wichtig gezeigt wurde: energetische Arbeit.

Was am Anfang immer nur eine dumpfe Hoffnung von uns war, später
zu einer Ahnung heranwuchs, wurde durch die Experimente 1996 und 1997
vollends bestätigt. Das seltsame Phänomen der »Präkognition«, von vielen
Kornkreisforschern im Rahmen ihrer eigenen Arbeiten immer wieder verwundert registriert, konnte nach unserer anfänglichen Vermutung ebenfalls
mit den Gitternetzen zusammenhängen. Es war dem Phänomen offensichtlich möglich, uns »die Gedanken abzunehmen«. Anders war nicht zu erklä-

ren, daß uns mit vorgezeichneten Gitterteppichen Wege zu Plätzen oder Feldteilen gezeigt wurden oder sich komplette Piktogramme, die wir in Berlin in Vorbereitung des nächsten Sommers zu Papier gebracht hatten, bei unserem Eintreffen in England bereits in ein Feld »eingebrannt« vorfanden. Das ist umso signifikanter, als wir zu der Zeit noch gar nicht wußten, wo wir ein Piktogramm würden erstellen können beziehungsweise daß wir selber die Fähigkeiten besaßen, derartiges zu vollbringen.

Wenn also das Phänomen in der Lage ist, uns die Gedanken abzunehmen, was würde sein, wenn wir den Spieß einfach umdrehten und selbst versuchten, das energetische Muster eines Ortes zu verändern, ihn nach unseren (positiven) Vorstellungen umzupolen, den Platz zu übernehmen? Nun, wir haben in vorangegangenen Kapiteln beschrieben, daß es geklappt hat. Welche Aussichten eröffneten sich hier!

Und das Phänomen war stets mit uns, ermunterte uns durch seine Anwesenheit weiterzumachen, so, wie wir es in den vorangegangenen Kapiteln beschrieben haben, fortzufahren, zu lernen, zu verstehen und mitzuteilen. Die mächtigen Meditationsprojekte der Jahre 1994 bis 1999 waren kosmische Botschaften an jene, die unser Treiben hier auf dem blauen Planeten beobachten. Es waren Botschaften der Schuld, der Verantwortung, der Hoffnung und – der universellen Liebe.

Wir gingen dabei immer nach dem gleichen »Erfolgsrezept« vor. Zuerst schufen wir unter ganz legalen Umständen ein Piktogramm in einem Kornfeld, in das unsere Erkenntnisse, Bestätigungen und Fragen hineincodiert waren. Wir hielten uns dabei stets an die von uns 1989/90 entwickelte Theorie und behielten die originalen »Cerealoglyphen« bei. Damit unterschieden wir uns bald von den anderen, mehr im Verborgenen arbeitenden Teams, die in den letzten Jahren eigentlich nur noch »Land Art« produzierten. Gleichzeitig bereiteten wir eine Meditation vor, an der nie unter dreißig Personen teilnahmen, die später auch extra deswegen aus aller Welt nach Wiltshire kamen. Unter ihnen waren stets sehr erfahrene KornkreisforscherInnen, medial Begabte, sehr rationale Menschen, aber auch einfach nur Neugierige, die ihren Beitrag leisten wollten.

Die Meditation diente stets mehreren Zwecken: Einmal sollte, verstärkt durch die miteinander im Rahmen unserer »Vorbereitungen« inzwischen vernetzten Kraftorte der Umgebung Kontakt mit dem Kosmos hergestellt und gebündelt werden. Dies beinhaltete u.a. die von allen Teilnehmern vor unseren kosmischen Beobachtern bekräftigte Verantwortung für den Planeten und unser aller Treiben hier. Wir wollten zu erkennen geben, daß wir uns diese Erde eben nicht »zum Untertan« machen, sondern im Rahmen unserer Möglichkeiten in liebevoller Symbiose mit ihr existieren wollten. Hintergrund dieser speziellen Botschaft war die Überlegung, daß nur, wer mit dem ihm zugewiesenen Platz verantwortungsvoll umzugehen weiß, eine Chance hat, in die Gemeinschaft der kosmischen Zivilisationen aufgenommen zu werden. Nichts steht still im Kosmos, alles ist in Bewegung, alles entwickelt sich, und es liegt einzig an der freien Entscheidung jedes und jeder einzelnen, einer einzigartigen menschlichen Eigenschaft, in welche Richtung wir uns alle gemeinsam entwickeln wollen. So bestimmten wir vorher terrestrische Ziele, zu denen einzelne Teams »wandern« würden, um dort positive Energie in die planetare Sphäre infundieren zu können. Es waren stets Orte menschlichen Terrors, Kriegsschauplätze oder planetare Wunden wie die Waldbrandgebiete dabei, aber auch politische Systeme oder Staaten in ihrer menschlichen Insuffizienz, die derartiger Hilfe bedurften.

Zum anderen waren die Meditationen im zweiten Teil stets als konkrete »Einladungen« an wenige nicht-menschliche Intelligenzen gedacht, deren offensichtliche Anwesenheit sich in all den Jahren in der Gegend vielhundertfach und weltweit vielhunderttausendfach bereits manifestiert hat. Sie haben in den vergangenen Kapiteln gelesen, wie erfolgreich dieses Gesamtkonzept bereits in seinen allerersten Anfängen gewesen ist. Erfolgreich nicht deshalb, weil wir es durchgeführt haben, sondern weil wir – im wahrsten Sinne des Wortes – eine Resonanz erfahren haben.

Sie haben in diesem Kapitel einiges über die subtilen Kräfte gelesen, denen Sie ständig ausgesetzt sind, die in Ihnen, um Sie herum und ganz und gar durch Sie hindurch wirken. Sie sind diesen Kräften sicherlich in gewisser Weise ausgeliefert, wenn Sie sich ihrer nicht bewußt sind. Andererseits, sind Sie es aber, dann können Sie diese Kräfte, diese Energiefelder, benutzen, sie neutralisieren, oder ablenken. Sie sind nicht dort zu Ende, wo Sie sehen, daß Ihr Körper seine Oberfläche hat, Sie reichen viel weiter hinaus, als Sie bisher vielleicht ahnten. Das Teilchen bedingt das Feld und das Feld das Teilchen, so ist es im Mikro- wie im Makrokosmos. Das eine bedingt das andere. Sie können den Lauf der Welten beeinflussen, wenn Sie nur wollen.

Andere haben das schon vor uns gewußt und mit Erfolg versucht, wie Sie in den letzten Kapiteln angedeutet bekommen haben. Wissen ist Macht, und deswegen gibt es verschwiegene Orden und Logen mit geheimen Riten, Einweihungsgrade und seine geheimdienstlichen Entsprechungen der jeweiligen weltlichen und religiösen Machtsysteme alter, neuerer und neuester Zeit.

Wie Sie bereits gelesen haben, hat uns eine noch unbekannte Intelligenz in den von vielen so belächelten Kornkreisen etliche Erkenntnisse vermittelt, die uns von dem oben Festgestellten unabhängig machen können – wenn Sie nur wollen.

KAPITEL 25

Fernwirkungen

Seit vielen tausend Jahren sind Menschen auf der Suche nach verborgenen Kräften und seit genauso langer Zeit versuchen einige, das ihnen zugängliche Wissen um das Wirken dieser okkulten Energien vor der Allgemeinheit zu verbergen. Zahlreiche, weltweit verzweigte Logen und mehr oder weniger geheime Bünde sind über die Jahrhunderte entstanden und allen ist eines gemeinsam: Nur besonders Eingeweihten wird dieses Wissen stufenweise enthüllt. Sie berufen sich unterschiedlich auf die alten mystischen Traditionen des Ostens oder des Westens und füllen mit ihren Publikationen alte und neue Bibliotheken und Archive, die mehr oder weniger oder gar nicht öffentlich zugänglich sind. Die drei großen Religionen dieser Erde stehen dem in nichts nach. Sie alle unterdrücken Wissen um das Wirken kosmischer Energien aus reinem Eigennutz heraus und zur Erlangung oder Bewahrung von Macht über andere. Kontrolle durch Hierarchie, das ist ein Prinzip. Unten die breite Masse, eingebunden in Indoktrination und Gehorsam, in der Mitte die Schar der willfährigen Adepten, und oben, in pyramidaler Entsprechung, die Minorität der Erleuchteten oder Eingeweihten des x-ten Grades. Kontrolle durch Verhinderung von Kontrolle, das ist das andere Prinzip, schalten und walten nach eigenem Gutdünken, zum ausschließlich eigenen Nutzen, das ist der Zweck, Machterhaltung unter allen Umständen und zu jedem Preis, das ist der Antrieb. Wer steht hinter den Präsidenten dieser Erde?

Als wir nach unseren erfolgreichen Experimenten mit der Aktivierung und Beeinflussung lokaler Gitternetze über mehr als eintausend Kilometer Distanz so langsam merkten, wozu wir mit dem Wissen aus den Kornkreisen immer fähiger wurden, fingen wir natürlich an, uns zu überlegen, ob wir zukünftig nicht auch außerhalb unserer jährlichen, großen Gemeinschaftsmeditation in Wiltshire versuchen sollten, etwas »nachdrücklicher« auf Herde negativer Energie auf unserem Planeten und zum ausschließlichen Wohle desselben einzuwirken. Wer jetzt immer noch denkt, daß wir übertreiben, kann sich getrost wieder beruhigen, denn genau das, nämlich der gebündelte, zielgerichtete Einsatz von positiven Energieströmen durch eine große Anzahl meditierender Teams, hat schon einmal stattgefunden, sogar mit letztlich positivem Ausgang.

Nachdem wir mit den Gitternetzen in Berührung gekommen waren und anfingen, unseren engsten Freunden in England davon zu berichten, kam uns eine Geschichte zu Ohren, die sofort unsere volle Neugier entfachte. Da sollte es doch eine Frau gegeben haben, die in Glastonbury wohnte und zusammen mit ca. eintausend anderen Medien oder Meditierenden einen »Magischen Krieg« gegen Deutschland in den Jahren des II. Weltkrieges geführt haben soll. Irgendwie kamen wir in unseren Recherchen zu diesem Thema jedoch nicht weiter, denn unsere »Quelle versiegte« und andere wußten nichts davon. Der Einsatz vernetzter Meditationen über Zeit und Raum hinweg zu einem speziellen Zielort, um dort das Raumgitter zu verändern, negative Energie zu drainieren und positive Energie zu etablieren – war das nicht genau unser Konzept? Erhielten wir hier unvermutet eine Bestätigung für die Wertigkeit unserer energetischen Arbeit?

Am 8. November 1999 war es dann soweit. Wir waren endlich auf ein Buch gestoßen, das die Quelle der uns zu Ohren gekommenen Gerüchte sein mußte. Es hieß: »The Magical Battle Of Britain«[43] von Dion Fortune. Sie war die Gründerin eines der führenden magischen Orden Englands, »The Society of The Inner Light«. Unmittelbar nach dem deutschen Überfall auf Polen und dem damit verbundenen Kriegseintritt Englands, rief sie ein magisches Programm ins Leben, das helfen sollte, die expansionistischen Bestrebungen des Dritten Reiches und damit auch die Invasion Großbritanniens zu vereiteln. Nach 50 Jahren wurden die Programmanweisungen nun vom Archiv ihres Ordens veröffentlicht, die einen erstaunlichen Einblick in das praktische Wirken dieser Organisation zu dieser Zeit geben und belegen, welch signifikanter Beitrag hier zu den britischen Kriegsanstrengungen geliefert worden war.

Dion Fortune wurde im Jahre 1890 in Llanddno, North Wales, geboren. Schon in frühen Jahren besaßen Themen, die sich mit der Psyche und der Psychotherapie befaßten, eine große Anziehungskraft für sie. Später verlegte Dion Fortune ihr Interesse auf mehr positive Aspekte wie geistige Erleuchtung und Verbesserung des eigenen Selbstverständnisses. Sie begann, die geistigen Traditionen in vielen Teilen der Welt zu studieren, befaßte sich intensiv mit den Mythen und Legenden der alten Kulturen sowie mit zu ihrer Zeit gesellschaftlich geächteten Wissenschaften wie Magie und Alchemie.

Sie wurde Mitglied einer berühmten okkulten Gesellschaft, dem »Hermetic Order of the Golden Dawn«, die offiziell 1888 gegründet wurde. Viele prominente Persönlichkeiten dieser Zeit, speziell aus künstlerischen Bereichen, waren hier Mitglieder.[44] Doch bald reichte ihr dieser Rahmen nicht mehr, und sie gründete ihre eigene Organisation, die »Community of The Inner Light«, die sie später in eine Fraternity und schließlich in eine Society umwandelte. Ihre erste Heimstätte hatte die Gemeinschaft in Glastonbury, wo Frau Fortune das Glück hatte, am Fuße des von ihr so verehrten Glastonbury-Tor in leerstehende Armeegebäude einziehen zu dürfen, aus denen sie sogleich ein Schulungszentrum formte.

Später verlegte sie ihre Wirkungsstätte nach London. Sie war stets mit der Erforschung und Anwendung von Ritualen befaßt, die das Wirken natürlicher Kräfte beinhalteten. Sie nahm die Vorstellung der Kraftorte, die mit Energielinien untereinander verbunden waren, sehr ernst, und so war es kein Zufall, daß ihre erste Wirkungsstätte an einem der mächtigsten Energieplätze Südenglands, Glastonbury, lag.

Bereits einen Monat nach Kriegsbeginn, im Oktober 1939, begann sie mit der Versendung von wöchentlichen Rundbriefen an eine größere Zahl von Mitgliedern und Interessierten, um die Kontinuität der Gruppenarbeit aufrecht zu erhalten. Ursprünglich wirkte nur ein besonderer, innerer Kreis von speziell Eingeweihten ihrer Organisation an dem Kriegsprojekt mit, jedoch war es bald wegen der zunehmenden räumlichen Zerstreuung der Beteiligten unter dem Eindruck zunehmender deutscher Luftangriffe und Reisebeschränkungen nötig, den Kreis der Meditierenden zu erweitern, wozu die Rundbriefe als Bindeglied dienten.

Im ersten von ihr verschickten Rundbrief, den »Meditation Instructions«, gab sie den Weg vor, der mit den folgenden Rundbriefen beschritten werden sollte.[45] So war es ihre Idee, einen Kern erfahrener Meditatoren immer an der gleichen Stelle zum gleichen Zeitpunkt zu versammeln, die wie ein Energiezentrum im Netzwerk der anderen Meditationsgruppen sitzen sollten, die sich über das ganze Land verteilt, alle zum gleichen Zeitpunkt treffen und den Inhalt des jeweils neu angekommenen Rundbriefes als Meditationsgrundlage nehmen sollten.

Dann ermahnte sie ihre Adepten, sich daran zu erinnern, daß die meditative Arbeit aus speziell definierten und wohl aufeinander abgestimmten Stufen besteht, von der jede einzelne gründlich absolviert werden muß, bevor man zur nächsten emporsteigt. Auf jeder Stufe erreicht der Meditierende einen höhere Bewußtseinsgrad und verrichtet dann auf der höchsten die von ihm verlangte Aufgabe, um dann langsam wieder hinabzusteigen und die Meditation zu beenden. Dies geschieht in insgesamt sieben Schritten. Abschließend wurden noch spezielle Instruktionen gegeben, immer zur gleichen Uhrzeit und am gleichen Ort zu meditieren und sich strikt an den Meditationsplan und das vorgegebene Thema zu halten, denn nur die auf ein einziges Ziel vereinigte Energie aller Teilnehmer führe zum gewünschten Effekt, gutwilliges »Umherschweben« bringe gar nichts.

Niemals sollten die Teilnehmer versuchen, ganz spezielle Einzelaspekte anzugehen oder etwa vorhaben, den Lauf der Dinge auf der physischen Ebene direkt angehen zu wollen, etwa die Verhaftung einer Person oder den Verlauf eine Offensive. Es ging Frau Fortune und ihren Eingeweihten um die Schaffung eines Rahmenwerkes, eines Gerüsts, in dessen Kontext sich Gesamtzusammenhänge beeinflussen lassen, quasi eine Atmosphäre um ein Zielobjekt herum zu schaffen, die dieses in der gewünschten Weise beeinflußt, es in einem energetischen Gefängnis zu halten, von seinen unterstützenden Strömen abzuschneiden und langsam absterben zu lassen

Im Oktober 1942 beendet Frau Fortune die Serie der monatlichen Rundbriefe und geht zu monatlicher Aussendung über. Später wird man sagen, daß es die Zeit der Kriegswende war. Im Oktober 1942 begannen die Alliierten ihre Offensive bei El Almein, einen Monat später war Rommels Afrika-Korps geschlagen. Zwei weitere Monate später war die Tragödie von Stalingrad beendet. Von besonderem Interesse ist der Rundbrief Nr. 65, den wir nachstehend in Teilen wiedergeben.

Hier wird zu den öffentlich diskutierten Ansichten Stellung genommen, daß eine okkulte negative Macht hinter Hitler-Deutschland steht.

»Ich persönlich denke,« so schreibt Dion Fortune,[46] »daß es eine blinde und keinesfalls intelligente Macht ist, die sich unverbesserlicher Individuen und deren Intelligenz bedient, die sie selbst nicht besitzt. Ich empfange diesen dunklen Einfluß wie eine Anreicherung von bösen Gedankenwesen im Gesamtbewußtsein dieses Volkes an diesem Ort. Es ist ein schlimmes Erbe, das von den frühesten Anfängen deutscher Geschichte herrührt und die Massenpsychologie des deutschen Volkes unverändert bis heute überschattet. Es kann keine Reform Deutschlands geben, die es zu einem politischen Faktor in Europa macht, bevor dieses dunkle psychische Erbe, das es verunreinigt, neutralisiert ist und sich verflüchtigt hat. Propaganda etwa, die an den bewußten Geist der Deutschen appelliert, ist so vergeblich, wie mit einem Irren Argumente auszutauschen. Es gibt eine Sache, wirklich nur eine Sache, welche die dunkle Wolke des durch die Ahnen verursachten Übels zerstreuen kann und die Seelen der Deutschen befreien kann, und das ist die Macht von Christus, und wir müssen diese Macht hervorbringen.«

Dann schreibt sie weiter: »Laßt uns Deutschland als einen ausgedehnten Sumpf menschlicher Hilflosigkeit und Ignoranz visualisieren, der durch eine dicke schwarze Wolke aus alter Zeit herrührenden Übels bedeckt ist. Das Licht von Christus kann es nicht erreichen, um die stehenden Wasser zu trocknen und ihm Gesundheit und Fruchtbarkeit zu geben, bis diese Wolke nicht verschwunden ist. Dann laßt uns die Engel des Herrn sehen, die über Deutschland schweben und Blitzstrahlen von den Spitzen ihre Schwerter hinabsenden. Diese Blitzstrahlen verursachen Gewitter, die innerhalb der Wolke ausbrechen, Spalten erscheinen, die Wolke beginnt aufzubrechen und das Licht Christi scheint auf das darunterliegende Land. Diese Methode, wenn man sich daran hält, wird die Wolke bald auflösen.

Vergeßt nicht, wir kämpfen gegen die Wolke, nicht gegen das Land unter ihr. Wenn sie einmal aufgelöst ist, wird das heilende Sonnenlicht den Rest tun.«

Gareth Knight, der Kommentator des Buches, selbst ein Schüler der Society of The Inner Light, bemerkt im Anschluß : »Fünfzig Jahre später müssen wir eine Pause einlegen und darüber nachdenken, ob diese Äußerungen über Deutschland nicht auch in gleicher Weise über die meisten Nationen dieser Welt gesagt werden können, die eigene miteinbezogen. Und ob ein ähnliches Mittel nicht auch hier angewendet werden sollte.«[47]

Zwei Dinge sind hier bemerkenswert. Einmal wird deutlich, wie die Stimmung der Kriegszeit durchschlägt, denn auf den verschiedensten Ebenen wurde versucht, Deutschland als von seinen Wurzeln in alter Zeit her rettungslos verflucht darzustellen, als ein Hort des inkarnierten Übels, an dem nur einer wohnen kann: Satan selbst. Einer der glühendsten Verfechter dieser Weltensicht ist Lewis Spence, dem jedes Mittel recht ist, das blutrünstige, barbarische Deutschland gegen sein Arthurianisches England zu stellen.[48]

Andererseits macht Dion Fortune doch einen deutlichen Unterschied zwischen der schwarzen Wolke, die es zu bekämpfen gilt und dem darunter liegenden Land, das momentan vom Dunkel bedeckt wird, dem sie aber offenbar eine Chance gibt, wenn erst einmal wieder die Sonne darauf scheinen kann.

Worauf waren wir hier gestoßen! Da gab es also geheime oder zumindest nicht im Lichte der Öffentlichkeit agierende Orden, Gesellschaften und Bruderschaften, die in ihren, auf uralten Riten beruhenden Traditionen die natürlichen Energien einsetzten, um einen Krieg, eine kriegführende Nation, ja einen ganzen Kontinent – oder gar mehr? – entscheidend zu beeinflussen. »The Order of the Golden Dawn« ist einer der wichtigen Orden und hat noch heute aktive »Tempel« in aller Welt. Es ist eine geschlossene Gesellschaft, deren Mitgliedern die Prinzipien der okkulten Wissenschaften und die »Magie des Hermes« gelehrt werden.

Der Orden ist eine Einweihungsschule, in welcher der Kandidat ein System von ansteigenden »Graden« durchläuft. Das Wissen des jeweiligen Grades führt ihn weiter in die Geheimnisse der westlichen esoterischen Tradition ein. Die Basis hierfür liefern die Kabbalah und der Baum des Lebens. »The Golden Dawn« ist kein magischer Orden, wie so oft mißinterpretiert wurde, sondern eine besondere Bruderschaft, die den in den magischen Künsten Auszubildenden für die höheren Grade des Zweiten (Inneren) Ordens vorbereitet. Im »Äußeren Orden« werden die theoretischen Grundlagen durch hermetische und alchemistische Studien unter Einbeziehung griechischer und ägyptischer Mysterien im Umgang mit den Elementen gelegt, die dann, nach dem Gang durch die Einweihungsgrade, im »Inneren Orden« zur konkreten, praktischen Anwendung gelangen. Hier wird das Schwergewicht auf die Handhabung geistiger Energien gelegt, was man gut mit dem Begriff »geistige Alchemie« umschreiben kann. Auf Geheimhaltung wird zum Schutze der Mitglieder größten Wert gelegt, denn viele Mitglieder arbeiten in »sensiblen Umgebungen«, die in größte Schwierigkeiten kämen, würde ihre Mitgliedschaft öffentlich bekannt gemacht.

Besondere Bedeutung kommt den Informationen zu, die im Jahre 1581 Dr. John Dee und Edward Kelly zuflossen. Es handelte sich hier um das verlorene Wissen des biblischen Patriarchen Henoch, das den beiden durch einen »Engel« namens »Ave« in »Kontakten« mitgeteilt wurde, die sich oft über 8–10 Stunden am Tag hinzogen. Einige dieser Informationen wurden aus Vorsichtsgründen von dem Engel rückwärts diktiert, um durch die Formeln nicht versehentlich gefährliche Situationen heraufzubeschwören. Es kristallisierte sich dabei eine völlig neue »Sprache« mit eigener Grammatik und Syntax heraus, das »Henochische« oder »Henochitische«.

Dies waren die Anfänge der »Henochischen Magie«, jedoch dauerte es noch weitere 200 Jahre, bis MacGregor Mathers das Rohmaterial dieser Informationen weiter bearbeitete und daraus innerhalb des Zweiten (Inneren) Ordens des Golden Dawn das mächtigste magische System »wiederbeleben« konnte, das die Welt bis heute je gesehen hatte. Kernstück bilden vier Tafeln, auf denen insgesamt zwölf geheime heilige Namen »Gottes« verschlüsselt sind, die, entschlüsselt und richtig angewandt, eine wirkliche Verbindung und Brücke zwischen dem Makrokosmos und dem Mikrokosmos des eigenen persönlichen Wahrnehmungsbereiches herstellen können. Mit diesen Techniken, die nur von trainierten und ermächtigten Mitgliedern praktiziert werden können, ist es möglich, Verbindungen und Brücken zu anderen herzustellen, die Hunderte und Tausende von Kilometern von einem der »Tempel« genannten Versammlungsorte entfernt sind.

Auf der Webseite des Ordens, von der diese Informationen hier stammen, ist natürlich nur ein winziger Teil der verfügbaren Informationen über die Henochische Methodologie des Golden Dawn enthüllt, der größte Teil bleibt unveröffentlicht und sicher in den Händen des Kollegiums der Adepten, denn die Henochische Magie verlangt ein äußerst solides Studium der Kabbalah, der Geomantie, des Tarot, der Alchemie und Astrologie. Es ist kein Spielzeug, so liest man da, sondern ein mächtiges Instrument, das mit derselben Vorsicht behandelt werden muß, wie sie eine besonnene Person im Umgang mit einem geladenen und entsicherten Gewehr walten läßt.

Wer war Henoch und wie kam er an die Geheimnisse des Mikro- und Makrokosmos? Nach dem alten Testament (I Mose 5.18–24) ist Henoch (hebr.: »Eingeweihter«) Sohn des Jered und Vater des Metuschelach (Methusalem), der 969 Jahre alt geworden ist. Henoch selber wandelte 365 Jahre auf der Erde, bevor er »von Gott entrückt« wurde, d.h. er ist nicht gestorben. Er lebte vor der Sintflut auf der Erde und findet einen bedeutenden Platz in allen drei großen Weltreligionen. In der islamischen Tradition wird er meistens mit »Idris« bezeichnet, aber auch, wie im christlichen, mit dem Propheten Elia und al-Khadir, einer islamischen Sagenfigur in Verbindung gebracht.[49] Idris erscheint vertraut mit beinahe jeder Wissenschaft und jedem Handwerk, so mit der Astronomie und der Medizin.

In der frühen jüdischen Mystik dreht sich ein spezieller Aspekt um den Engel »Metatron«, der niemand anderes ist, als der entrückte Henoch. Dieser wandelte schon zu seinen Erdenzeiten mit Gott (sic!) umher und wurde zur Belohnung nach 365 Jahren »irdischer Dienstzeit« zum höchsten aller Engel und *Sar ba-panim,* d.h. Fürsten des göttlichen Angesichts oder der göttlichen Gegenwart erhoben. Henoch/Metatron berichtet im hebräischen Henoch-Buch der Merkaba-Mystiker: »Gott nahm mich aus der Mitte des Geschlechts der Sintflut hinweg und trug mich auf den Windesflügeln der Schechina zum obersten Himmel und brachte mich in die großen Paläste in der Höhe des siebenten Himmels Araboth, wo der Thron der Schechina und die Merkaba sind, die Scharen des Zorns und die Heere des Grimms, die Schin'anim des Feuers, die Cherubim der Flammenfackeln, die Ofannim der feurigen Kohlen, die Diener der Flammen und die Seraphim der Blitze, und er stellte mich hin, tagtäglich den Thron der Glorie zu bedienen.«[50]

Diesem Henoch also, der hier auf Erden engen Umgang mit »Gott« pflegte, der mit nach »Araboth« genommen wurde und unglaubliches Wissen über das Wirken der Energien im Makro- wie im Mikrokosmos besaß, wurde von einem der wichtigsten magischen Orden, dem »Hermetic Order of the Golden Dawn« und seiner von Dion Fortune gegründeten Variante, der »Society of the Inner Light« eine derartige Bedeutung beigemessen, daß seine hinterlassenen und übermittelten Informationen bis zum heutigen Tag strengstens gehütet werden und nur einem kleinen Teil speziell Eingeweihter zugänglich ist.

Welch eine Überraschung war es daher für uns, als wir im November 1999 in Fortunes Beschreibung ihres magischen Kampfes gegen Hitlerdeutschland lesen konnten, daß ihre Meditationsmethoden, die sie im Studium der kabbalistischen und henochischen Magie bei ihrem Gang durch die Einweihungsgrade erlernt hatte, fast genau denen entsprach, die wir seit 1994 im Verein mit anderen Teams und auch allein angewendet haben und die zu den Erfolgen führten, von denen wir Ihnen in den vergangenen Kapiteln berichtet haben. Daß man durch richtig angewendeten und gezielten Einsatz der eigenen Energiefelder in der Lage ist, »Verbindungen und

Brücken zu Anderen herzustellen, die Hunderte und Tausende von Kilometern von einem der ›Tempel‹ genannten Versammlungsorte entfernt sind« haben wir ebenfalls mit unseren Experimenten in Alton Priors, auf den markanten umliegenden Hügeln und im Jahre 2000 in Avebury selbst bewiesen, wo wir über fünf Länder hinweg an von uns ausgewählten Orten die gitternetzartige Raumzeitstruktur aktiviert und verändert haben.

Unsere Lehrer waren jedoch keine Hohenpriester, keine Eingeweihten des 34. Grades, wir mußten uns nicht ins Halbdunkel weihrauchgeschwängerter Hallen oder auf einsame Landsitze verziehen und hohe Beiträge bezahlen. Wir sind durch sonnenbeschienene Felder gelaufen, hielten zwei Metallstäbe in den Händen und hörten dem fröhlichen Gesang der Skylarks hoch über unseren Köpfen zu. Wir folgten nur den Symbolen einer unbekannten Intelligenz, die uns damit daran erinnerte, daß wir uns auf einem lebenden Planeten befinden und die unser Bewußtsein so für die vernetzten energetischen Wechselwirkungen öffnete, in die wir hier und überall ständig eingebunden sind.

Von den schönsten Schultafeln der Welt, den weiten Feldern Wiltshires, erlernten wir ganz öffentlich eine neue Sprache und wurden, unter den Augen vieler heimlicher Zuschauer, mit den kosmischen Gitternetzen vertraut gemacht. Was von einigen seit Jahrhunderten vor der Welt versteckt werden sollte, wurde hier vom Kornkreisphänomen ganz öffentlich vorgeführt. Das ist die eigentliche Sensation daran, denn damit wurde auch überdeutlich gemacht, daß das Wissen um kosmische Energien, deren Zusammenhänge und die menschliche Beeinflussung für alle gleichermaßen erfahrbar und nutzbar sein sollte.

Aus der Physik wissen wir, daß wir schon auf der Ebene der Elementarteilchen elektromagnetische Felder produzieren, wir sind insgesamt elektrisch aktive Lebewesen und zeigen als einen Teil unserer lebenserhaltenden Vorgänge elektromagnetische Erscheinungen.[67] Wir hatten mittels der Ruten in den Feldern erfahren, daß wir eine Polung besitzen, nach der wir uns in magnetischen und elektromagnetischen Feldern ausrichten können, um sie einerseits wahrzunehmen und auch mit ihnen »arbeiten« zu können. Seit langem ist bekannt, wie die elektrischen Stromkurven der Herzaktivität, das Elektrokardiogramm (EKG), und die Aktivitäten unseres Gehirns mittels des Elektroenzephalogramms (EEG) aufzuzeichnen sind. Wenn nun aber einzelne Organe oder Organbereiche wie Herz und Gehirn derartige Phänomene aufweisen, wie ist es dann mit dem Körper in seiner Gesamtheit?

Dieser Frage ging ein Wissenschaftler über 40 Jahre lang nach und führte dabei Zehntausende von Messungen in Zusammenarbeit mit vielen anderen Kollegen, Universitäten und Instituten durch. Es war Dr. Harold Saxton Burr, PhD, der 43 Jahre lang an der Medizinischen Fakultät der Yale-Universität in den Fächern Anatomie und Neuro-Anatomie lehrte. Was wir in seiner zusammenfassenden Publikation »Blueprint for Immortality – The Electric Patterns of Life«[68] im Herbst 2000 zu lesen bekamen, ist einfach phantastisch, und es stellt sich uns die Frage, warum dieser Mann nicht den Nobelpreis für Medizin oder Biologie erhalten hat. Wir hatten weiter oben beschrieben, wie wir durch unsere Rutenexperimente herausfanden, daß wir mit der von uns hervorgebrachten Energie das uns umgebene Raumfeld, das offenbar Gitterstruktur besitzt, verändern können. Um Ihnen ein Bild zu geben: Stellen Sie sich vor, irgendwo in einem gewaltigen Spinnennetz gefangen zu sein. Mit ihren ausgestreckten Armen und Beinen, ihrem Kopf und Körper kleben sie an den Spinnfäden und so wie sie sich bewegen, dehnen und verzerren Sie das vorher regelmäßige Netzmuster oder ziehen es zusammen. Das besondere am uns hier umgebenden Feld, das offenbar und in größerem Rahmen die Linienstruktur eines Gitternetzes besitzt, ist jedoch, daß es die Informationen, die wir hineingeben, speichern kann. So bleibt unter anderem die letzte Deformation die wir an einem Ort hervorgerufen haben, dort erhalten, wenn die Energie, die wir dafür aufgewendet haben, intensiv genug war.

Dr. Burr hat mit seiner aufregenden Arbeit bereits vor Jahrzehnten die Existenz eines solchen Feldes wissenschaftlich zweifelsfrei nachgewiesen. Wegen der überragenden Bedeutung seiner Forschungen im Hinblick auf das, was wir herausgefunden haben, möchten wir Ihnen einige Aspekte seiner Ergebnisse näherbringen.

Ausgehend von der alten Frage, ob im Universum das Chaos herrscht und nur Zufälligkeiten hervorbringt, oder ob es ordnende Gesetzmäßigkeiten gibt, die Dinge nach Ziel und Zweck gestalten, begann er sein »Abenteuer der Wissenschaft«, wie er es nannte. Erst mit der Erfindung und Entwicklung genügend sensibler elektronischer Instrumente konnte dann in den 40er Jahren dieses Jahrhunderts eine folgenschwere Entdeckung gemacht werden: Die Menschheit, tatsächlich aber alle Lebensformen, wird durch elektro-dynamische Felder bestimmt und kontrolliert, die mit wissenschaftlicher Präzision gemessen und aufgezeichnet werden können. Diese »Felder des Lebens« oder »L-Felder« sind von der gleichen Art wie die einfachen Felder der modernen Physik und gehorchen denselben Gesetzen. Wie diese, haben sie ordnende und ausrichtende Qualitäten. Sie bestimmen die Form und kontrollieren deren Erhaltung über die Grenzen des ständig ablaufenden Metabolismus hinweg. Es sollte einem vernünftig denkenden Individuum eigentlich klar sein, daß im Universum nichts auch nur für den Bruchteil einer Millisekunde existieren könnte, wenn es nicht die Kräfte, Gesetze und Organisationsmerkmale geben würde, die für die

Beziehungen der Einzelbereiche des Universums verantwortlich wären und von denen alle, von den größten Galaxien bis hinunter zu den Kernteilchen, in ständiger Bewegung sind.«[69] Das Teilchen beeinflußt sein Feld und wird von diesem beeinflußt. Jedes lokale System beeinflußt über die Hierarchie der Felder die gesamte Natur.

Das Muster oder der Organisationsgrad eines biologischen Systems wird durch ein komplexes elektro-dynamisches Feld bewirkt, das seinerseits durch die physio-chemischen Komponenten bestimmt wird und welches das Verhalten und die Ausrichtung der Komponenten festlegt. Dieses Feld ist elektrisch im physikalischen Sinne und fügt durch seine Beschaffenheit die Einheiten eines biologischen Systems zu einem charakteristischen Muster zusammen, ist aber selbst ein Ergebnis der Existenz dieser Einheiten, die es bestimmen und die von ihm bestimmt werden.

Über das Erschaffen eines Musters hinausgehend, muß es dieses Muster bezogen auf den physio-chemischen Fluss aufrecht und im Gleichgewicht halten, das heißt, es muß Lebensvorgänge regulieren und kontrollieren. Es muß der »Mechanismus« sein, dessen Produkte seiner Aktivitäten demnach Ganzheit, Organisation und Kontinuität sind.

Die in den letzten beiden Absätzen formulierte »Elektro-Dynamische Theorie des Lebens« wurde von Burr in Zusammenarbeit mit Dr. F.S.C. Northrop, Yale, entwickelt und 1935 erstmals veröffentlicht.[70] Sie diente in den folgenden Jahrzehnten als Grundlage ihrer extensiven Forschung mit Tausenden von Einzelexperimenten an den verschiedensten Lebensformen. Die Entdeckung der L-Felder gelang Burr, indem er den Spannungsunterschied zwischen zwei Punkten auf oder nahe über der Körperoberfläche einer Lebensform maß. Bei Männern und Frauen kann man das tun, indem man eine Elektrode an der Stirn befestigt und die andere am Brustkorb oder an der Hand anbringt. Alternativ dazu kann der Proband auch seine Zeigefinger in je ein Gefäß mit Salzlösung tauchen, die mit dem Voltmeter verbunden sind. Man kann die Elektroden ebenso direkt an zu untersuchende Organe anschließen oder bestimmte Körperregionen aussuchen. Diese Spannungsmessungen haben nichts mit den elektrischen Strömen zu tun, die man vom Herzen oder Gehirn ableiten kann. Sie sind reine Spannungspotentiale von sehr geringer Größe.

In den frühen Stadien seiner Forschungen brauchte Burr ganze drei Jahre, bis ihm geeignete Instrumente für seine Messungen zur Verfügung standen. Aber es dauerte doch noch bis zur Erfindung des Vakuumröhren-Voltmeters, das im Gegensatz zum herkömmlichen Voltmeter so gut wie keinen Strom verbraucht, um die Nadel herumschwingen zu lassen und L-Felder messen zu können. Dann waren noch spezielle Mikroelektroden nötig, um an so kleinen Körpern wie Froscheiern oder im Protoplasma der

Zelle Messungen abzuleiten. In bestimmten Fällen kann man die Messung auch knapp oberhalb der Körperoberfläche abnehmen oder, wie beim EKG, in einiger Entfernung vom untersuchten Organ. Dies allein schon belegt, daß es sich um ein wahres Feld handelt, das Ausdehnung, Richtung und Polarität besitzt.

Die ersten Messungen nahm Burr an den Mitarbeitern seines Instituts vor. Alle zeigten eine Spannungsdifferenz zwischen der linken und rechten Körperseite, einige besaßen höhere Werte, andere geringere. Bei den Frauen stellte er fest, daß es einen kurzzeitigen Anstieg mit dem Zeitpunkt der Ovulation gab. Durch Versuche bei Kaninchen konnte dies mit genau dem Moment erklärt werden, in dem das Ei das Ovar verließ. Weitere Untersuchungen bei ca. 1000 Patientinnen ergaben bei 102 von ihnen signifikante Veränderungen im L-Feld des inneren Genitale, gemessen mit einer Elektrode an der Cervix und einer anderen an der Bauchwand. Diese Spannungsänderungen fanden ihre chirurgische Bestätigung in malignen Neubildungen am inneren Genitale in 95 der 102 Fälle.[71] In einem anderen Bereich führte Dr. Leonard J. Ravitz, Jr., von der Abteilung für Psychiatrie in Yale, über 30.000 Einzelmessungen des L-Feldes an 430 Menschen durch. Er konnte, aus bisher unbekannten Gründen, periodische Variationen von mehreren Wochen Dauer aufzeichnen, die mit der allgemeinen Lebensstimmung der Probanden eindeutig korrelierten. Fühlten sie sich gut, waren die Werte höher, fühlten sie sich schlecht, waren sie niedriger. Es liegt auf der Hand, welche Möglichkeiten sich bei einem Einsatz der Messung von L-Feldern als generelle und preisgünstige Vorsorgeuntersuchung ergeben würden.

Burr wollte nun herausfinden, ob sich auch an anderen Lebensformen L-Felder nachweisen ließen, wie es ja nach seiner Theorie der Fall sein müßte. So untersuchte er unbefruchtete Froscheier und fand ein L-Feld, das an der Stelle, an der sich später das Neuralrohr bilden sollte, seine höchste Konzentration aufwies. So bestimmte offenbar das L-Feld die Entwicklung des Organismus. Diese Befunde wurden bei Versuchen mit Salamandern bestätigt. Darüber hinaus konnte eine elektrische Achse entlang des Rückenmarks gemessen werden, die im Vergleich zu den Gliedmaßen positiv geladen war. Hier konnte Burr nachweisen, daß das L-Feld des Salamanders 2 mm in dessen Umgebung hinausragt. Wenn ein Salamander zwischen zwei Elektroden rotierte, verursachten die beiden Pole seines L-Feldes einen Wechselstrom wie ein Dynamo.[72] Mit anderen Kollegen zusammen untersuchte Burr die Feldqualitäten an isolierten Nerven und danach die einer Mimose, die ja keine Nerven hat, sich in ihren Reaktionen aber genauso verhält und natürlich auch ein sich anpassendes L-Feld enthält.

Später untersuchte er Pflanzen. Er fand bei Kürbissen Potentialdifferenzen, die mit dem Größenwachstum langsam abnahmen, sich aber in Beziehung zu den verschiedenen Kürbisformen signifikant verhielten. Auch hier wurde deutlich, daß das L-Feld die Form kontrolliert.

Er untersuchte ein einzelnes Maissamenkorn und fand Korrelationen zwischen L-Feld und Mehr- oder Minderwuchs. Auch beim Protoplasma, dem Grundbaustoff einfacher und höher organische Systeme, konnte ein L-Feld gemessen werden, das sich mit der Antwort auf applizierte Reize ändert.

Schließlich führte er auch noch jahrelange Dauerversuche mit Bäumen durch. Deren L-Felder variieren nicht nur mit Helligkeit und Dunkelheit, sondern verändern sich zudem mit den Mondzyklen, mit solaren Flares und den damit korrelierten Plasmastürmen sowie mit der Sonnenflecken-aktivität.

L-Felder sind Verbindungen in einer hierarchischen Vernetzung. Dies beginnt bei den einfachsten Lebensformen, setzt sich durch alles Leben auf diesem Planeten fort bis hoch zu den kompliziertesten Formen, wie sie auch der Mensch darstellt, und erstreckt sich weiter hinaus in und durch das Weltall bis hin zu einer alles umfassenden Komplexizität, über deren »Namen« man nur spekulieren kann. Eines ist sicher: Einer ihrer Namen ist »Geist«.

In letzter Konsequenz ist das Universum eine Einheit und alle seine Teile sind auf diese Einheit bezogen. Die Einheit des Universums ist abhängig von den Aktivitäten seiner Teile. Charakteristisch für das Universum sind Felder, die man mit Instrumenten messen kann und dabei hängen deren Namen – elektrostatisch, elektromagnetisch, biodynamisch oder elektro-dynamisch – oft nur von den Methoden ab, mit denen man sie studiert hat. Von den Eigenschaften dieser Felder hängt jedoch alles ab, so wie diese von den Eigenschaften derer oder dessen abhängen, die sie hervorrufen.

Die *Foundation for the Study of Cycles*, Pittsburgh, Pennsylvania, veröffentlichte im Januar 1971 eine Studie[73] unter dem Titel »Physical Factors of the Historical Process« von Professor A.L. Tchischewsky. Die Ergebnisse dieser Studie legen den Schluß nahe, daß es eine Beziehung zwischen der vermehrten Erregbarkeit der Menschheit und erhöhter Sonnenflecken-aktivität geben kann. Es handelte sich um eine Veröffentlichung im Rahmen eines noch nicht abgeschlossenen Forschungsprojekts.

Schauen wir aber auf unser Muttergestirn, das im Jahre 2000 gewaltige Flares produzierte sowie massive magnetische Stürme gegen die Erde schleuderte, und dessen Angesicht von Sonnenflecken übersät ist, dann wundern wir uns nicht, wenn wir hören, daß heute, am 25. November 2000 die Klimakonferenz wieder einmal gescheitert ist und daß die Nachrichten weltweit von Kriegen und inzwischen über 300 Toten, darunter viele Kinder, in Palästina berichten.

Wir haben, dank den Anweisungen einer wohlmeinenden, fremden Intelligenz gelernt, mit einigen dieser Felder umzugehen und sie zielgerichtet einzusetzen. Wenn wir uns auf unserem Planeten umschauen, gibt es genügend Bereiche, deren Potentialdifferenzen zum Positiven hin verschoben werden müssen. Hierhin werden wir unsere Aktivitäten lenken, mit der andauernden Unterstützung der Intelligenz hinter dem Kornkreisphänomen und wenn Sie wollen – auch mit Ihrer.

KAPITEL 26

Begegnung der Welten

Wenn wir uns daran erinnern, wie wir uns 1991 fühlten, als wir zum ersten Male mit dem Kornkreisphänomen in Verbindung traten, würde der Begriff »kleinlaut« zutreffen.

Es ist, wie es immer ist, wenn man in dem Bereich, in dem man sich erfahren fühlt, nach einer gewissen Zeit zunehmender theoretischer und praktischer Kenntnisse glaubt, über Dinge Bescheid zu wissen. Dies ist der Zeitpunkt, an dem sich die Spreu vom Weizen trennt, an dem sich Dinge und Menschen in bestimmte Richtungen zu entwickeln beginnen. Die eine Richtung führt zum Dienst an sich selbst, die andere zum Dienst an anderen und anderem.

Die Geschichte des Kornkreisphänomens ist voll von menschlichen Beispielen, die sich in beide Richtungen entwickelt haben, wobei das Verhältnis sicher 3:1 beträgt. Wir hatten uns frühzeitig dazu entschlossen, mit unserer Arbeit mehr der Sache zu dienen, was sicher einer der Gründe ist, daß sie bisher doch eigentlich recht erfolgreich war. Hinzu kam, daß wir kontinuierlich auf dem Boden der von uns aufgestellten Theorie blieben und so zu den Ergebnissen gelangten, die wir Ihnen in bisher zwei Büchern vorlegen konnten.

In Kenntnis all dessen, was wir in den vergangenen Kapiteln erörtert haben, bereiteten wir unser für den Sommer 1999 geplantes Experiment auf eine besondere Weise vor. Wir wollten uns auf einen Ort konzentrieren und dort versuchen, in einem von uns geschaffenen »Dimensionentunnel« zu sitzen, um mit den nicht-menschlichen Intelligenzen direkt in Verbindung zu treten, geistig wie auch physisch. Als Design für unser Piktogramm, das wir nach wie vor als integralen Bestandteil unserer Arbeit sehen, wählten wir eines der energetisch wichtigsten Symbole aus, die wir in England kennengelernt haben: die beiden ineinander verwobenen Kreise, die auf dem Deckel über der Chalice Well in Glastonbury zu finden sind.

Kreise sind einerseits das Basissymbol des Phänomens, mit dem wir Kontakt aufzunehmen gedachten, andererseits das ideale Zeichen für die universelle Balance, die Frieden und Freiheit bringt. Sie repräsentieren die sichtbare und die unsichtbare Welt, die untrennbar miteinander verbunden sind. Ist es nicht auch ein wunderbares Symbol für das Feldkonzept? Es ist gleichbedeutend mit dem Ying und Yang der asiatischen Philosophie, der Begegnung des Bewußten mit den Unbewußten, der Mischung unserer männlichen und weiblichen menschlichen Natur.

Wir wollten später im Piktogramm den Durchdringungsbereich der beiden Kreise mit einem Gitternetz anfüllen, um dem Vernetzungsgedanken der verschiedenen Felder Rechnung zu tragen. Außerdem würden wir an den Kreisen je einen Zweier- und einen Dreierzeiger anbringen, um so die Erinnerung an uns auf dem dritten Planeten dieses Sonnensystems, seit Jahren unser Erkennungssymbole, und an HD 42807, den ersten Kontakt, aufrechtzuerhalten.

So verabredeten wir Mitte Mai, am 14. Juli 1999 auf dem Gipfel des Woodborough Hill von Berlin aus eine Energiestruktur zu aktivieren, die aus einem Energieschlauch und einem umgebenden Energiefeld bestehen sollte. Wir planten, dann das Meditationsteam direkt auf den Rand des Schlauches, quasi an seinem »Ereignishorizont«, zu plazieren, um den größtmöglichen Effekt zu erzielen. Außerdem wollten wir diesmal verwirklichen, was wir schon lange einmal tun wollten. Das Meditationsteam sollte später entsprechend der Polarität seiner einzelnen Komponenten angeordnet werden. Wir wollten vor der Meditation jedes einzelne Mitglied mit den Ruten auf seine Polarität testen und alle dann so in den Kreis integrieren, daß die empfangende Seite stets mit der sendenden Seite verbunden sein würde. Dies hätte zur Folge, daß einige der Teilnehmer und Teilnehmerinnen mit dem Gesicht nach außen sitzen würden, wodurch aber insgesamt ein optimaler Energiefluss gewährleistet wäre.

Am 17.05. stellte Achim in seinem Zimmer fest, daß um sein Bett ein Energiekreis von 2,5 m Durchmesser lag und einen Energiefluß im Uhrzeigersinn besaß. Außerdem war im Flur wieder, wie früher schon einmal, eine gerade Energielinie zu finden, die direkt auf Achims Zimmer zeigte. Zwei Tage später, am 19.05., fand Hans einen Energiekreis von 2,5 m Durchmesser mit einem Energiefluß gegen den Uhrzeigersinn um sein Bett herum.

Mitte Juni fuhr Hans mit seiner Ehefrau für einen kurzen Urlaub nach England und besuchte so am 16.06. Stonehenge. Als er bei den Steinen ankam, begann bei ihm wieder das uns seit langem bekannte Kribbeln am Kopf. Es war, als wenn, wie auch schon früher in den Feldern, Spinnweben um seinen Kopf herum schwebten. Am 19.06. untersuchte er in Cornwall die Merry Maidens. Alle Energielinien, die wir 1997 nach Aktivierung der einzelnen Steine mit den Rods finden konnten, waren noch unverändert vorhanden.

Als sie am 26.06. in Alton Barnes eintrafen, fuhren sie nach einem Besuch bei Polly auf der Farm weiter zum Woodborough Hill. Oben auf dem Hill waren diesmal keine Ausschläge mit den Rods festzustellen. Einen Tag später kam es zu einem eigenartigen Ereignis, als Polly fragte, was wir in diesem Jahr planten. Hans wollte unser Vorhaben nicht verfrüht preisgeben und flüchtete sich in allgemeine Aussagen. Er erzählte ihr von seiner eigenartigen Wahrnehmung in Stonehenge und faßte im Gespräch ihren rechten Unterarm an. Dabei bekam sie plötzlich am linken Unterarm eine Gänsehaut und erklärte ihm, daß immer etwas Besonderes geschehen wird, wenn ihr so etwas passiert. Sie war sich sicher, daß auch unsere diesjährige Arbeit von Erfolg gekrönt sein würde. Einige Tage später kehrte Hans nach Berlin zurück.

Am 14. Juli 1999, um 11.30 Uhr, begannen wir die Meditation. Wir geben hier wortgetreu wieder, wie Hans die Meditation erlebte. Es soll aber auch gleichzeitig Beispiel und Aufforderung an Sie sein, es genauso zu machen, wenn Sie meditieren. Trauen Sie sich aufzuschreiben, was Sie erlebt haben, trauen Sie sich, es sich selbst laut vorzulesen, trauen Sie sich, es anderen laut vorzulesen, stellen Sie sich der unweigerlich danach einsetzenden (für Sie nicht immer erfreulichen) Diskussion, gewinnen Sie Vertrauen zu sich selbst.

Meditation am 14.07.1999 von Berlin zum Woodborough Hill, Beginn 11.30 Uhr, Phase I, Hans berichtet, die ersten 5 Minuten:

»Nachdem ich bereits den halben Weg zu Achim zurückgelegt hatte, war ich plötzlich wieder zu Hause. In diesem Moment schossen zwei einzelne Blitze etwas konisch auseinander in Richtung Achim. Ein Blitz, der rechte, in Achims Haus und der andere links davor. Dort gingen sie eine Verbindung ein. Bei einem Blitz, dem rechten, sah ich Achim von rechts auf einem Stuhl sitzen und in Richtung Fenster sehen, neben dem der Computer steht. Beim linken Blitz, der vor das Haus ging, sah ich nur Achims Kopf von der linken Seite.«

Meditation am 14.07.1999 von Berlin zum Woodborough Hill, Hans berichtet, Phase II von 11.35 Uhr bis 11.57 Uhr:

»Ich kam problemlos bis zum südlichen Autobahnring um London. Dann durcheilte ich blitzschnell noch mal denselben Weg bis zur einer Stelle, an der zwei Einzelblitze vor mir herrasten und zuckten. Dort angekommen, stand plötzlich am Himmel, nicht sehr hoch, ein großes Gitternetz. Dieses kippte plötzlich nach unten und stand senkrecht und etwas kleiner vor dem Woodborough Hill. Ich stand in einiger Entfernung davor. Das Netz flog dann nach oben und wurde riesig groß nach Art eines Spinnennetzes und hatte in der Mitte ein Loch. Das Netz war wie aus Gummi. Indem das Loch im Netz nach unten zur Mitte des Woodborough Hill gezogen wurde, blieb der Außenring des Netzes oben. Es sah aus wie ein konisches Sieb. Dabei war ein dumpfes Brummen zu hören. Das ging so einige Male hin und her. Als dann das Loch wieder unten war, kam plötzlich der Außenring mit unheimlicher Geschwindigkeit mit dem Netz hinterhergerast und knallte auf den Woodborough Hill. Das ganze Netz ließ aber von oben, wo der

Außenring erst stand, bis unten auf den Boden durchsichtige Wände stehen. In diesem Moment stand ich außerhalb des Außenringes auf dem Woodborough Hill, und die Wände waren nur noch so hoch wie ich. Gleich danach stand ich innen an der Wand innerhalb des Loches, und die Wände waren nur noch kniehoch. Danach wurde das Bild immer schwächer bis es ganz verschwand, und es war nur noch leerer Raum.«

Diesmal hatten wir niemandem Bescheid gegeben, einmal auf dem Hill nach einem Gitternetz und eventuell vorhandenen Binnenstrukturen zu suchen. Niemand sollte von unseren Aktivitäten wissen, denn wir hegten seit einiger Zeit den Verdacht, daß von einer oder mehreren Personen möglicherweise aus sehr negativen persönlichen Gründen, »energetische Gegenmaßnahmen« ergriffen worden waren, um unsere positiven Aktivitäten in »nicht-autorisiertem Territorium« zu vereiteln.

Einen Tag nach der gemeinsamen Meditation testeten wir unsere Wohnbereiche erneut. Bei Achim war der Kreis um sein Bett herum verschwunden, dafür lag jetzt ein Gitternetz im Zimmer. Um den Stuhl, auf dem er bei der Meditation saß, hatte sich ein kleiner Kreis gebildet. Auch bei Hans war der Kreis um sein Bett jetzt verschwunden.

Zwei Tage später brachen wir auf, um in England erneut zu versuchen, die uns dort von einer unbekannten Intelligenz angebotenen Möglichkeiten zu nutzen. Wie immer bisher, gelangten wir nach problemloser Fahrt nach Avebury. Plötzlich bekam Achim die Idee, in den Henge-Shop zu gehen, um Hans eine aktuelle Kornkreiszeitung zu schenken. Er fand tatsächlich die aktuellste Ausgabe des »Cerealogist«. Und ausgerechnet in diesem neuesten Exemplar war ein Interview mit Polly Carson enthalten. Als wir es lasen, trauten wir kaum unseren Augen, denn Polly, bezogen auf das Kornkreisphänomen eine der wichtigsten Frauen in ganz England, bezeichnete uns als die zwei ehrlichsten und dabei bescheidensten Forscher, die auf der richtigen Linie lagen, und bestätigte, daß wir Kontakt mit dem echten Phänomen hatten. Dieses Interview wurde weltweit gelesen. Somit begann auch diese Reise schon wieder mit einer faustdicken Sensation.

Am 18.07. fuhren wir, wieder einmal in hellstem Sonnenschein, hinaus zur Farm, um den Farmeingang zu dowsen. Wir fanden dort hinter dem ersten Kuhgitter Kreise und Linien, die wir erst später noch genauer vermessen wollten. Der Ort unseres Interesses war an diesem Morgen ausschließlich Woodborough Hill. Wie immer parkten wir unseren treuen VW bei den Scheunen und begannen, mit den Ruten in den Händen und einem pochenden Herzen in der Brust, den Feldweg zum Hill hochzulaufen. Hatte unsere Meditation Erfolg gehabt? Konnten wir das Energiegitter aktivieren? Nichts tat sich zunächst, doch dann war es eindeutig: Die Ruten begannen, sich kurz vor dem Zaun zu bewegen, das obere Wegende hatte ein eng begrenztes Netz, der Weg war oben am Hill markiert! Wir schauten uns an, brachten einfach nichts heraus und liefen weiter.

Unmittelbar am Zaun begann dann ein den gesamten Woodborough Hill bedeckendes Netz. Es war unser Netz, aktiviert aus 1300 km Entfernung. Beim Gang hoch zum Gipfel wurde es immer enger. Bei der von Hans durchgeführten Messung gingen die Linien von anfangs 2 m^2 hinunter auf 30 cm^2. Bei Achim gab es immer einen Streifen mit vier Schritten dazwischen, der kontinuierlich enger wurde. Etwas neben der Hügelkuppe stießen wir dann auf einen netzfreien Bereich, der ca. sechzig Ecken (!) haben mußte. Er markierte offensichtlich das Zentrum, hier war die schlauchförmige Struktur, das Tor in eine andere Dimension, um das wir das Team herum plazieren würden. Unsere Meditation hatte also ein weiteres Mal Erfolg gehabt, es war kein Wunschdenken, keine energetische Fata Morgana, es war Realität.

Nun wollten wir wissen, ob auch der Weg zum Rabbit Holes Field wieder mit einem Netz markiert war, das ja dann vom Phänomen stammen müßte. Von den Scheunen setzten wir uns langsam in Richtung Osten in Bewegung. Die Ruten blieben stumm, keine Reaktion. Wir hatten schon den Knick erreicht, an dem der Feldweg nach Norden hoch zum Eingang des Rabbit Holes schwenkte, das jetzt rechts von uns lag. Kurz dahinter entdeckte Hans plötzlich eine Linie, bei der seine Ruten, wenn er nach Norden lief, nach rechts, wenn er nach Süden lief, nach links zeigten. Diese Linie zeigte eindeutig auf das Rabbit Holes Field, zumal sie aus dem Weg heraus zu kommen schien, denn an der linken Wegkante war sie nicht auffindbar. Achim untersuchte diese Linie und fand zusätzlich in jeweils 1,40 m Entfernung davor und danach einen Rutenausschlag mit der jeweils feldseitigen Rute. Dort wo Hans seinen Rutenausschlag hatte, zeigten sich bei Achim Bewegungen wie bei einer Netzlinie mit beidseitigem Öffnen der Ruten.

Wir liefen weiter hoch zum Feldeingang, wo sich bei Achim Ausschläge rechts in die quere Tramline hinein fanden, die zwischen dem Copse Field und dem Rabbit Holes Field lag. Bei der Frage, welches Feld die Energie trüge, hatte er einen ungewöhnlichen Ausschlag beider Ruten in Richtung Rabbit Holes. Wir folgten ihnen und fanden so die markierte Tramline, in der wir das Piktogramm erstellen sollten. Damit war die Ausgangsbasis für eine erneute Zusammenarbeit mit der unbekannten Intelligenz gelegt. Ein Ereignis, das hinterher zünftig im romantischen »Waggon and Horses« begangen wurde, gekrönt von dem überraschenden Eintreffen von Ron Russell und Peter Soerensen.

Am Morgen des 20.07. begannen wir, nach Erteilung der Erlaubnis des Farmers, mit der Herstellung unseres achten Experimentalpiktogramms.

Diesmal benötigten wir nur zweieinhalb Stunden und blieben bei unserer Arbeit unentdeckt. Nur einmal kam in einiger Entfernung ein Militärhubschrauber vorbei. Auf dem Rückweg zu den Scheunen überflog uns noch eines jener großen viermotorigen schwarzen Flugzeuge, die wir immer von Farnham starten sahen und die uns in den letzten Jahren schon so manches Mal aufgefallen waren.

Am nächsten Tag ereignete sich ein eigenartiger Zwischenfall. Wir waren zum Woodborough Hill hinausgefahren, um einen alten Raps-Kreis im bereits abgemähten Feld unterhalb des Hügels zu untersuchen. Als wir später oben auf der Gipfelwiese Film- und Fotoaufnahmen anfertigten, bemerkten wir einen sich aus der Ferne nähernden Helikopter, der dann im Tiefflug unser Piktogramm unten in der Senke des Rabbit Holes überflog. Mit dem Zoom der Kamera holten wir ihn näher heran, als nach einigen Sekunden das Zoom ohne unser zutun plötzlich wieder vollständig zurückging. Wir überprüften die Kamera, denn immerhin hielten wir uns ja in dem Gitternetz auf der Hügelkuppe auf, aber sie schien einwandfrei zu funktionieren, auch eine Fehlfunktion im Autofokus schied aus.

Wir wiederholten diese Aufnahmen, beziehungsweise versuchten wir es, aber jedesmal, wenn wir die Kamera auf diesen Helikopter richteten, entzog er sich unserem Blick durch ein zurückschnurrendes Kamera-Zoom. Er kam auch einmal direkt auf uns zu geflogen und wir fragten uns, ob wir vom Helikopter aus vielleicht sogar angestrahlt wurden? Schließlich drehte er ab und verschwand. Als wir ziemlich aufgeregt das Videoband noch vor Ort kontrollierten, wurden an diesen Stellen auch Stimmen hörbar. Ganz eindeutig konnten wir eine Art Funksprechverkehr verstehen! Hatte die Elektronik der Kamera auf die Funkwellen des Helikopters reagiert? Solch ein Phänomen hatten wir während all unserer bisherigen Helikopterbegegnungen noch nie registriert. War dieses Fluggerät besonders ausgerüstet? War unser mehrdimensionales Feld daran Schuld, in dessen Bereich das Fluggerät eingedrungen war und in dem wir uns ja auch befanden? Kopfschüttelnd verließen wir den Hügel und fuhren nach Liddington, nördlich von Marlborough, wo ein neues Piktogramm erschienen sein sollte.

Als wir an diesem, natürlich sehr dekorativ in Sichtweite der alten Römerstraße nach Swindon gelegenen Feld ankamen, stiefelte uns ein neuerer deutscher Kornkreisforscher grußlos mit einer langen Stange entgegen. Busty hätte sich seine Idee, Fotografien vom Ende einer langen Stange zu machen, patentieren lassen sollen … Im Piktogramm, das wieder einmal sehr groß war, saßen bereits bekannte Gesichter von diesseits und jenseits des Atlantik, umarmten sich oder meditierten. Das Piktogramm wies sehr viele Einzelheiten auf und mußte aus der Luft sicher sehr schön aussehen. Unsere Ruten zeigten keine genuine Energie, weshalb wir es als menschengemacht einstuften. An vielen Stellen war es sehr unsauber gearbeitet, und an den Rändern konnte man eindeutig die getretenen Konstruktionslinien erkennen. An diesen Stellen war das Korn gleichdicht über dem Boden gebrochen worden.

Während eines kleinen Abstechers an die Südküste Englands, nach Lyme Regis in Devon zu Penny und Peter Randerson, unseren langjährigen Wirtsleuten und Freunden im Windmill House, erfuhren wir von einem Piktogramm, das am 19.07., in der Nacht, bevor wir unser Piktogramm erstellten, dort entstanden war. Weil wir die Erlaubnis des Farmers, das Feld zu betreten, nicht erhielten, blieb uns nur der Blick aus der Ferne. Es war eigentlich eine schöne Formation, klar in der Anordnung und ganz im traditionellen Design des ursprünglichen Phänomens. Gern hätten wir es mit unseren Ruten untersucht.

Am 24. Juli 1999 sollte es soweit sein. Wir trafen uns mit allen, die an der abendlichen Meditation teilnehmen wollten und erklärten ihnen deren geplanten Ablauf. Wir hatten uns fest vorgenommen, diesmal jeden einzelnen nach seiner Polarität mit den Ruten zu vermessen. Sinn dieser Aktion war, daß wir den bestmöglichen Energiefluß im Kreis der um das Zentrum Sitzenden erreichen wollten. Sicher war in der Vergangenheit die energetische Sphäre der Meditationsteilnehmer stark genug gewesen, um eine effektive Energieverbindung herzustellen, aber vielleicht wirkten die verschiedenen Polungen der Teilnehmer, die wir bis dahin unberücksichtigt gelassen hatten, doch wie kleine Widerstände im Energiefluß, und dies wollten wir jetzt auch noch ausschließen.

Als wir den Teilnehmerinnen und Teilnehmern unsere Absicht, sie zu vermessen kundtaten, waren sie doch sehr verwundert, willigten aber alle ein. Es ergab sich, grob geschätzt, ein Prozentsatz von ca. 70% Rechts- und 30% Linksempfängern. Interessant war während dieser Prozedur, wie die einzelnen auf unsere Messungen reagierten. Als sich bald eine größere Gruppe Rechtsempfänger beiderlei Geschlechts herauskristallisierte, fühlte sich diese irgendwie privilegierter, denn in der noch kleinen Gruppe der Linksempfänger standen anfangs nur einige zwar sehr nette, aber unbekanntere Teilnehmer erwartungsvoll umher. Diese Stimmung änderte sich jedoch, als zu den Linksempfängern einige der bekannteren »Healer«, wie sie sich nennen, hinzustießen. Dadurch bekam nun die kleinere Gruppe den Nimbus des Besonderen, und es war deutlich zu merken, daß einige der Rechtsempfängerinnen gern zu der kleineren, weil für sie elitären Gruppe gehört hätten. Ebenso wurde ab diesem Zeitpunkt die Zuordnung zu den Linksempfängern und Linksempfängerinnen deutlich positiver, ja fast erhoffter aufgefaßt, als »zur Masse« der Rechtsgepolten zuzugehören. Ein kleiner, aber bezeichnender Nebenaspekt dieses Experiments.

Wir fuhren zufrieden zum Knap Hill und trafen dort, am Rande des Vale of Pewsey, unseren Freund Heiner mit seinem Sohn Alex sowie seiner Tochter Julia in ihrem Campingmobil. Wir luden sie ein, an der Meditation teilzunehmen und legten danach einen Zwischenstop im »Waggon & Horses« ein, um die Zeit bis zur Meditation zu überbrücken. Zu dem Zeitpunkt wußten wir noch nicht, daß sich das Phänomen für Heiner, aber auch für uns, während wir in Beckhampton saßen, eine besondere Demonstration seiner Existenz ausgesucht hatte, und zwar so, wie es immer war: unvermutet, selbstbestimmend und wunderbar.

Lassen wir Heiner selbst berichten:

»Der Abend war schon etwas Besonderes. Alexander und Julia wollten im Auto bleiben. So bin ich am späten Nachmittag allein den Knap Hill hinaufgestiegen. Ein leichter, sehr warmer Wind begleitete mich.

Ich begegnete niemandem und oben angekommen, war ich immer noch allein. Unter mir lagen die beiden Formationen im East Field, leer, ruhig, ohne Besucher. Auch Woodborough Hill und Knap Hill erschienen mir leer von Menschen und Tieren. Im nachhinein finde ich die Tatsache meines Alleinseins nachdenkenswert, besonders wenn ich an den ›normalen‹ Trubel um die East-Field Formationen denke.

Ich habe von der Hügelspitze aus Rundumfotos von der ganzen Gegend geschossen, Adams Grave, Golden Hill, Wansdyke Path. Die Ruhe des Anblicks ging in mich hinein, ich war die Ruhe.

Ich kam mir in diesem Jahrhundertsommer in England wie in der Toskana vor, mit einer allerdings nicht so verbrannten Erde.

Als ich an einem der nächsten Abende wieder einmal den Knap Hill hinabstieg, begegnete ich einer etwa gleichaltrigen Engländerin, die mit ihrem Hund unterwegs war. Wir kamen ins Gespräch. Ich füge diese Begegnung aus einem bestimmten Grund kurz ein, weil sie mir erzählte, sie und ihr Mann hätten ihren Job in London aufgegeben, um nach Wiltshire zu ziehen. Nun hätte sie zwar weniger Geld, aber ihr Leben sei nun absolut glücklich, eine Veränderung zur Ganzheitlichkeit des Lebens in einer Landschaft, in der sie mit Erde und Himmel gleichermaßen verbunden seien. Wiltshire sei der Himmel auf Erden. Das erinnerte mich daran, daß die Einwohner der Toskana von ihrer Heimat auch als von einem Himmel auf Erden sprechen. Genau dieses hatte ich am Tag der Sichtung auch empfunden.

Schon während ich mit dem Fotografieren beschäftigt war, ist mir an diesem Spätnachmittag ein leuchtendes Objekt links oberhalb der Bäume von Woodborough Hill aufgefallen. Ich habe das Ding zunächst für ein Flugzeug oder Helikopter gehalten, angestrahlt von der tiefstehenden Abendsonne, und ging gedankenverloren weiter meiner Beschäftigung nach. Kein

Geräusch – es war kein Flugzeug oder ähnliches, außerdem war es rund, bewegte sich nicht und stand still. Wird wohl ein silberner Ballon sein, dachte ich.

Ich habe nichts erwartet, nicht einmal an etwas Besonderes gedacht, ja bis es sich plötzlich gleichmäßig bewegt hat, einen kleinen Bogen flog und vor den Bäumen des Woodborough Hill auf der Wiese unter Abnahme der Helligkeit silbern landete, einen Moment noch braunblau leuchtete, dann seine Farbe verlor und verschwand.

Erst dann bin ich schnell geworden, habe realisiert, daß dieses Objekt kein großer Ballon in größerer Entfernung gewesen ist, sondern ein schätzungsweise etwa kuhgroßer silberner Ball, der während meines Aufenthaltes auf dem Knap Hill, wie zur Beobachtung, still und ruhig auf der Woodborough Hill Seite mir gegenüber minutenlang – so kam es mir vor – schwebend verharrte. Ich habe nach der Landung das vorliegende Foto geschossen. Schade, daß ich nicht schnell genug war oder nicht aufmerksam genug, Mehrfachfotos von der Landung zu schießen. Ich war einfach zu ruhig.

Bemerkenswert scheint noch zu sein, daß das Objekt seine Helligkeit schon verloren hatte, als ich das Foto geschossen habe. Auf dem Dia dagegen ist es noch silbern leuchtend zu sehen.

Auch jetzt, wo ich es schreibe, bin ich noch unaufgeregt. Ich ärgere mich nicht einmal, daß ich keinen Drang verspürt habe, sofort ins Auto zu steigen und zu dem Objekt zu fahren. Wäre wohl auch nicht möglich gewesen, da es auf Farmerland lag.

Ich war ungefähr eine Stunde auf Knap Hill, habe das Objekt ca. 30 Minuten lang beobachtet, wovon 10 Minuten auf die Landephase entfallen, und bin dann zum Auto zurückgegangen. Auch danach waren keine Luftfahrzeuge oder Hubschrauber zu sehen. Die Phase der Sichtung kommt mir jetzt [im November 1999; d. Autoren] wie eine Art »Traumzeit« vor. Das ist auch der Grund für die ungenauen Zeitschätzungen, als ob die Zeit während der Sichtung irgendwie ausgesetzt war. Nein, ich habe nicht auf die Uhr gesehen. Ich weiß selber, dass ich das natürlich hätte tun sollen.«

Das kaum für möglich Gehaltene war geschehen! Eine unbekannte Intelligenz war in einem nicht näher zu bezeichnenden oder zu definierenden Flugobjekt genau in dem Bereich erschienen und gelandet, den wir vor kurzem dort mit den uns inzwischen bekannten Energien und oft trainierten Meditationsmethoden aktiviert hatten, der mit seinem zentralen Schlauch die Vernetzung zwischen den Welten herstellen sollte – und offensichtlich hergestellt hatte! Nirgendwo anders waren diese »Reisenden zwischen den Welten« erschienen, sondern genau dort, wo wir ihnen die Möglichkeit dazu geboten hatten, ursprünglich erlernt aus »ihren« Zeichen, verstanden aus dem Wirken der aktivierbaren Raumstruktur. Sie hatten das »Portal zwischen den Dimensionen« passiert, sie waren zu uns gekommen. Und wieder war es so ohne jedes Aufsehen geschehen, fast wie selbstverständlich, und auch wieder wie zur Demonstration für nur wenige Beobachter, stets an der Grenzen der Glaubwürdigkeit zerrend, denn es geschah nicht vor dem Reichstag in Berlin, sondern auf einem lieblichen, seltsam einsamen Hügel in Wiltshire, Südengland. So war es damals bei den beiden Dürkheims, so war es jetzt, so wird es wieder sein.

Und vielleicht war es ja auch viel mehr, was sich dort, wenige Stunden vor unserer Meditation und an genau der dafür vorgesehenen Stelle, ereignet hat. Was dort gelandet ist, haben wir nur als Licht sehen und in unserer Welt physikalisch auf einem Film festhalten können, denn wir leben, bezogen auf höhere Dimensionen, in Flachland. Wir haben vielleicht nur den energetischen Querschnitt einer viel größeren, Struktur erfassen können, die durch unsere Realität hindurch gegangen ist – oder aber die ionisiert leuchtende Grenzschicht einer ein reales Gefährt umgebenden Gravitationsblase.

Was oder wie auch immer, es hatte Kontakt gegeben, realen, sichtbaren und dokumentierten Kontakt!

Ohne von diesem Ereignis zu wissen, fuhren wir gegen 23.00 Uhr zum Woodborough Hill. Ron und seine Gruppe waren schon da. Sie hatten einige spektakuläre Lichter, meistens Meteore, gesehen. Busty berichtete von einem Flash gegen 23.00 Uhr hoch am Himmel in südwestlicher Richtung. Wir formten den Kreis, plazierten die Leute entsprechend ihre Polarität und begannen pünktlich mit der Meditation um Mitternacht. Störend laute Musik drang die ganze Zeit aus dem Tal, fast wie eine Analogie zu 1995. Bis auf Polly, die sich durch die Musik in ihrer Konzentration gestört sah und den Hügel verließ, war es eine friedliche, harmonische Stunde, in der alle die Energie des Kreises spürten und intensiv mitmachten. Gegen 02.15 Uhr verließen die letzten Teilnehmer Woodborough Hill.

Um ein wenig auszuspannen, fuhren wir am nächsten Tag zum kürzlich entstandenen Piktogramm am Devil's Den bei Clatford an der A 2. Diese Formation war ziemlich umschwärmt und wurde hoch gehandelt. Sie lag in einem gut zugänglichen Seitental direkt neben einem Dolmen und in Sichtweite der weiter oben am Hang gelegenen Farm. Am Zaun hing eine Box mit der Bitte versehen, vor Betreten des Feldes einen Obolus nicht unter einem britischen Pfund zu entrichten. Das Piktogramm lag etwas schief neben dem Dolmen, der offensichtlich an der Kreuzungsstelle zweier Energielinien errichtet wurde, von denen keine das Zentrum der (wieder einmal) kreisförmigen, mandalaartigen Formation traf. Sie war sehr schön, harmonisch im Design und hervorragend gearbeitet, teilweise mit bestechendem Fluß der Kornähren am Boden und einer Detailtreue, wie wir sie seit langem nicht mehr gesehen hatten. Leider war es sehr leicht, die Konstruktionslinien zu entdecken, mit deren Hilfe diese Formation erstellt worden war und, viel wichtiger, sie wies weder ein energetisches Binnenmuster auf noch war sie in ein Gitternetz eingebettet. Alle diese Fakten ließen nur einen Schluß zu: sehr schön, aber menschengemacht, vielleicht sogar in Abstimmung mit dem (anonym kassierenden) Farmer. Hätte das Team über die Energien dieses Tals ein wenig besser Bescheid gewußt, dann hätte es das Piktogramm nicht links vom Devil's Den, sondern weit rechts davon plaziert, denn weiter oberhalb in diesem Tal verläuft die Mary's Line. Welch imposanteren – und den Unwissenden stärker verwirrenden – Effekt hätten die Schöpfer des Piktogramms an der Kreuzungsstelle der einfachen Linie vom Dolmen mit der mächtigen Mary's Line erzielen können, und, wenn sie es ehrlichgemeint hätten, sogar für ihre eigene Arbeit abzweigen können.

Abb. 53: Die Meditation 1999 auf dem Woodborough Hill. Eingezeichnet ist der zentrale Schlauch innerhalb des von uns aktivierten Musters.

Die Besprechung der Meditation am nächsten Tag erbrachte neben den persönlich angenehmen und sehr wichtigen Erfahrungen der Teilnehmer einen Aspekt, der auch für uns neu war. Einer der Meditatoren, wir möchten ihn hier mit Rücksicht auf seine Person nur als »einen der Wichtigen« bezeichnen, hatte zum ersten Male eine negative Erfahrung während der Jahre, die er schon mit uns zusammengearbeitet hatte. Ohne weiter ins Detail gehen zu wollen, schien es so, als ob eine dunkle, negative »Agenda« sich einmischen wollte. Die betreffende Person hatte bis zur persönlichen Erschöpfung während der Meditation plötzlich nichts anderes mehr zu tun, als nur dagegen anzukämpfen, daß sich offensichtlich sehr negative Entitäten in den Ablauf der Meditation einklinken wollten. Wir sind ihm zu großem Dank verpflichtet.

Nach diesem einschneidenden Erlebnis beschlossen wir, in den nächsten Tagen zwei der hier in der Gegend verborgenen Kraftorte aufzusuchen, um unsererseits den offensichtlich beabsichtigt boykottierenden Kräften die Basis zu entziehen, denn das Positive muß immer unterstützt werden, wenn das Negative, gleich welchen Ursprungs, die Oberhand zu gewinnen scheint.

So suchten wir die Wiese auf, die schon einmal ein Ziel unserer Bemühungen gewesen war. Das vor Jahren von uns etablierte Muster war noch nachweisbar. Wir stellten uns in das Zentrum und verstärkten dieses Netz und sicherten so das ganze Areal gegen negative Einflüsse. Interessanterweise erhielten wir kurze Zeit nach unserem Eintreffen Besuch. Eine wohl ortsansässige Frau schien wie zufällig mit ihrem Hund über die Wiese zu laufen und beäugte uns dabei aus der Ferne. Was immer wir an diesen Orten unternahmen, stets und sofort waren irgendwelche »Wächter(innen)« präsent.

Bevor wir wieder zurück nach Deutschland fahren mußten, um wieder unserem Broterwerb nachzugehen, überprüften wir noch einmal das Energiemuster auf dem Woodborough Hill. Es war nicht »wie ausgeknipst«, denn weil es unser Muster war, hätten auch nur wir das tun können. Es war noch vorhanden und somit wird die Möglichkeit für uns, von hier oben mit einer nicht-menschlichen Intelligenz physisch in Kontakt zu treten, erhalten bleiben – und auch für Sie, sollten Sie einmal in der Nähe weilen und sich diesem Ort respektvoll nähern wollen.

Ein weiterer, denkwürdiger Sommer lag hinter uns, eine schöne Zeit war nun schon wieder Vergangenheit. Bald würden sich die Blätter verfärben und die ersten Morgennebel den herannahenden Winter ankündigen. Ein wenig Wehmut befiel uns, dachten wir an das Erlebte, aber auch Sehnsucht und Hoffnung auf neue Abenteuer und neue Erkenntnisse, denn uns war klar, daß wir den einmal eingeschlagenen Weg nicht mehr verlassen konnten. Es schien uns, als ob es ganz dahinten, in weiter Ferne, ein wenig heller werden würde.

KAPITEL 27

Millennium – der Wechsel der Paradigmen

Das Jahr 2000 bedeutete für die ziemlich verkrustete Kornkreisszene in England den Aufbruch zu einer realistischeren Einschätzung der tatsächlich in den Feldern liegenden Verhältnisse.

Was anfangs nur die Skeptiker behaupteten, was seit Doug und Dave gezielt gegen die Kornkreise eingesetzt wurde, was viele der seriösen Forscher und Forscherinnen aus erster Hand wußten, was wir seit 1993 nachweisen konnten, wurde in diesem Jahr offiziell von kompetenter Seite ausgesprochen und führte natürlich zu entsprechend heftigen Reaktionen.

So gab Colin Andrews, der international bekannteste Kornkreisforscher, über alle Medien eine Erklärung ab, daß ca. 20% der Kornkreise keine Hinweise bergen, menschengemacht zu sein, während dies bei 80% der Kreise der letzten Jahre der Fall sei. Nachfolgend sein Statement in unserer Übersetzung:

»Am Mittwoch, dem 9. August 2000, gab ich über nationale Fernseh- und Rundfunksender die Ergebnisse einer sich mit Aspekten des Kornkreisrätsels beschäftigenden Untersuchung bekannt.

Vor vier Jahren begann ich, das Erdmagnetfeld in und um Kornkreise zu vermessen. Das Projekt wurde durch andauernde Berichte über anomale magnetische Phänomene initiiert, bei denen Kompaßnadeln anfingen, sich in Kornkreisen herumzudrehen, wie es von mir und anderen in den 80ern bezeugt wurde. Ebenso gab es ungewöhnliche Ausfälle elektronischer Apparate und Radiowelleninterferenzen. Das Projekt konnte die Ergebnisse von Studien einer deutschen Gruppe aus den frühen 90er Jahren erweitern.

Die mit einem Magnetometer durchgeführten Untersuchungen beinhalteten komplexe Formationen wie auch einfache Kreise. Bei diesen Untersuchungen fanden sich in den vermessenen Kreisen Anstiege der magnetischen Meßwerte, die dem Muster der Formation entsprachen, aber 3 bis 5 Grad in Uhrzeigerrichtung verschoben waren.

Diese Ergebnisse können der Beweis für einen in die Entstehung der Kreise einbezogenen Mechanismus sein. Sie können aber auch ein Resteffekt sein, der von der Entstehung der Kreise übriggeblieben ist. Das Modell, an dessen Entwicklung ich arbeite und für das ich mit Wissenschaftlern zusammenarbeite, beinhaltet, daß der magnetische Fluß, der mitwirkt, einen elektrischen Strom produziert, der die Pflanzen beeinflußt. Die Frage, was den magnetischen Fluß hervorruft, bleibt zur Zeit offen.

Ein vollständiger Bericht über meine Ergebnisse und die sich daraus ergebende Theorie ist in Vorbereitung.

Seit Jahren ist mir die steigende Zahl menschengemachter Formationen bekannt. Mitte der 90er Jahre wurden mir von einem BBC-Journalisten John McNish Dinge mitgeteilt, der verdeckt zwei Jahre lang eng mit Dave Chorley und Doug Bowers zusammenarbeitete, um die Wahrheit hinter ihren Behauptungen herauszufinden, Kornkreise hergestellt zu haben.

Mir wurden Briefe von Doug & Dave gezeigt, in denen sie die Muster aufgezeichnet hatten, die sie in Hampshire und Wiltshire herstellen wollten, begleitet von Zeit- und Ortsangaben, zu denen sie die Formationen herzustellen beabsichtigten. Auf die Umschläge einiger dieser Briefe malten sie das geplante Design auf und klebten die Briefmarke darüber, die dann von der Royal Mail abgestempelt wurden. Diese Formationen erschienen dann auch, wie sie es vorhergesagt hatten. Was Doug and Dave nicht wußten: Sie wurden von McNish gefilmt, wie sie Formationen herstellten.

In der Folgezeit sind andere Hoaxer verfolgt und gefilmt worden. Ich wollte den Beweisen kaum glauben, die mir präsentiert wurden, wie ich glaube, daß mir jetzt andere nicht glauben wollen. Um meine eigenen Bedürfnisse in eine seriöse Forschung zu befriedigen, begann ich mit eigenen Untersuchungen zur menschlichen Verwicklung in die Kornkreise. Ich würde vorschlagen, daß jeder und jede, die mit meinen Schlüssen nicht übereinstimmen, selbst Untersuchungen über das Hoaxen durchführen, anstatt auf das alte Argument zurückzufallen, daß Kreise nicht durch Menschen gemacht werden können.

Im Jahre 1997 wurde mir ein Video übergegeben, auf dem die Entstehung einer Formation bei Olivers Castle unter Beteiligung einiger ›Balls of Light‹ zu sehen war. Obwohl ich nur zu gern daran geglaubt hätte, daß dieses Band echte Phänomene zeigte, war ich mißtrauisch und engagierte einen Privatdetektiv, um den Ungereimtheiten nachzugehen. Die Nachforschungen erbrachten den unwiderlegbaren Beweis, daß das Video und die Formation Hoaxe waren. Peter Soerensen, der eigenen Informationen nachging, kam zum gleichen Ergebnis. Im Jahre 1999 startete ich ein neues Projekt über Leute, die Kornkreise herstellten. Meine Untersuchungen wurden von Detektiven unterstützt, beinhalteten Ortsbesichtigungen, physische Beweisaufnahme, Luftaufnahmen, persönliche Erfahrungen, Informationen von Medien, die für Piktogramme für geplante Sendungen bezahlt hatten und verdeckte Untersucher.

Nach meinen Ergebnissen existiert eine reichhaltige Zahl von Beweisen, daß ca. 80% der Kornkreise menschengemacht sind,

Auf der anderen Seite existiert eine Anzahl von ca. 20%, die keine Zeichen menschlicher Beeinflussung zeigen, was hier ausdrücklich hervorgehoben werden soll. Von diesen 20% zeigen eine Handvoll dieser durchweg einfachen Formationen die neuerdings entdeckten magnetischen Merkmale. Diese Zahlen sind nur für die britischen Kreise repräsentativ.

Warum gebe ich das alles jetzt bekannt?

Ich bin von der Kornkreisgemeinde kritisiert worden, weil ich die Informationen veröffentlicht habe, bevor die wissenschaftlichen Ergebnisse meiner Forschungen bekannt waren. Ich tat dies, um den Forschern überhaupt davon Kenntnis zu geben und um Rückmeldungen zu diesem Problem zu erhalten. Der Hauptgrund war jedoch, daß ich mich in der Verantwortung als die weltweit bekannteste Stimme fühlte, die über die Kornkreise in den letzten 17 Jahren berichtet hat. Das Phänomen ist verschiedenen Regierungen, Wissenschaftlern, der British Royal Family, auf gleicher Wellenlänge nach der Wahrheit suchenden Menschen in vielen Ländern und auch Vertretern verschiedener Religionen nahegebracht worden.

Bei all diesen beeindruckenden Ereignissen sind Wahrheitstreue höchstes Gebot mit sich selbst und für alle anderen Forscher. Unglücklicherweise gab es eine Tendenz, alle Kornkreise für echt zu halten. Ich habe die Beweise, daß dies falsch ist und bin verpflichtet, sie vorzulegen, was für den Herbst/Winter diesen Jahres geplant ist. Jeder oder jede, die anderer Meinung sind, möchten hier ihre Beweise für das Gegenteil vorlegen. Es würde mich freuen, wenn ich mich geirrt hätte. Ich glaube, daß meine Ergebnisse frischen Wind in dieses Thema bringen und dies letztlich von der Öffentlichkeit anerkannt wird. Die wissenschaftliche Gemeinde hat durch die vielen Emails, die mich aus aller Welt erreichten, deutlich gemacht, wie sehr ihr an einer ernsthaften Behandlung des Themas liegt. Wir alle sollten uns daran gewöhnen, die menschengemachten Kornkreise als das zu betrachten, was sie sind: Hoaxe und/oder Kunstwerke.

Ich habe mit niemandem irgend etwas auszufechten. Vor 17 Jahren habe ich mit der Kornkreisforschung angefangen und gerade in dieser Woche sind nun neue Richtungen, in denen diese Forschung weiter betrieben werden kann, aufgetan worden, was bedeutender zu werden verspricht, als alles, was in der Vergangenheit unternommen worden ist.

An alle, die mit offenem Geist zugehört haben, auch wenn sie mit mir nicht übereinstimmen – Vielen Dank!

Colin Andrews«[51]

Colin gehört sicher zu den wichtigen Persönlichkeiten der Kornkreisszene, hat aber auch durch sein eigenes Zutun für ein etwas schillerndes Image gesorgt. Wie waren seine Worte in einem der zahlreichen Videos, Colin in der Sonne auf der Wiese, umspielt von Licht und Schatten, mit der von ihm geäußerten Frage des scheinbar Auserwählten: »… why must it be me? ...« Nichtsdestoweniger hat sein Statement, lange überfällig nach unserer Meinung, etwas bewirkt. Er hat sich von falschen Freunden befreit, viele, die sich mit seinem Namen in ihren Publikationen aufgrund eines kleinen Interviews geschmückt haben, stehen nun – salopp berlinisch ausgedrückt – etwas doof da.

Im November 2000 sorgte ein weiterer bezeichnender Zwischenfall für Aufregung und viel böses Blut. Matthew Williams, ein 29jähriger Mann aus Bourton, Devizes, in der Kornkreisszene nicht unbekannt, wurde Anfang November von der Polizei verhaftet, weil er überführt worden war und zugegeben hatte, einen Kornkreis hergestellt zu haben. Er wurde zu UKP 140 Strafe verurteilt. Was war passiert?

Mit einem Freund hatte er im Juli 2000 mit Bambusstäben und Brettern einen siebenstrahligen Stern in ein Weizenfeld auf der Manor Farm in West Overton, Wiltshire, getreten und dabei einen Schaden von UKP 200 verursacht. Er hatte in einer amerikanischen Radiosendung Michael Glickman gehört, der dort behauptete, solche Muster können nur von Aliens hervorgerufen werden.

Roger Jones, der die Anzeige aufgab, sagt, daß Williams den Stern fotografierte und das Foto im Internet absichtlich publizierte, denn es sollte zu Michael Glickman gelangen, um ihn hereinzulegen. Hier gibt es allerdings eine Ungereimtheit, denn einmal heißt es, der DJ der Radiosendung habe eine Email an Glickman weitergeleitet, in der Williams seinen Plan erläuterte und die Fotos mitschickte.

Williams jedoch schildert es so:

»Auch mir tut Michael Glickman leid. Es tut mir leid, falls er sich durch das, was sich kürzlich ereignet hat, verletzt oder gedemütigt fühlt. Ich muß aber herausstreichen, daß alles, was sich ereignet hat, auf Whitley Strieber zurückzuführen ist, der sein Versprechen, meine Emails an ihn privat zu behandeln, gebrochen hat, was ein verabscheuenswürdiger Vertrauensbruch ist. Andererseits liegt es natürlich auch daran, daß Michael selbst die Emails an die Polizei weitergegeben hat.«

Am Ende fügt Matthew Williams, der ertappte und verurteilte Hoaxer, der in der Vergangenheit seine Hauptaufgabe darin sah, denen, die es wollten (und es waren viele bekannte Namen darunter), zu zeigen, was es mit dem Hoaxen auf sich hat, hinzu[52]:

»Ich habe es immer gesagt, und ich werde fortfahren, es zu sagen, daß es da ein 100%iges paranormales Element in den Kornkreisen gibt. Es ist nicht das, was die meisten Leute annehmen. Sie sind mehr in das Ganze einbezogen, als sie wahrhaben wollten. Obwohl Leute einbezogen sind, ist es OK so, denn das Paranormale manifestiert sich in menschengemachten Kreisen. Jene, die sie herstellen, haben sich oft nicht um das Paranormale gekümmert, erzählen den Leuten aber, daß es da ist! Ich bin nichts Besonderes, und die anderen Kreisemacher ebenfalls nicht.

Ich denke, die Leute würden akzeptieren, daß das Paranormale präsent ist, egal wer die Kreise gemacht hat. Wir alle werden durch eine höhere Intelligenz angeleitet werden, wenn auch auf verschiedenen Ebenen. Vielleicht auch auf der Ebene, daß Männer und Frauen zusammen Kreise als Antwort auf ihre Originale herstellen sollten, was ein Weg sein könnte, diesen höheren Intelligenzen näherzukommen. Nach allem was war, Stonehenge, Avebury, Nasca, wiederholen wir nicht die Geschichte – indem wir einen Anruf beantworten? Ist es die Rückkehr zu altem Wissen und Ritualen?

Ich bleibe dafür offen und positiv eingestellt.

Matthew Williams, 11. November 2000«

Glickman sah sich wohl in die Enge getrieben und antwortete mit Kommentaren und Anschuldigen auch gegen andere Forscher, eine Art verzweifelter Rundumschlag, um für seine Position Sympathien zu werben. Letztlich hat er mit dieser Aktion großen Schaden angerichtet, denn die Medien fanden einen dicken Happen vor, um den alten Kornkreistotschläger »natürlich menschengemacht« wieder hervorzuholen. Wer Glickman kennt, wie wir seit Jahren, der weiß, daß dieser Mann gesundheitlich und psychisch viel, sehr viel, durchgemacht hat. Er ist für uns eine der »tragischen Figuren« der Kornkreisszene.

Im Lichte dieser Entwicklungen schrieb Ron Russell, bekanntester amerikanischer Kornkreisforscher und »Midwest Director of the Center for Crop Circle Studies, USA« sowie Leiter seiner eigenen »Midwest Research«, der von Glickman auch angegriffen wurde, im November 2000 einen Artikel, den wir hier in Auszügen wiedergeben können. Ron ist seit Jahren auch mit CSETI in England aktiv und seit 1994 wichtiger Teilnehmer unserer jährlichen internationalen Meditationen.

Sein Artikel beginnt mit der Überschrift:

»Croppies, betrachtet die Realität endlich mit Verstand!

Warum sollte jemand in dieser Zeit das Bedürfnis nach guter, wissenschaftlicher Feldforschung in Abrede stellen? Michael Glickman erzählte mir, daß er den Wert unserer Untersuchungen anzweifelte, denn nicht die Wissenschaft, sondern einfach nur Vertrauen würde für das Verständnis der Kornkreise benötigt. Sieht man hier die Schatten eines dunklen Zeitalters mit seinen Verfolgungen Andersgläubiger, das Gespenst einer neuen fundamentalistischen Religion? Die Schwierigkeit mit bloßem Glauben, ohne Wissenschaft zu betreiben, liegt in der Gefahr, daß er uns abseits führen kann, daß die Wahrheit verloren geht und durch falsche Dogmen ersetzt wird. Wir brauchen unsere Wahrnehmungsfähigkeit, kritisches Denken, Tests und Messungen, um herauszufinden, was vor sich geht. Blinder Glaube führt zu falschen Religionen und ist das Kennzeichen für einen Kult. Warum können wir nicht eine »Neue Wissenschaft« praktizieren, die auf dem bisher Bekannten aufbaut? Wir sollten wissenschaftlich und geistig arbeiten und nicht nur entweder den einen oder den anderen Weg beschreiten.

Herumzuschimpfen, daß menschliche Kornkreismacher Kriminelle seien und sie einsperren zu lassen, liegt auf der Linie der bestehenden zwischenmenschlichen Probleme innerhalb unserer Gemeinschaft. Dieser falsche Weg wird Menschen nicht davon abhalten, Kreise herzustellen und deshalb wird es immer wieder menschengemachte Formationen geben. Man sollte der Realität lieber ins Auge sehen. Ich schlage vor, wir sollten uns des eigentlich doch großen Wertes bewußter werden, den diese menschlichen Kreisemacher für das Land und die Gesellschaft hervorbringen. Bilder ihrer Arbeit finden sich überall auf der Welt in Kalendern, Büchern und Fernsehsendungen, an denen auch Michael vereinzelt und nicht ganz ohne Gewinn beteiligt war. Die meisten der Bilder zeigen vielsagende Konstruktionslinien und in den Mustern sichtbare Beweise für deren Herstellung mit Trampelbrettern und ähnlichen Werkzeugen. Wenn wir wirklich glauben wollen, daß Menschen keine Kornkreise geschaffen haben, warum in aller Welt würden ET oder irgendeine andere Intelligenz von weit her Konstruktionslinien benötigen und benutzen und Hinweise mechanischer Herstellungsmethoden hinterlassen? Wenn man die Beweise analysiert, ist es grotesk, zu anderen Schlüssen zu gelangen.

Es ist töricht, das Offensichtliche zu lange zu ignorieren. Und so kann weiteres Verneinen der Kriminalität eher noch Vorschub leisten, eine Tat, die noch viel schlimmer ist, als Zäune zu überklettern und Kornkreismuster niederzudrücken, was die Öffentlichkeit eher als amüsant und inspirierend empfindet. Menschliche Kornkreise sind auch eine Art zivilen Ungehorsams, höchstens ein kleines Vergehen, dessen Ergebnis die Tat rechtfertigen könnte. Sicherlich wäre die hinter den Schöpfern der Designs inzwischen herangewachsene Kornkreisindustrie in der Lage, dieses kleine Problem der Illegalität zu lösen.

Die Wahrheit ist, viele der Kornkreisformationen sind von Menschen hergestellt worden. Es ist schädlich, so zu tun, als sei dies nicht der Fall, denn es ist nun mal so. In England, wo die ästhetischsten und großartigsten Piktogramme entstanden sind, gibt es überwältigende Hinweise für die menschliche Urheberschaft bei den meisten von ihnen. Michael Glickmans Säbelrasseln, das Herauswerfenlassen einiger dieser Kreisemacher und einen davon sogar später verhaften zu lassen, während man deren Designs gleichzeitig verkauft, ähneln den verzweifelten Bemühungen einer Ratte, die in der Falle sitzt. Die Motive solch unbarmherziger Taten sind, neben Furcht, kommerzieller und ideologischer Protektionismus, keinesfalls aber die Reinheit des Glaubens. Vielleicht ist dies die Wurzel vom Michaels Spiegelfechterei und Selbstbetrug, deren er mich fälschlicherweise bezichtigt hat.

Nicht alle menschengemachten Formationen dienen dem Betrug und nicht alle Kornkreismacher sind Betrüger. Ein Hoax soll täuschen und einige dieser Piktogramme sind nicht mit dieser Absicht hergestellt worden. Es ist eine Tatsache, daß etwas Wichtiges und Wundervolles in unseren Feldern vor sich geht, das wir untersuchen sollten, die Details und das Ausmaß menschlicher Fähigkeiten eingeschlossen, solche Kreise herzustellen.

Einige der Personen, die Kornkreise herstellen, bekennen sich zu einer geistigen Grundlage ihres Tuns, verbunden mit kleinen Ritualen und Gebeten, und geben an, mit paranormalen Kontakten belohnt worden zu sein. Als mit den CSETI-Kontakt-Protokollen erfahrener Forscher haben wir mit ihnen über ihre Absichten, Kontaktergebnisse und Erfahrungen diskutiert. Dies rechtfertigt weitere Untersuchungen unsererseits, nicht Hohn. Haben sie nicht auf die originale Kontaktaufnahme seitens der unbekannten Intelligenz geantwortet, indem sie die gleiche Sprache in ihren Symbolen verwendeten, die sie in die Felder legten? Haben sie nicht Räume geschaffen, in denen Menschen Wohlempfinden und Heilung erfahren haben? Haben sie nicht magische Bereiche geschaffen? Ich denke, es kommt nicht so sehr darauf an, wie sie dort hingelangt sind. Sie sind »geistige Maschinen« geworden. Sie sind wichtig in vielerlei Hinsicht, was wir noch gar nicht vollständig verstanden haben, denn wir hatten einen Chip auf unserer Schulter liegen und haben immer in die falsche Richtung geschaut.

Mit dem neuen TREK-520-ES-Meßgerät vermaßen wir das elektrostatische Potential der menschengemachten Formation bei Potterne unmittelbar nach ihrer Entstehung am 25. Juli 2000. Es überraschte uns, was wir dort fanden, denn sie zeigte eine ähnliche Spannungsdifferenz wie bei anderen Formationen, die wir in den letzten zwei Jahren mit diesem Gerät vermessen hatten. Durch diese Art der Untersuchungen machten wir einen Schritt vorwärts und stellten fest, daß die Messungen des ES-Geräts ein anomales Energiefeld in vielen dieser Formationen zeigte, egal, wie sie entstanden waren. Dies erscheint uns interessant, denn dies könnte ein Hinweis auf die Ursachen dafür sein, warum so viele Menschen in den Formationen so angenehme Empfindungen produzieren. Man kann es kaum Spiegelfechterei nennen, eine Position aufgrund neuer Beweise zu verändern, denn tatsächlich ist es Evolution und außerdem wissenschaftlich nicht unbedeutend.

Im letzten Sommer hatte ich eine Erscheinung in Stonehenge, während ich dort meditierte. Aber Stonehenge ist menschengemacht! Im Jahre 1993 hatte ich eine tiefgreifendes, zeitverschiebendes Erlebnis in einer Formation bei Avebury (›Dreizehn Monde‹), die Konstruktionslinien und Fußabdrücke als Zeichen ihrer menschlichen Herkunft aufwies. Ich gelangte während der Meditation kurz in das 15. Jahrhundert, Momente, die mir sehr angenehm waren. Immer wieder hatten Menschen an diesen Orten Transformationen und transzendentelle Erfahrungen gemacht, auch in menschengemachten Piktogrammen. Und ist es nicht genau das, was zählt? Können Menschen also nicht auch wunderbare Dinge vollbringen? Laßt uns den menschlichen Faktor in der Kornkreisgleichung nicht als wertlos erscheinen, wie sind zu großen Taten und vielen kreativen Überraschungen fähig.

Weder Michael Glickman noch irgendein anderer einzelner Untersucher weiß vollständig, was vor sich geht, und es ist kontraproduktiv, ernsthafte Versuche zu attackieren, die dies herausfinden wollen. Unsere elektrostatischen und magnetischen Tests bekannter menschengemachter Formationen lassen uns derzeit annehmen, daß eine messbare Energie durch das Umlegen des Korns produziert wird. Diese Energie bleibt für Wochen nachweisbar und kann sich auf Menschen auswirken, die dafür sensibel sind. Sollten wir dies nicht weiter studieren?

Bei unseren Messungen erfassen wir einen kleinen Teil der Gesamtformation und versuchen, anomale Aspekte der Energiesignatur des Ortes herauszufiltern. Natürlich ist das gesamte Kornkreisphänomen viel komplexer als das bißchen, das wir untersuchen. Es beinhaltet menschliche und nicht-menschliche Ursachen und Effekte, ist voll von Zweck und Bedeutung und kann nicht durch menschliche Präsenz verringert oder heruntergespielt werden. Tatsächlich wird es dadurch erweitert und verändert. Wir sind alle ein Teil davon, egal, welche Rolle wir dabei spielen. Die Farmer sind Teil des Phänomens, die Anwohner der Gegend, die Besucher und deren Erlebnisse, die Forscher, die informierte Öffentlichkeit, die nichts als ein Bild sieht, die Polizei, die menschlichen Kreisemacher, wir alle. Es scheint nicht gut zu sein, uns nach unserer unterschiedlichen Ansicht ein- und zerteilen zu lassen. Der Versuch, negative Emotionen zu reduzieren, ist ein Merkmal menschlicher Weisheit. Wir sollten uns mitteilen und, mit kreativen Unterschieden, gemeinsam arbeiten, ohne diese haßerfüllte ideologische Spalterei. In diesem Sinne sollten wir versuchen, das Magische an diesem Phänomen allen anderen mitzuteilen.

Ron Russell, Denver, Colorado, November, 2000«

Als dritte relevante Quelle wollen wir hier noch die rückblickende Einschätzung der Kornkreissaison 2000 von Peter Soerensen anfügen, einem der prominentesten und über die Jahre natürlich gebliebenen Video-Zeit-zeugen dieses bewegenden Phänomens.

»Dieser Sommer war, um es mit einem Wort zu sagen: anders. Jene, die das erste Mal hier waren, erlebten den nassesten Sommer, der hier registriert wurde. Dieser außergewöhnliche Regen begann im Winter und hat die Norm weit überschritten. Die Fingerabdrücke der globalen Klimaver-änderung scheinen überall zu sein.

Die frühen Formationen waren wie das Wetter – Mist. Ich habe diesmal mein Geld nicht dafür verschwendet, über die ersten Formationen im Raps zu fliegen (ich weiß, ich weiß, einige Leute dachten, sie sind wunderbar). Bevor die Gerste nicht eine gewisse Höhe erreicht hatte, geschah gar nichts Besonderes. Am Ende jedoch, wie es in jedem Jahr war, übertrafen die Designs alle vorhergehenden Sommer, vor allem mit dem großartigen Finale des Kronen-Chakra, das aus 308 perfekten Dreiecken bestand, die wie die Samen einer Sonnenblume angeordnet waren.

Dieses eine Piktogramm machte aus der kleinen Flamme, die da vor sich hin brannte, ein Freudenfeuer, was den Willen zum Besonderen an-geht. Denn was ist schon Besonderes an Piktogrammen, deren Design in bestimmten Geometriebüchern gefunden werden kann?

In der Zwischenzeit, sicher sehr zur Bestürzung manch konservativer Kornkreisforscher, haben ein paar von uns der Herstellung von Kornkrei-sen durch menschliche Kornkreiskünstler beiwohnen dürfen. Was wir ge-sehen haben, überzeugte uns, daß einige der Kriterien, die bis dahin dazu dienten, eine Formation als »echt« einzustufen, fehlerhaft sind. Wir haben diese Beobachtungen aber nicht unter vorgeschriebenen Untersuchungsbe-dingungen vorgenommen, sondern berichten, was wir mit unseren eigenen Augen gesehen haben.

Im nächsten Sommer werden wir die Arbeit sorgfältiger mit interessier-ten Forschern aus anderen Ländern erneut durchführen und den Farmern den eventuell entstandenen Schaden ersetzen.

Ich persönlich hoffe, daß wir dadurch die Liste der Kriterien verbessern werden, mit deren Hilfe wir Piktogramme beurteilen können, um uns dann mehr auf Kornkreise unbekannter Herkunft konzentrieren zu können.

Eine Schere braucht zwei scharfe Klingen, um schneiden zu können. Wenn wir daraufhin arbeiten würden, positive und negative Beweise glei-chermaßen zu sammeln, könnte ich ruhiger schlafen.

Peter Soerensen, 23. Oktober 2000«

Vieles von dem hier oben Geschriebenen haben wir frühzeitig erfahren und vorausgesagt. Im Gegensatz zu anderen haben wir danach gehandelt, der Erfolg gab uns recht. Wir alle werden davon profitieren.

KAPITEL 28

Universum

Jetzt, da Sie diese Zeilen lesen, hat das neue Jahrtausend wirklich begonnen. Wie werden die Menschen am Ende der vor uns liegenden zehn Jahrhunderte wohl von uns denken? Etwa was das für ein Haufen war, der da gröhlend in diese hohe, hehre Tausendjahrehalle hineinpolterte und gleich hinter der Eingangstüre anfing, Unrat zu hinterlassen? Oder wird man uns für ungehobelt halten, aber immerhin das Bemühen anerkennen, daß wir uns kosmischer verhalten und ebenso denken wollten?

Und darum geht es unter anderem auch, es zieht sich wie ein roter Faden durch all die Jahre, die sich das Kornkreisphänomen nun schon in den Feldern Wiltshires manifestiert, die Hoaxe in England und in anderen Ländern als Ableger davon ruhig miteingerechnet. Es geht um die Wahrnehmungsfähigkeit unserer Realität und deren Weiterentwicklung.»Jemand« wollte uns auf die Sprünge helfen, den eigentlichen Grund unseres Hierseins nicht aus den Augen zu verlieren, nämlich das Sammeln und Verarbeiten von Erfahrungen entlang unseres ewigen, kosmischen Reiseweges.

»Jemand« tat dies relativ unvermittelt, mit einer nur geringen Vorbereitungszeit, und riß mit seinen bis dahin größten Piktogrammen der Jahre 1989–1991 ein Loch in den uns umgebenden Vorhang, durch den plötzlich helles Licht in unser selbstgewähltes irdisches Halbdunkel der drei Welten mit ihrer vorherrschend reduktionistischen und noch weitgehend geistausklammernden Wissenschaft schien. Wir konnten plötzlich Dinge als realen Bestandteil unseres Daseins erkennen, von denen wir vorher nichts wußten oder die wir allenfalls nur geahnt hatten.

So zeigten die Dowsing Rods uns immer wieder die Existenz einer unserer Dreidimensionalität offenbar übergeordneten, gitterartigen Raumstruktur an, deren Höherdimensionalität sich netzartig scheinbar auf den Boden projizierte und sich als wechselwirkend mit dem Erdmagnetfeld, verschiedenen elektromagnetischen und elektrostatischen Feldern, aber auch mit verschiedenen, zu Materie verdichteten Raumkrümmungen wie dem Menschen und seinem Energiefeld herausstellte. H.S. Burr et al. nannten einen Aspekt dieses Gitternetzes »Field of Life« oder »L-Feld« und wiesen die materiegestaltende und formkontrollierende Potenz dieses Feldes in unzähligen, wissenschaftlichen Versuchen mit dem stets gleichen, positiv bestätigenden Resultat nach. Ja, mehr noch, diese Struktur läßt sich zum Transport von geistiger Energie verwenden, wie andere und wir in den letzten Jahren immer wieder nachweisen konnten. Die Vernetzung dieser Felder geschieht über große Entfernungen, und es gibt keinen Grund anzunehmen, daß dies nicht auch in kosmischem Maßstab passiert.

Wir selbst können über diese Vernetzung hinweg an anderen Orten Teile der Gitternetze »aktivieren« und ihnen eine spezifische Form und Funktion zuweisen, wir können Informationen hineinspeichern und solche auch abrufen. Wir können sogar sämtliche in diesem – kosmischen – Gitter gespeicherten Informationen abrufen, wozu es keiner speziellen Apparate bedarf, denn wir sind, bedingt durch das, was und woraus wir sind, von Grund auf dazu in der Lage. Wir sind nicht nur ein Teil des Universums, wir sind, um es noch deutlicher auszudrücken, selbst das Universum. Wir bestehen aus ihm, es ist in uns und wir sind in ihm, wir sind eine Spielart von zu Materie verdichteter kosmische Energie und der sichtbare Beweis, daß das Universum denken, fühlen und über sich selbst reflektieren kann und das auch unablässig tut. Unsere Geistigkeit ist kosmischer Natur, das Universum ist erfüllt von allem innewohnenden Geist. Wir unterscheiden uns in diesem Prinzip nicht von einem Baum, einem Stein, einem Tier oder der Milchstraße.

Um dies erkennen zu können, müssen wir uns auf eine Ebene unserer vermeintlichen Stofflichkeit begeben, auf der die »Verwandtschaft« mit dem angeblich leblosen Reich noch deutlicher wird, auf die Ebene der Elementarteilchen, aus denen die Atome bestehen, die mit anderen zusammen die großen Molekülketten bilden, die wir als Haut, Muskel oder Haare anfassen können. Dies hat in den 70er Jahren einer der herausragendsten Wissenschaftler des letzten Jahrhunderts, der Franzose Jean E. Charon, getan, der es sich zur Aufgabe gesetzt hatte, eine Einheitstheorie der physikalischen Phänomene zu konstruieren.

1977 veröffentlichte der geniale theoretische Physiker in Paris seine »Théorie de la Relativité complexe«. Das Wort »komplex« muß hier im mathematischen Sinn verstanden werden, denn seine Theorie gründet sich auf die Tatsache, daß sowohl die drei räumlichen, als auch die zeitliche Dimension komplexer Natur sind, gleichsam zwei Seiten haben, während Einstein bekanntlich zur Annahme eines gänzlich realen Raumes und einer gänzlich imaginären Zeit (oder auch andersherum) gelangte.[53] Dieses neue Raum-Zeit-Gefüge ist zerlegbar in zwei nebeneinander bestehende Größen: die Raum-Zeit der Materie und die Raum-Zeit des Geistes. Daß die Raum-Zeit des Geistes der Aufmerksamkeit der Physiker bisher entgangen war, lag daran, daß man sie erst im Inneren winziger Elementarteilchen, den Elektronen, entdeckte.[54] (Gleichzeitig mit dem Buch, aus dem wir hier zitieren, erschien die rein wissenschaftliche Arbeit (»*Théorie de la Relativité complexe*«, Editions Albin Michel, Frankreich 1977), die sich ausschließlich an Spezialisten der theoretischen Physik wendet.)

Elektronen bilden eine Hülle um den Atomkern, in der sie sich mit einer gewissen Wahrscheinlichkeit an einem bestimmten Punkt bestimmen lassen, ohne daß man ihre Umkreisungsgeschwindigkeit angeben kann. Umgekehrt gilt nach Heisenberg das gleiche.

Das Elektron deformiert den es umgebenden Raum nach Art eines »Schwarzen Loches«, das heißt, daß der Raum sich um ein Elektron komplett schließt, also ein Mikro-Universum entsteht, ähnlich einer Seifenblase auf der Oberfläche eines Ozeans. Innerhalb dieses abgekapselten Raumes läuft die Zeit zyklisch entgegengesetzt zur Zeit außerhalb der Blase ab.[55] Nichts kann diesen Raum verlassen oder in ihn eindringen, er ist »geschlossen«. Die elektrostatische Abstoßung zwischen zwei Elektronen beweist jedoch, daß es eine Wechselwirkung nach außen gibt.

Diese Wechselwirkung beruht auf der Tatsache, daß das Elektron nicht leer ist, sondern von einer »schwarzen« Strahlung hoher Temperatur, einem Photonengas, erfüllt ist.[56] Begegnen sich zwei Elektronen, tauscht nach Feynmann ein »schwarzes Photon« aus diesem Gas seinen Impuls virtuell mit dem eines »schwarzes Photons« des anderen Elektrons aus, wenn dieser Impuls absolut identisch ist, aber das entgegengesetzte Vorzeichen hat.[57] So erhöht sich die Spinzahl der einzelnen Photonen, der Gesamtspin des Systems bleibt, durch die verschiedenen Vorzeichen, erhalten. Hierbei ist eine Distanz zu überwinden, es handelt sich also um eine Fernwirkung. Dieser Aspekt ist essentiell wichtig, bedeutet er doch nichts anderes als den Austausch einer Information über eine beliebige Distanz. Im Gegensatz zu der uns bekannten Zeit, die nur eine Richtung, von der Vergangenheit in die Zukunft, kennt und in der alle Ereignisse hier zu wachsender Entropie (Unordnung) führen, läuft die Raum-Zeit des Elektrons mit wachsender Negentropie (Ordnung) rückwärts zyklisch ab, das heißt, daß sich innerhalb dieses Mikro-Universums alle Abläufe immer wiederholen, immer wieder abrufbar sind. Jeder neue Austausch eines Impulses – einer Information – seiner »schwarzen Photonen« mit denen eines anderen Elektrons wird dieser Zeitschleife hinzugefügt. Die Elektronen haben eine »ewige« Lebensdauer, sie existieren »von Anfang an«, d.h. sie besitzen alle Informationen aller Zeiten, die sie bisher »durchlebt« haben und aller Körper, denen sie bisher innewohnten.

In Ihnen kreisen Milliarden von Elektronen um die Atome der Moleküle, aus denen Sie aufgebaut wurden. Diese kamen von irgendwo her, vielleicht vom Mars, vielleicht von der Sonne, vielleicht von Alpha Centauri, vielleicht aber auch kürzlich aus Sibirien, wenn die Kuh, deren Milch Sie als Baby tranken, auf einem ehemaligen Schlachtfeld des II. Weltkrieges weidete. Wie auch immer, mit jedem neuen Molekül, das Sie per Verdauung in sich aufnehmen, gelangen neue Elektronen zu Ihnen, erhöhen Sie deren geistige Ordnung, wie sie ihren Körper auf den verschiedensten Wegen auch wieder verlassen, um von jemand anderem wieder aufgenommen zu werden. Und jedesmal nehmen Sie auch die gespeicherten Informationen mit in sich auf und geben Moleküle ab, deren Elektronen um die Erfahrungen, die sie in Ihnen gemacht haben, reicher geworden sind. In Ihnen befinden sich zu jeder Zeit die verschiedensten Erfahrungen des gesamten Universums, Sie selbst sind eine seiner neuen Erfahrungen.

Charon nennt in seinem sehr lesenswerten Buch unseren erfahrbaren Lebensbereich die Raum-Zeit der Materie und das Mikro-Universum der Elektronen die Raum-Zeit des Geistes. Durch das von Ihnen produzierte Energiefeld und das Eingebundensein in die umgebenden Felder (u.a. L-Feld) arbeiten alle Teile, aus denen Sie bestehen, für die Zeit der Inkorporation an dem gemeinsamen Ziel mit, die Ordnung ihrer Körperstruktur zu erhöhen. Störungen in den Feldern führen zu Defekten in der Kommunikation und damit zu dem, was wir Krankheiten nennen, abgesehen natürlich von denen, die durch korpuskuläre Ursachen wie Bakterien oder Viren hervorgerufen werden. Und durch das oben Erwähnte wird klar, daß wir in Gänze von Geist durchdrungen sind, daß es dafür kein Zentrum in uns gibt, sondern daß Geist, der mit einer gewissen Unschärfe unserer Individualität zugeordnet werden kann, in jeder unserer Körperzellen wohnt.

Niemand ist je wirklich gestorben, denn auf der materiellen Ebene sind die Elektronen, die Bestandteil der Körperlichkeit waren, angereichert worden um die Informationen der Individualität, welche die betreffende Person einst aufgebaut hatte. Diese Elektronen sind nach der Auflösung des Körperlichen ihren Weg gegangen und haben neue Materiestrukturen mit aufgebaut, angereichert mit den kürzlich in einem Menschen gemachten Erfahrungen.

Andererseits wissen wir, daß wir auf der geistigen Ebene das uns umgebende Feld verändern können und die so hervorgerufene Verformung dort gespeichert bleibt, denn selten wird dieselbe Stelle so getroffen, daß sie mit neuen Informationen überlagert werden kann. Solange dieser energetische Abdruck einer Individualität im umgebenden Gitternetz erhalten bleibt, sind die hier gespeicherten Informationen abrufbar oder können sogar erhalten oder erneuert werden. So kann ein Denkmal an einer bestimmten Stelle genau diesen Zweck unterstützen.

Aus der Gehirnforschung wissen wir, wie Sinnesreize empfangen und weiterverarbeitet werden. Die Anatomie der Nervenzelle ist uns bekannt, die Biochemie der Synapsen ist erforscht, die Physiologie der peripheren Nerven ist Stoff im vorklinischen Teil des Medizinstudiums. Und doch — sind die Bilder, die wir in unseren Träumen »sehen«, alle in unserem Gehirn gespeichert, ein Leben lang, alle Bilder, alles, was wir jemals wahrge nommen haben? Und was ist mit den anderen Bildern, die sicher nicht aus unserem bisher gelebten Leben stammen, den Situationen, in denen wir hier nie gewesen sind, die uns aber mitunter schweißnaß aufwachen lassen? Welcher biochemische Stoff kann Bilder speichern? Und wie viel braucht man dafür? Wo kommt der Ton her, den wir hören? Welche Moleküle können stundenlange – ja lebenslange – bewegte »Filmsequenzen« speichern? Welches Zentrum macht mir John Lennon wieder lebendig und läßt mich seine Stimme wieder hören, wenn ich es will?

Oder besitzt unser Gehirn noch eine andere Funktion – oder besitzen wir insgesamt in Verbindung mit unserem Gehirn noch eine andere Fähigkeit? Die Gehirnforscher zeigen uns Bilder aus ihren Rechnern, in denen sich bestimmte Hirnareale rot, blau, gelb oder grün darstellen, je nach durchgeführtem Experiment. Sie zeigen uns Hirnstromkurven, die während einer Meditation vom Probanden abgenommen wurden und dessen Hirnaktivität zu einem bestimmten Zeitpunkt dokumentieren.

Nach allem, was wir bisher erfahren haben, wagen wir, die These aufzustellen, daß der Text von John Lennons »Imagine« nicht in dem roten Bereich unseres Gehirns auf dem Monitor des Neurophysiologen enthalten ist, sondern daß diese rote Farbe zeigt, daß wir uns gerade in das kosmische Energienetz einklinken und mit dem Bereich des universellen Gitternetzes kommunizieren, den John Lennon geprägt hat. Das gleiche gilt natürlich z.B. auch für Mozart-Fans. Es gibt ein universelles Gedächtnis, drinnen, auf der Basis Ihrer Elementarteilchen, aus denen Sie bestehen und draußen, in dem Sie umgebenden kosmischen Feld, dessen Gitternetzstruktur für Sie erfahrbar ist. Dies ist wahrscheinlich auch das Geheimnis der sogenannten »Akasha-Chronik«. Unabhängig von der materiellen Struktur, die vergehen kann, werden die Informationen, die im kosmischen Netz gespeichert sind, nicht vergehen.

Das kosmische Netz, es verbindet Welten und ist deren Struktur im Hintergrund. Bisher hatte alles, was wir durch das Wirken jener unbekannten Intelligenz in den Feldern erfahren und gelernt haben, einen Sinn ergeben, hatte zu neuen Fragen, Experimenten und wieder zu neuen Erkenntnissen geführt. Das Besondere und Reizvolle daran war die ständige geistige Herausforderung, das Erlebte in einen Zusammenhang zu bringen und diesen dann im nächsten Experiment auf seine Richtigkeit überprüfen zu lassen. Wir fanden nie ein alles erklärendes »Buch der Weisheit« im Zentrum eines Kornkreises, wir erhielten stets nur Hinweise, ein Piktogramm hier, ein Energienetz dort, ein Ereignis, das seltsam zu einem anderen paßte und dadurch dessen Rätsel auflöste. Es war all die Jahre wie ein ständiger Appell: Vergiß einmal Deine Maschinen! Benutze das Beste, was Du besitzt: Deinen Geist! Nachdem wir damals gleichsam mit der Nase auf die Existenz der Gitternetze gestoßen wurden, stellten wir uns dann natürlich die Frage nach deren Wirken, was schließlich zu den Meditationsexperimenten führte, während derer wir selbst Gitternetze über eine große Distanz aktivieren konnten. Ob andere nicht-menschliche Intelligenzen höheren Organisationsgrades dieses Prinzip wohl auch zum Transfer von Materie benutzen können? Werden wir einmal in der Lage sein, nicht nur irgendwo Gitternetze zu aktivieren, sondern in diesen Gittern Gegenstände erscheinen zu lassen – oder gar uns selbst?

Diese sicher sehr spekulative Frage kam uns immer wieder in den Sinn, wenn wir von Sichtungen unbekannter fliegender Objekte lasen, hörten oder die Videos sahen, die einige Glückliche aufzunehmen die Geistesgegenwart hatten. Besonders seit »unserem eigenen« Ball of Light 1999, der in dem von uns auf Woodborough Hill aktivierten Areal auftauchte und dort wieder verschwand, stellten wir uns diese Frage immer dringlicher. Das Aktivieren eines bestimmten Areals, fast wie das Ansprechen bestimmter Pixel auf dem Monitor durch Angabe von deren Koordinaten – verbinden »sie« dann ihre Welt über die kosmische Feldmatrix mit dem aktivierten Bereich? Das Aktivieren und unvermittelte Deaktivieren bestimmter Gitternetzstrukturen, wie wir es erlebt haben, würde zumindest den Effekt des plötzlichen Auftauchens und wieder Unsichtbarwerdens von unbekannten Flugobjekten erklären können, denn diese Objekte können sich nur innerhalb des aktivierten Bereiches aufhalten und müssen verschwinden, wenn diese interdimensionale Brücke deaktiviert wird. Ebenso könnten manche der nicht-ballistischen Flugmanöver einiger beobachteter Objekte so ihre Erklärung finden, da sie von der Gitterstruktur des momentan aktivierten Raumes abhängig sind.

Sicher, es wäre auch denkbar, daß nur ein Ausläufer der anderen Welt innerhalb des aktivierten Gitternetzes durch die bewirkte Raumkrümmung in unsere hineinreicht, ohne sich mit unserem Raume vereinigen zu können. Wenn die Fremden dann aber immer innerhalb ihrer Welt blieben, es zwar einen Berührungspunkt, aber kein richtiges Hiersein gäbe, könnte es auch eigentlich zu keinen physikalischen Relikten oder Spuren in unserer Welt kommen. Allenfalls die Ruten würden die Residuen eines Energiefeldes anzeigen. Wir kennen in England eigentlich, neben den sicher weit häufigeren Ballon-Hoaxen, zwei Haupterscheinungen unbekannter fliegender Objekte: die kleinen Lichter, die über oder durch die Felder huschen und die verschiedenfarbigen, höherfliegenden Balls of Light, wie den unsrigen auf Woodborough Hill mit seinem geschätzten Durchmesser von ca. vier Metern. Die kleinen Objekte erscheinen handfester, materieller, wie auch die kleine Scheibe, die damals über dem Treckerfahrer schwebte und diesen gehörig erschreckte. Die Balls of Light erscheinen »leichter«, stofflich weniger dicht und wirken dadurch feengleich und viel mysteriöser. Sind hier gar verschiedene Intelligenzen am Werke, die auf unterschiedliche Weisen hierher gelangten?

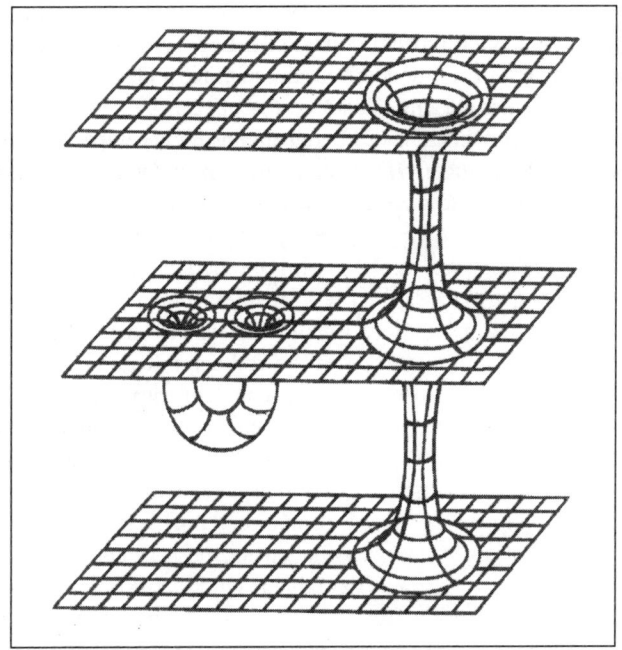

Abb. 54: Dimensionstunnel und Wurmlöcher in vernetzten Welten.

Unserer vorgestellten These könnte die Erscheinung entsprechen, die in Deutschland Herr und Frau B. am 12.09.1994 bei Kreblitz in der Niederlausitz hatten und die wir in diesem Rahmen ruhig kurz erwähnen können. Das Ehepaar saß, wie sonst des öfteren auch, gegen 01.00 Uhr noch vor dem Fernseher, als plötzlich der Hund unruhig wurde und anfing, zu jaulen. Herr B. erinnerte sich an das denkwürdige Ereignis vom 27.06.1993, wo sie zum ersten Male ein riesiges unbekanntes Flugobjekt in ihrer einsamen Gegend beobachtet hatten, und ging vor die Tür.

Er sah dort, wie damals, am Himmel ein riesiges, schwach milchiges, schemenhaftes Gebilde, in dem kleine Blitze zuckten. Nach etwa einer Minute blitzte das ganze Gebilde hell auf und heraus kamen sich im Kreis drehende Lichtpunkte, ähnlich hell erleuchteten ovalen Fenstern. Herr B. schätzte die Erscheinung, im Vergleich zu den Masten einer vorbeiführen-

326

den Hochspannungsleitung, auf ca. 500 m im Durchmesser. Es war keine Begrenzung zu erkennen, und man konnte durch das Innere dieses Lichterkreises hindurch die Sterne sehen! Der Kreis aus sich drehenden Lichtern zog sich dann wieder in das milchige Gebilde zurück, wonach der ganze Prozeß wieder von vorne begann: kleine Blitze, großer Blitz und das Herausfliegen des Lichterkranzes. Dieser Vorgang wiederholte sich in kurzen Abständen über ca. 1½ Stunden, bis sich dann die gesamte Erscheinung in östlicher Richtung entfernte. Während der ganzen Zeit stand in südöstlicher Richtung ein riesiger, ca. 500 m großer, schräg gekippter, ovaler, undurchsichtiger Schatten am Himmel, der noch geraume Zeit nach dem Verschwinden des Lichterkranzes zu sehen war.

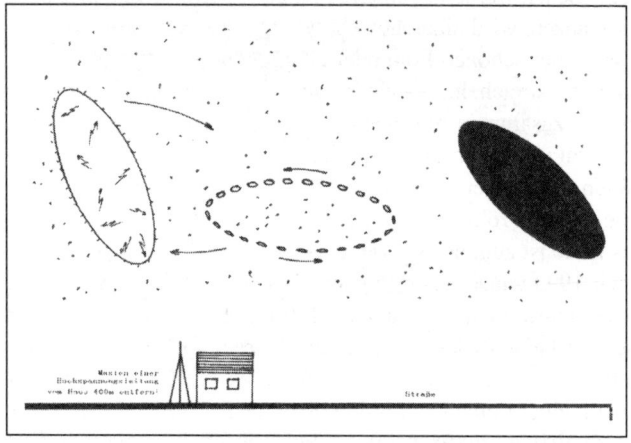

Abb. 55: Der unbekannte Lichterkranz von Kreblitz. Erschien er aus dem Ende eines im Raum aktivierten Tunnels heraus? Diente der gegenüberliegende »Schatten« als eine Art »Türöffner«, der dieses Areal energetisch stabilisieren half?

War hier von irgendwo her ein Raumsegment aktiviert worden, das es den Verursachern der Lichter ermöglichte, über Kreblitz in unseren Raum einzudringen? So könnte es jedenfalls aussehen, wenn es in größerem Maßstabe mit materiellen Objekten passierte.

Doch soweit sind wir noch nicht – und werden es vielleicht auch nie sein. Wir können unsere Dreidimensionalität körperlich vielleicht nie überwinden, jedoch kraft unseres Geistes ganz sicher, der gleich dem kosmischen, allem innewohnenden Geist ist – wir können jede Grenze hinter uns lassen.

So, wie die fremde Intelligenz in ihren orangenen oder grünen Balls of Light uns aus ihrer Dimension vielleicht nicht näher kommen kann und für uns immer als unscharfe, leuchtende Gebilde erscheinen muß, werden wir uns höheren Dimensionen auch nur geistig nähern können, ohne mit der uns hier eigenen Körperlichkeit jemals dorthin zu gelangen. Aber ist das denn, gemessen am großen Rahmen eines Universums, überhaupt ein Grund, etwa traurig zu sein?

Nicht lange, und dann wird jeder von uns mit all seinen Protonen, Neutronen und Elektronen, wie die Kinder zum Beginn der großen Ferien es nach dem letzten Klingeln tun, hinausströmen in die große, weite, wunderbare Welt und wird so neue Abenteuer bestehen können, wird vielleicht hineingewaschen werden in einen schönen blauen Ozean, um dort mit den Walen zu tanzen, wird hineingeweht werden in einen sommerlichen Windhauch, um einer schönen Frau oder einem gutaussehenden Mann kühlend die Wange zu streicheln, oder wird an die energetische Hand genommen werden, um zusammen mit anderen Silizium-Kristallen für Äonen in einem Stein zu verweilen und von hier den Lauf der Zeiten zu betrachten. Wir sollten es den Ferienkindern gleich tun und unsere kosmische Reise mit der gleichen Fröhlichkeit fortsetzen.

Jedes Ende ist zugleich ein neuer Anfang.

Als wir 1993 wieder nach England kamen, wurde uns diese Erkenntnis besonders eindringlich vor Augen geführt. Nach all den wunderbaren Ereignissen der beiden voraufgegangenen Jahre fanden wir uns in den ersten Sommermonaten dieses denkwürdigen Jahres in einer Landschaft wieder, die wie von einer tiefen Depression überzogen schien. Nur ein paar häßliche, kleine Hoaxe empfingen uns, alles erschien nicht mehr so hell und freundlich wie zuvor, die Atmosphäre war irgendwie bedrückend. Auch einige der Menschen, die wir in den Jahren zuvor trafen oder zumindest sahen, zogen sich zurück und die Skylarks, unsere Freundinnen in den Feldern, die uns mit ihrem Gesang so manche mühsame Stunde beim Piktogrammbau erleichtert hatten, waren ebenfalls so gut wie gar nicht zu hören.

Eine gewisse Orientierungslosigkeit machte sich damals anfangs breit, als sich andeutete, daß keine echten Kornkreise zu finden sein werden. Und mitten hinein in diese aufkeimende Endstimmung erschienen dann die wunderbaren und zunächst rätselhaften Gitternetze und markierten denn Beginn einer neuen Ära des Kornkreisphänomens, die wir in diesem Buch hier ausführlich beschrieben haben. Ende und Anfang, Werden, Vergehen und Neubeginn, ein ewiger, kosmischer Kreislauf.

Und wenn dann in den dunklen Wintermonaten der Blick wieder hochgerichtet wird und zu unserer Freude das Wintersechseck über uns steht, dann wissen wir, daß unsere Mühe um die kleine gelbe Sonne in dessen

Zentrum, HD 42807, nicht umsonst war. Seit dem Hinweis auf seine Existenz und seine Bedeutung in »Die Antwort des Orion« haben viele Menschen zu ihm hochgeschaut und an ihn gedacht. Und jedesmal, wenn sie das taten, vernetzten sie unsere Welt mit der fernen dort oben ein wenig mehr, halfen mit, in diesem Sternensystem ein menschliches Netz zu aktivieren, erweckten Bewußtsein, vielleicht sogar beim zweiten Planeten, der dort um sein Muttergestirn kreist.

Es gibt nun einen zweiten Stern, der in unserem Zusammenhang Wichtigkeit erlangt hat: HD 151101 im Sternbild des Drachen. Dieses Sternbild verläuft zwischen den Sternbildern Kleiner und Großer Bär, ist das ganze Jahr über sichtbar und enthält aber größtenteils nur mittelhelle und schwächere Sterne. In der antiken Sage spielte der Drache als der Hüter des goldenen Apfels eine Rolle und konnte nur von Herkules besiegt werden.[58] Der Drache findet sich auch in der Mythologie des gesamten fernöstlichen Kulturraumes an herausragender Stelle wieder. Sollte dies, nachdem uns HD 42807 tief in unsere eigene Vergangenheit und auch nach Ägypten geführt hatte, ein Hinweis darauf sein, welche besonderen Verbindungen diesmal zum asiatischen Teil der Menschheit bestehen?

In den Augenblicken des Alleinseins mit den Sternen ruft die Erkenntnis, mit den vernetzten Welten eins zu sein, manchmal eine tiefe Sehnsucht hervor, den Wunsch, die funkelnden Lebensspenderinnen dort oben auch mit der eigenen Körperlichkeit erfahren zu können. Schließen wir dann schnell die Augen, weil dieses Sehnen das Herz zu erdrücken droht, sind wir wieder in uns und lauschen dem Pochen dieser nie zu verstehenden Körperlichkeit. Und trotzdem ist das Bild jetzt wieder da, diese flimmernde punktuelle Schönheit dort – oben, grazil, klar und doch so geheimnisvoll. Wir haben sie gesehen und können sie immer noch fühlen, sind vernetzt mit ihr, weil wir uns ihrer bewußt sind, weil wir sie beobachtet haben.

Das Kornkreisphänomen hat die Piktogramme gewählt, um uns hinschauen und darüber nachdenken zu lassen, hat uns zum Beobachten aufgefordert. Bisher haben wir die Rolle des Beobachters immer als eine außenständige Funktion aufgefaßt, doch wir müssen umdenken. Wir verändern ständig das, was wir beobachten, indem wir es beobachten, und gleichzeitig verändern wir uns selbst dabei.

Wir sind Teil einer Welt, die mit anderen Welten verbunden ist, und das Geheimnis dieser Verbindung liegt in den gitternetzartigen Strukturen innerhalb des Raumes und der Zeit, mit denen wir ständig wechselwirken. Unsere Körperlichkeit in der uns bekannten Dimension gaukelt uns Vergänglichkeit, Anfang und Ende vor, unsere menschlichen Machtsysteme existieren im Grunde durch diese Illusion, die sie nach Kräften zu stärken versuchen. Doch unsere Geistlichkeit vermag das Körperliche zu überwinden, kann sich in das kosmische Netzwerk einklinken und, alle Grenzen hinter sich lassend, mit jedem Winkel des Universums verbinden. Wir alle wurden in den Feldern Englands herzlich eingeladen, diese uns innewohnende, grandiose Fähigkeit zu erkennen, zu trainieren – und zum Wohle dieser planetaren Sphäre anzuwenden.

Nichts im Universum geschieht für sich allein. So sind wir als Lebewesen weder allein, wie auch unsere Welt nicht allein ist, noch sind wir am Rande oder im Zentrum. Wir sind einfach nur hier – mitten in vernetzten Welten.

Einst, geliebte Seele,
immer noch empfundne,
sternklar weist die Nacht mir Weiten,
die auch dich umschließen,
du entschwundne.

Gütig glänzen wieder
alle Lichter oben,
die uns je zu gleicher Andacht
von der trüben Erde
auferhoben.

Einsamkeit und Dunkel
sind nun nicht mehr Qualen.
Dankbar betet Seel und Seele:
Sterne, all ihr Sterne,
helft uns strahlen!

Richard Dehmel
(1863–1920)

KAPITEL 29

Praeludium

Das Ende dieses Buches ist zugleich die Einführung für unser drittes Buch, das wir als Fortsetzung von »Die Antwort des Orion« und »Vernetzte Welten« zu schreiben beabsichtigen, wenn Sie, verehrte Leserin und verehrter Leser, Interesse am Fortgang unserer Erforschung einer scheinbar verborgenen Welt und deren Möglichkeiten haben sollten.

Viel ist passiert in den letzten Jahren, eigentlich zu viel, um uns einfach nur so zur Tagesordnung zurückkehren zu lassen. Unsere Erfahrungen deuten auf eine Weiterentwicklung hin. Es interessiert uns, wo diese Entwicklung hingeht und was wir dazu beisteuern können. Wir beabsichtigen ganz und gar nicht, uns zurückzulehnen und den Dingen ihren von anderen beeinflußten Lauf zu lassen. Wir haben gelernt und wollen das Gelernte anwenden, zum Wohle dieser planetaren Sphäre mit all ihren Schwierigkeiten, die Ihnen meistens bekannt sind.

»Was kann ich als einzelner denn schon tun?«

Diese Frage wird immer wieder gestellt, mit ihr rechnen die Machtsysteme und bieten die ihnen genehmen »Komplettlösungen« an.

Wir antworten: Sie können die Welt zum Positiven verändern, als Einzelner/Einzelne, von zu Hause aus, allein oder wenn Sie wollen, zusammen mit anderen, zusammen mit uns.

In unseren Ländern sind Orte verstreut, teils verborgen, teils offen sichtbar, aber unverstanden brach liegend, teils in »aktivem Gebrauch«. Wir möchten (und werden) so viele dieser Orte, wie uns möglich, finden, aufsuchen und wieder in ein gemeinsames Netz integrieren. Wir wissen, daß diese das Netz bildenden Linien gleichsam die Nervenfasern dieses Teils des Planeten darstellen, und die Orte sind die Neuronen seines Nervensystems. Wir möchten die zertrennten Fasern wieder vereinen und mithelfen, daß wieder positive Energie durch diese uralten Bahnen fließt. Wir wissen nun, wie das geht und was zu tun ist. Wenn wir die Landschaft heilen, wird sie uns heilen.

Wir werden dabei keine Berührungsängste haben, wir werden zu dunklen Orten der Geschichte hinauf- und hinabsteigen müssen, wir werden vor Mauern auftauchen, wir werden auf Bergeshöhen stehen und über das Land schauen.

Die Reaktionen auf unser erstes Buch, »Die Antwort des Orion«, waren überwältigend positiv. Viele Leser und Leserinnen haben uns geschrieben, viele gingen weit über den normalen Rahmen eines Briefes an die Autoren hinaus und schrieben uns sehr persönliche, warme Worte auf. Deshalb wagen wir es, eine Bitte an Sie zu richten.

Schreiben Sie uns, wenn Sie von einem »alten Ort«, gleich welcher Art, in Ihrer Nähe wissen. Manchmal ist es nur ein Hain oder ein Waldstück, in dem »immer schon seltsame Dinge« passiert sind. Schreiben Sie uns Geschichten auf, die mit bestimmten Örtlichkeiten verbunden sind, auch wenn Sie diese Geschichte nur von ihrer Großmutter her kennen.

Wir interessieren uns auch für Bauten, die an energetisch als wichtig bekannten Stellen errichtet wurden, besonders wenn Sie herausfinden konnten, daß sie an der Stelle eines alten, »heidnischen« Heiligtums stehen und die alten, vielleicht sogar neolithischen Steine in das Gebäude integriert wurden und noch sichtbar sind. Dies kann zum Beispiel auch eine alte Dorfkirche sein, fernab vom Trubel großer mittelalterlicher Residenzstädte, über die ja ohnehin schon viel geschrieben worden ist.

Und natürlich – schreiben Sie uns, wie Ihnen das gefallen hat, was wir Ihnen auf den vorangegangenen Seiten berichtet haben:

Jochim Koch
Email: achimdkoch@aol.com

Hans-Jürgen Kyborg
Zweibrücker Str. 11
D-13583 Berlin
Fax: +49 (0) 303728633

Wenn Sie Interesse haben, in unsere Mailingliste aufgenommen zu werden, schicken Sie uns eine Email. Sollten Sie einmal oder öfter an einer gemeinsamen Meditation, allein von zu Haus zu einer vorher verabredeten Zeit mit einem konkreten Ziel, teilnehmen wollen, lassen Sie es uns wissen. Für uns war es immer ein sehr angenehmes und inspirierendes Gefühl, zu wissen, daß zu einem verabredeten Zeitpunkt dann überall verteilt Menschen an ihren liebsten Plätzen saßen, in der Situation, die sie sich selbst ausgesucht und gestaltet hatten, und freiwillig alle das gleiche taten. Je mehr an solch einer Meditation, die höchstens 30 Minuten dauern sollte, teilnehmen, desto mehr Energie kann auf das Ziel fokussiert werden und desto wirksamer und auf Dauer erfolgreicher ist sie.

Dieses Prinzip funktioniert nur im Positiven und bis zu Herstellung eines Gleichgewichts, das Negative fällt auf sich selbst zurück.

Wir würden uns freuen, von Ihnen zu lesen!

Literaturverzeichnis

1. Koch, J./H.-J. Kyborg: »Die Antwort des Orion«; 2. Auflage, Mai 1997, Langen Müller, München.

2. Dito, S. 292.

3. Dito, S. 204.

4. Dito, S. 156.

5. Dito, S. 79.

6. Dito, Farbbild Nr. 32.

7. Dito, Farbbild Nr. 33.

8. Dito, Farbbild Nr. 49.

9. Dito, Farbbild Nr. 52 und 53.

10. Leitz, Christian: »Studien zur ägyptischen Astronomie«; Ägyptologische Abhandlungen, Bd. 49, Harrassowitz, Wiesbaden 1989.

11. Koch, J./H.-J. Kyborg: »Die Antwort des Orion«; S. 245.

12. Dito, S. 258.

13. Larisch, Richard W.: »Frau auf dem Horusthron«; Selbstverlag des Verfassers, Bonn 1995 (2.–6. Auflage)

14. Dito, S. 11.

15. Schulze, Peter H.: »Hatschepsut, Herrin beider Länder«; Gustav Lübbe Verlag, Bergisch-Gladbach 1976, S. 8–10

16. Larisch, Richard W.: »Frau auf dem Horusthron«; S. 15.

17. Fiebag, Johannes: »Das Ufo-Syndrom«; Knaur TB 77239, München 1996, S. 299 ff.

18. »Dance Of The Planets«; ARC Science Simulations Software, Love land, Colorado, USA.

19. Koch, J./H.-J. Kyborg: »Die Antwort des Orion«; S. 71.

20. Dito, S. 230 ff.

21. Dito, S. 245 ff.

22. Zeitschrift »Blick«; Ausgabe vom 18. November 1997.

23. »Sonntagszeitung« (Schweiz) vom 23.11.1997.

24. Internetrecherche: Jungle World 48/1997.

25. Grün, W.H.: »Erdstrahlen«; Ullstein-Buch Nr. 35629.

26. König, H.L. und Betz, H.-D.; Der Wünschelruten-Report, München 1989, ISBN 3-923819-05-6.

27. Dito, S. 23.

28. Dito, S. 8.

29. Dito, S. 16.

30. Dito, S. 28 ff.

31. Dito, S. 192 ff.

32. Dito, S 197 ff.

33. Athenstaedt, H.: »Functional polarity of the spinal cord caused by its longitudinal electric dipole moment«; 1984, Amerik. Journal of Physiology, Vol. 247, p. 482–487.

34. König, H.L. und Betz, H.-D.: Der Wünschelruten-Report, München 1989, ISBN 3-923819-05-6, S. 201.

35. Dito, S. 208 ff.

36. Dito, S. 231.

37. Dorn, Bader: »Physik«; Verlag Schrödel, Hannover 1974, S. 285 ff.

38. Shallis: »Elektroschock«; Verlag Zweitausendeins, Frankfurt/M. 1992, S. 95 ff.

39. Reither: »Magnetresonanz in der Pädiatrie«; Springer Verlag, Berlin 1999, S. 6.

40. Fritzsch: »Quarks«; Serie Pieper 332, München 1984, S. 316.

41. Reither: »Magnetresonanz in der Pädiatrie«, Springer Verlag, Berlin 1999, S. 7 ff.

42. Koch, J./Kyborg,H.-J.: »Die Antwort des Orion«; S. 284.

43. Fortune, Dion: »The Magical Battle Of Britain«; Golden Gates Press, 1993, ISBN 1-898260-00-1.

44. Dito; S. vi ff.

45. Dito; S. 1 ff.

46. Dito, S. 48 ff.

47. Dito, S. 49.

48. Spence, Lewis: »The Occult Causes of the Present War«;
    ISBN 0-7661-0051-0.

49. Bocian, Martin: »Lexikon der biblischen Personen«; Kröner TB 460,
    S. 142ff.

50. Scholem, Gershom: »Die jüdische Mystik«; suhrkamp tb wissenschaft
    330, S.72 ff.

51. Mit freundlicher Genehmigung von Colin Andrews. Wegen der An-
    feindungen nach der Veröffentlichung seines Reports erläuterte er in
    einem Update, daß er sehr wohl auch noch an eine außerirdische/nicht-
    menschliche Komponente des Phänomens glaube, jedoch nicht mehr
    in dem Ausmaß wie früher, bezogen auf die Piktogramme der letzten
    Jahre.

52. Quelle, auch oben: Internet Emailliste E. Bruce-Knapp.

53. Charon, Jean E.: »Der Geist der Materie«; Ullstein Buch Nr. 34074,
    S. 37.

54. Dito, S. 37.

55. Dito, S. 82.

56. Dito, S. 83.

57. Dito, S. 84.

58. Herrmann, Joachim: »Die Sterne«, Mosaik Verlag, 1985, S. 58.

59. Rucker, R.: »Die Wunderwelt der vierten Dimension – Ein Kursbuch
    für Reisen in die höhere Wirklichkeit«; Scherz Verlag, 1990.

60. Dito, S. 29.

61. Kaku, M.: »Im Hyperraum – Eine Reise durch Zeittunnel und Paral-
    leluniversen«; rororo Sachbuch 60360; S. 49 ff.

62. Dito, S. 58.

63. Dito, S. 59 ff.

64. Dito, S. 31.

65. Dito, S. 32.

66. Dito, S. 274 ff.

67. Shallis, Michael: »Elektroschock«; Zweitausendeins, Frankfurt/M.
    1992, S. 147.

68. Burr, Harold Saxton: »Blueprint for Immortality«;
    ISBN 0-85435-281-3.

69. Dito, S. 22.

70. Burr, H.S. und Northrop, F.S.C.: »Quarterly Review of Biology«, 10, 322–333, 1935.

71. Burr, Harold Saxton: »Blueprint for Immortality«; S. 54.

72. Burr, H.S. und Northrop, F.S.C.: »Quarterly Review of Biology«, 10, 322–333, 1935, S. 64.

73. Burr, H.S.: »Blueprint for Immortality«, S. 119

Bildnachweis

Abb. 2: Archiv Koch/Kyborg nach einer Vorlage von J.S. Martineau, Chris Manseell, Dave Gilfoyle

Abb. 3: »The Cereologist«, No. 7, 1992, mit freundlicher Genehmigung von John Sayer und George Wingfield

Abb. 9a, 10, 11, 12, 17, 18: Archiv Koch/Kyborg (mit freundlicher Genehmigung von Linda, Eric Beckjord, Ron Russell, Alison Tredweil und Peter Soerensen)

Abb. 13: Mit freundlicher Genehmigung von J. Todd

Abb. 15: Archiv Koch/Kyborg

Alle anderen Zeichnungen: Copyright Koch/Kyborg

Bildtafeln

Bild 1: Mit freundlicher Genehmigung von Grant Wakefield

Bild 8: Mit freundlicher Genehmigung von Martin Engelmann (bevor ihm schlecht wurde)

Index

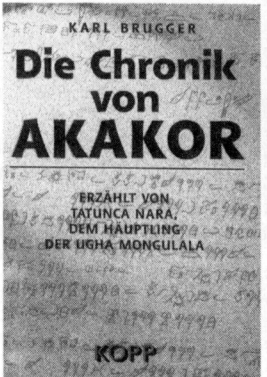

Leben wir auf der Oberfläche einer hohlen Erde?
Zum ersten Mal wird in diesem Buch eine alte, bis zum Beginn unserer Zeitrechnung zurückführende Überlieferung eingehend untersucht.

Alec Maclellan erforscht in seinem neuen Werk die Möglichkeit, ob unser Planet ein Hohlkörper mit einer eigenen Innenwelt ist – eine Vorstellung, die Licht auf eines der größten Mysterien unserer Zeit werfen könnte.

- War das Innere der Erde bereits bewohnt, bevor der Mensch seinen Fuß auf die Oberfläche dieses Planeten setzte?
- Flüchteten die Menschen von Mu und Atlantis ins Erdinnere, als die damaligen Katastrophen über sie hereinbrachen?
- Kommen UFOs in Wirklichkeit nicht aus dem äusseren Weltraum, sondern aus dieser inneren Welt?

Nach Jahren gewissenhafter Forschung richtet Alec Maclellan seinen Blick nicht nur auf das bestehende Geschichtsbild und auf die Berichte von Menschen, die behauptet haben, diese innere Welt besucht zu haben. Am Nachdenklichsten stimmt ihn das enorme Ausmaß an wissenschaftlichen Nachweisen, die das Bild einer Hohlwelt zu bestätigen scheinen. Die Berichte vieler Forscher über Öffnungen ins Erdinnere an den Polen wurden durch bemerkenswerte Satellitenaufnahmen belegt.

Maclellan versucht zu ergründen, wie uns diese uralte Legende so lange in ihren Bann ziehen konnte und wie es möglich ist, eine wissenschaftliche Erklärung dieses Rätsels zu liefern. Leben wir auf der Oberfläche einer hohlen Erde?

gebunden
222 Seiten
12 Seiten fotografisches Nachweismaterial
36.– DM

KOPP VERLAG
Graf-Wolfegg-Straße 71
D - 72108 Rottenburg
Telefon (0 48 45) 7904-0
Telefax (0 48 45) 7904-11
Info@kopp-verlag.de
http://www.kopp-verlag.de

War es eine deutsche Atombombe, die die Amerikaner auf Japan abwarfen?

Es schien lange Zeit alles gesagt zur deutschen Atomforschung im Dritten Reich. Doch die Wiedervereinigung Deutschlands, der Zusammenbruch der UdSSR und eine große Zahl von beinahe unglaublichen Rechercheergebnissen brachten neue Erkenntnisse ans Licht und werfen brisante Fragen auf.

Warum berichtete die *Washington Post* im August 1945 auf Grundlage des Berichts des amerikanischen Kriegsministeriums, daß das Dritte Reich über ein weitentwickeltes Atombombenprojekt und eine Interkontinentalrakete verfügt habe? Weshalb behauptet ein italienischer Journalist steif und fest, er sei im Oktober 1944 Zeuge eines deutschen Atombombentests auf einer Ostseeinsel geworden? Welche Rolle spielte die geheime SS-Forschung bei Skoda (Prag) bei der Schaffung von »V-Waffen der 2. Generation«? Erfährt das sogenannte »Jonastal-Rätsel« eine Aufklärung durch die Annahme, daß hier im thüringischen Raum zwischen Ohrdruf und Arnstadt an den »Siegeswaffen« gearbeitet wurde? Welche neuen Informationen und Zeitzeugenberichte sind aufgetaucht? Explodierte am 4. März 1945 auf dem Truppenübungsplatz Ohrdruf tatsächlich eine kleine atomare Testbombe? Warum wurde Ende der sechziger Jahre das sogenannte »Forschungsprojekt S III« von den damaligen DDR-Verantwortlichen abgewürgt? Und was hat das ganze mit dem Einsatz des U-Bootes U-234 zu tun?

Das Buch offeriert erstaunliche Fakten und Indizien, die – in Puzzleform aneinandergereiht – ein Bild ergeben, daß die Grundfesten der bisherigen Geschichtsschreibung schwer erschüttern wird!

gebunden
288 Seiten
zahlreiche Abbildungen
Best.-Nr. 8400
39.80 DM

KOPP VERLAG
Graf-Wolfegg-Straße 71
D - 72108 Rottenburg
Telefon (0 48 45) 7904-0
Telefax (0 48 45) 7904-11
Info@kopp-verlag.de
http://www.kopp-verlag.de